抗日战争档案汇编

抗战时期江苏和南京地区人口伤亡及财产损失档案汇编 5 · 综合卷

江苏省档案馆 编

中華書局

本册目录

五、教育业战时损失调查（续）

（八）镇江教育系统财产损失调查

江苏省民政厅关于丹阳救济协会呈报日寇犯境城区损失惨重并请拨发款物救济事致苏宁救济公署的公函暨省政府各厅的批（一九四六年四月一日）

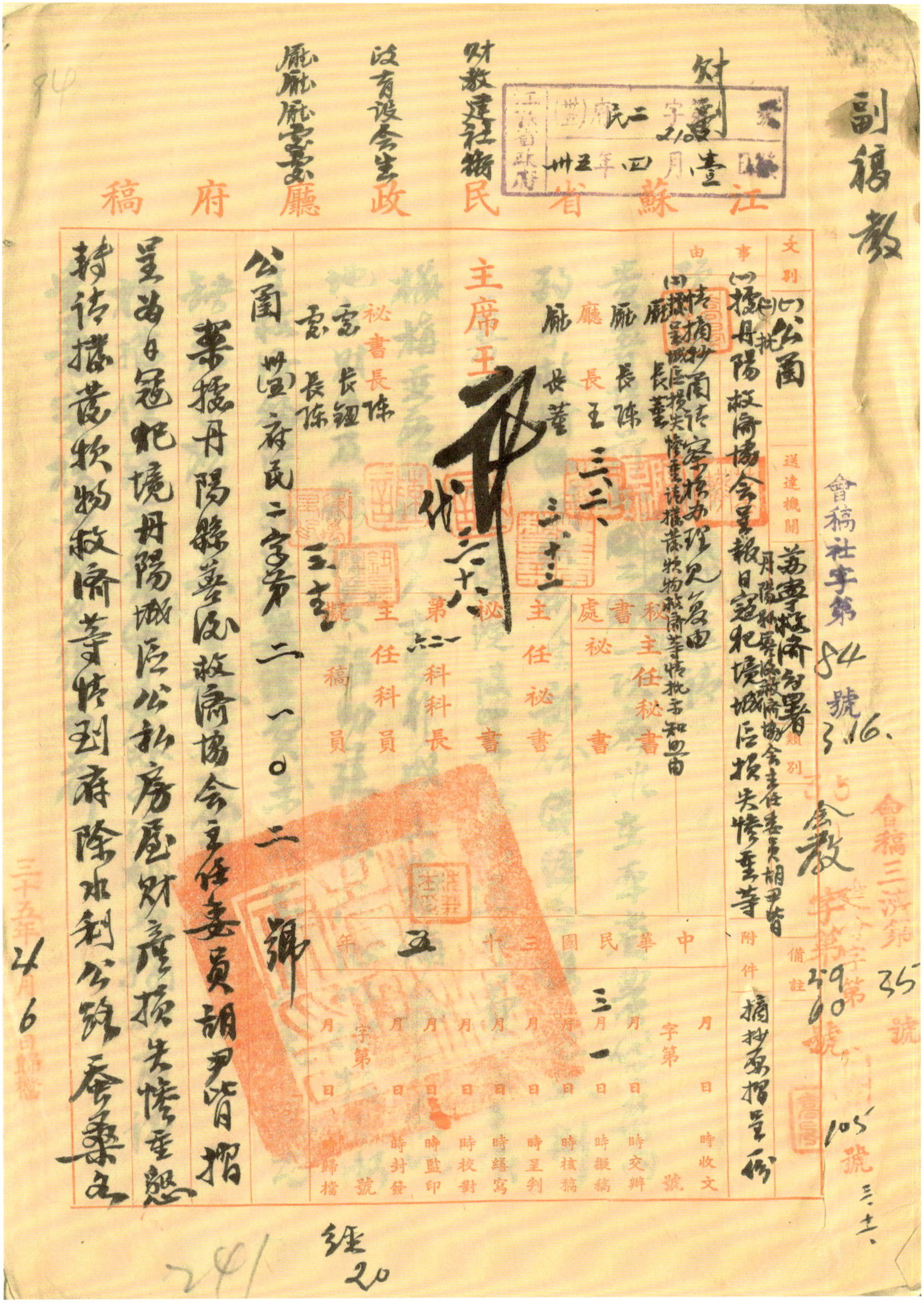
副稿 教

江蘇省民政廳府稿

文別：(一)公函 (二)批

事由：(一)據丹陽救濟協會呈報日寇犯境城區損失慘重等 (二)據摘抄原呈……

送達機關：(一)蘇寧救濟分署 (二)丹陽縣善後救濟協會主任委員胡尹皆

附件：摘抄原摺呈一份

主席王

秘書長陳

公函 (卅五)府民二字第二一〇二號

案據丹陽縣善後救濟協會主任委員胡尹皆摺呈為日寇犯境丹陽城區公私房屋財產損失慘重懇請轉請撥發款物救濟等情到府除[illegible]

85

項已由建設廳摘抄送請
貴署核辦理并飭令批示一項應准在本省農貸案內
酌予救濟衛生部份遵照衛
生署所頒公立醫院設置規則迅即籌設是項
醫院並飭由地方人士先行成立籌備委員會以
地方財力及縣經費補助建築院地以便接受衛
生救濟物資如建築經費未能籌足之究竟為
請若干應手續呈報再憑轉請
核撥修建等費外其餘各項相應摘抄原請
貴署察核辦理見復為荷

江蘇省政府印刷所印

242

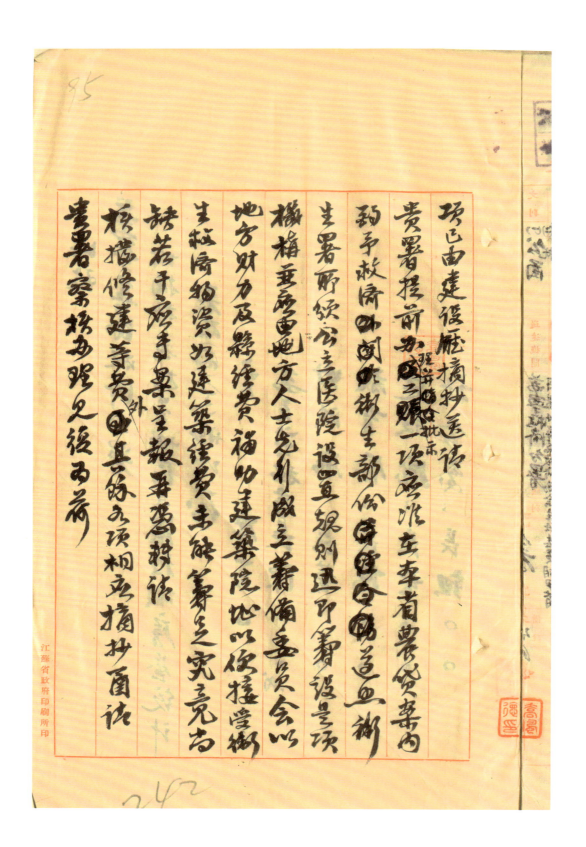

快致

蘇寧善後救濟分署

附摘抄原損呈城區各鎮被燬、房屋統計表及（丙）（丁）兩項一份

主　席　王〇〇

委員兼秘書長陳〇〇代

財政廳廳長董〇〇

教育廳廳長陳〇〇

建設廳廳長董〇〇

社會處處長鈕〇〇

(卅)府民二字第2103號
卅五年四月一日

衛生處處長陳〇〇
民政廳廳長王〇〇 鈞鑒
卅(五)府民二字第　號

指令

具呈人：丹陽縣善後救濟協會主任委員胡尹青

卅四年十二月卅日摺呈一件，為日寇犯境，丹陽城區公私房屋財產損失慘重，請予轉咨救濟分署撥發振物救濟由

摺呈悉。茲分別核示於後：（一）關於工賑助賑部份，工賑一項除准在本年省農貸案內酌予救濟外，水利方面練湖及江南運河建設廳

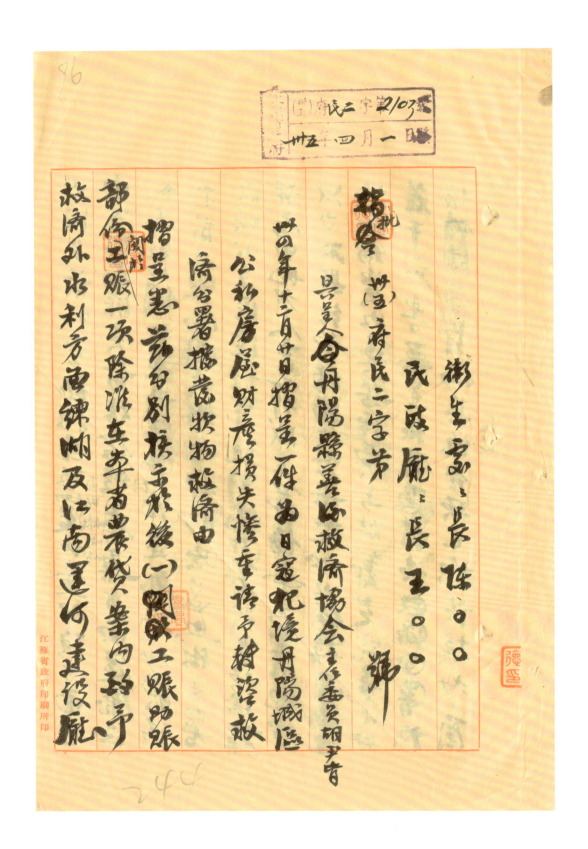

已派員前往查勘，擬具整理計畫。公路方面已
由公路局派員前往搶修，建築方面建廳亦
擬具整個計畫辦理，均經建廳摘抄轉請
提前辦理。又關於衛生部份，應逕函衛生署
照頒公立醫院設置規則，迅即籌設是項機構，
并應由地方人士先行成立籌備委員會，以地方
財力及縣經費補助建築醫院地，以便接受衛生
救濟物資。如建築經費未敷，籌足究竟尚缺
若干，應專案呈報，再憑轉請署核
撥。又其餘各項已據情摘抄函

擬稿 [illegible] 校

請辦理矣仰即知照此批

發

主席王〇〇

委員兼秘書長陳〇〇代

財政廳廳長董〇〇

教育廳廳長陳〇〇

建設廳廳長董〇〇

社會處處長鈕〇〇

衛生處處長陳〇〇

民政廳廳長王〇〇

37

746

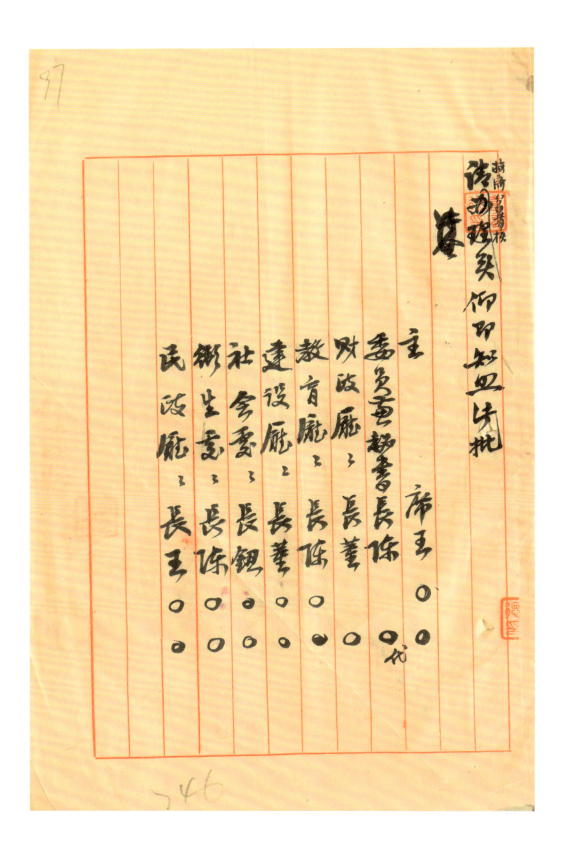

邵震楼关于遵报教育人员财产损失报告单致江苏省教育厅的签呈（一九四六年七月三十一日）

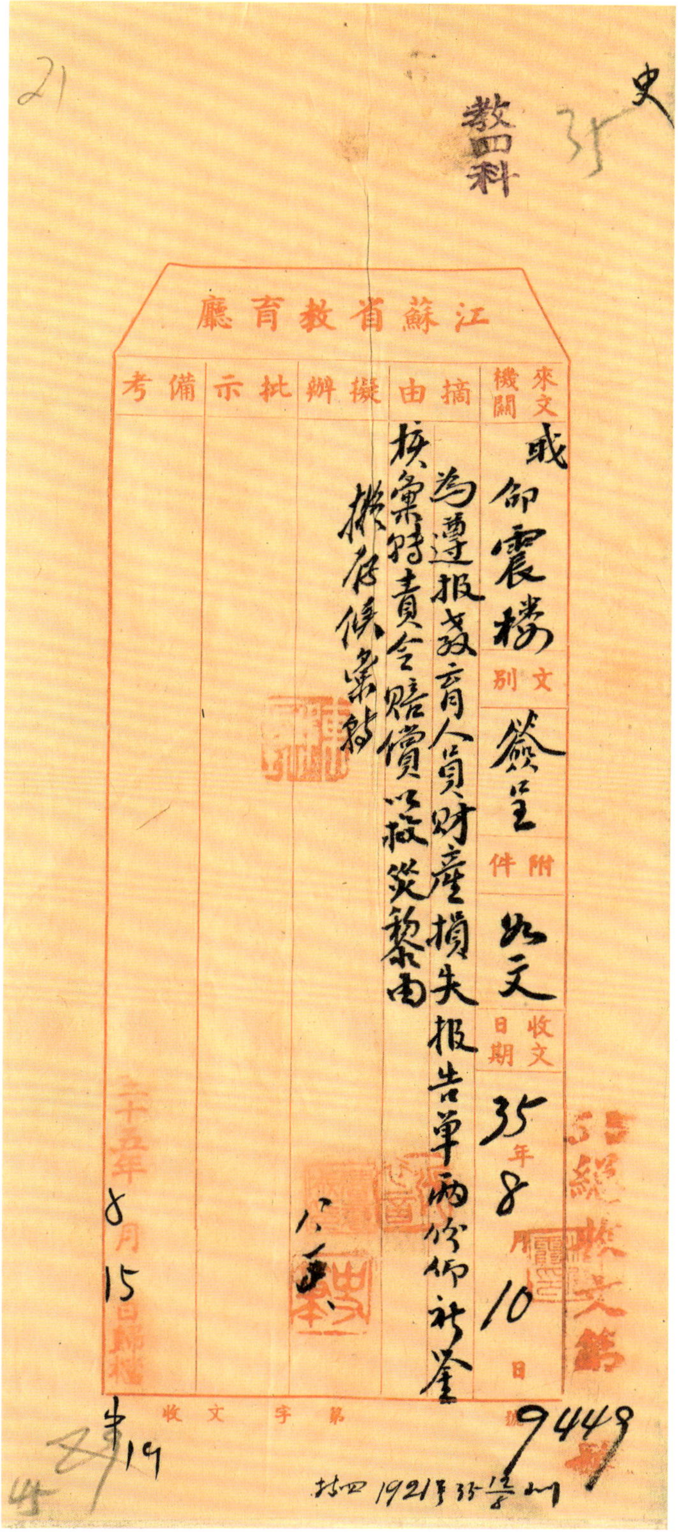
教四科

江蘇省教育廳

來文機關	文別	附件	收文日期
邵震樓	簽呈	如文	35年8月10日

摘由：為遵報教育人員財產損失報告單兩份仰祈鑒核彙轉責令賠償以救災黎由

擬辦：擬存候彙辦

批示：

備考：三十五年8月15日歸檔

收文 字第9449號

簽呈 三十五年七月三十一日

案由 為遵報教育人員財產損失報告單兩份仰祈鑒核彙轉責令賠償以救災黎由

謹簽呈者竊 職 世居江蘇省鎮江縣第五區埤城鎮東街地方祖業耕讀世代書香
民國二十六年蘆溝橋七七抗戰發生旋即八一三淞滬抗戰事起日寇在滬登陸十一月間
寇軍更沿鎮澄公路直撲鎮江所有祖屋二十一間防空壕一間悉於十一月七日全被寇軍縱
火焚燬無餘鄉保甲長皆可證明受災之慘流離之痛罄竹難書時 職 服務浙江省立寧波
民教館 職子 逃往武漢從軍均在後方工作未久 職父 殉難家人生計斷絕慘絕人寰思之
淚下茲謹遵填教育人員財產損失報告單兩份備文呈請
鈞長鑒核彙轉責令敵國賠償以救災黎而伸正義謹呈
廳長陳

計附呈教育人員財產損失報告單兩份

職 邵震樓

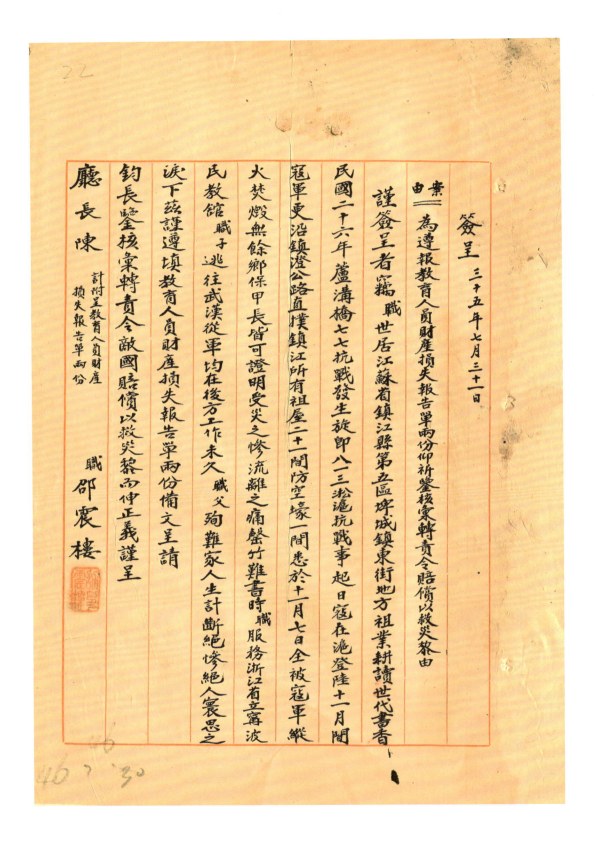

镇江县政府关于呈送县立千秋桥小学抗战损失报告表单等致江苏省教育厅的呈（一九四六年十二月二十七日）

教三科

鎮江縣政府呈

事由	擬辦	決定辦法
為呈送縣立千秋橋小學抗戰損失報告表單等件仰祈鑒核轉呈由		

附件：如文

中華民國卅五年十二月貳八日

總收文 17702

鎮江縣政府呈

中華民國三十五年十二月廿九日 教字第1820號

竊查本縣千秋橋小學創始於民國二年，自民國七年杜英長斯校後，至民國二十六年敵寇來侵爲止，凡二十年。在此期間，由學生三十四人之單級編制，擴充至三百八十餘人之八級完小，頗費經營。旋以戰禍，此培育人才之百年大業，卒於二十六年冬季燬於砲火。茲照行政院制訂之「修正抗戰損失查報須知」之規定，填就表册，備文代呈，仰祈

鑒核，准予轉呈，寔爲公便。

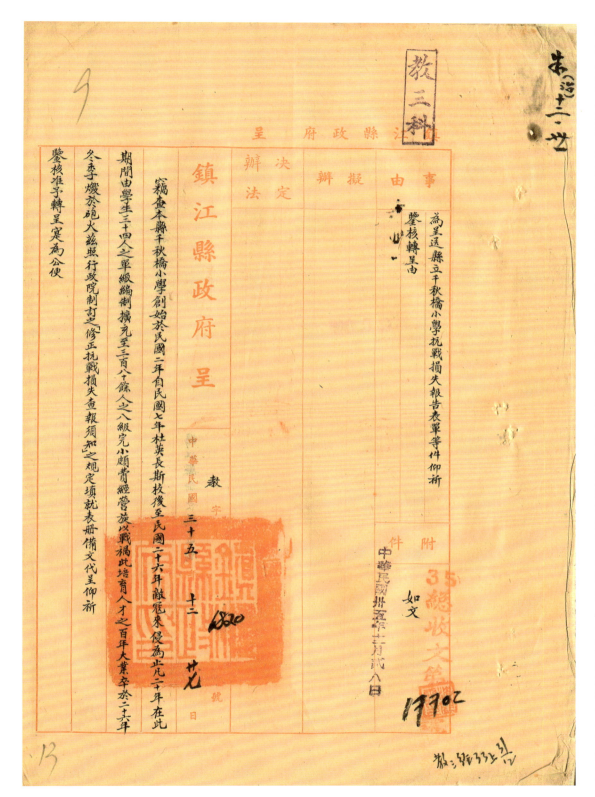

謹呈

江蘇省教育廳廳長陳

附呈財產直接損失彙報表二份

財產損失報告單二份

鎮江縣縣長張孟陶

10

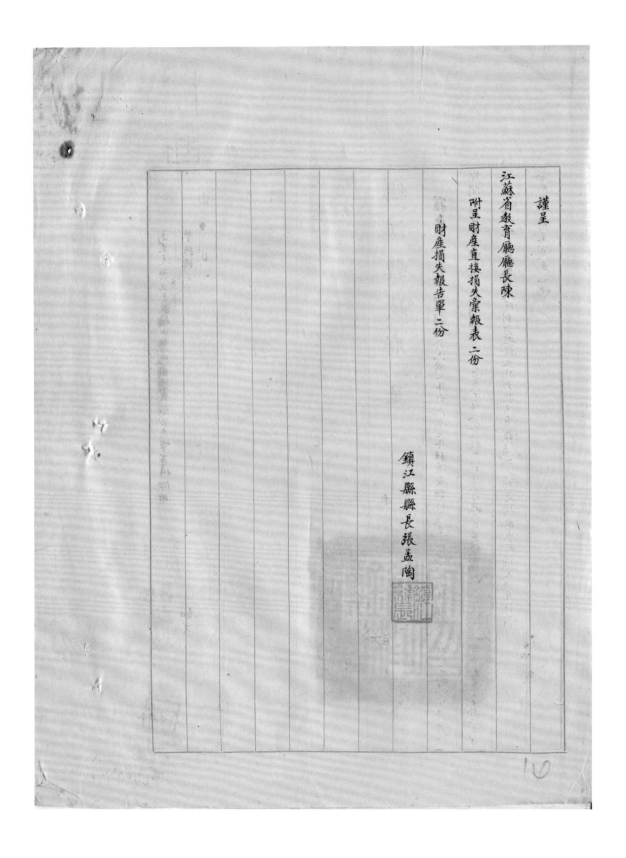

附：镇江县立千秋桥小学校财产直接损失汇报表及财产损失报告单（一九四六年十二月五日）

财產直接損失彙報表

學校名稱：镇江縣立千秋橋小學校

事件：敵機炸燬

日期：民國二十六年十一月二十三日

地点：镇江城内千秋橋

填報日期：卅五年十二月五日

分類	價值
共計	50855元
建築物	32500元
器具	11583元
現款	無
圖書	3324元
儀器	810元
醫藥	78元
其他	2560元

附財產損失報告單 四 張（價值根據戰前原價）

報告者 杜英

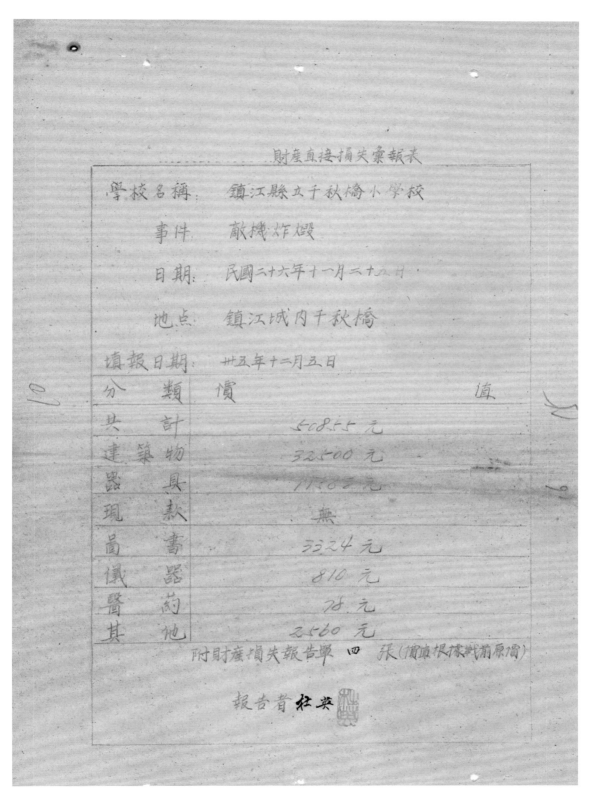

11

鎮江縣立千秋橋小學校財產損失報告單			
總計		價值	50855元
1.建築物		合計	32500元
借用積穀倉房屋	(一)教室及宿舍	20間	計20000元
〃	(二)辦公室	5間	
〃	(三)門房	1間	
〃	(四)接待室	1間	
〃	(五)廚房	1間	
自建新屋	(六)大禮堂	5間	計12000元
〃	(七)教室	8間	
〃	(八)科學室	1間	
〃	(九)榮譽室	1間	

17

自建新屋(十)廁所	2間		500元
2.器具	合計		11883元
(一)辦公用具	82件	價值	1400元
(二)教室〃	1260件	〃	3600元
(三)體育器具	48件	〃	860元
(四)衛生〃〃	56件	〃	68元
(五)童軍〃〃	620件	〃	1300元
(六)大禮堂器具	548件	〃	1350元
(七)成績室器具	24件	〃	680元
(八)圖表鏡架	180件	〃	260元
(九)小商店器具	8件	〃	150元
(十)動物園器具	4件	〃	25元

18

(十一)操場器具	60件	價值	50元	
(十二)宿舍	62件	〃	920元	
(十三)廚房用具	45件	〃	520元	
(十四)自製教具	820件	原料	600元	
3. 圖書		合計		3324元
(一)教師參考書	1120冊	價值	1100元	
(二)各種雜誌	六種 516冊	〃	620元	
(三)兒童圖書	2400冊	〃	1354元	
(四)自然掛圖	五類	〃	140元	
(五)史地圖表	10種	〃	110元	
4. 儀器		合計		810元
(一)物理化學儀器藥品	齊全	價值	500元	
(二)動植礦物標本模型	全套	價值	280元	
5. 醫藥		合計		78元
(一)藥櫥	1具	藥品用具齊全	78元	
6. 其他				2560元
(一)銀盾銀鼎	72件		2320元	
(二)獎旗鏡架	160件		240元	
(三)歷屆各項活動照片及歷年文件			價值無量	

報告者 鎮江縣立千秋橋小學校長 杜奐

镇江图书馆、江苏省教育厅等关于省立镇江图书馆图书损失及应尽先分配图书文物等事的一组公文（一九四七年三月十八日至六月五日）

镇江图书馆致江苏省教育厅的呈（一九四七年三月十八日）

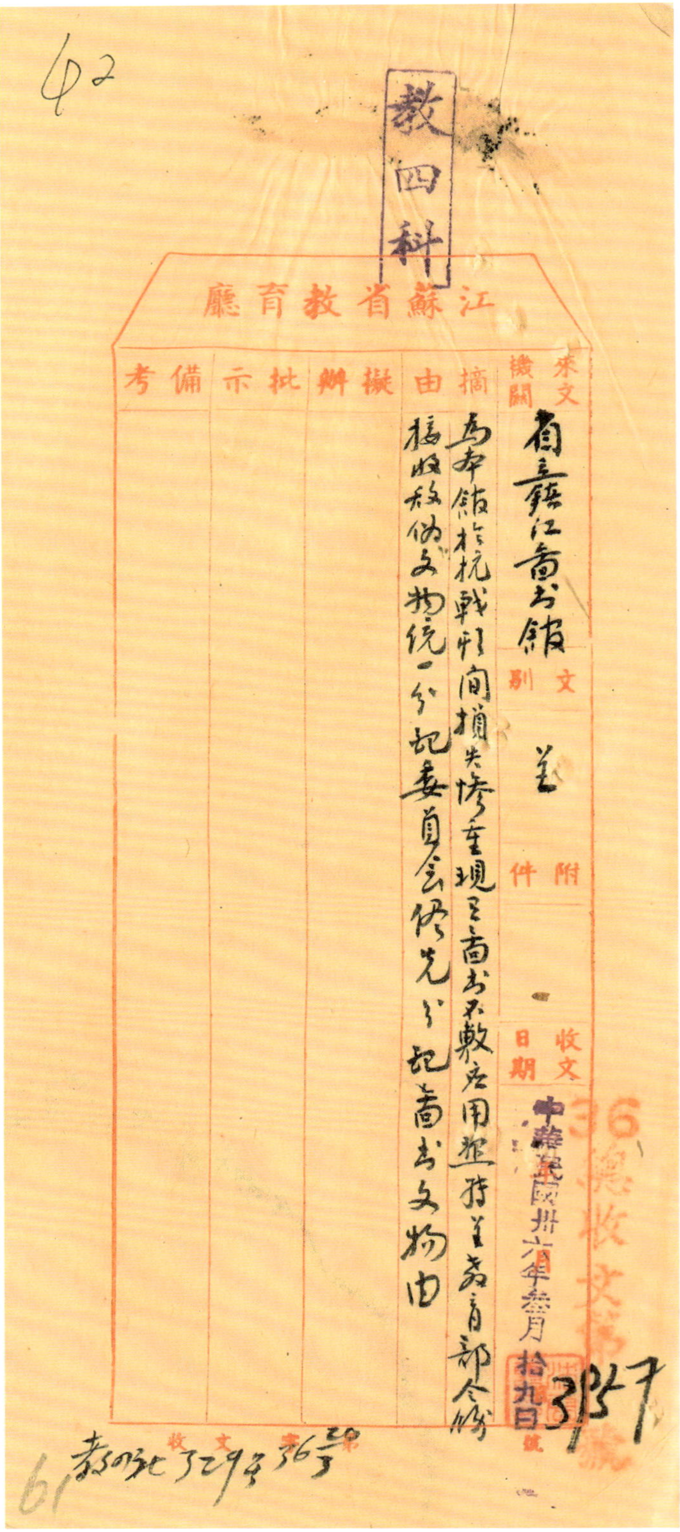

江蘇省立鎮江圖書館呈

兼發字第六十九號
中華民國三十六年三月十八日

為本館於抗戰期間損失慘重現有圖書不敷應用仰懇轉呈教育部令飭接收敵偽文物統一分配委員會儘先分配圖書文物由

竊本館於民國二十二年正式成立後至二十六年止收藏圖書已達十一二萬册並有珍貴古物多種不意抗戰發生除寄存湖南一部分外其餘完全散失勝利復員後經多方搜集連同自湘運回及陸續添置各書合計不過四萬二千餘册僅得原數三分之一有關文化之古物亦僅存有數種在本省三所省立圖書館中實以本館之損失為最重近自開放閱覽後迭得省會各機關學校來函商請將圖書借出閱覽或在各該處分設流通圖書部以便衆覽均以存書過少不敷分配婉辭謝絕殊為歉仄緣鎮江為省會所在地當此物價高漲各項圖書雜誌不易由私人自行購置之際為輔助各機關公務員進修及一般民衆閱覽計實不能不予設法

而本館受經費限制，復無力添購大量圖書以應需要，不免有力不從心之憾也。近聞 教育部為扶助各公立圖書館等文化機關迅速恢復計，業將在收復區所接收敵偽文物作統籌合理之分配，由部組織接收敵偽文物統一分配委員會與各方密切聯絡進行，並規定視各圖書館、學校等所受戰時損失之輕重為分配數量之準則，及凡木刻書本一律配予公立圖書館，敵偽時代印行之新書如明實錄、清實錄等部數甚多者應選配予各大學及各地大圖書館，某機關收藏文物已著名者應將此類文物儘先分配與某機關等項。為特具文呈請擬懇 顧念本館在抗戰期間損失之慘重及現有圖書文物不敷應用，目前又無力大量添購等實情，准予轉呈 教育部令飭接收敵偽文物統一分配委員會將所有接收敵偽圖書文物儘先分配本館保存，俾資利用，曷勝感戴。

謹呈

63

64

江蘇省教育廳廳長陳

兼任江蘇省立鎮江圖書館館長陳　倫

陳倫

60

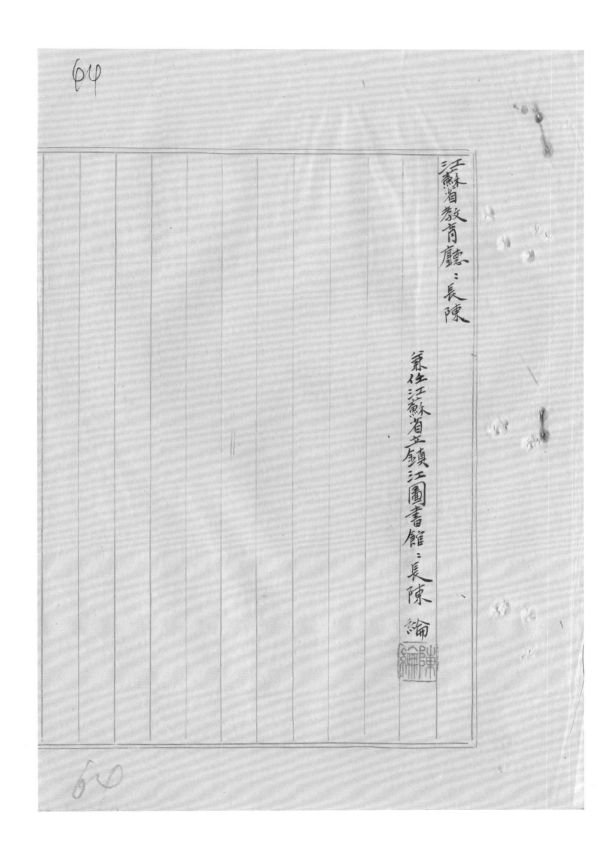

镇江图书馆关于重报财产损失报告单致江苏省教育厅的呈（一九四七年三月二十一日）

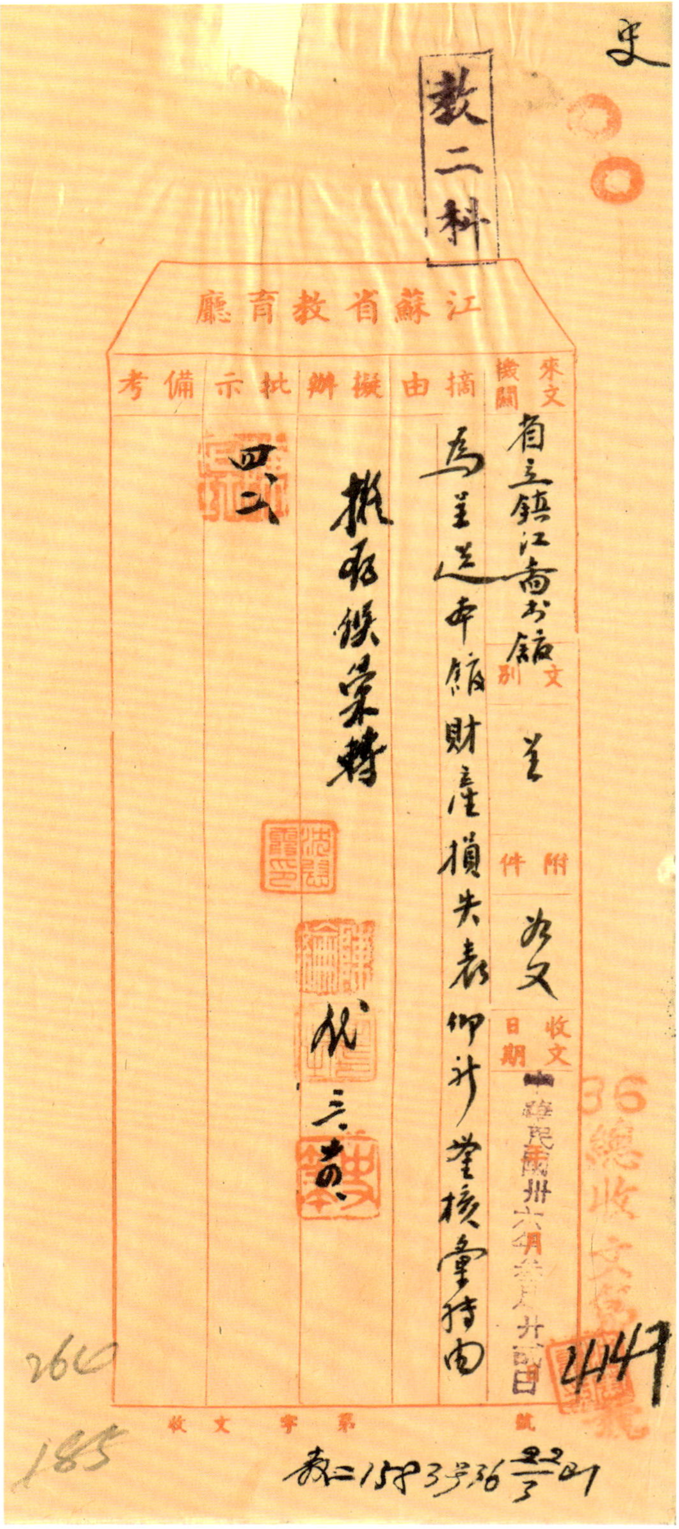
史
教二科
江蘇省教育廳
來文機關：省立鎮江圖書館
文別：呈
附件：如文
收文日期：中華民國卅六年三月廿八日
摘由：為呈送本館財產損失表仰祈鑒核彙轉由
擬辦：擬存候彙轉
批示：行 三.廿六
備考：四二
收文 字第 號
4447
教二1583号36 3.22

江蘇省立鎮江圖書館呈

兼蘇字第七十一號

中華民國三十六年三月廿一日

事由：為呈送本館財産損失表仰祈　鑒核彙轉由

案奉

鈞廳三月八日教二字第二一一一號訓令畧開：爲轉飭重行填報抗戰損失調查表及人口傷亡調查報注意事項仰遵照切實填報一式四份以憑彙轉等因。奉此，自應遵辦。查本館在抗戰期間并無人口傷亡，所有財産損失表茲已依式重行填就一式四份，理合備文呈送，仰祈

鑒核彙轉。

謹呈

江蘇省教育廳廳長陳

265-186

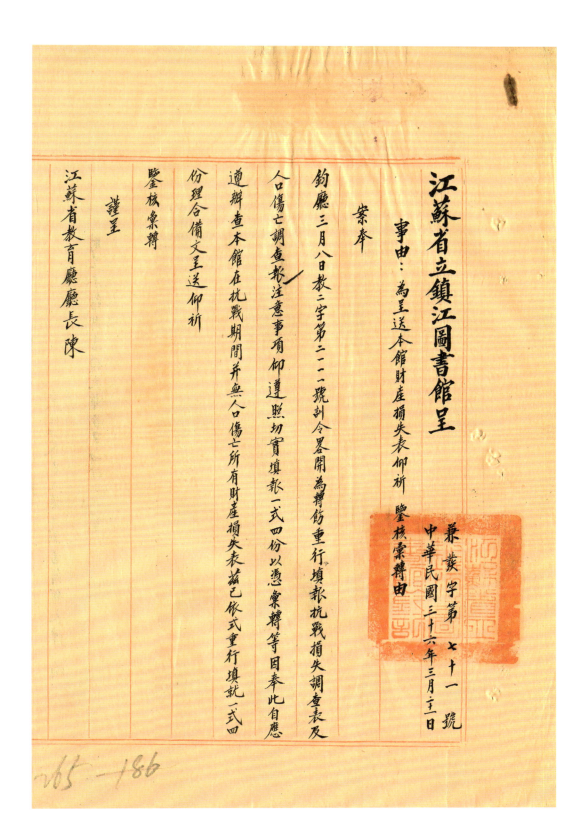

兼任江蘇省立鎮江圖書館館長陳 綸

陳綸

附呈本館財產損失報告單四份共八（十三）頁

266

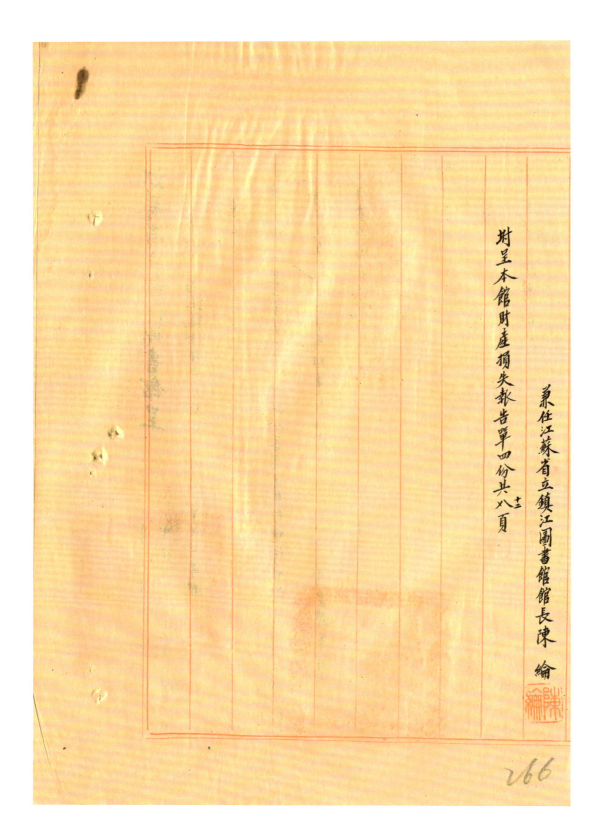

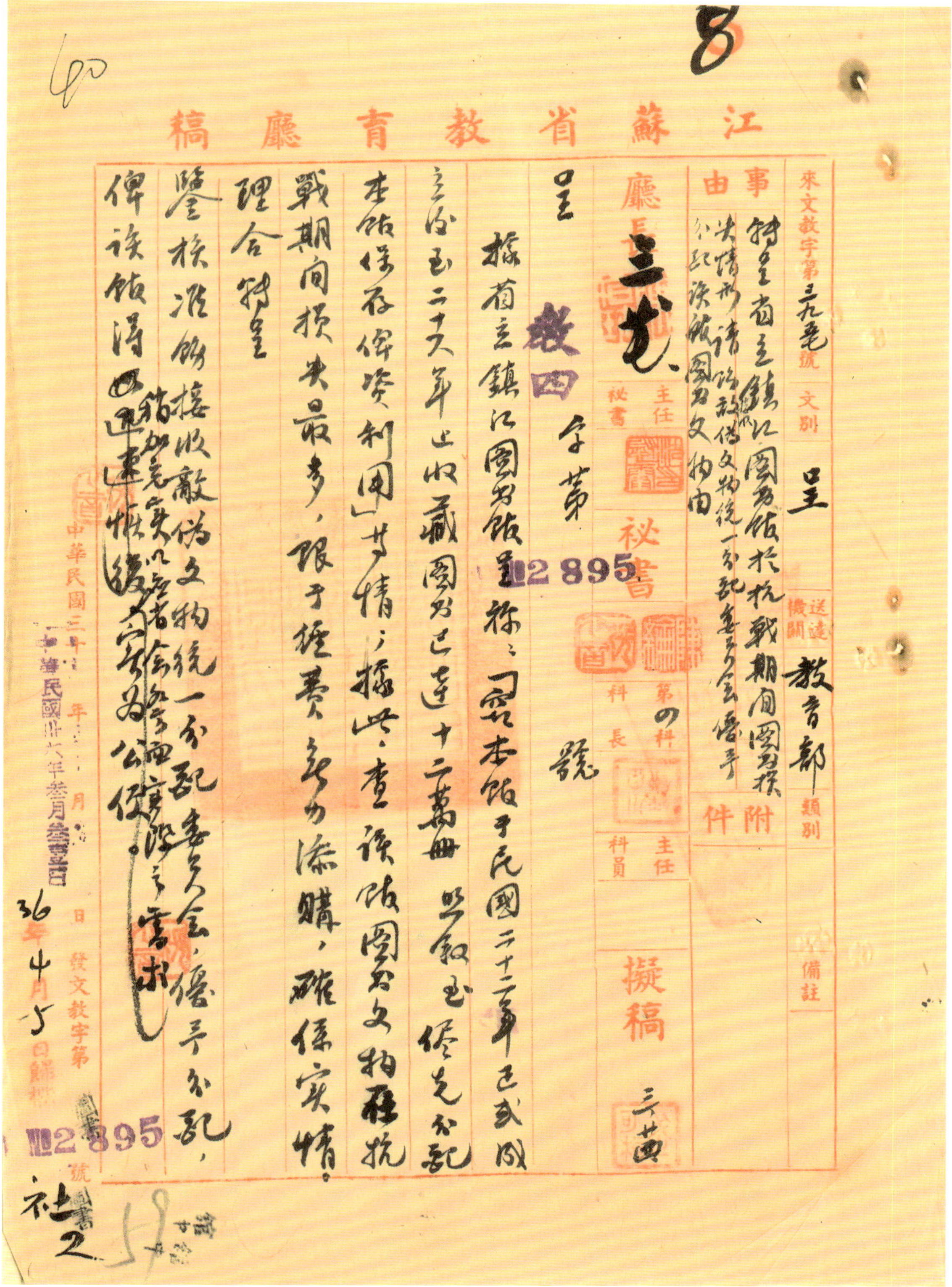

江苏省教育厅致教育部的呈（一九四七年三月三十一日）

戰期間圖書損失情形請飭接收敵偽文化統一分配委員會
優予分配該館圖書文物由

呈悉。查前存京滬敵偽圖書業經分配無餘，亦據來呈，業經轉請
行政院賠償委員會以没收敵人賠償物品內如有圖書等件，除查明應行
還原主者外，其餘均請分給國內各圖書館保存，以應需要。仰即知照。

此令。

部長 朱家驊

監印 何炳蔥

校對 梅肅堂

丁1（192×372公厘） 局印

15

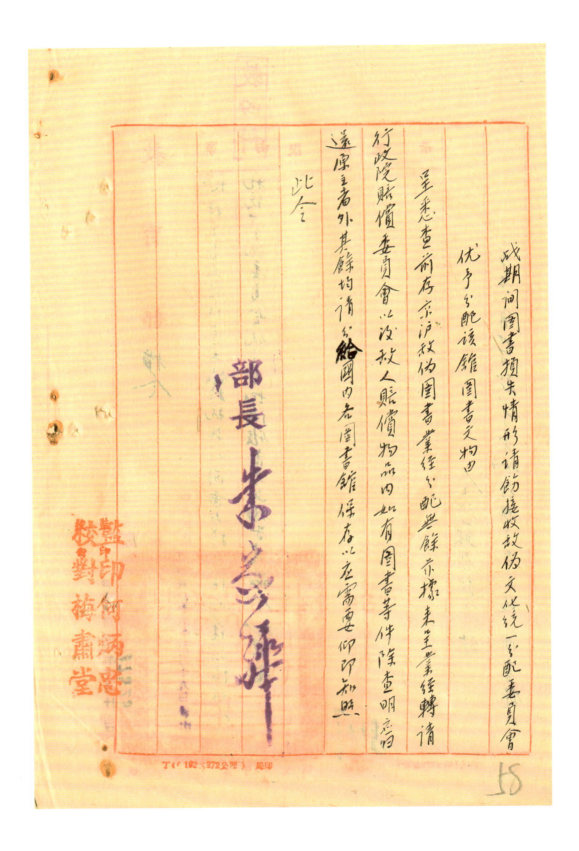

江苏省教育厅致教育部的呈（一九四七年三月三十一日）

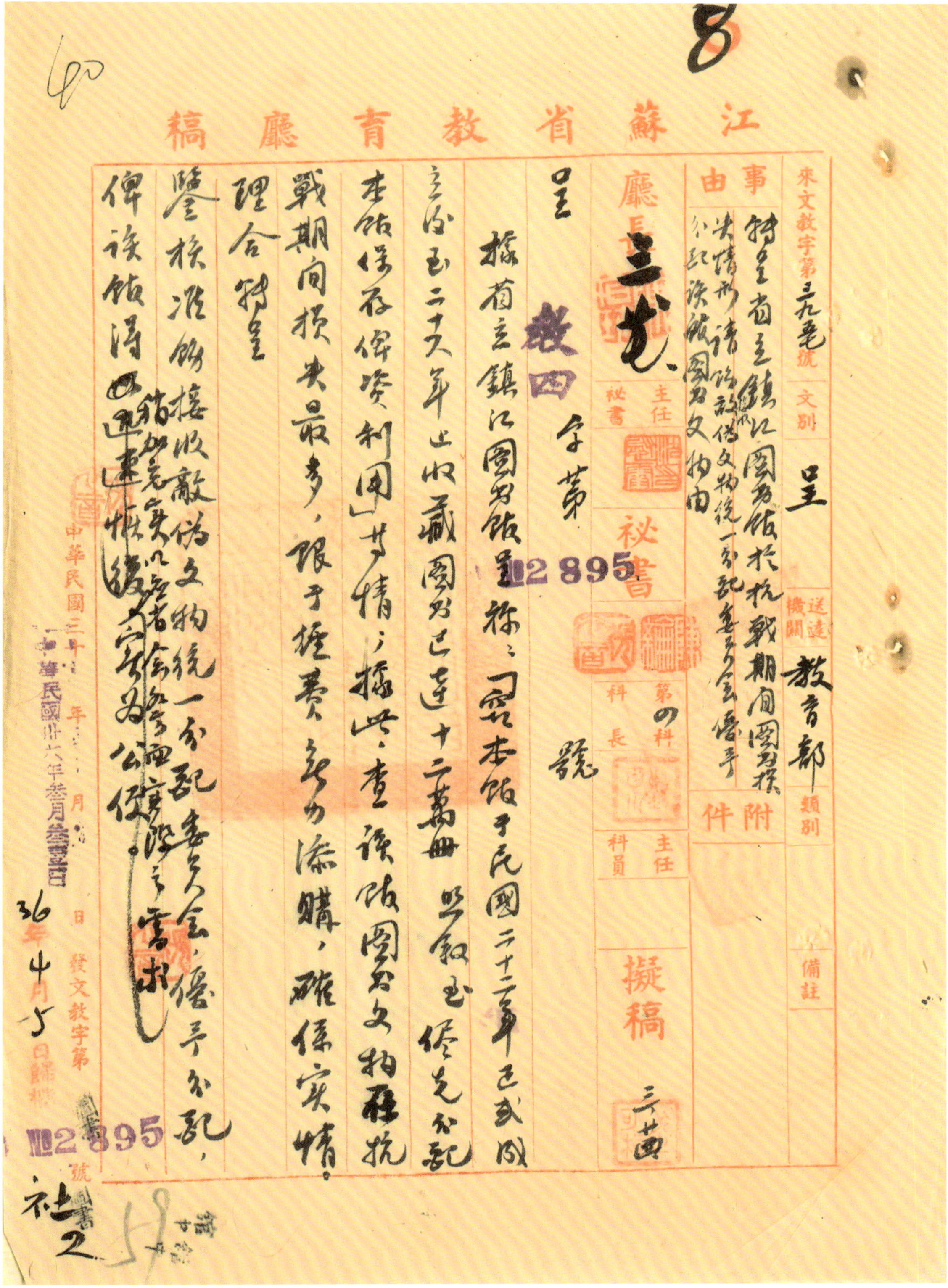

江蘇省教育廳稿

來文教字第三九〇號　文別：呈　送達機關：教育部

事由：特呈省立鎮江圖書館於抗戰期間圖書損失情形，請飭接收敵偽文物統一分配委員會優予分配該館圖書文物由

呈　教四字第　號

據省立鎮江圖書館呈稱：「竊本館于民國二十二年正式成立，迄至二十六年止收藏圖書已達十二萬冊，此次敵偽文物亟應優先分配本館保存，俾資利用」等情。據此，查該館圖書文物在抗戰期間損失最多，限于經費，無力添購，確係實情。理合特呈鑒核，准飭接收敵偽文物統一分配委員會優予分配，俾該館得以藉加充實，以應各界學術研究之需求，實為公便。

41

謹呈

教育部部長朱

全衛廳長陸〇〇

教育部致江苏省教育厅的指令（一九四七年五月十九日）

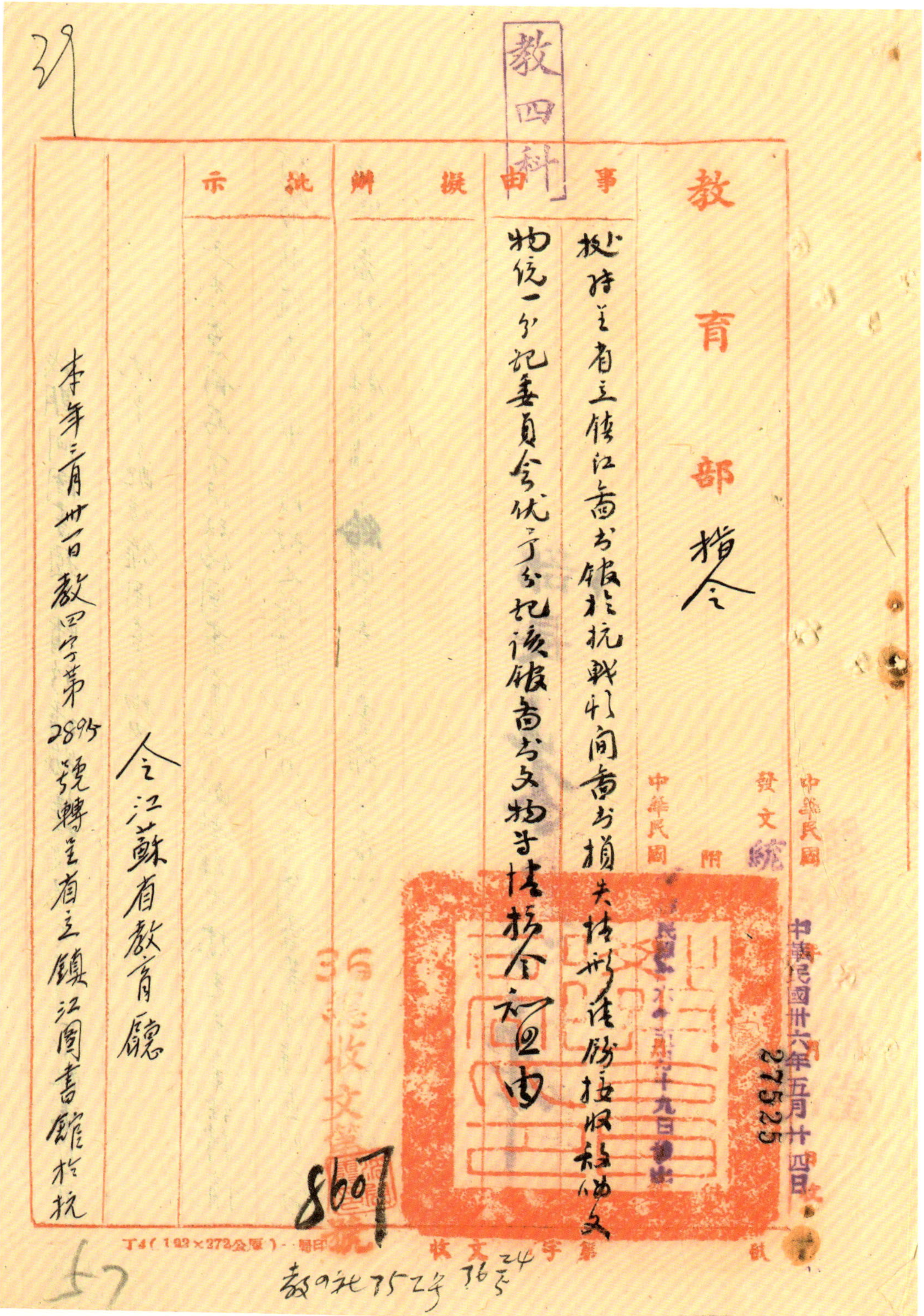

教四科

教育部 指令

事由：據呈省立鎮江圖書館於抗戰期間圖書損失情形請飭接收敵偽文物統一分配委員會優予分配該館圖書文物等情指令知照由

令江蘇省教育廳

本年三月卅日教四字第2895號轉呈省立鎮江圖書館於抗

中華民國卅六年五月廿四日

27525

8607

戰期間圖書損失情形請飭接收敵偽文化統一分配委員會

優予分配該館圖書文物由

呈悉查前存京沪敵偽圖書業經分配無餘亦據來呈業經轉請

行政院賠償委員會以沒收敵人賠償物品內如有圖書等件除查明應行

還原主者外其餘均請分給國內各圖書館保存以應需要仰即知照

此令

部長 朱家驊

監印 何炳憲

校對 梅肅堂

丁4(192×372公厘)局印

58

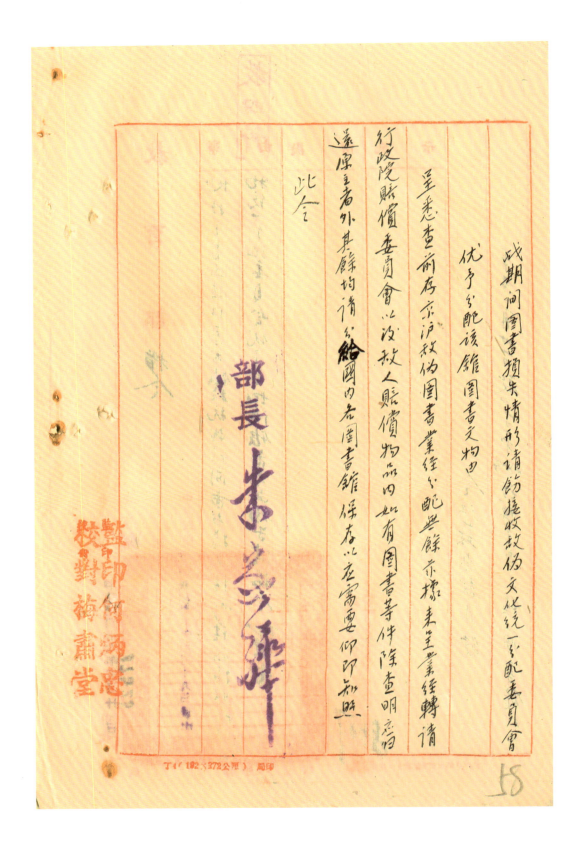

37

江蘇省教育廳稿

來文教字第八六〇七號

文別：指令

送達機關：省立鎮江圖書館

類別

事由：據報該館於抗戰期間損失慘重，現有圖書不敷應用，請轉教部令飭接收敵偽文物統一分配，候先分配圖書文物，指令祗遵由

廳長 [signature]

主任秘書

秘書

第四科 科長

主任科員

擬稿 五廿八

附件

備註

教四字第 號

令省立鎮江圖書館

指令

三十六年三月十八日呈一件，為本館於抗戰期間損失慘重，現有圖書不敷應用，懇轉呈教育部令飭敵偽文物統一分配委員會侭先分配圖書文物由。

呈悉。但本案業經本廳 [illegible] 號呈請教育部 [illegible] 物統一分配委員會 [illegible] 呈奉

教育部本年五月十九日總字第二七五二五號指令開：查前

中華民國卅六年六月五日 發文教字 號 星期四

№5456

36 6 7

№5456

社 2

江苏省教育厅致镇江图书馆的指令（一九四七年六月五日）

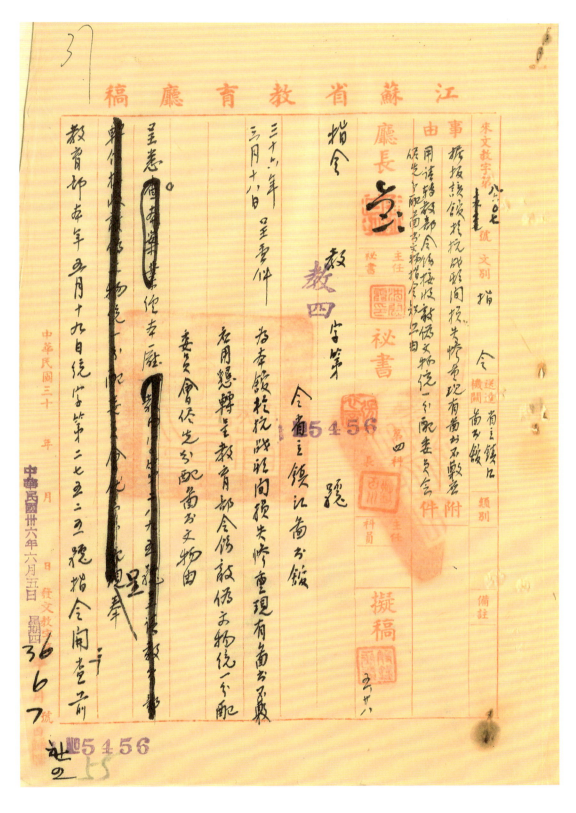

38

在京淪敵僞商號業經分配無餘，亦據來呈。業經轉請行政院賠償委員會以敵人賠償物品内如有商號等件，除查明應歸還原主者外，其餘均請分給國内各商號領保存，以應需要。等因，仰即知照。此令。

廳長　陳〇〇

56

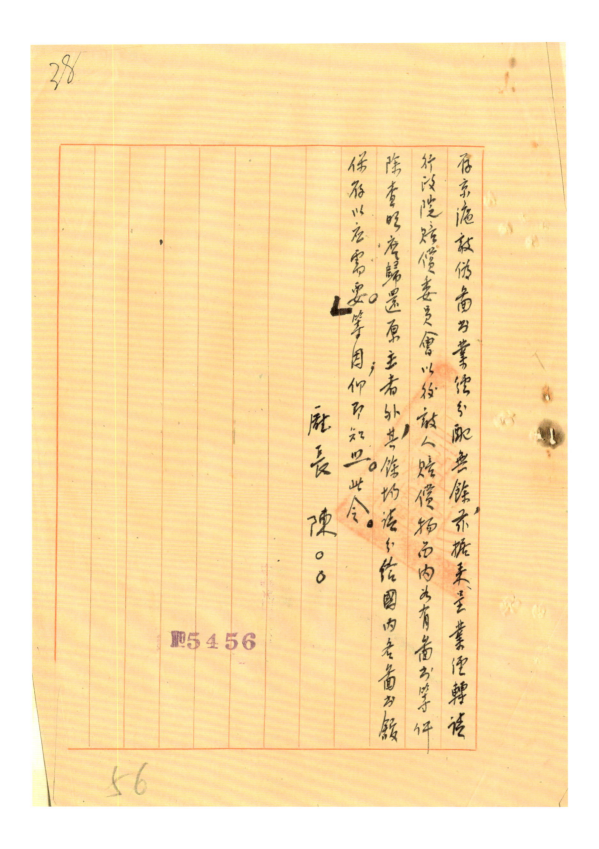

江苏省立镇江民众教育馆、江苏省教育厅、江苏省政府关于填送财产损失报告单事的一组公文（一九四七年三月二十一日至一九四八年二月六日）

江苏省立镇江民众教育馆致省教育厅的呈（一九四七年三月二十一日）

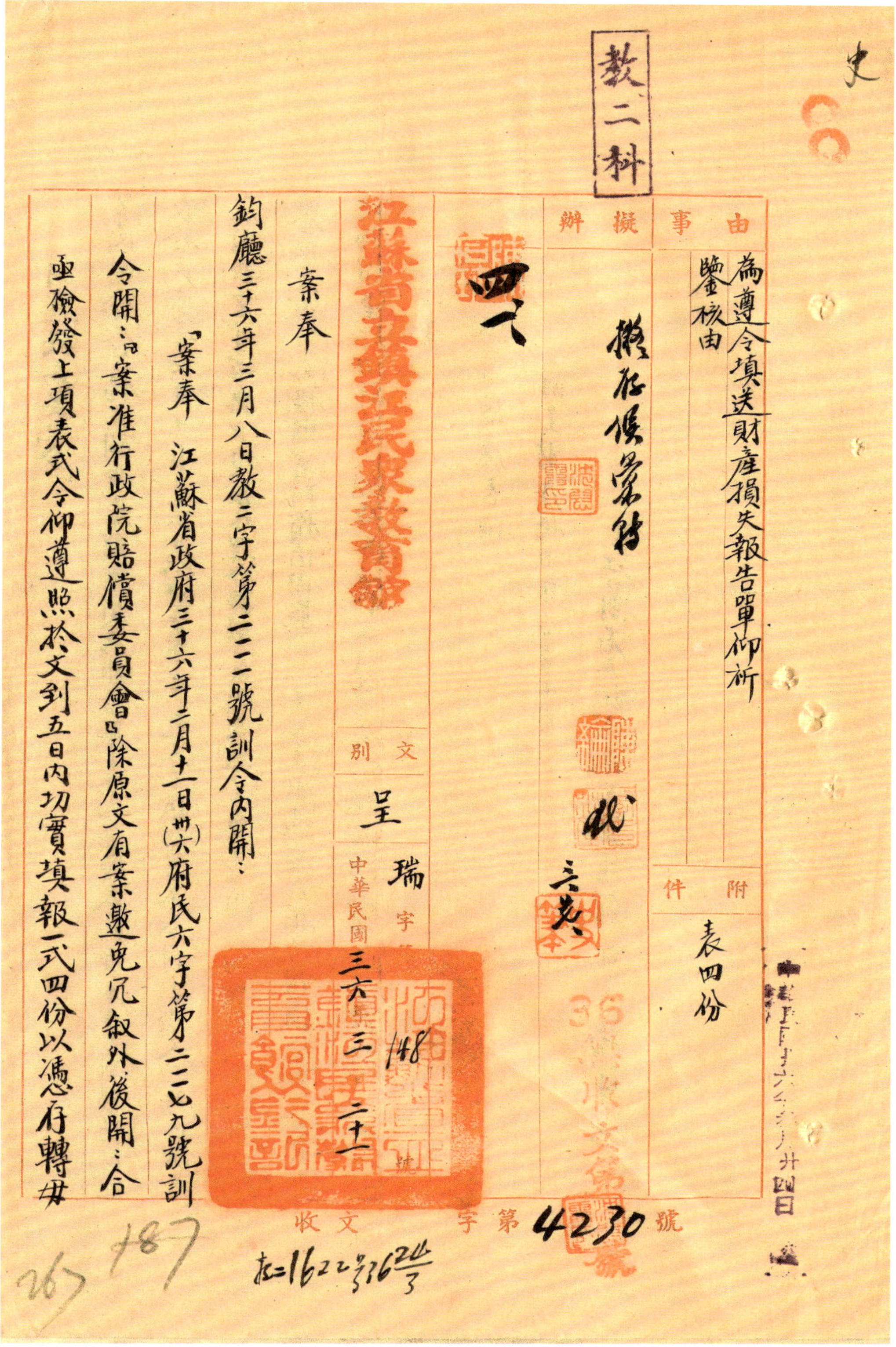

教二科

由事：爲遵令填送財產損失報告單仰祈鑒核由

擬辦：擬存候彙轉

附件：表四份

文別：呈

江蘇省立鎮江民衆教育館

瑞字第　號

中華民國三六年三月二十一日

收文　字第4230號

案奉

鈞廳三十六年三月八日教二字第二二一一號訓令內開：

「案奉　江蘇省政府三十六年二月十一日（卅六）府民六字第二二七九號訓令開：『案准行政院賠償委員會……』除原文有案邀免冗叙外，後開：『合亟檢發上項表式，令仰遵照，於文到五日內切實填報一式四份，以憑存轉，毋稍違誤為要此令」

等因附發人口傷亡調查表財産損失報告單表式各一份奉此查本案前經洪前館長於民國三十四年十一月二十二日以江字第一三號文呈報在案奉令前因除人口傷亡調查表因無案可稽無法填報外理合將財産損失報告單查填一式四份備文呈送仰祈鑒核表内第七欄購置時價值因戰前文卷散失無憑稽考損失價值係經按照現時物價重行估計第八欄損失証件亦因事過境遷無法取得合併陳明。

謹呈

江蘇省教育廳廳長陳

附呈財産損失報告單四份

江蘇省立鎮江民衆教育館館長湯祥麟

268

江苏省教育厅致省政府的呈（一九四八年一月十九日）

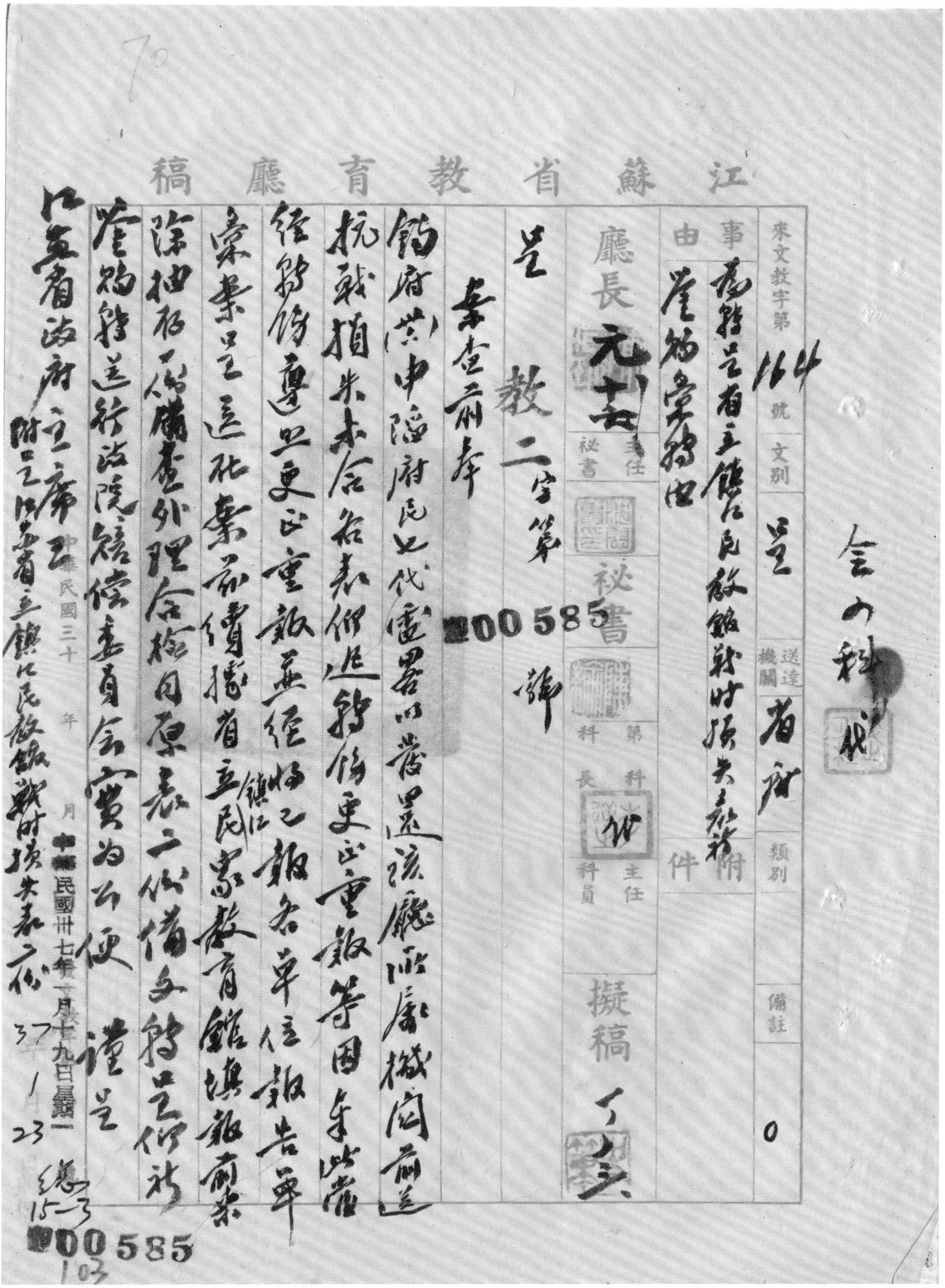

江蘇省教育廳稿
來文教字第 164 號
事由 為轉呈省立鎮江民教館戰時損失表祈核轉由
文別 呈
送達機關 省府
附件
類別
備註
廳長
主任秘書
秘書
第 科 科長
主任科員
擬稿
呈 教二字第 號
案查前奉
鈞府（卅六）中隐府民比代電略以查送該廳所屬機關前送抗戰損失未合格式仰即進轉飭更正重報等因在此當經轉飭遵照更正重報並經將之報各單位報告單案業已呈送在案前續據省立鎮江民眾教育館填報前來除抽存一份備查外理合檢同原表二份備文轉呈仰祈
鑒核轉送行政院賠償委員會實為公便
謹呈
江蘇省政府
附呈省立鎮江民教館戰時損失表二份
中華民國卅七年一月十九日

附：江苏省立镇江民众教育馆战时财产损失表（一九四七年十二月）

江蘇省立鎮江民衆教育館戰時財產損失表

填送日期　三十六年十二月

損失年月日	事件地點	損失項目	購置年月	單位	數量	價值（國幣元）購置時價值	價值（國幣元）損失時價值	證件
26年10月26日	日軍侵佔鎮江壽邱	房屋	抗戰前	間	126	12000	17000	無從覓得證件
仝	仝	課桌椅	仝	套	200	600	1000	仝
仝	仝	辦公桌椅	仝	套	40	400	600	仝
仝	仝	櫥櫃	仝	張	150	1500	2250	仝
仝	仝	床榻	仝	套	35	210	280	仝
仝	仝	鏡框	仝	面	650	325	390	仝
仝	仝	文具	仝	件	200	100	150	仝
仝	仝	繪畫用具	仝	件	25	50	75	仝
仝	仝	衛生用具	仝	件	80	8	12	仝
仝	仝	其他用具	仝	件	500	25	35	仝
仝	仝	圖書	仝	冊	35000	4000	6000	仝
仝	仝	標本	仝	件	1500	75	100	仝
仝	仝	儀器	仝	件	300	1000	1500	仝
仝	仝	模型	仝	件	450	500	750	仝
仝	仝	掛圖	仝	幅	1500	75	100	仝
仝	仝	電燈器材	仝	部	全	300	420	仝
仝	仝	電話機	仝	套	1	10	15	仝
仝	仝	電影機	仝	套	1	600	900	仝
仝	仝	收音機	仝	套	1	10	15	仝
仝	仝	擴音機	仝	套	1	8	10	仝
仝	仝	工藝器材	仝	件	200	200	300	仝
仝	仝	電氣器材	仝	件	300	200	300	仝
仝	仝	娛樂用具	仝	件	250	100	125	仝
仝	仝	保健用具	仝	件	150	120	150	仝

26年10月26日	日軍進佔旗江岸城鎮	童子軍用具	九年件	150	100	150	無從覓得証件
仝	仝	合作社設備	仝部	全部	35	50	仝
仝	仝	農場設備	仝部	全部	110	160	仝
仝	仝	動物園設備	仝部	全部	50	70	仝
小計					22711	32907	
高資施教區部份							
26年10月26日	日軍進佔高資	房屋	九年間	40	3000	4000	無証件
仝	仝	課桌椅	仝套	100	350	500	仝
仝	仝	辦公桌椅	仝套	10	50	70	仝
仝	仝	樹櫃	仝張	4	30	40	仝
仝	仝	書架	仝張	6	30	40	仝
仝	仝	床榻	仝套	10	25	30	仝
仝	仝	鏡框	仝面	40	25	30	仝
仝	仝	文具	仝件	30	3	5	仝
仝	仝	其他	仝件	125	7	10	仝
小計					3520	4725	
總計					26231	37632	

江苏省政府致省教育厅的代电（一九四八年二月六日）

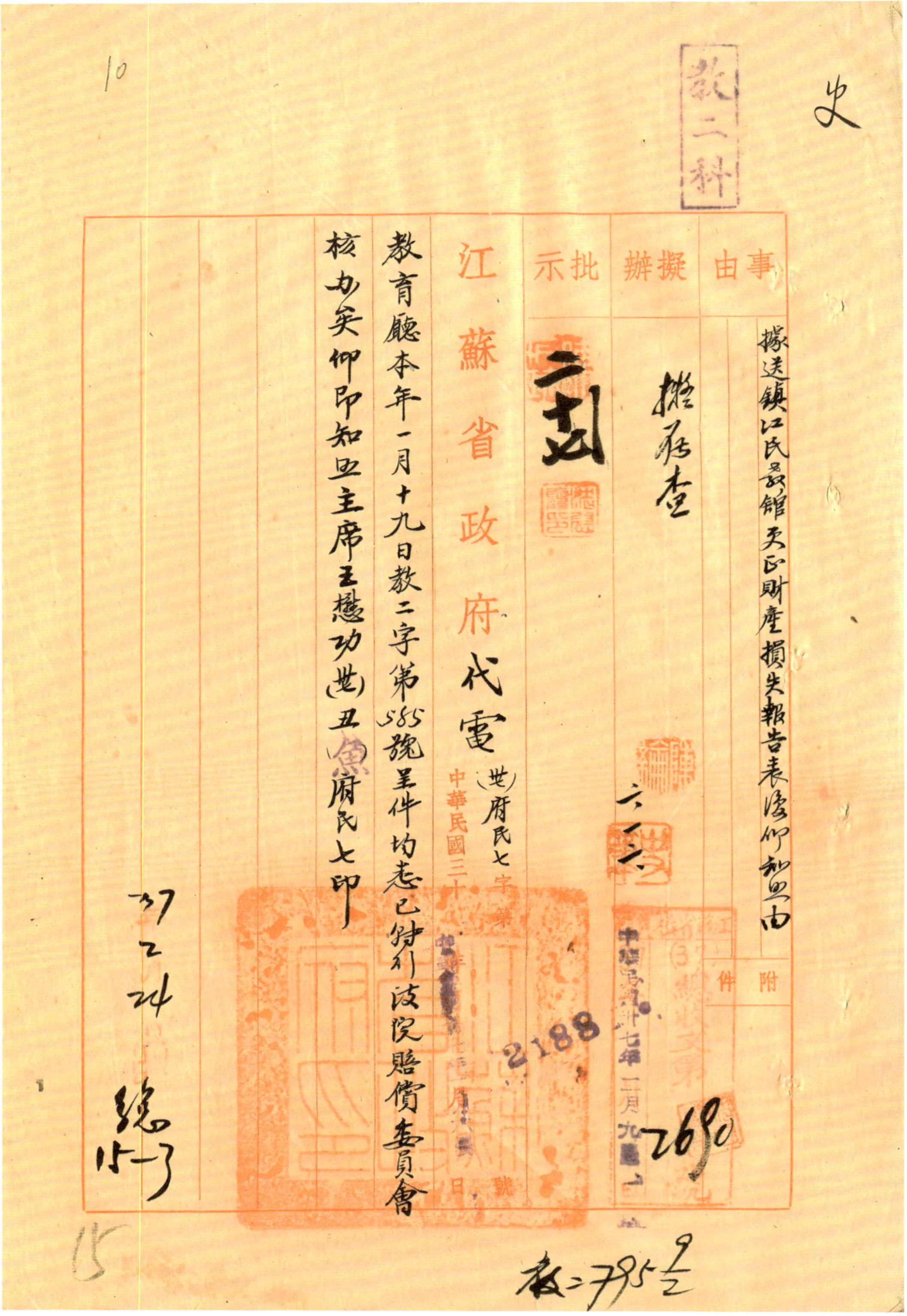

教二科

事由：據送鎮江民衆館公私財產損失報告表悉仰知照由

擬辦：擬存查

批示：二卅

江蘇省政府代電 （卅）府民七字第　號

中華民國三十　年　月　日

教育廳本年一月十九日教二字第585號呈件均悉已轉行該賠償委員會核辦矣仰即知照主席王懋功（卅）丑魚府民七印

丹阳县政府、江苏省教育厅、江苏省政府关于填报抗战损失调查表的一组公文
（一九四七年五月七日至一九四八年一月二十一日）

丹阳县政府关于填报抗战损失调查表致江苏省教育厅的呈（一九四七年五月七日）

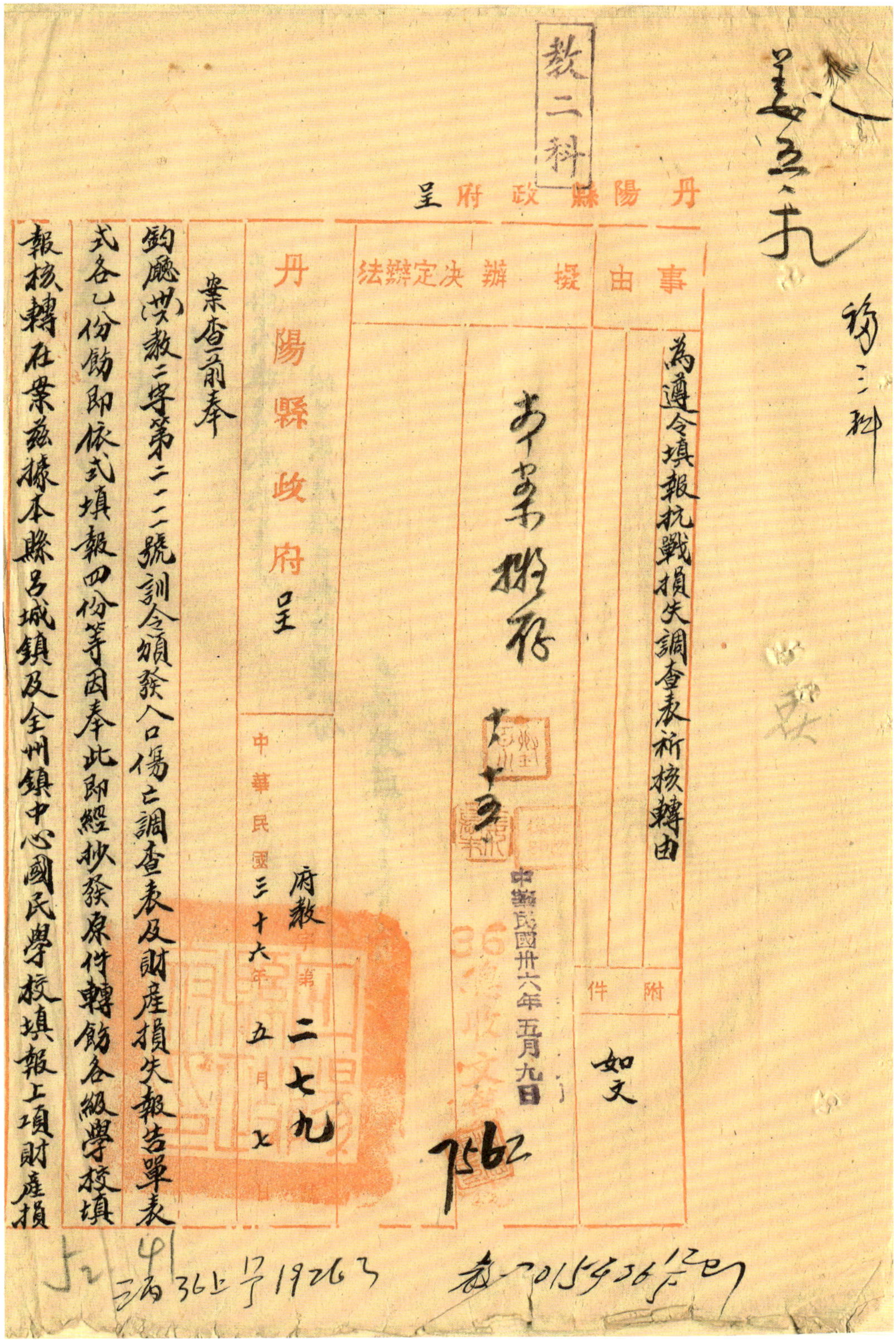

丹陽縣政府呈

教二科

事由：為遵令填報抗戰損失調查表祈核轉由

擬辦：存案

決定辦法

附件：如文

中華民國卅六年五月九日

丹陽縣政府呈

府教字第二七九

中華民國三十六年五月七日

案查前奉

鈞廳（卅六）教三字第二一一號訓令頒發人口傷亡調查表及財產損失報告單表式各乙份飭即依式填報四份等因奉此即經抄發原件轉飭各級學校填報核轉在案茲據本縣呂城鎮及全州鎮中心國民學校填報上項財產損

失报告单乙式四份到府理合检同原件一并备文转报仰祈

鉴核存转

谨呈

江苏省教育厅厅长陈

附呈财产损失报告单八份

丹阳县县长王介佛

53

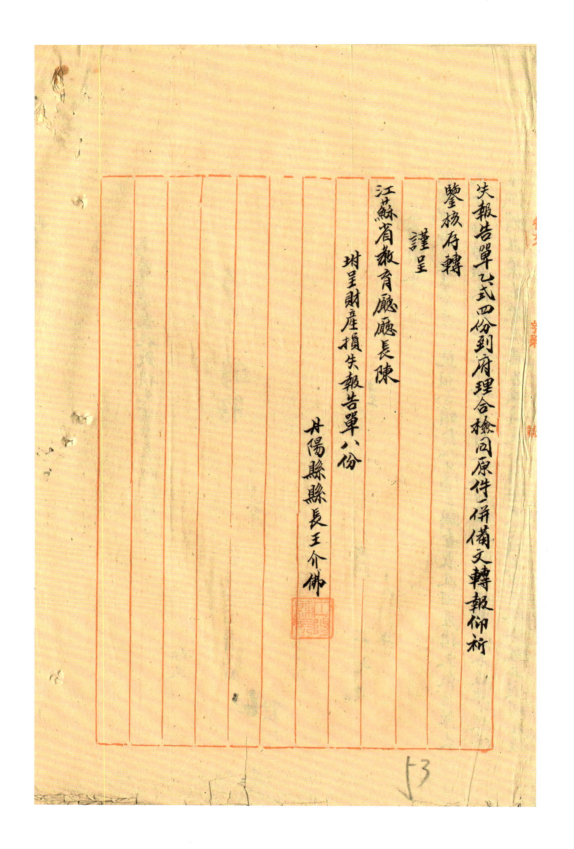

財產損失報告單

填送日期　三十六年　四　月　日

損失年月日	事件地點	損失項目	購置年月	單位	數量	價值（國幣元）購置時價值	價值（國幣元）損失時價值	證件
二十六年十一月	日軍進攻全州鎮	房屋	民國二年 民國十年	間	28	2240元	4480元	
二十六年十一月	日軍進攻全州鎮	校園	民國二年	畝	1	100元	200元	
二十六年十一月	日軍進攻全州鎮	課桌	民國十年 民國二十年	張	360	180元	200元	
二十六年十一月	日軍進攻全州鎮	圖書	民國十年—二十五年	册	600	60元	80元	
二十六年十一月	日軍進攻全州鎮	儀器	民國五年—二十五年	件	30	60元	90元	
二十六年十一月	日軍進攻全州鎮	什物	民國十五年—二十六年	件	60	20元	50元	
二十六年十一月	日軍進攻全州鎮	器具	民國十五年—二十五年	件	50	20元	60元	

丹陽縣全州鎮中心國民學校　受損失者：丹陽縣立全州小學

填報者：丹陽縣全州鎮中心國民學校校長陳子賢

通訊處：丹陽縣全州鎮

54

財產損失報告單

填送日期 三十六年四月十九日

損失年月日	事件地點	損失項目	購置年月	單位	數量	價值(國幣元) 購置時價值	損失時價值	證件
26年12月到27年3月	日軍盤踞財被擄盡被劫	單人桌課椅	5年8月	付	450	2,250.00	3,600.00	
		办公桌椅	〃	付	20	300.00	400.00	
		办公文具	26年8月	件	104	16.00	24.00	
		儀器	5年8月	件	312	3,000.00	4,000.00	
		標本	〃	件	65	45.50	65.00	
		兒童讀物	〃	册	2,000	400.00	500.00	
		参考用书	〃	册	535	214.00	321.00	
		衛生設備	〃	件	75	15.00	22.50	
		運動器具	〃	件	360	250.00	350.00	
		廚房用具	〃	件	40	20.00	30.00	
		床鋪	〃	張	86	860.00	1,290.00	
		门窗	〃	扇	136	1,020.00	1,400.00	
		12×15玻璃	〃	塊	608	364.00	486.00	
		地樓板	〃	方	82	984.00	1,312.00	
	焚毀	房屋	〃	间	12	3,000.00	4,200.00	
		總計				12,739.30	17,996.90	

丹陽縣呂城鎮中心國民學校　填報者 校長 張效參

江苏省教育厅致省政府的呈（一九四七年十二月三十日）

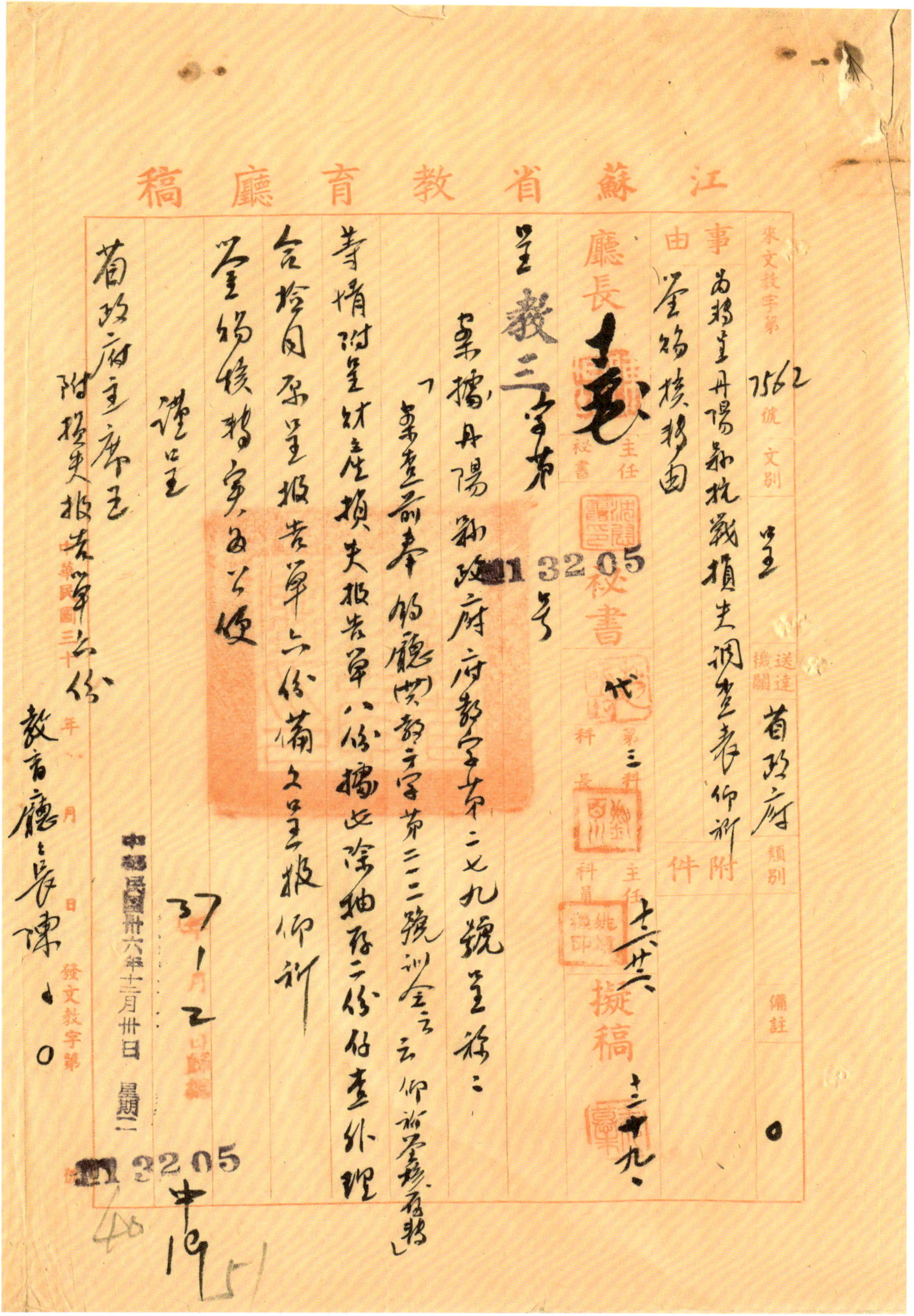

江蘇省教育廳稿

來文號字第 7562

事由：為轉呈丹陽縣抗戰損失調查表仰祈鑒核轉函

文別：呈

送達機關：省政府

呈 教三字第　號

案據丹陽縣政府府教字第二七九號呈稱：「案查前奉鈞廳(卅)教二字第二一二號訓令云云，仰祈鑒核存轉」等情，附呈財產損失報告單八份。據此，除抽存二份備查外，理合檢同原呈報告單六份，備文呈報，仰祈鑒核轉呈，實為公便。

謹呈

省政府主席王

附損失報告單六份

教育廳廳長陳○○

中華民國卅六年十二月卅日 星期二

江苏省政府致省教育厅的代电（一九四八年一月十六日）

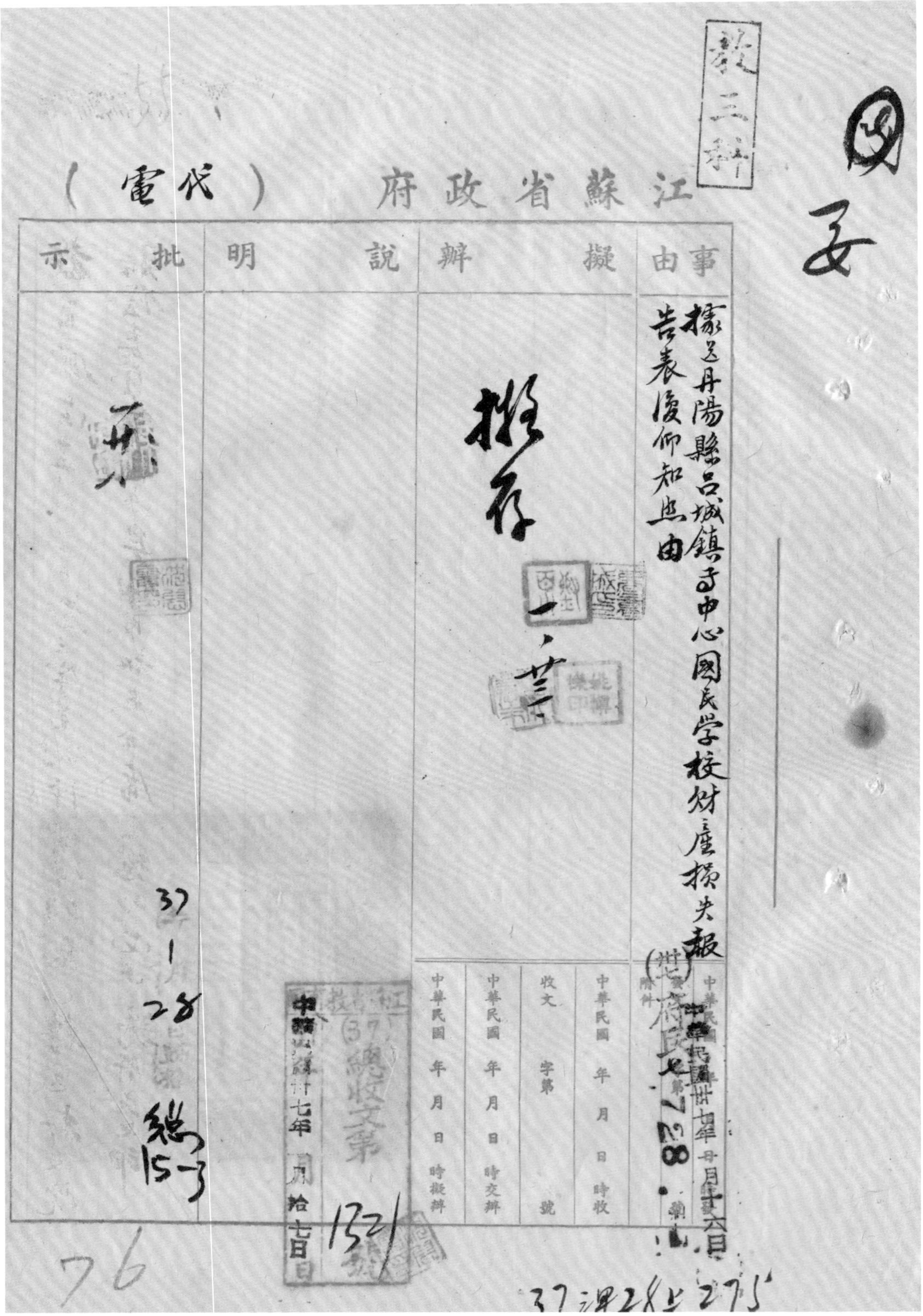
江蘇省政府（代電）

事由	擬辦	說明	批示
據送丹陽縣呂城鎮中心國民學校財產損失報告表復仰知照由	擬存 一.廿三		

附件

中華民國卅七年一月十六日 府民七 728 號

中華民國卅七年一月拾七日 （37）總收文第1321號

教育廳（卅六）十二月三十日教三字第13205號呈件均悉已轉送行政院

賠償委員會核办矣仰即知照主席王懋功（卅六）子銑府民乙印

監印

校對

77

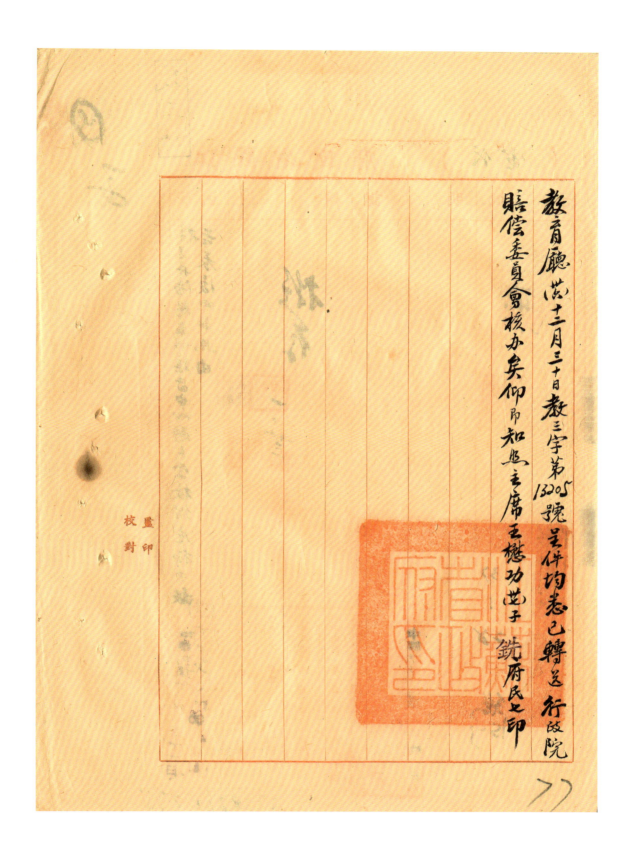

江苏省政府致省教育厅的代电（一九四八年一月二十一日）

教二科

蘇 省 政 府 （代電）

事由	擬辦	說明	批示
檢送灾区所属機関財産損失報告草渡仰知照由	擬存查		元世

中華民國 年 月 日 時收
收文 字第 號
中華民國 年 月 日 時交辦
中華民國 年 月 日 時擬辦

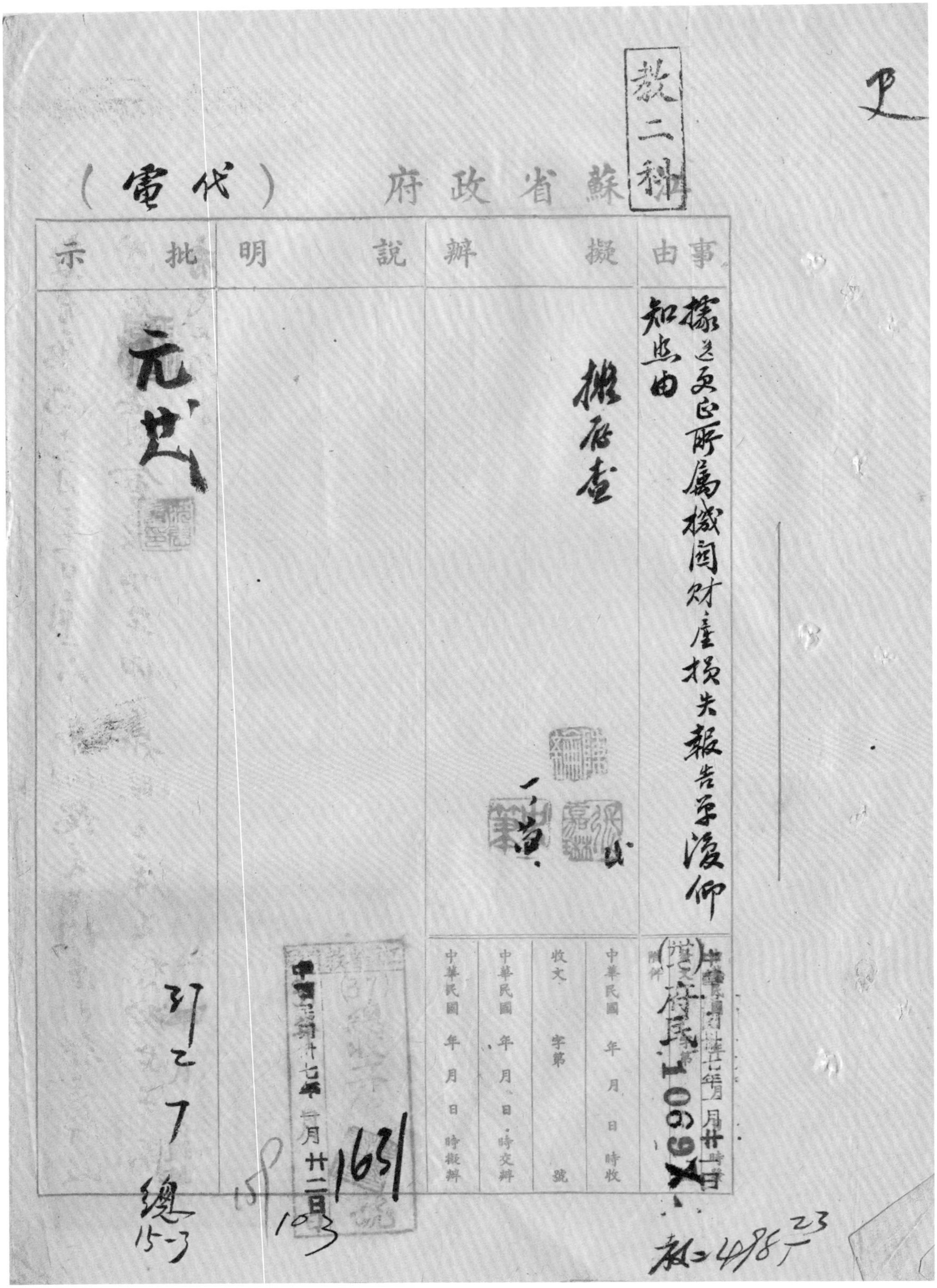

教育廳（卅六）十二月三十一日教二字第13248號呈件均悉已轉送行政院賠償委員會核辦矣仰即知照主席王懋功（卅七）子馬府民二印。

監印
校對

160

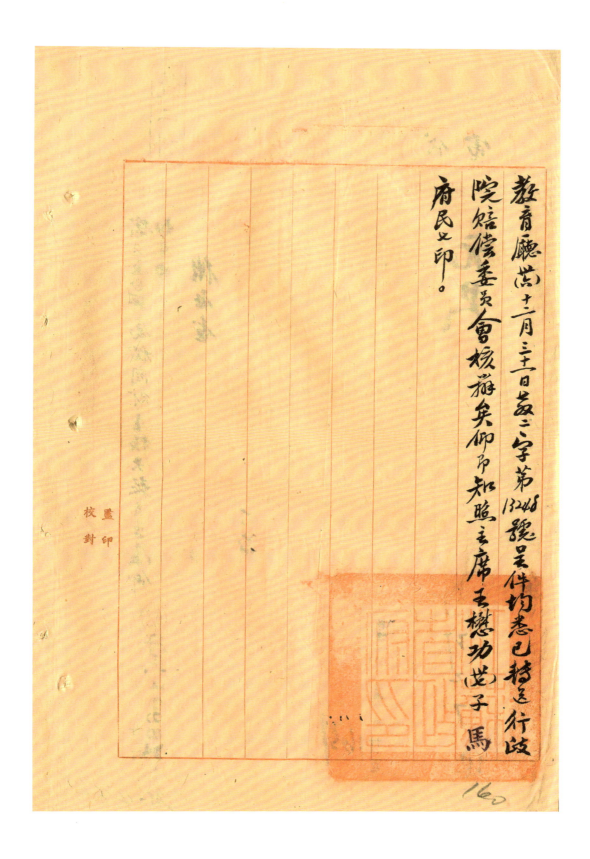

句容县政府、江苏省教育厅关于填报句容县人口伤亡调查表及财产损失单的一组公文（一九四七年六月三日至一九四八年六月七日）

句容县政府致江苏省教育厅的呈（一九四七年六月三日）

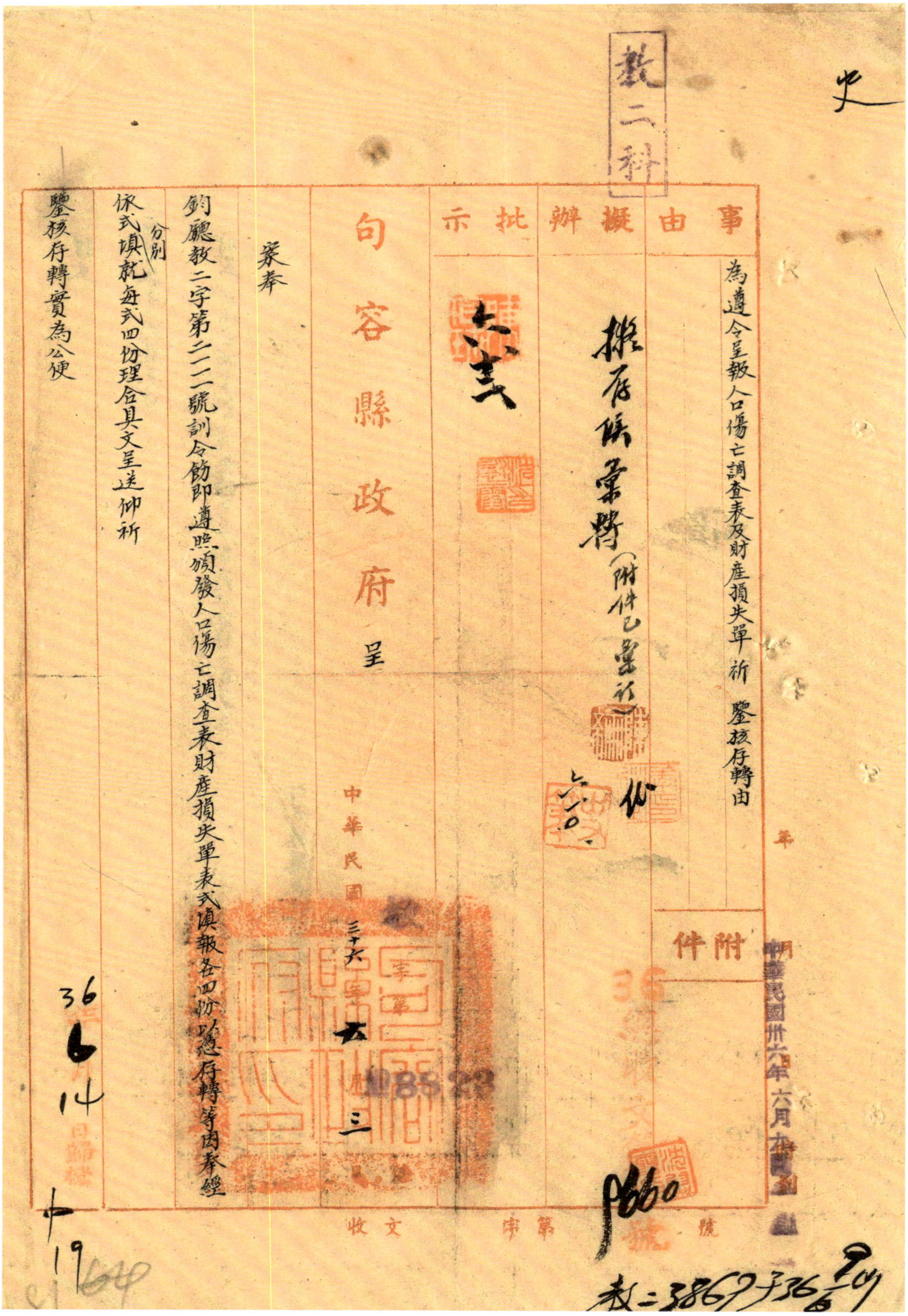

教二科

事由：為遵令呈報人口傷亡調查表及財產損失單祈鑒核存轉由

擬辦：擬存候彙轉（附件已案存）

句容縣政府 呈

案奉

鈞廳教二字第二二一號訓令飭即遵照頒發人口傷亡調查表財產損失單表式填報各四份以憑存轉等因奉經分別依式填就每式四份理合具文呈送仰祈

鑒核存轉實為公便

中華民國三十六年六月三日

附件

謹呈

江蘇省教育廳廳長陳

附呈人口傷亡調查表及財産損失單各一式四份計二百二十張

句容縣縣長祝再揚

82

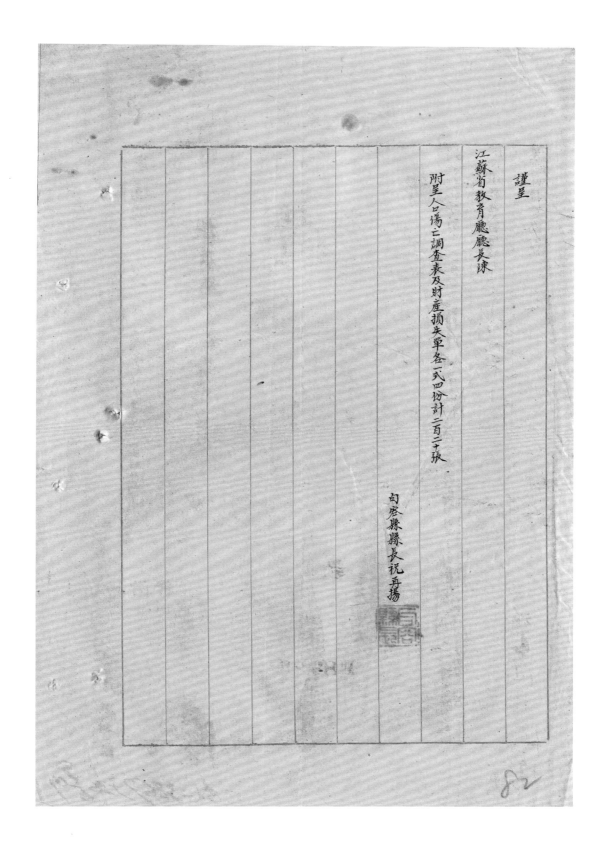

句容县政府致江苏省教育厅的呈（一九四七年十二月三十日）

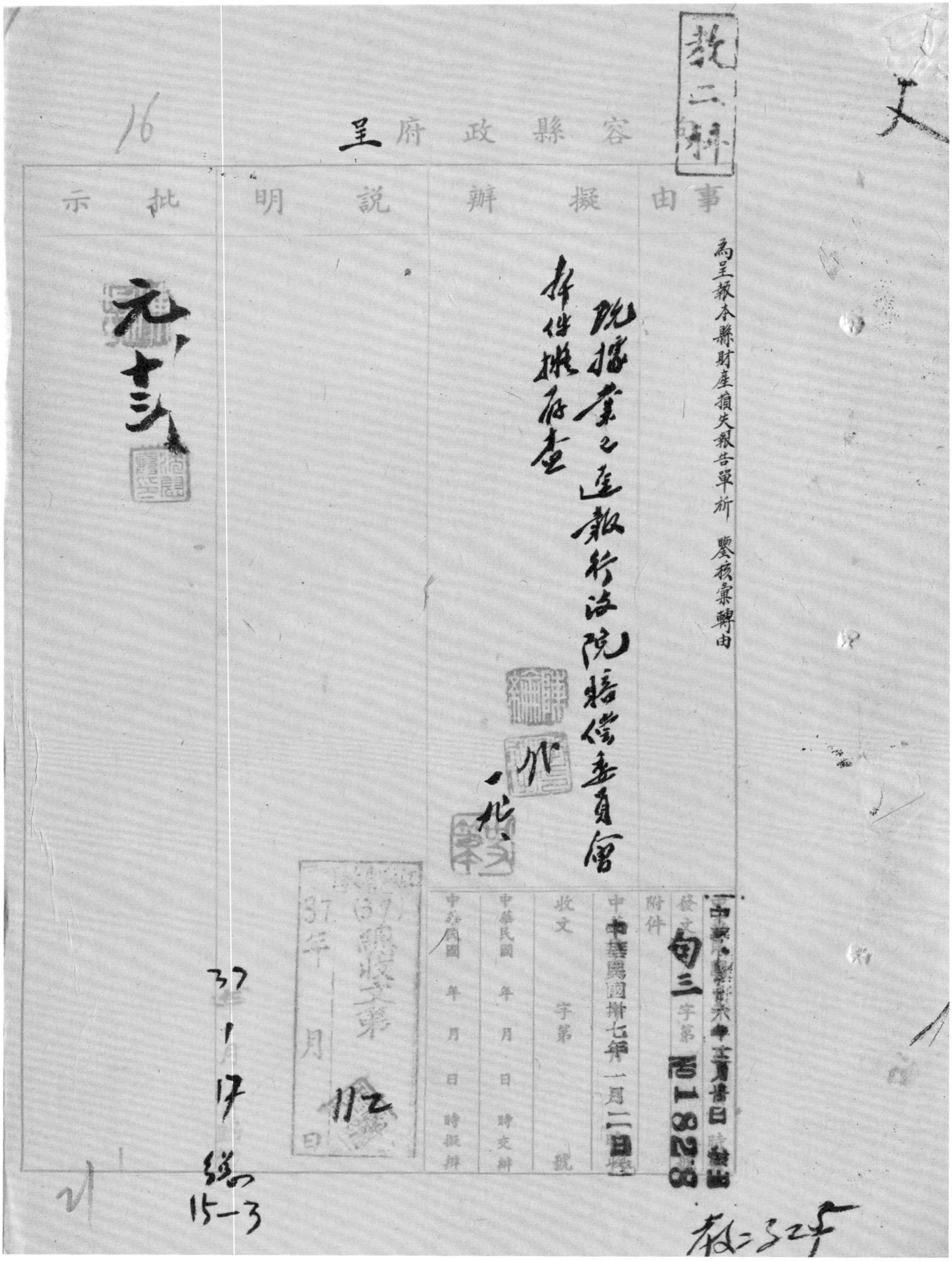
句容縣政府呈

事由	擬辦	說明	批示
為呈報本縣財產損失報告單祈鑒核彙轉由			

發文 句三 字第 1828 號

附件

收文 中華民國卅七年一月二日

案奉

鈞府敎二字第一〇九九七號訓令内開：

「案奉江蘇省政府(卅六)酉齊府民七代電開『案奉行政院本年九月二十九日(卅六)七法字第三九六六六

號訓令開「查抗戰期間公私損失查報期限前經本院規定本年八月底截止現限期業已屆滿其有未能

依期查報者在所難免茲再規定各地(綏靖區及匪區除外)查報公私損失限至本年十二月卅日截止以便統計

除分令外合亟令仰飭屬遵照并飭切實佈告周知如期填報勿再延誤爲要再該限損失應經報本院賠償委

員會核辦如有問題應逕與該會洽辦併仰轉飭遵照此令」等因奉此自應遵辦除分行外合行電仰切

實遵照辦理事關損失賠償萬勿延誤爲要』等因奉此除分行外合亟令仰切實遵照辦理毋稍延誤爲

要」

等因奉此茲因限期在即除彙齊財產損失報告單乙份逕報行政院賠償委員會外理合檢同財產損失報告單式份

22

其中關於教育局民衆教育館及劉塘初級小學朱氏初級小學尚未恢復均由第三科科長張益明負責查報一併聲

明報請

鑒核彙轉！

謹呈

江蘇省教育廳廳長陳

附呈：財産損失報告單弍份

代理句容縣縣長石啟民公出

主任秘書王為民代行

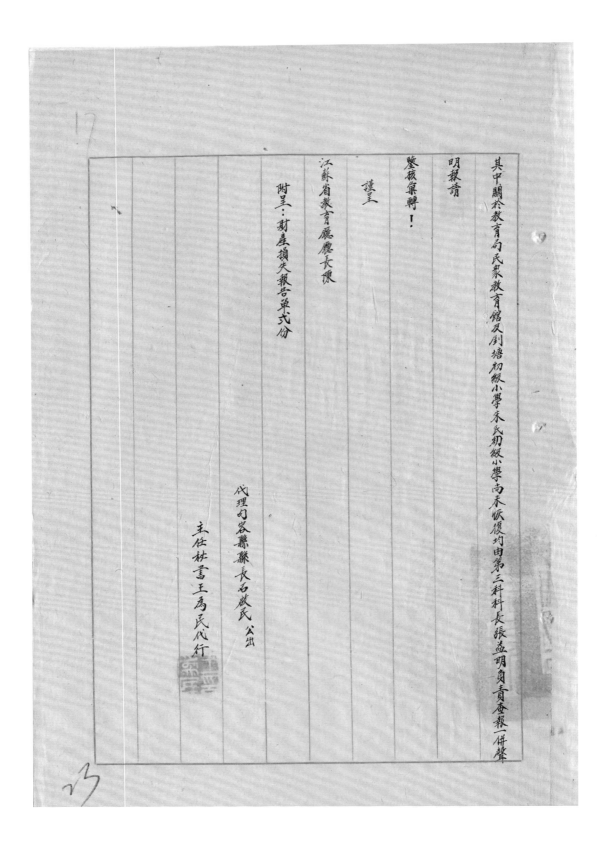

中華民國三十六年十二月三十日

18

24

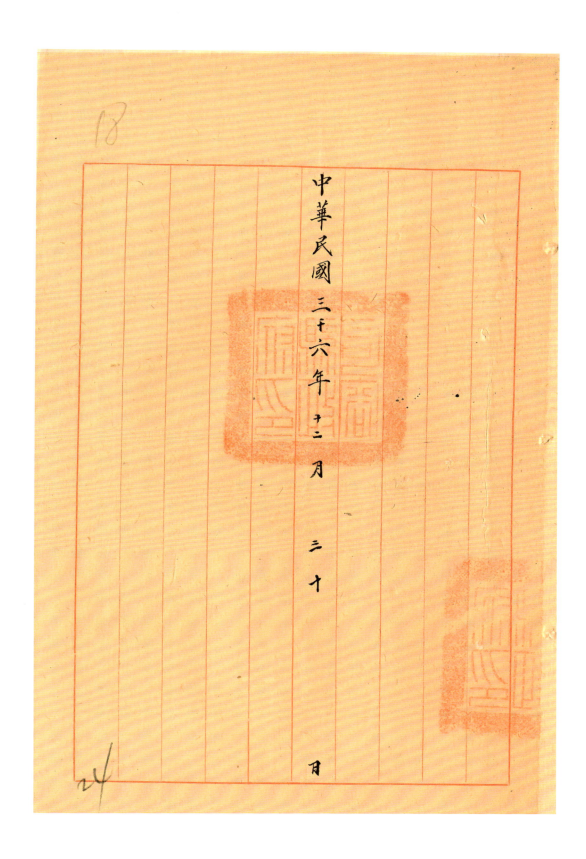

附：财产损失报告单（一九四七年十二月）

財產損失報告單

填送日期 三十六年十二月二十九日

損失年月日	事件	地點	購置年月	單位	數量	價值（國幣元）購置時價值	價值（國幣元）損失時價值	證件
民國二十六年十二月	日寇焚毀	後治山	民國初年起購置	間（屋）	25		7500元	
仝上	仝上	仝上	仝上	件（桌）	40		160元	
同上	仝上	仝上	仝上	件（椅）	40		80元	
仝上	仝上	仝上	仝上	冊（書籍）	5000		7500元	
仝上	仝上	仝上	仝上	件（床鋪）	20		100元	

名稱 句容縣教育局　填報者姓名 張益明（印）　通信地址 句容縣政府東（印）

說明

1.（損失年月日）指事件發生之日期，如某年某月某日或某年某月某日至某年某月某日
2.（事件）指發生損失之事件，如日機轟炸、日軍進攻等
3.（地點）指事件發生之地點，如某市某縣某鄉某鎮某村等
4.（損失項目）指一切動產（如衣服、什物、財帛、舟車、證券等）及不動產（如房屋、田園、礦產等）所有損失，逐項填明
5.（價值）如係當地幣制，除折成國幣填列外，並附填原幣名稱及數額
6. 如有證件，應將名稱與件數填證件欄內
7. 受損失者如係私人，填其姓名；如係機關、學校、團體或事業，填其名稱
8. 私人之損失由本人填報，或由代報者填報；機關、學校、團體或事業之損失由各該主管人填報

財產損失報告單

填送日期三十六年十二月二十四日

損失年月日	事件	地點	購置年月	單位	數量	價值（國幣元）		證件
						購置時價值	損失時價值	
民國二十六年十月	日軍焚燬	寺街	民國十三年	間（房屋）	30		9000元	
同上	仝上	仝上	仝上	件（棹）	120		1320元	
同上	仝上	仝上	仝上	件（椅）	140		280元	
同上	仝上	仝上	仝上	册（書籍）	3000		1500元	
同上	仝上	仝上	仝上	件（儀器）	240		2400元	
同上	仝上	仝上	仝上	件（床舖）	80		480元	

名稱 [illegible]縣立初級中學校　填報者姓名 校長曾廣西　通信地址 寺街本校長室

說　明

1.（損失年月日）指事件發生之日期，如某年某月某日或某年某月某日至某年某月某日
2.（事件）指發生損失之事件，如日機轟炸、日軍進攻等
3.（地點）指事件發生之地點，如某市某縣某鄉某鎮某村等
4.（損失項目）指一切動產（如衣服、什物、財帛、舟車、證券等）及不動產（如房屋、田園、礦產等）所有損失，逐項填明
5.（價值）如係當地幣制，除折成國幣填列外，並附填原幣名稱及數額
6.如有證件，應將名稱與件數填證件欄內
7.受損失者如係私人，填其姓名；如係機關、學校、團體或事業，填其名稱
8.私人之損失由本人填報或由代報者填報；機關、學校、團體或事業之損失，由各該主管人填報

財產損失報告單

填送日期 卅六年十二月二十九日

損失年月日	事件	地點	購置年月	單位	數量	價值（國幣元）		證件
						購置時價值	損失時價值	
民國二十六年十一月	日寇焚燬	寺街	民國初年陸續建築購置	間（房屋）	14		4200元	
仝上	仝上	仝上	仝上	件（桌）	30		120元	
仝上	仝上	仝上	仝上	件（椅）	30		60元	
仝上	仝上	仝上	仝上	件（床舖）	60		300元	
仝上	仝上	仝上	仝上	件（樂器）	12		250元	
仝上	仝上	仝上	仝上	冊（書籍）	300		150元	

名稱 句容縣救濟院孤兒所　填報者姓名 張益明　通信地址 句容縣政府　蓋章

說　　明

1.（損失年月日）指事件發生之日期，如某年某月某日或某年某月某日至某年某月某日

2.（事件）指發生損失之事件，如日機轟炸、日軍進攻等

3.（地點）指事件發生之地點，如某市某縣某鄉某鎮某村等

4.（損失項目）指一切動產（如衣服、什物、財帛、舟車、證券等）及不動產（如房屋、田園、礦產等）所有損失，逐項填明

5.（價值）如係當地幣制，除折成國幣填列外，並附填原幣名稱及數額

6. 如有證件，應將名稱與件數填證件欄內

7. 受損失者如係私人，填其姓名；如係机关、學校、團体或事業，填其名稱

8. 私人之損失由本人填報或由代報者填報；机关、學校、團体或事業之損失由各該主管人填報

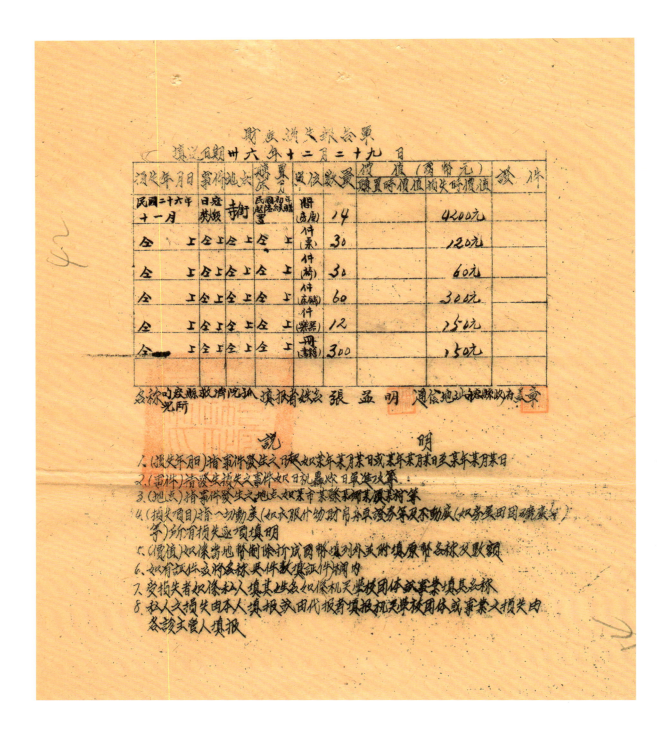

財產損失報告單

填送日期三十六年十二月二十九日

損失年月日	事件	地點	購置年月	單位	數量	價值（國幣元）購置時價值	損失時價值	證件
民國二十六年十一月	日寇焚燬	劍塘	民國初年建置	間（房屋）	6		1800元	
同上	同上	同上	同上	件（桌）	30		120元	
同上	同上	同上	同上	件（椅）	30		60元	
同上	同上	同上	同上	册（書籍）	80		40元	
同上	同上	同上	同上	幅（字畫）	5		50元	

名稱 句容縣立劍塘初級小學校　填報者姓名 張益明　通信地址 句容縣政府轉交

說明

1.（損失年月日）指事件發生之日期如某年某月某日或某年某月某日至某年某月某日
2.（事件）指發生損失之事件如日機轟炸日軍進攻等
3.（地點）指事件發生之地點如某市某縣某鄉某鎮某村等
4.（損失項目）指一切動產（如衣服什物財帛舟車證券等）及不動產（如房屋田園礦產等）所有損失逐項填明
5.（價值）如係當地幣制除折成國幣填列外並附填原幣名稱及數額
6.如有證件應將名稱與件數填證件欄内
7.受損失者如係私人填其姓名如係機關學校團體或事業填其名稱
8.私人之損失由本人填報或由代報者填報機關學校團體或事業之損失由各該主管人填報

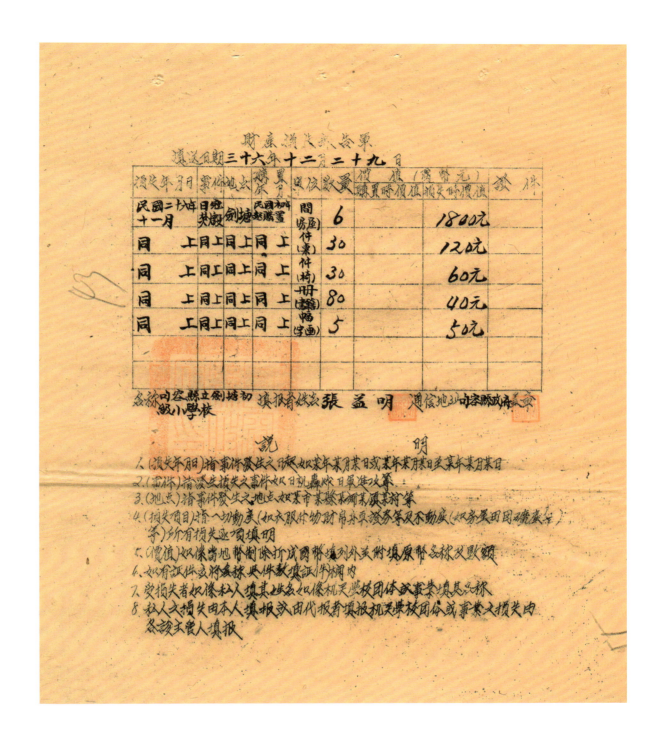

財產損失報告單

填送日期三十六年十二月二十九日

損失年月日	事件	地點	購置年月	單位	數量	價值(國幣元)購置時價值	損失時價值	證件
民國二十六年十一月	日寇焚燬	扁子巷本校	民國初年起陸續購置	件(桌)	80		320元	
同上	同上	同上	同上	件(椅)	80		160元	
同上	同上	同上	同上	件(床鋪)	6		36元	
同上	同上	同上	同上	件(門窗)	55		110元	
同上	同上	同上	同上	冊(書籍)	320		160元	
同上	同上	同上	同上	件(風琴)	1		75元	
同上	同上	同上	同上	件(掛鐘)	1		17元	

名稱 句容縣華陽鎮第十一保(白露庙)國民學校　填報者姓名 校長貢孝根　通信地址 白露庙小學轉

說明

1. (損失年月日)指事件發生之日期，如某年某月某日或某年某月某日至某年某月某日
2. (事件)指發生損失之事件，如日機之轟炸、日軍之進攻等
3. (地點)指事件發生之地點，如某市某縣某鄉某鎮某村等
4. (損失項目)指一切動產(如衣服、什物、財帛、舟車、證券等)及不動產(如房屋、田園、礦產等)所有損失，逐項填明
5. (價值)如係當地幣制，除折成國幣填列外，並附填原幣名稱及數額
6. 如有證件，應將名稱與件數填證件欄內
7. 受損失者如係私人，填其姓名；如係機關、學校、團體或事業，填其名稱
8. 私人之損失由本人填報或由代報者填報；機關、學校、團體或事業之損失，由各該主管人填報

財產損失報告單

填送日期三十六年十二月二十日

損失年月日	事件	地點	購置年月	單位	數量	價值（國幣元）		證件
						購置時價值	損失時價值	
民國二十六年十一月	日人焚毀	郭莊廟	民國三年至二十六年	間（房屋）	27		8100元	
同上	同上	同上	同上	件（桌）	80		320元	
同上	同上	同上	同上	件（椅）	80		160元	
同上	同上	同上	同上	件（時鐘）	1		24元	

名稱 句容縣郭莊鄉中心國民學校 填報者姓名 校長魏錦福 通信地址 郭莊廟

說明

1、（損失年月日）指事件發生之日期如某年某月某日或某年某月某日至某年某月某日
2、（事件）指發生損失之事件如日機轟炸日軍進攻等
3、（地點）指事件發生之地點如某市某縣某鄉某鎮某村等
4、（損失項目）指一切動產（如衣服什物財帛舟車證券等）及不動產（如房屋田園礦產等）所有損失逐項填明
5、（價值）如係當地幣制除折成國幣填列外並附填原幣名稱及數額
6、如有證件應將名稱與件數填證件欄內
7、受損失者如係私人填其姓名如係機關學校團體或事業填其名稱
8、私人之損失由本人填報或由代報者填報機關學校團體或事業之損失由各該主管人填報

財產損失報告單

填送日期 三十六年十二月二十五日

損失年月日	事件	地點	購置年月	單位	數量	價值（國幣元）		證件
						購置時價值	損失時價值	
民國二十六年十一月份	日寇焚燬	天王鎮	民國初年起陸續添置	間（房屋）	20		6000元	
仝上	仝上	仝上	仝上	件（桌）	80		320元	
仝上	仝上	仝上	仝上	件（椅）	80		160元	
仝上	仝上	仝上	仝上	件（風琴）	1		55元	
仝上	仝上	仝上	仝上	冊（書籍）	320		160元	

名稱 句容縣天王鎮中心國民學校　填報者姓名 校長劉正倫　通信地址 天王鎮本校

說明

1.（損失年月日）指事件發生之日期如某年某月某日或某年某月某日至某年某月某日
2.（事件）指發生損失之事件如日機轟炸日軍進攻等
3.（地點）指事件發生之地點如某市某縣某鄉某鎮某村等
4.（損失項目）指一切動產（如衣服什物財帛舟車證券等）及不動產（如房屋田園礦產等）所有損失逐項填明
5.（價值）如係當地幣制除折成國幣填列外並附填原幣名稱及數額
6. 如有證件應將名稱與件數填證件欄內
7. 受損失者如係私人填其姓名如係機關學校團體或事業填其名稱
8. 私人之損失由本人填報或由代報者填報機關學校團體或事業之損失由各該主管人填報

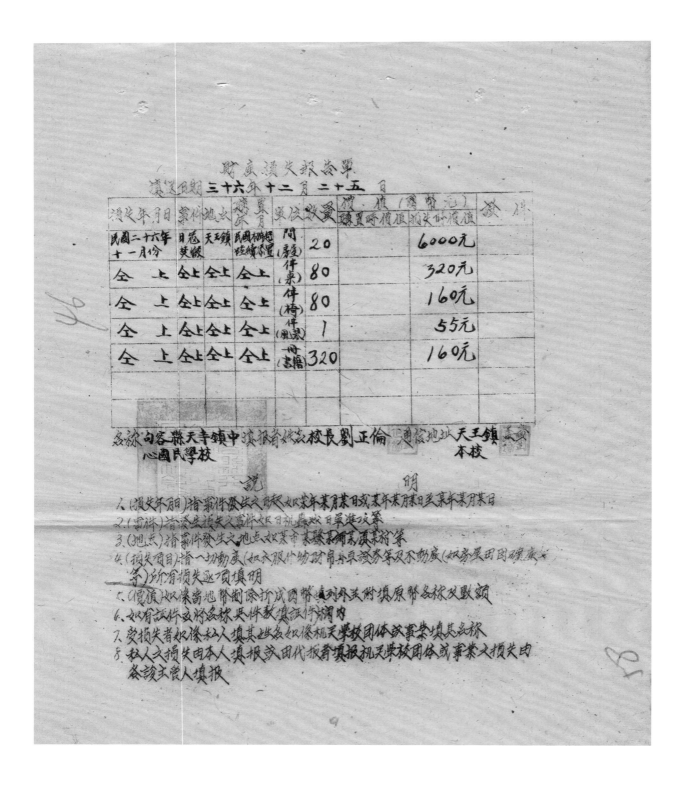

財產損失報告單

填送日期 三十六年十二月二十一日

損失年月日	事件	地點	損失項目 購置年月	單位	數量	價值（國幣元） 購置時價值	價值（國幣元） 損失時價值	證件
民國二十六年十一月	日軍焚燬	下蜀鎮	民國初年	件（棹）	120		480元	
〃	〃	〃	〃	件（椅）	140		180元	
〃	〃	〃	〃	冊（書籍）	400		800元	
〃	〃	〃	〃	件（鐘）	1		14元	

名稱 句容縣下蜀鎮中心國民學校 填報者姓名 校長石守基 通信地址 下蜀鎮本校

說明

1.（損失年月日）指事件發生之日期如某年某月某日或某年某月某日至某年某月某日
2.（事件）指發生損失之事件如日機轟炸日軍進攻等
3.（地點）指事件發生之地點如某市某縣某鄉某鎮某村等
4.（損失項目）指一切動產（如衣服什物財帛舟車證券等及不動產（如房屋田園礦產等）所有損失逐項填明
5.（價值）如係當地幣制除折成國幣填列外並附填原幣名稱及數額
6.如有證件應將名稱與件數填證件欄內
7.受損失者如係私人填其姓名如係機關學校團體或事業填其名稱
8.私人之損失由本人填報或由代報者填報機關學校團體或事業之損失由各該主管人填報

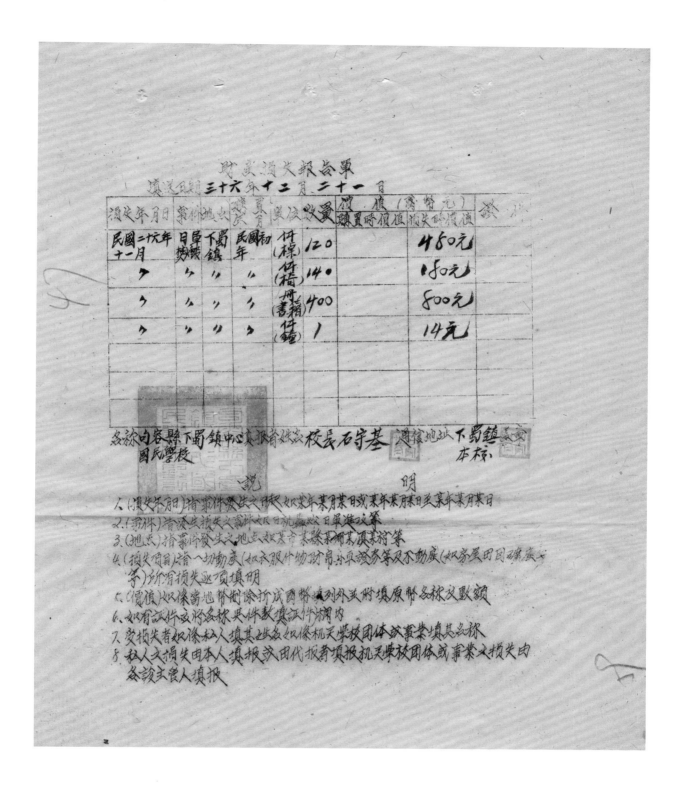

財產損失報告單

填送日期卅六年十二月二十九日

損失年月日	事件	地點	購置年月	單位	數量	價值(國幣元) 購置時價值	損失時價值	證件
民國二十六年十一月	日寇焚燬	後沿山	民國初年起陸續購置	件(桌)	30		120元	
同上	同上	同上	同上	件(椅)	30		60元	
同上	同上	同上	同上	冊(圖書)	15000		15000元	
同上	同上	同上	同上	件(儀器)	100		1000元	
同上	同上	同上	同上	件(球)	6		30元	
同上	同上	同上	同上	幅(字畫)	8		120元	

名称句容縣立民眾教育館　填报者姓名張益明　通信地址句容縣政府

說　明

1、(損失年月日)指事件發生之日期，如某年某月某日或某年某月某日至某年某月某日
2、(事件)指發生損失之事件，如日機轟炸、日軍進攻等
3、(地点)指事件發生之地点，如某市某縣某鄉某鎮某村等
4、(損失項目)指一切動產(如衣服、什物、財帛、舟車、證券等)及不動產(如房屋、田園、礦產等)所有損失，逐項填明
5、(價值)如係當地幣制，除折成國幣填列外，並附填原幣名称及數額
6、如有証件，应将名称与件数填証件欄内
7、受損失者如係私人，填其姓名；如係机关、学校、团体或事業，填其名称
8、私人之損失由本人填报，或由代报者填报；机关、学校、团体或事業之損失，由各該主管人填报

財產損失報告單

填送日期 三十六年十二月二十九日

損失年月日	事件	地點	購置年月	單位	數量	價值（國幣元） 購置時價值	損失時價值	證件
民國二十六年十一月	日寇焚燬	城内積福巷	民國初年整套陸續購置	件(桌)	150		600元	
同上	同上	同上	同上	件(椅)	150		300元	
同上	同上	同上	同上	件(床鋪)	14		70元	
同上	同上	同上	同上	册(書籍)	350		175元	
同上	同上	同上	同上	件(標本)	8		120元	
同上	同上	同上	同上	件(風琴)	1		75元	
同上	同上	同上	同上	件(掛鐘)	1		20元	

名稱 句容縣立延壽庵初級小學校　填報者姓名 句容縣華陽鎮第一保(延壽庵)國民學校校長孔祥成　通信地址 句容城内積福巷　蓋章

說明

1.（損失年月日）指事件發生之日期，如某年某月某日或某年某月某日至某年某月某日

2.（事件）指發生損失之事件，如日機轟炸、日軍進攻等

3.（地點）指事件發生之地點，如某市某縣某鄉某鎮某村等

4.（損失項目）指一切動產（如衣服、什物、財帛、舟車、證券等）及不動產（如房屋、田園、礦產等）所有損失，逐項填明

5.（價值）如係當地幣制，除折成國幣填列外，並附填原幣名稱及數額

6. 如有證件，應將名稱與件數填證件欄内

7. 受損失者如係私人，填其姓名；如係機關、學校、團體或事業，填其名稱

8. 私人之損失由本人填報或由代報者填報；機關、學校、團體或事業之損失由各該主管人填報

财产损失报告单(一)

填送日期 三十六年十二月二十七日

损失年月日	事件	地点	购置年月	单位	数量	价值(国币元)		证件
						购置时价值	损失时价值	
民国二十六年十一月	日寇焚毁	诸昌巷	民国初年	间(房屋)	9		2700元	
仝上	〃	〃	〃	件(学桌)	150		900元	
仝上	〃	〃	〃	件(学椅)	150		300元	
仝上	〃	〃	〃	件(风琴)	2		120元	
仝上	〃	〃	〃	件(床铺)	50		400元	
仝上	〃	〃	〃	件(时钟)	3		50元	
仝上	〃	〃	〃	件(乐器)	20		220元	

名称 句容县代用小学校 填报者姓名 校长陈进功 通信地址 诸昌巷本校 （印）

说明

1.(损失年月日)指事件发生之日期，如某年某月某日或某年某月某日至某年某月某日
2.(事件)指发生损失之事件，如日机之轰炸、日军之进攻等
3.(地点)指事件发生之地点，如某市某县某乡某镇某村等
4.(损失项目)指一切动产(如衣服、什物、财产、舟车、证券等)及不动产(如房屋、田园、矿产等)所有损失，逐项填明
5.(价值)如系当地币制，除折成国币外，并附填原币名称及数额
6.如有证件，应将名称与件数填证件栏内
7.受损失者如系私人，填其姓名；如系机关、学校、团体或事业，填其名称
8.私人之损失由本人填报或由代报者填报；机关、学校、团体或事业之损失由各该主管人填报

財產損失報告單(二)

填送日期 三十六年 十二月 二十七日

損失年月日	事件	地點	購置年月	單位	數量	價值（國幣元）		證件
						購置時價值	損失時價值	
民國二十六年十月	日寇焚燬	諸昌巷	民國初年	件(課桌)	15		150元	
〃	〃	〃	〃	件(炊具)	135		110元	
〃	〃	〃	〃	件(童桌櫈)	34		300元	
〃	〃	〃	〃	件(油印機)	1		20元	
〃	〃	〃	〃	件(書櫥)	6		40元	
〃	〃	〃	〃	冊(圖書)	500		500元	
〃	〃	〃	〃	幅(掛圖)	100		30元	

名稱 句容縣代用小學校 填報者姓名 校長陳進功 通信地址 諸昌巷本校

說明

1.（損失年月日）指事件發生之日期，如某年某月某日或某年某月某日至某年某月某日
2.（事件）指發生損失之事件，如日機之轟炸日軍之進攻等
3.（地點）指事件發生之地點，如某市某縣某鄉某鎮某村等
4.（損失項目）指一切動產（如衣服什物財產舟車證券等）及不動產（如房屋田園礦產等）所有損失逐項填明
5.（價值）如係當地幣制除折成國幣填列外並附填原幣名稱及數額
6.如有證件應將名稱與件數填證件欄內
7.受損失者如係私人填其姓名，如係機關學校團體或事業填其名稱
8.私人之損失由本人填報或由代報者填報，機關學校團體或事業之損失由各該主管人填報

63

財產損失報告單

填送日期　　年　　月　　日

損失年月日	事件	地點	購置年月	單位	數量	價值（國幣元） 購置時價值	損失時價值	證件
民國二十六年十一月	日軍焚燬	孔廟	民國元年至廿六年	間（房屋）	12		3600元	
民國二十六年十一月	日軍焚燬	孔廟	民國元年至廿六年	件（桌）	340		2040元	
民國二十六年十一月	日軍焚燬	孔廟	民國元年至廿六年	件（櫈）	360		720元	
民國二十六年十一月	日軍焚燬	孔廟	民國元年至廿六年	件（床鋪）	120		960元	
民國二十六年十一月	日軍焚燬	孔廟	民國元年至廿六年	册（書籍）	620		3100元	
民國二十六年十一月	日軍焚燬	孔廟	民國元年至廿六年	件（風琴）	2		140元	
民國二十六年十一月	日軍焚燬	孔廟	民國元年至廿六年	件（時鐘）	3		45元	

名稱　句容縣華陽鎮中心國民學校　　填報者姓名　校長章元治　　通信地址　南門大街

說　明

1.（損失年月日）指事件發生之日期，如某年某月某日或某年某月某日至某年某月某日
2.（事件）指發生損失之事件，如日機轟炸、日軍進攻等
3.（地點）指事件發生之地點，如某市某縣某鄉某鎮某村等
4.（損失項目）指一切動產（如衣服、什物、財帛、舟車、證券等）及不動產（如房屋、田園、礦產等）所有損失，逐項填明
5.（價值）如係當地幣制，除折成國幣填列外，並附填原幣名稱及數額
6. 如有證件，應將名稱與件數填證件欄內
7. 受損失者如係私人，填其姓名；如係機關、學校、團體或事業，填其名稱
8. 私人之損失，由本人填報，或由代報者填報；機關、學校、團體或事業之損失，由各該主管人填報

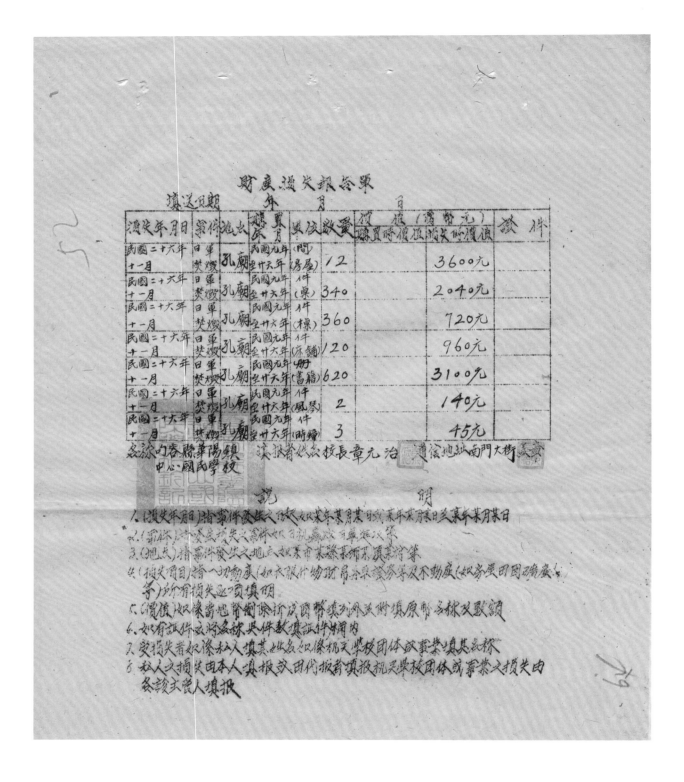

財產損失報告單

填送日期 三十六年十二月 十 日

損失年月日	事件	地点	購置年月	單位	數量	價值（國幣元）		證件
						購置時價值	損失時價值	
二十六年十一月	日軍焚燬	龍潭	民國元年	間（房屋）	10		3000元	
仝上	仝上	仝上	仝上	件（桌）	50		300元	
仝上	仝上	仝上	仝上	件（椅）	60		120元	
仝上	仝上	仝上	仝上	件（風琴）	1		50元	

名称 句容縣龍潭鎮中心國民學校　填报者姓名 校長蘇爾煥　通信地址 龍潭鎮

說　　明

1、（損失年月日）指事件發生之日期如某年某月某日或某年某月某日至某年某月某日
2、（事件）指發生損失之事件如日軍轟炸日軍進攻等
3、（地点）指事件發生之地点如某市某縣某鄉某鎮某村等
4、（損失項目）指一切動產（如衣服什物財帛舟車證券等及不動產（如房屋田园礦產等）所有損失逐項填明
5、（價值）如係當地幣制除折成國幣填列外並附填原幣名称及數額
6、如有證件應將名称與件數填證件欄内
7、受損失者如係私人填其姓名如係机关學校团体或事業填其名称
8、私人之損失由本人填报或由代报者填报机关學校团体或事業之損失由各該主管人填报

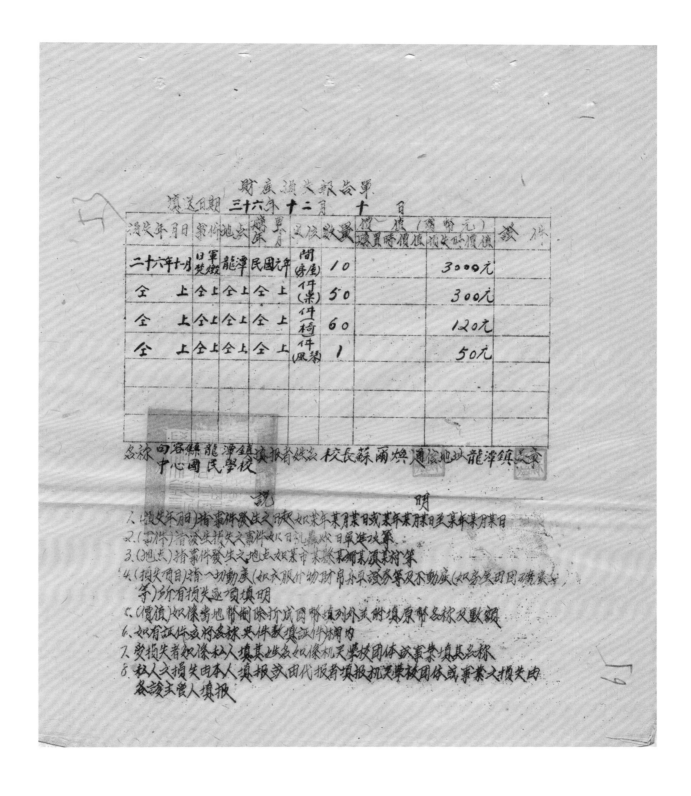

55

財產損失報告單

填送日期三十六年十二月二十六日

損失年月日	事件	地點	購置年月	單位	數量	價值（國幣元）		證件
						購置時價值	損失時價值	
二十六年一月	日軍焚燬	葛村	民國八年	間（房屋）	4		1200元	
仝上	仝上	仝上	仝上	件（棹）	32		192元	
仝上	仝上	仝上	仝上	件（椅）	40		80元	

名稱句容縣葛村鄉中心國民學校　填報者姓名校長程德祥　通信地址葛村

說　明

1.（損失年月日）指事件發生之日期，如某年某月某日或某年某月某日至某年某月某日
2.（事件）指發生損失之事件，如日机轟炸、日軍進攻等
3.（地點）指事件發生之地點，如某市某縣某鄉某鎮某村等
4.（損失項目）指一切動產（如衣服、什物、財帛、舟車、證券等）及不動產（如房屋、田園、礦產等）所有損失，逐項填明
5.（價值）如係當地幣制，除折成國幣填列外，並附填原幣名稱及數額
6. 如有證件，應將名稱與件數填證件欄內
7. 受損失者如係私人，填其姓名；如係机关、學校、团体或事業，填其名称
8. 私人之損失由本人填报，或由代报者填报；机关、學校、团体或事業之损失由各該主管人填报

99

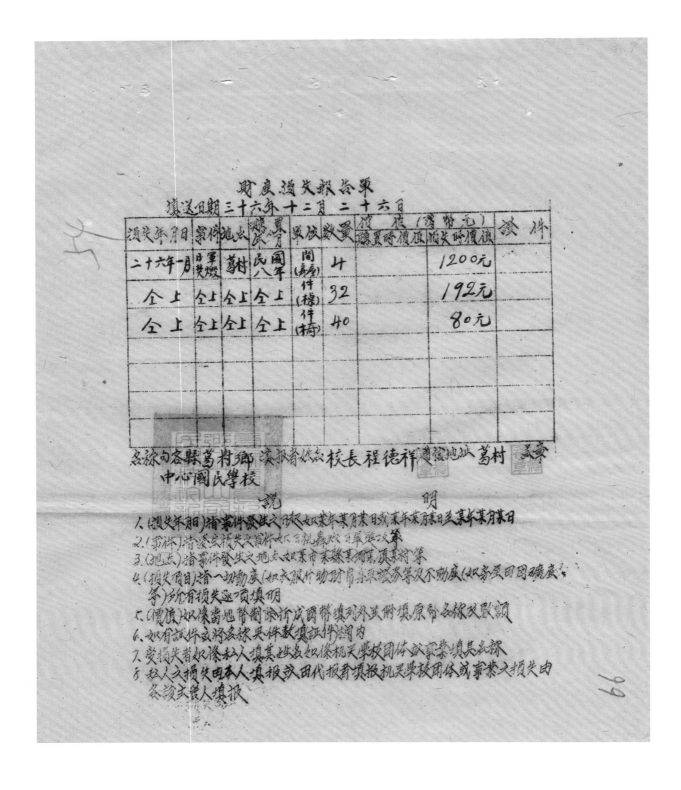

財產損失報告單

填送日期　三十六年十二月二十六日

損失年月日	事件	地點	購置年月	單位	數量	價值（國幣元）購置時價值	損失時價值	證件
民國二十六年十一月	日軍焚燬	白兔鎮	民國初年	間（房屋）	30		9000元	
民國二十六年十一月	日軍焚燬	白兔鎮	民國初年	件（桌）	84		540元	
民國二十六年十一月	日軍焚燬	白兔鎮	民國初年	件（椅）	84		168元	

名稱　句容縣白兔鄉中心國民學校　填報者姓名　校長巫孔瑛　通信地址　白兔鎮

說明

1.（損失年月日）指事件發生之日期，如某年某月某日或某年某月某日至某年某月某日
2.（事件）指發生損失之事件，如日機轟炸、日軍進攻等
3.（地點）指事件發生之地點，如某市某縣某鄉某鎮某村等
4.（損失項目）指一切動產（如衣服、什物、財帛、舟車、證券等）及不動產（如房屋、田園、礦產等）所有損失，逐項填明
5.（價值）如係當地幣制，除折成國幣填列外，並附填原幣名稱及數額
6. 如有證件，應將名稱與件數填證件欄內
7. 受損失者如係私人，填其姓名；如係機关、學校、团体或事業，填其名称
8. 私人之損失由本人填報，或由代報者填報；机关、學校、团体或事業之損失，由各該主管人填報

67

56

財產損失報告單

填送日期 三十六年十二月二十七日

損失年月日	事件	地點	購置年月	單位	數量	價值（國幣元）		證件
						購置時價值	損失時價值	
民國二十六年十一月	日寇焚毀	楊巷	民國十年起購置	間（房屋）	10		300元	
同上	同上	同上	同上	件（桌）	60		240元	
同上	同上	同上	同上	件（椅）	65		130元	
同上	同上	同上	同上	件（風琴）	1		50元	
同上	同上	同上	同上	册（書籍）	250		125元	
同上	同上	同上	同上	件（掛鐘）	1		10元	

名稱 句容縣洛陽鄉中心國民學校　填報者姓名 尹映道（印：尹映道章）　通信地址 句容縣洛陽鄉中心國民學校（印）

說明

1. 〔損失年月日〕指事件發生之日期，如某年某月某日或某年某月某日至某年某月某日
2. 〔事件〕指發生損失之事件，如日機之轟炸、日軍之進攻等
3. 〔地點〕指事件發生之地點，如某市某縣某鄉某鎮某村等
4. 〔損失項目〕指一切動產（如衣服、什物、舟車、金錢、珠寶等）及不動產（如房屋、田園、礦產等）所有損失，逐項填明
5. 〔價值〕如係當地幣制，除折成國幣填列外，並附填原幣名稱及數額
6. 如有證件，應將名稱與件數填證件欄內
7. 受損失者如係私人，填其姓名；如係機關、學校、團體或事業，填其名稱
8. 私人之損失由本人填報，或由代報者填報；機關、學校、團體或事業之損失，由各該主管人填報

68

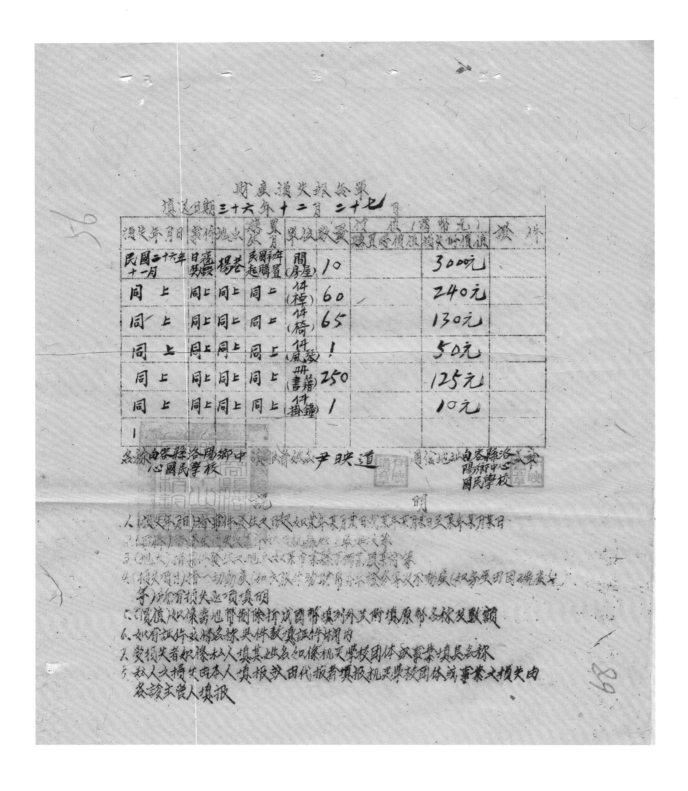

財產損失報告單

填送日期三十六年十二月二十九日

損失年月日	事件	地點	購置年月	單位	數量	價值（國幣元）購置時價值	價值（國幣元）損失時價值	證件
民國二十六年十一月	日寇焚燬	橋頭鎮	民國初年起陸續購置	件（桌）	120		480元	
同上	同上	同上	同上	件（椅）	120		240元	
同上	同上	同上	同上	件（床）	10		50元	
同上	同上	同上	同上	冊（書籍）	300		150元	
同上	同上	同上	同上	件（風琴）	1		70元	

名稱　句容縣立橋頭鎮小學校　填報者姓名　句容縣橋頭鎮中心國民學校校長周隆祥　通信地址　京滬綫義市橋頭鎮本校

說明

1、（損失年月日）指事件發生之日期，如某年某月某日或某年某月某日至某年某月某日

2、（事件）指發生損失之事件，如日机轟炸、日軍進攻等

3、（地點）指事件發生之地點，如某市某縣某鄉某鎮某村等

4、（損失項目）指一切動產（如衣服、什物、財帛、舟車、證券等）及不動產（如房屋、田園、礦產等）所有損失，逐項填明

5、（價值）如係當地幣制，除折成國幣填列外，並附填原幣名稱及數額

6、如有證件，應將名稱與件數填證件欄内

7、受損失者如係私人，填其姓名；如係机关、學校、团体或事業，填其名称

8、私人之損失由本人填报，或由代报者填报；机关、學校、团体或事業之損失，由各該主管人填报

財產損失報告單

填送日期 三十六年十二月二十九日

損失年月日	事件	地點	購置年月	單位	數量	價值（國幣元）		證件
						購置時價值	損失時價值	
民國二十六年十一月	日寇焚毁	地藏庵	民國初年起陸續購成	件（桌）	60		240元	
同上	同上	同上	同上	件（椅）	60		120元	
同上	同上	同上	同上	册（書籍）	180		90元	
同上	同上	同上	同上	件（風琴）	1		45元	
同上	同上	同上	同上	件（玻璃门窗）	22		44元	
同上	同上	同上	同上	件（時鐘）	1		24元	

名称 句容縣私立朱氏初級小学校　填报者姓名 張益明　通信地址 句容縣城　內縣政府

說　明

1、（損失年月日）指事件發生之日期，如某年某月某日或某年某月某日至某年某月某日
2、（事件）指發生損失之事件，如日机轟炸、日軍進攻等
3、（地点）指事件發生之地点，如某市某縣某鄉某鎮某村等
4、（損失項目）指一切動產（如衣服、什物、財帛、舟車、證券等）及不動產（如房屋、田园、礦產等）所有損失逐項填明
5、（價值）如係當地幣制，除折成國幣填列外，並附填原幣名称及數額
6、如有証件，应将名稱與件數填証件欄内
7、受損失者如係私人，填其姓名；如係机关、學校、团体或事業，填其名称
8、私人之損失由本人填报或由代报者填报；机关、學校、团体或事業之損失由各該主管人填报

財產損失報告單

填送日期三十六年十二月二十九日

損失年月日	事件	地點	購置年月	單位	數量	價值（國幣元）購置時價值	損失時價值	證件
民國二十六年十一月	日軍焚燬	王庄	民國十二年	間（房屋）	10		3000元	
仝上	仝上	仝上	仝上	件（桌）	60		360元	
仝上	仝上	仝上	仝上	件（椅）	80		160元	
仝上	仝上	仝上	仝上	冊（書籍）	310		150元	
仝上	仝上	仝上	仝上	件（鐘）	1		15元	
仝上	仝上	仝上	仝上	件（標本）	20		10元	

名稱 句容縣茅山鄉中心國民學校　填報者姓名 校長葉昌期　通信地址 王庄

說明

1、（損失年月日）指事件發生之日期如某年某月某日或某年某月某日至某年某月某日

2、（事件）指發生損失之事件如日軍轟炸日軍進攻等

3、（地點）指事件發生之地點如某市某縣某鄉某鎮某村等

4、（損失項目）指一切動產（如衣服什物財帛舟車證券等）及不動產（如房屋田園礦產等）所有損失逐項填明

5、（價值）如係當地幣制除折成國幣填列外並附填原幣名稱及數額

6、如有證件應將名稱與件數填證件欄內

7、受損失者如係私人填其姓名如係機關學校團體或事業填其名稱

8、私人之損失由本人填報或由代報者填報機關學校團體或事業之損失由各該主管人填報

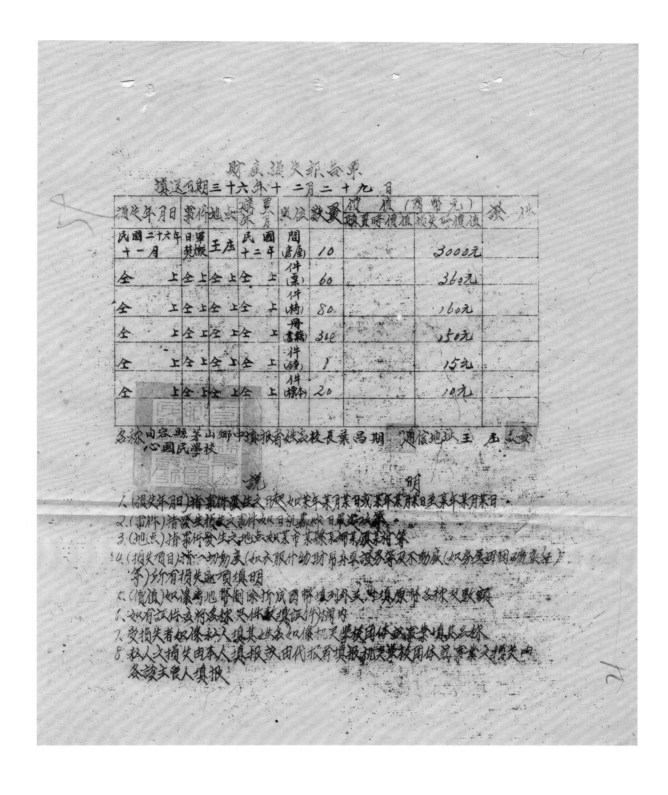

財產損失報告單

填送日期三十六年十二月二十二日

損失年月日	事件	地點	購置年月	單位	數量	價值（國幣元）購置時價值	損失時價值	證件
民國二十六年十一月	日軍暴行	高陽橋	民國十四年	件（桌）	35		140元	
同上	同上	同上	同上	件（椅）	40		80元	
同上	同上	同上	同上	册（書籍）	24		120元	
同上	同上	同上	同上	件（床舖）	3		15元	
同上	同上	同上	同上	件（標本）	15		30元	

名稱句容縣高陽鄉中心國民學校　填報者校長夏仁俊　通信地址高陽橋鎮

說明

1、（損失年月日）指事件發生之日期如某年某月某日或某年某月某日至某年某月某日
2、（事件）指發生損失之事件如日機轟炸日軍進攻等
3、（地點）指事件發生之地點如某市某縣某鄉某鎮某村等
4、（損失項目）指一切動產（如衣服什物財帛舟車證券等）及不動產（如房屋田園礦產等）所有損失逐項填明
5、（價值）如係當地幣制除折成國幣填列外並附填原幣名稱及數額
6、如有證件應將名稱與件數填證件欄內
7、受損失者如係私人填其姓名如係機關學校團體或事業填其名稱
8、私人之損失由本人填報或由代報者填報機關學校團體或事業之損失由各該主管人填報

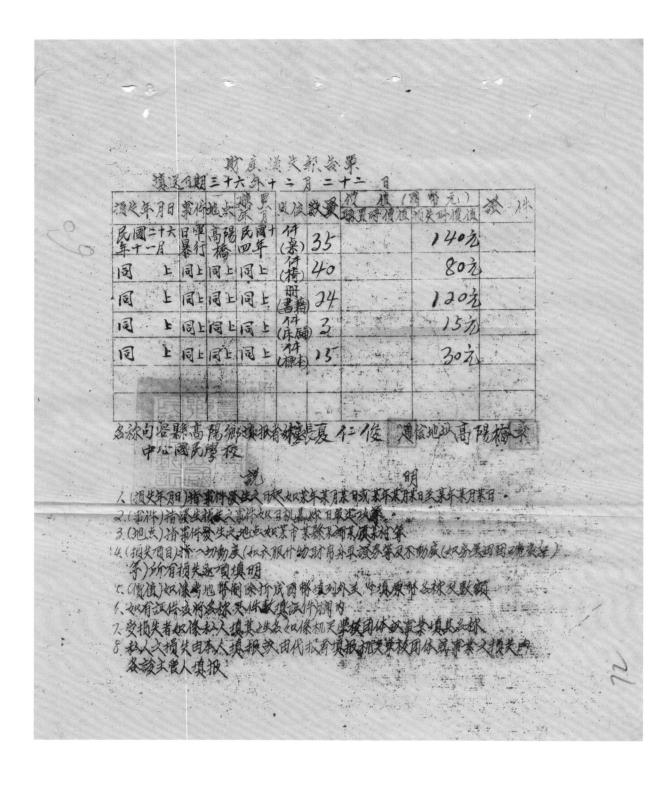

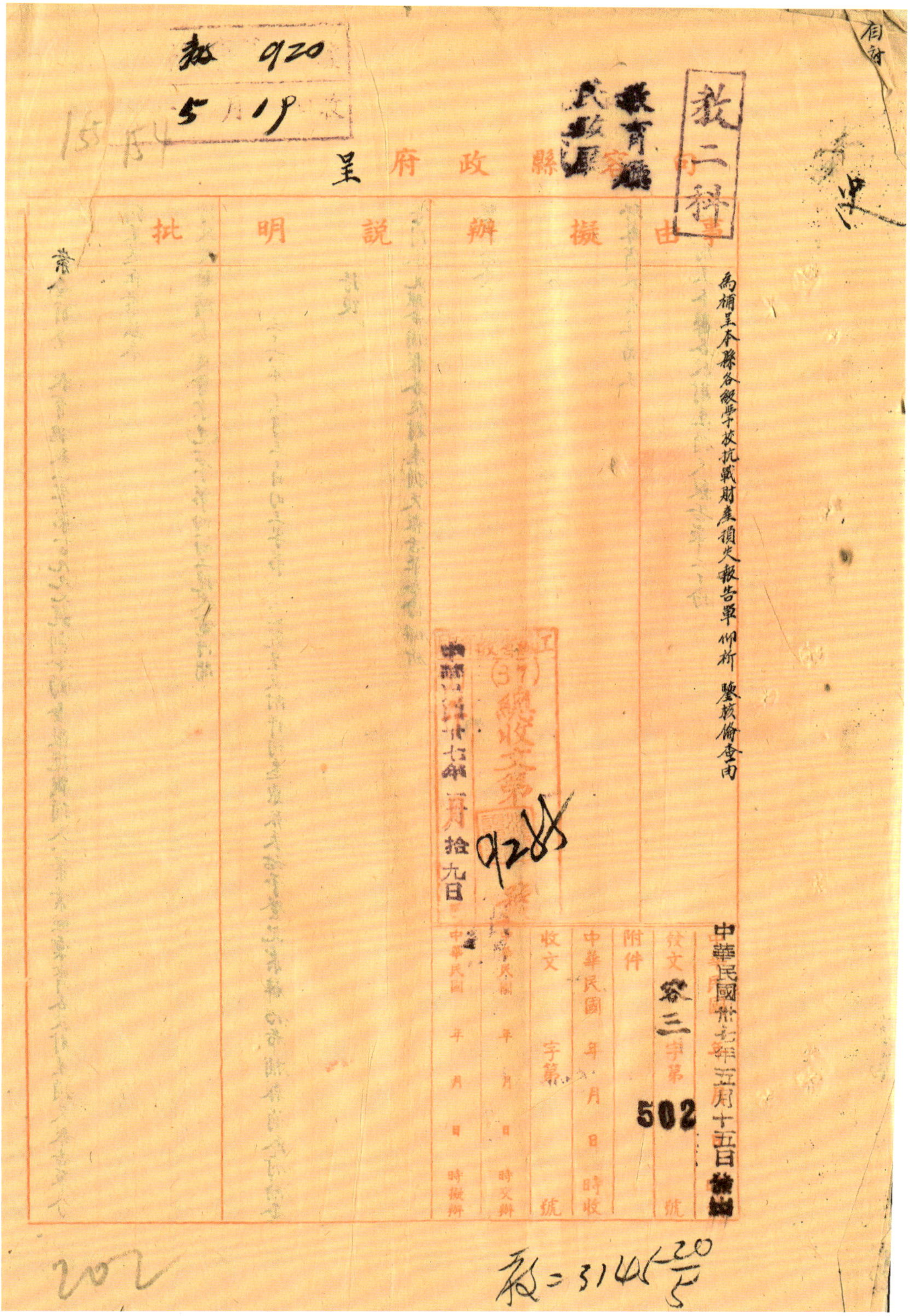
教 920
5月19 收

句容縣政府 呈

事由	擬辦	說明	批
為補呈本縣各級學校抗戰財產損失報告單仰祈鑒核備查由			

教二科

中華民國卅七年五月拾九日
(37)總收文第9288號

發文 容三字第502號
中華民國卅七年五月十五日發出
附件
收文 字第 號
中華民國 年 月 日 時收
中華民國 年 月 日 時文辦
中華民國 年 月 日 時擬辦

202

教二 3146 20/5

句容县政府致江苏省政府的呈（一九四八年五月十五日）

案查前奉 教育廳教二字第一〇九九七號訓令飭查報抗戰損失一案業經彙齊各校財產損失報告單分別呈送在案茲奉
行政院賠償委員會京(卅)一字第四四二號代電内開：
「三十六年十二月三十日司三字第一八二七號呈及附件均悉原報表姑予登記彙辦仍希補報省政府備查
特復」
等因奉此理合補報各校財產損失報告單二十份仰祈
鑒核備查。
謹呈
江蘇省政府主席王
附呈本縣各校財產損失報告單二十份

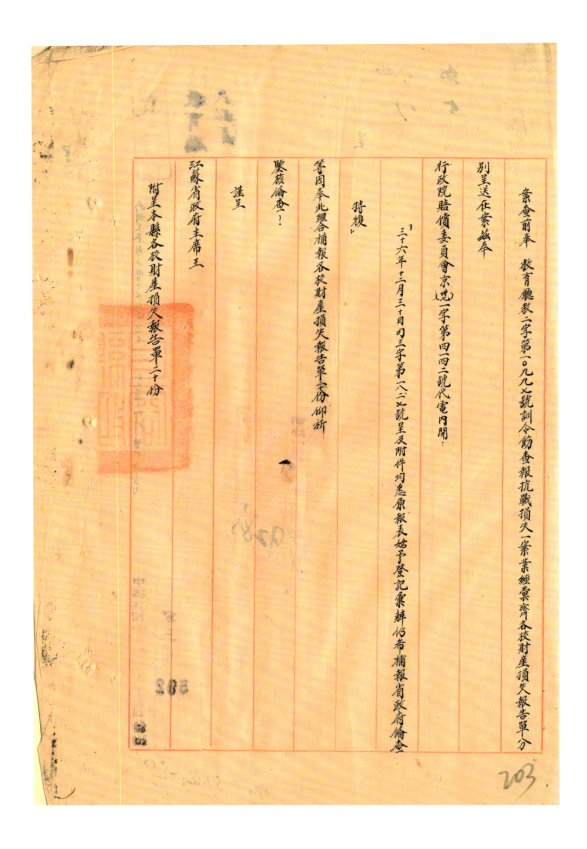

句容縣縣長陳天秩

中華民國三十七年五月十五日

江苏省教育厅致句容县政府的指令（一九四八年六月七日）

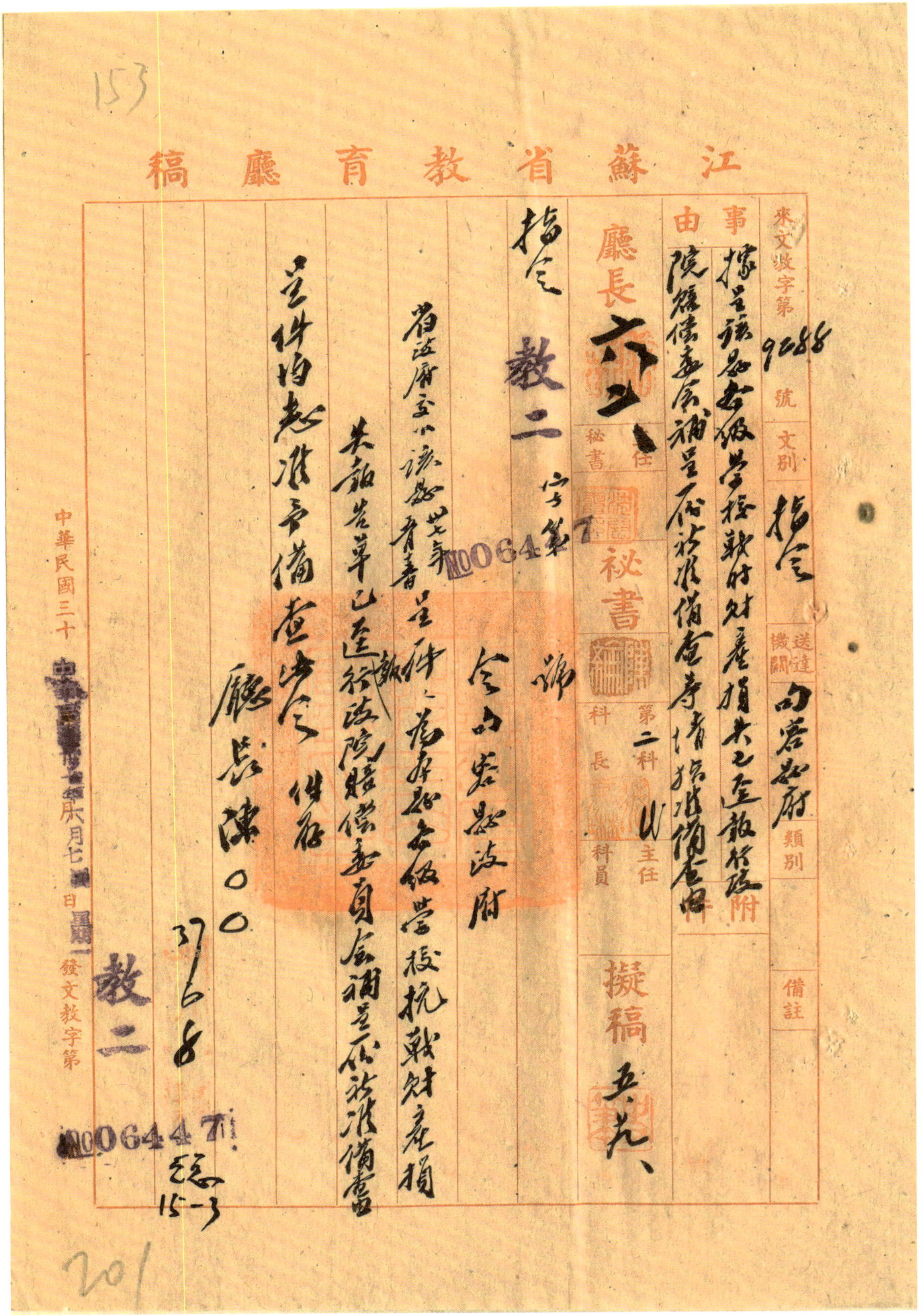
江蘇省教育廳稿

來文教字第9288號　文別：指令　送達機關：句容縣政府　類別　附件　備註

事由：據呈該縣各級學校戰時財產損失已送敵行政院賠償委員會補呈存該准備查等情指准備查由

廳長　六、八　秘書　第二科科長　主任　科員　擬稿　五、九

指令　教二字第No00647號

令句容縣政府

省政府交下該縣卅七年有書呈件：為本縣各級學校抗戰財產損失報告單已送行政院賠償委員會補呈存該准備查

呈件均悉，准予備查。此令。件存

廳長陳〇〇

中華民國三十七年六月七日　發文教二字第No00647號

37/6/8

江苏省立镇江中学、江苏省教育厅、江苏省政府关于填报镇江中学教职员抗战财产损失表暨人口伤亡表的一组公文（一九四七年七月二十一日至一九四八年三月九日）

江苏省立镇江中学致省教育厅的呈（一九四七年七月二十一日）

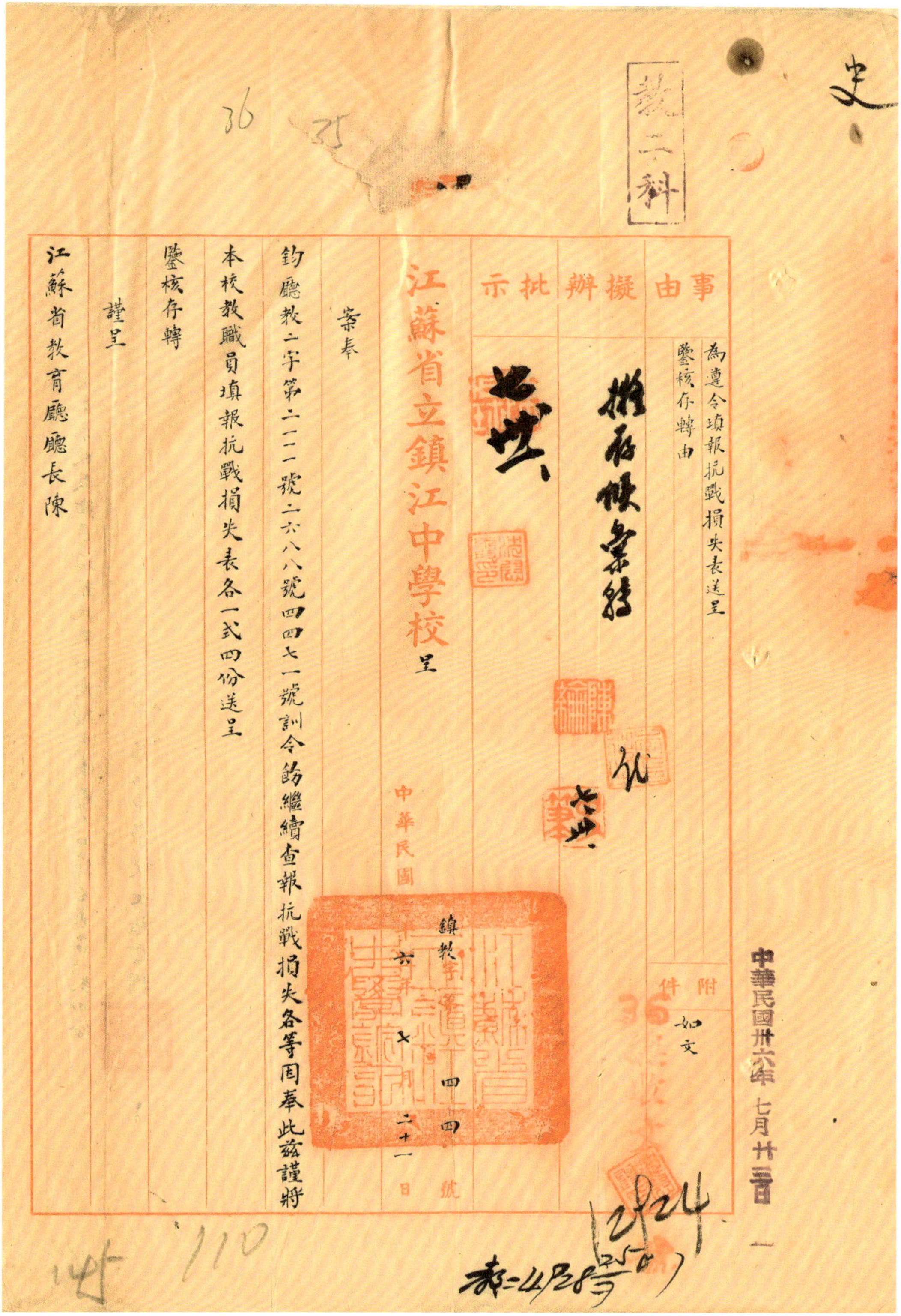

事由：為遵令填報抗戰損失表送呈鑒核存轉由

擬辦：擬存候彙轉

批示：如擬

附件：如文

案奉

鈞廳教二字第二一一一號二六八八號四四七一號訓令飭繼續查報抗戰損失各等因奉此茲謹將本校教職員填報抗戰損失表各一式四份送呈

鑒核存轉

謹呈

江蘇省教育廳廳長陳

江蘇省立鎮江中學校　呈

中華民國卅六年七月二十一日　鎮教字第四四　號

中華民國卅六年七月廿一日

附呈本校教職員填報抗戰財產損失表暨人口傷亡表各一式四份

江蘇省立鎮江中學校長張雲繒

146

江苏省立镇江中学关于报送教员张蔚之、刘德吾重报财产损失报告单致省教育厅的呈（一九四七年十月二十三日）

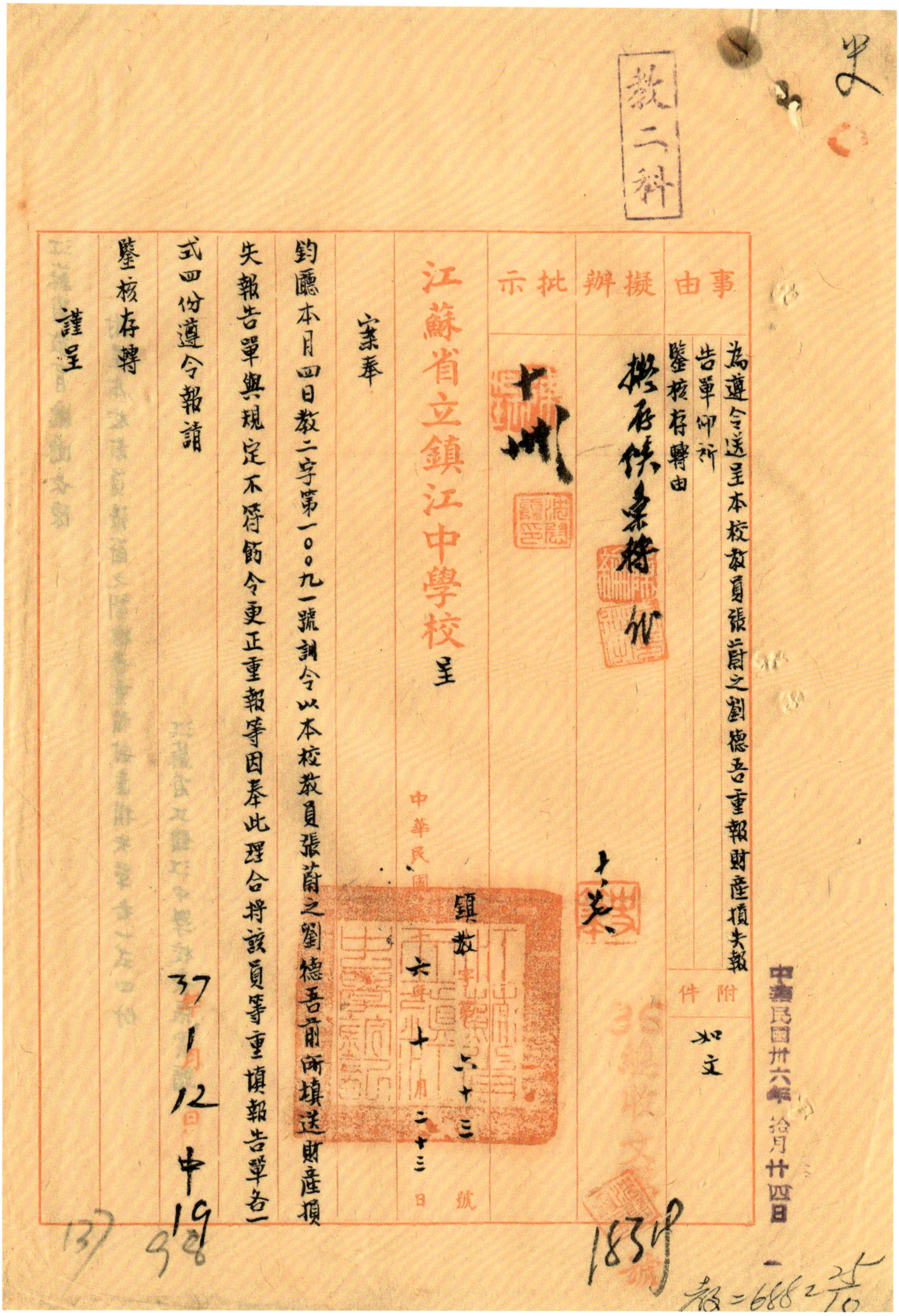

事由：為遵令送呈本校教員張蔚之劉德吾重報財產損失報告單仰祈鑒核存轉由

擬辦：擬存俟彙轉

批示：十卅

附件：如文

中華民國卅六年拾月廿四日

案奉

鈞廳本月四日教二字第一〇〇九一號訓令以本校教員張蔚之劉德吾前所填送財產損失報告單與規定不符飭令更正重報等因奉此理合將該員等重填報告單各一式四份遵令報請

鑒核存轉

謹呈

江蘇省立鎮江中學校 呈

鎮教字第六十三號

中華民國 六年十月二十三日

江蘇省教育廳廳長陳

附呈本校教員張蔚之劉德吾重報財產損失單各一式四份

江蘇省立鎮江中學校長張雲縉

138

附：教员张蔚之、刘德吾财产损失报告单（一九四七年四至五月）

財產損失報告單

填送日期 三十六 年 五 月 日

損失年月日	事件地點	損失項目	購置年月	單位	數量	價值（國幣元） 購置時價值	損失時價值	證件
三十三年農曆六月十二日	日軍進攻時發生 泰興八區樂善鄉袁家堡	瓦房	十八年		五間	硬幣1000元	法幣488,000元	
同上	同上	六柱大床	十三年		一張	硬幣50元	法幣244.00元	
同上	同上	衣櫥	十三年		一架	硬幣40元	法幣19520元	
同上	同上	衣服	廿六年		二十三件	硬幣40元	法幣19,520元	

負轄機關學校團体或事業名稱 印信

受損失者 張蔚之

填報者

姓名 張蔚之

服務處所與所任職務 江蘇省立鎮江中學

與受損失者之關係 本人

通信地址 泰興城内鼓樓街禮義巷28

蓋章

說明

1. 「損失年月日」指事件發生之日期如某年某月某日或某年某月某日至某年某月某日、
2. 「事件」指發生損失之事件如日机之轟炸日軍之進攻等、
3. 「地點」指事件發生之地點如某市某縣某鄉某鎮某村等、
4. 「損失項目」指一切動產（如衣服什物財帛幣證券等）及不動產（如房屋田園礦產等）所有損失逐項填明
5. 「價值」如係當地幣制折成國幣填列外並附填原幣名称及數額、
6. 如有証件應將名称與件數填入「証件」欄内、
7. 受損失者如係私人填其姓名如係机関學校團体或事業填其名称、
8. 私人之損失由本人填報或由代報者填報机関學校團体或事業之損失由各該主管人填報、
9. 表格紙幅一律長28公分寬20.5公分、

财产损失报告单

填送日期 卅六 年 四 月 日

损失年月日	事件地点	损失项目	购置年月	单位	数量	价值（国币元）		证件
						购置时价值	损失时价值	
民國廿八年三月	江寧蔡家橋	瓦屋 草屋	廿年至廿六年	间	十五 三	叁千元 壹千元	叁万元 八千元	同縣皆知
民國廿九年五月	仝上	家具	十五年至廿六年	件	百餘	拾万元	叁拾万元	
民國廿九年九月	仝上	食糧	春秋收穫	斛	壹千（每斛四担計）	拾万元	叁拾万元	
民國卅年九月	江寧顾家窪	行李	十五年至廿六年	件	拾叁	伍仟元	拾伍万元	
民國卅〇年	江寧陶官□	皮箱	十五年二月至廿六年	隻	捌	陸万元	捌拾万元	
民國卅一年	仝上	衣服及衣料	廿年至廿六年	箱	叁	拾万元	贰百万元	
民國卅年	仝上	棉被	十年至廿六年	條	叁	壹万元	贰拾万元	

負轄機關學校團体或事業名稱　　印信　　受損失者 劉德君

填報者 姓名 江苏鎮江七里甸省立鎮江中學 劉德君

服務處所與所任職務　與受損失者之關係　通信地址　蓋章

說明

1. 「損失年月日」指事件發生之日期如某年某月某日或某年某月某日至某年某月某日。
2. 「事件」指發生損失之事件如日机之轰炸日軍之進攻等。
3. 「地點」指事件發生之地點如某市某縣某鄉某鎮某村等。
4. 「損失項目」指一切動產（如衣服什物財帛證券等）及不動產（如房屋田園礦產等）所有損失逐項填明。
5. 「價值」如係當地幣制折成國幣填列外並附填原幣名称及數額。
6. 如有証件應將名称與件數填入証件欄内。
7. 受損失者如係私人填其姓名如係机関學校團体或事業填其名称。
8. 私人之損失由本人填報或由代報者填報机関學校團体或事業之損失由各該主管人填報。
9. 表格纸幅一律長28公分寬20.5公分。

財產損失報告單

填送日期 卅六 年 四 月 日

損失年月日	事件地點	損失項目	購置年月	單位	數量	價值（國幣元）		證件
						購置時價值	損失時價值	
民國卅二年三四月	辛豐蔡家橋	食糧	卅一年收穫	斛	伍百	伍拾万元	貳千万元	週縣皆知
民國卅三年四月	仝上	首飾	十五年至卅年	兩	金十二 銀五十	拾貳万元 伍万元	伍百万元 貳百万元	
民國卅三年	仝上	衣服	廿年至卅二年	箱	四	伍拾万元	貳千万元	
民國卅四年	辛豐四明鎮	食糧	卅四年四月至九月	斛	叁百	伍拾万元	叁千万元	

負責之機關學校團体或事業 名稱 印信 受損失者 劉德君

填報者 江蘇鎮江七里甸省立鎮江中學 服務處所與所任職務 與受損失者之關係 通信地址 姓名 蓋章 劉德君

說明

1. 「損失年月日」指事件發生之日期如某年某月某日或某年某月某日至某年某月某日。
2. 「事件」指發生損失之事件如日機之轟炸日軍之進攻等。
3. 「地點」指事件發生之地點如某市某縣某鄉某鎮某村等。
4. 「損失項目」指一切動產（如衣服什物財帛舟車證券等）及不動產（如房屋田園礦產等）所有損失逐項填明。
5. 「價值」如係當地幣制折成國幣填列外並附填原幣名稱及數額。
6. 如有證件應將名稱與件數填入證件欄內。
7. 受損失者如係私人填其姓名如係機關學校團体或事業填其名稱。
8. 私人之損失由本人填報或由代報者填報機關學校團体或事業之損失由各該主管人填報。
9. 表格紙幅一律長28公分寬20.5公分。

江苏省立镇江中学致省教育厅的呈（一九四七年十月二十三日）

教四科

事由	擬辦	批示
為遵令填報學校財產損失表仰祈核轉俾資向日要求照價賠贖由		

附件

中華民國卅六年拾月廿四日

江蘇省立鎮江中學　呈

中華民國……六年十……二十三日　鎮總……六二號

案奉

鈞廳教四字第八五二二號訓令飭將學校被日寇劫取及損失情形依照前頒查報須知表式辦理以便向日要求照價賠贖等因奉此查本校歷史攸久設備充實北伐前原設南京名江蘇省立第四師範北伐成功定都南京後改名南京中學嗣以南京劃為直轄市遂於民國二十四年度遷移鎮江更名為江蘇省立鎮江中學當時政府以本校位居省會觀瞻所繫異常重視特於南郊黃園地五百餘畝撥款七十餘萬建築鋼骨水泥新式校舍四百餘間連同歷年購置暨新增圖書儀器

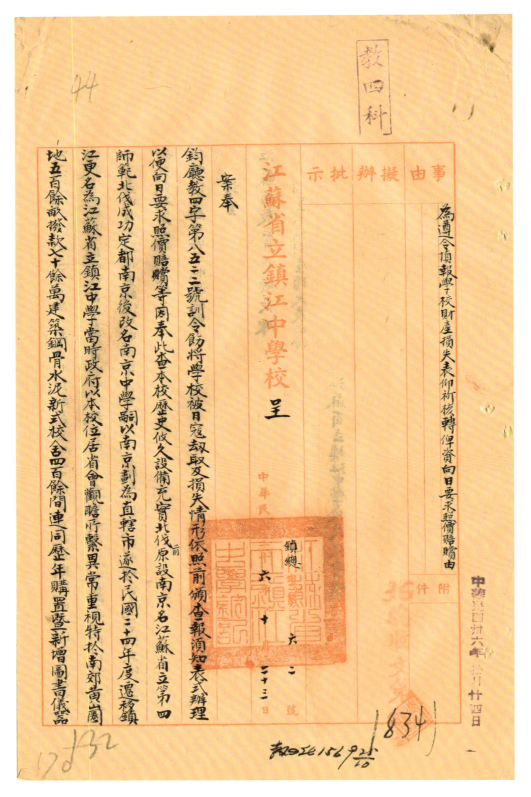

及一切設備所值逾一百二十萬元故當時號稱蘇省四大中學之首抗戰期間所有圖書儀器及一切設備悉被日寇劫取校舍亦盡爲日寇焚燬現在所僅存者除表門一座仍矗立原地堪資佐証外餘已無所有統計損失約值現時國幣六百億元所有被劫及損失情形理合遵令依式塡具財產損失報名單四份備文報呈

核轉以資向日要求照價賠償

謹呈

江蘇省教育廳廳長陳

附呈本校財產損失表四份

江蘇省立鎮江中學校長張雲縉

171

江苏省教育厅致省政府的呈及致镇江中学的指令（一九四七年十一月六日）

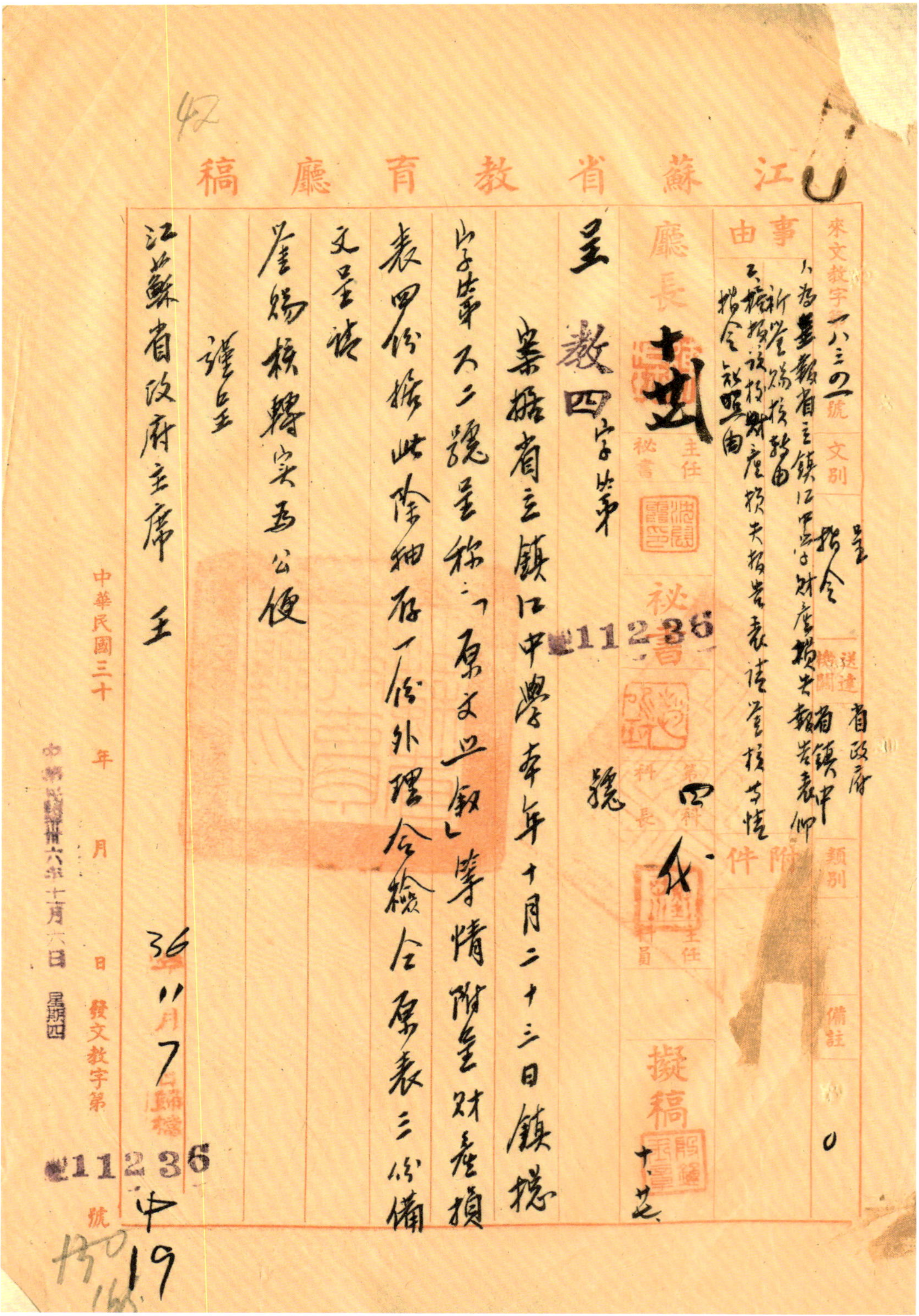

江蘇省教育廳稿

事由：一、為呈報省立鎮江中學財產損失報告表仰祈鑒核轉由；二、據報送財產損失報告表請鑒核等情指令知照由

送達機關：省政府（呈）；省鎮中（指令）

呈 教四字第 號

案據省立鎮江中學本年十月二十三日鎮總字第六二號呈稱：「□□原文照敘」等情，附呈財產損失表四份。據此，除細存一份外，理合檢同原表三份備文呈請鑒核轉實為公便。

謹呈

江蘇省政府主席 王

中華民國三十六年十一月六日

發文教字第 11236 號

43

附呈省立鎮江中學財產損失表三份

指令　教四字第　　號　全銜

令省立鎮江中學

三十六年十月十三日呈一件（録原由）

呈件均悉准予轉呈江蘇省政府核備仰即知照

此令

廳長　陳○

11236

中華民國卅六年十一月六日

11236

江苏省政府致省教育厅的指令（一九四七年十一月二十二日）

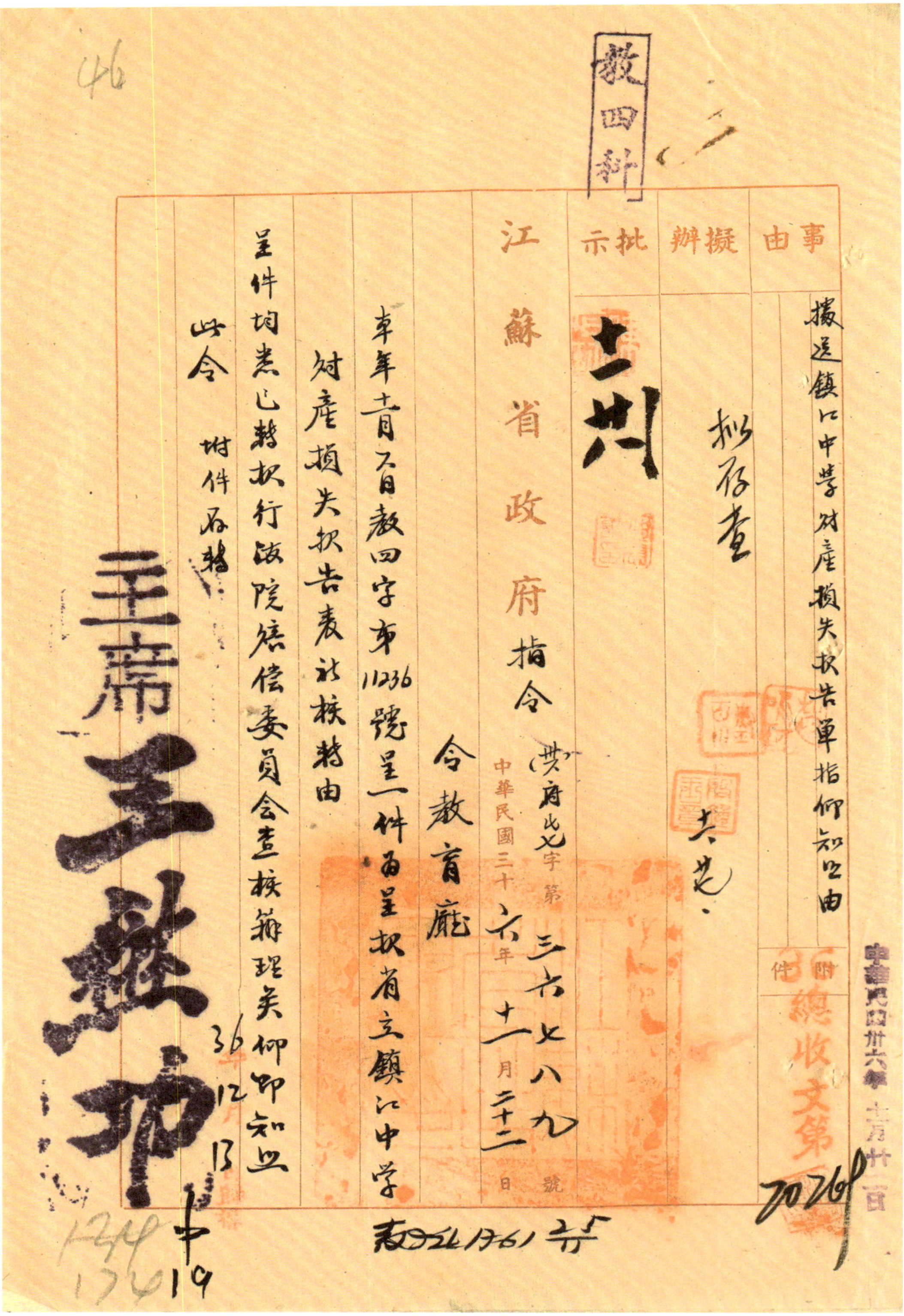

事由：據送鎮江中學財產損失報告單指仰知照由

擬辦：擬存查

江蘇省政府指令　（卅六）府北乙字第三六七八九號　中華民國三十六年十一月二十二日

令教育廳

本年十一月五日教四字第11236號呈一件，為呈報省立鎮江中學財產損失報告表祈核轉由。

呈件均悉，已轉報行政院賠償委員會查核辦理矣，仰即知照。此令。

附件存轉。

主席　王懋功

附件

總收文第70769號

江苏省立镇江中学关于更正损失报告单致省教育厅的呈（一九四八年三月九日）

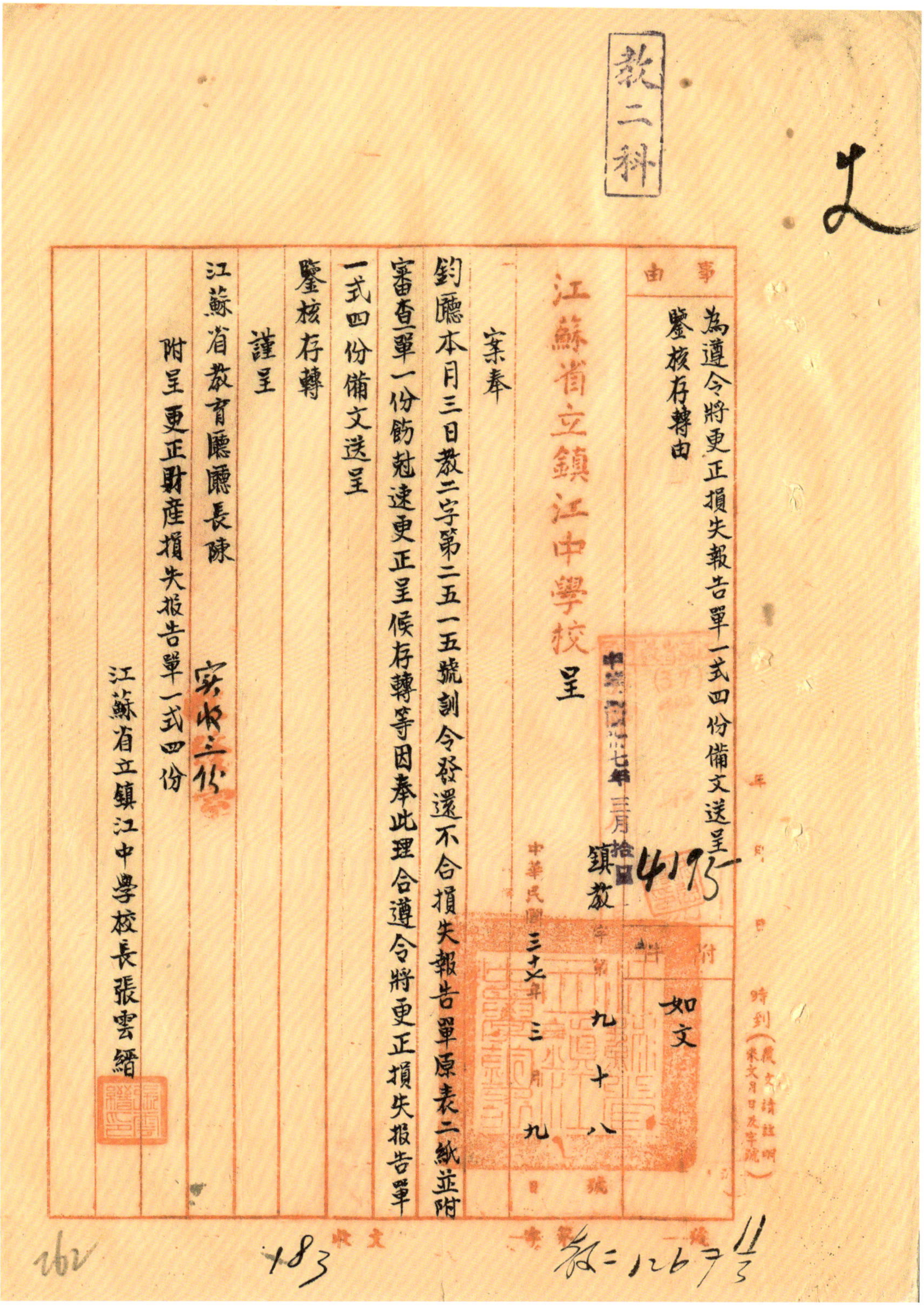

教二科

事由：為遵令將更正損失報告單一式四份備文送呈
鑒核存轉由

江蘇省立鎮江中學校　呈

中華民國三十七年三月九日　鎮教字第九十八號

附：如文

案奉
鈞廳本月三日教二字第二五一五號訓令發還不合損失報告單原表二紙並附
審查單一份飭剋速更正呈候存轉等因奉此理合遵令將更正損失報告單
一式四份備文送呈
鑒核存轉
謹呈
江蘇省教育廳廳長陳
附呈更正財產損失報告單一式四份
江蘇省立鎮江中學校長張雲縉

附：刘德吾财产损失报告表（一九四七年四月）

财产损失报告表

填送日期卅六年四月　日

损失年月日	事件地点	损失项目	购置年月	单位	数量	价值（国币元）		证件
						购置时价值	损失时价值	
民國卅二年三四月	阜寧蔡家橋	食糧	卅一年收穫	斛	五百	十万	五百万	週縣皆知
民國卅三年四月	仝上	首飾	十五年至卅[illegible]	兩	金十二 銀五十	一万 伍千	四百八十八万 二百四十四万	
民國卅三年	〃 〃	衣服	廿年至卅二年	箱	四	一万	四百八十八万	
民國卅四年	阜寧四明鎮	食糧	卅四年[illegible]	斛	叁百	五十万	五百万	

直轄机關學校團体或事業名稱　受損失者 劉德吾　印信

填報者 江苏镇江七里甸省立镇江中學教员劉德吾

姓名　服務處所與所任職務　與受損失者之關係　通訊地址　蓋章

說明

江苏省政府、江苏省教育厅、江苏省立镇江中学关于刘德吾财产损失报告单更正重报的一组公文

（一九四八年五月十七日至七月十日）

江苏省政府致省教育厅的代电（一九四八年五月十七日）

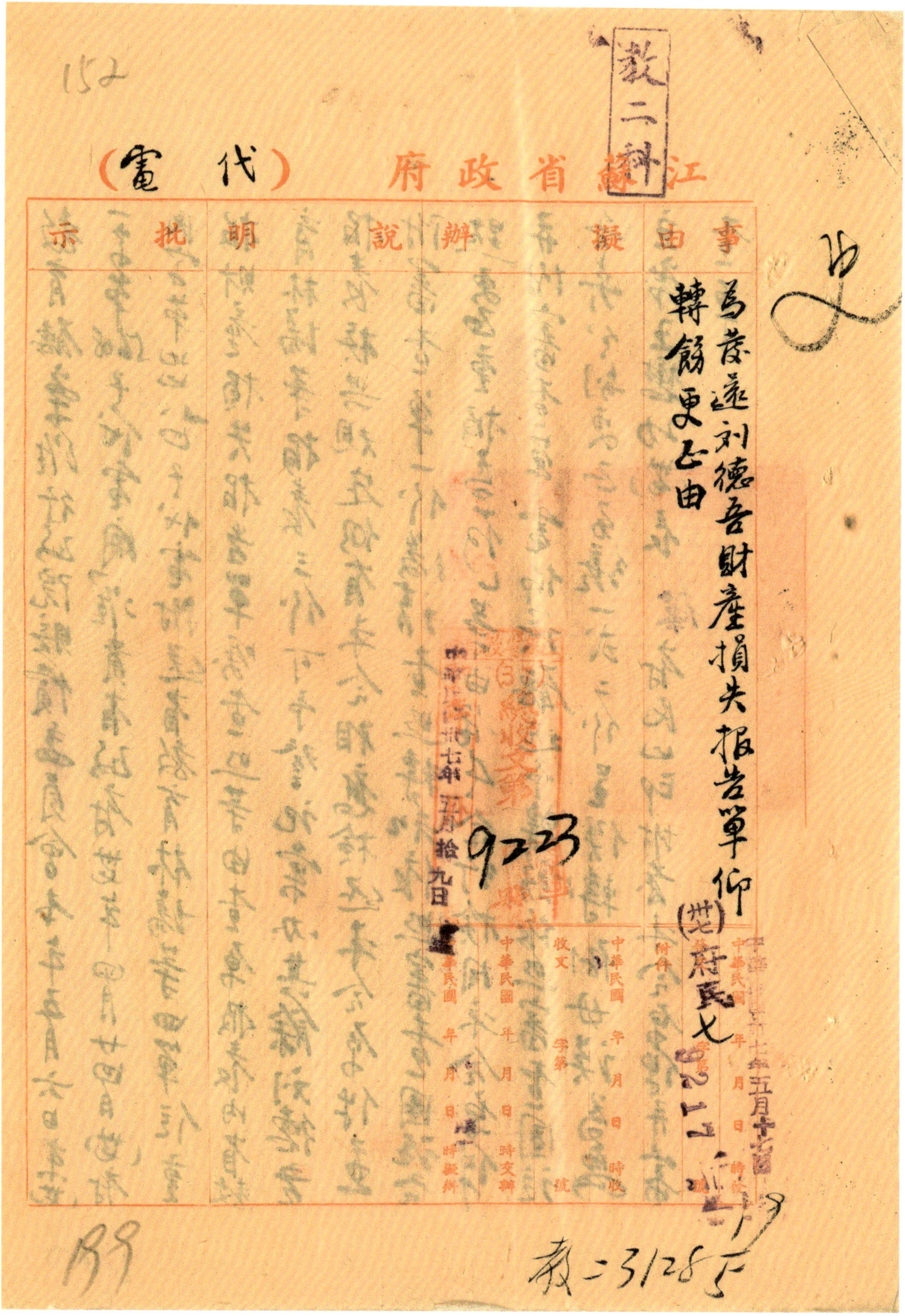
江蘇省政府（代電）

事由：為菱遞刘德吾財產損失报告單仰轉飭更正由

擬辦

說明

批示

教育廳案准行政院賠償委員會本年五月六日京賠一字第5608號代電開：「准貴省政府卅五年四月廿四日（卅五）府民字第七七八四號代電附送省教育林場等四單位重報財產損失報告單，囑查照」等由。查原報表內省教育林場等報表三份可予登記備案外，其餘劉德音報表核與規定仍有未合，相應檢還未合原件，並附審查單一份，復請查照轉知，依照審查圖注各點更正重報為荷。等由。准此，合行檢同未合原件並附審查單，電仰該廳迅予轉飭依照審查圖注各點分別更正，另繕一式二份呈候轉報，毋誤為要。

主席王懋功（兼）廳長 蓀

府民巳印 附發未合原件並審查單

江苏省教育厅致省立镇江中学的训令（一九四八年六月七日）

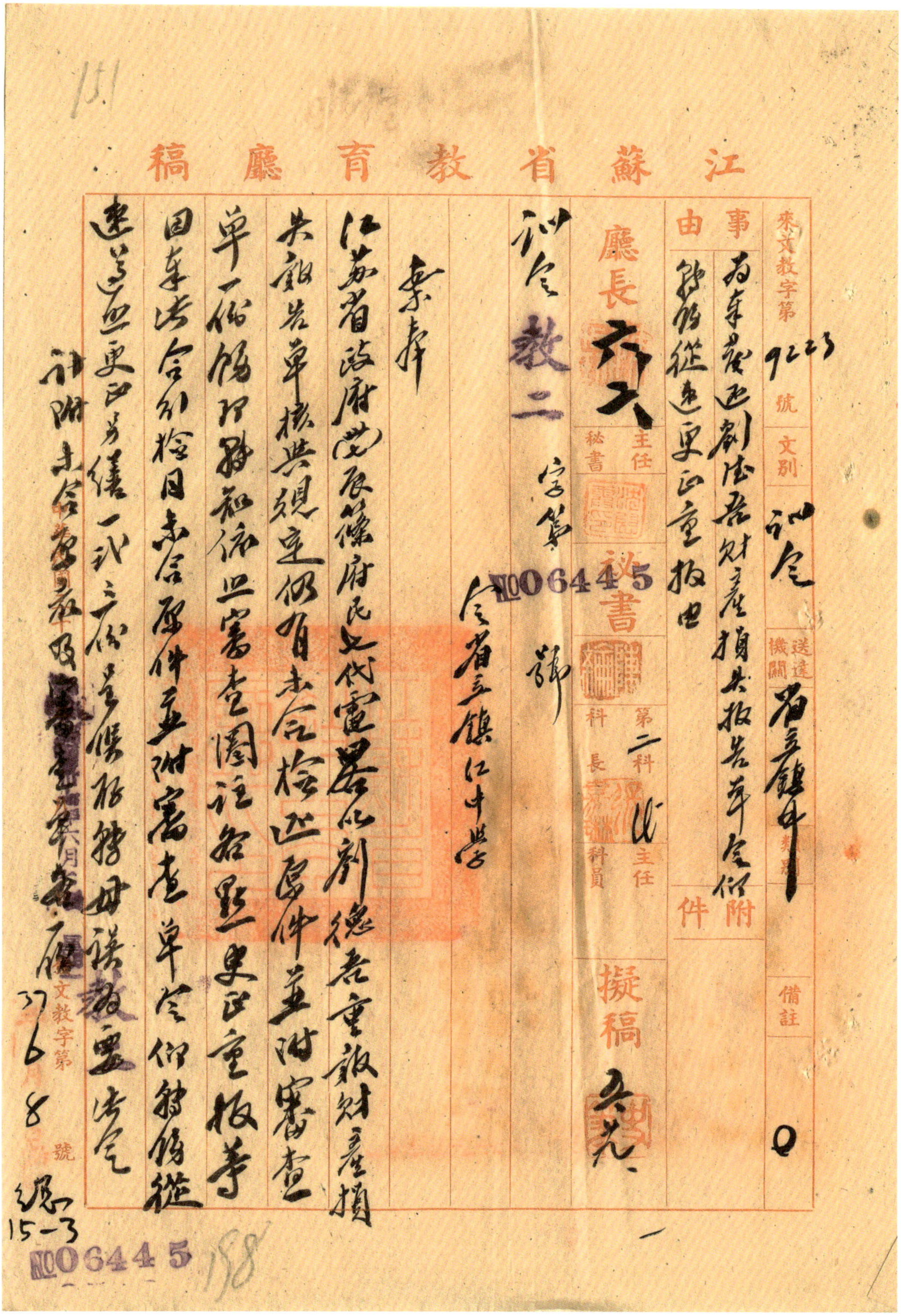

151

江蘇省教育廳稿

來文教字第 9223 號

文別：訓令

送達機關：省立鎮江中學

事由：為奉發還劃總表財產損失報告單令仰轉飭從速更正重報由

附件：一份

廳長

主任秘書

秘書

第二科科長

主任科員

擬稿

訓令　教二　字第　　號

令省立鎮江中學

案奉

江蘇省政府（卅七）辰篠府民（二）代電略以：前送劃總表重報財產損失報告單核與規定仍有未合，檢還原件並附審查單一份，飭即轉飭依照審查團註各點更正重報等因。奉此，合行檢同未合原件並附審查單，令仰轉飭從速遵照更正另繕一式六份呈候核轉，毋誤為要。此令。

計附未合原件及審查單

廳長

37/6/8

總 15-3

№06445

188

江苏省立镇江中学致省教育厅的呈（一九四八年六月十五日）

教二科

事由：為遵令補報本校教員劉德吾重填財產損失報告表一式三份仰祈鑒核存轉由

附：如文

江蘇省立鎮江中學呈 鎮教字第一三五號

中華民國三十七年六月十五日

江蘇省教育廳收文（37）總收文第11655號 三十七年六月拾六日

案奉

鈞廳本月七日教二字第六四四五號訓令飭轉知本校教員劉德吾重填財產損失報告表一式三份呈候存轉等因奉此理合遵令將劉德吾重填財產損失報告表一式三份備文送呈

鑒核存轉

謹呈

江蘇省教育廳廳長陳

附呈劉德吾重填財產損失報告表一式三份

江蘇省立鎮江中學校長張雲縉

教二2405号

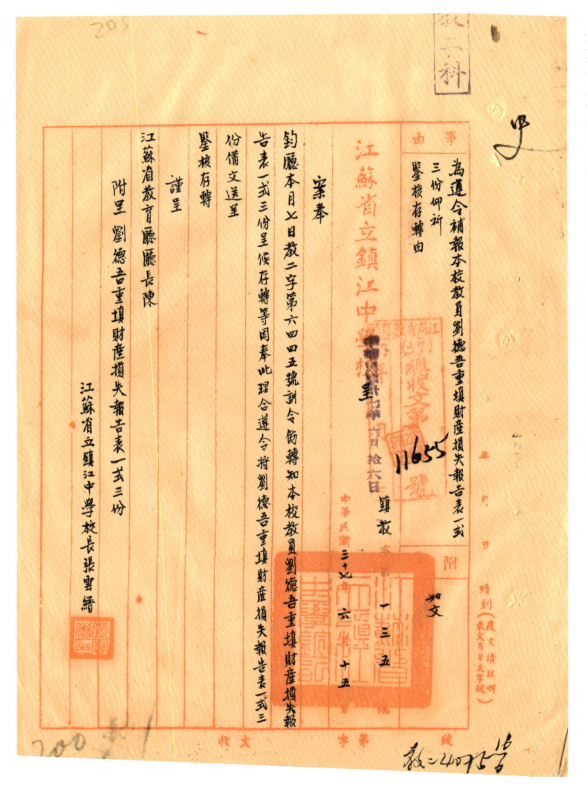

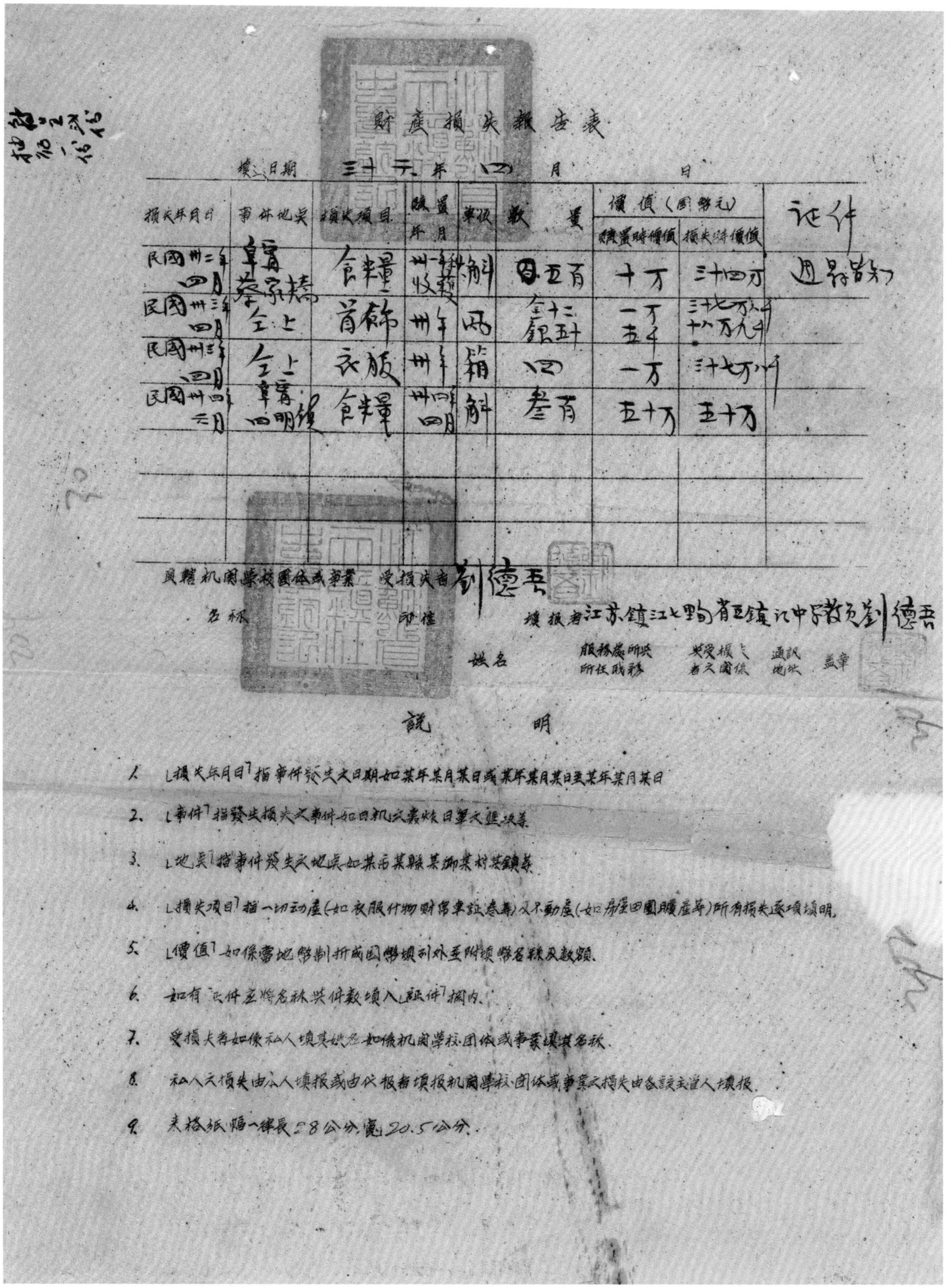

财産損失報告表

填送日期 三十六年四月 日

損失年月日	事件地点	損失項目	購置年月	單位	數量	價值（國幣元）購置時價值	價值（國幣元）損失時價值	證件
民國卅二年四月	句容蔡家橋	食粮	卅一年秋收	斛	四五百	十万	三十四万	週县皆知
民國卅三年四月	仝上	首飾	卅年	兩	金十二 銀五斗	一万五千	三十七万八千 十八万九千	
民國卅三年四月	仝上	衣服	卅年	箱	四	一万	三十七万八千	
民國卅四年六月	句容四明鎮	食粮	卅四年四月	斛	叁百	五十万	五十万	

直轄機關學校團体或事業 名称 印信　受損失者 劉德吾

填报者 江苏镇江七里甸省立镇江中学教员 劉德吾

姓名　服務處所與所任職務　與受損失者之關係　通訊地址　蓋章

說明

1. 「損失年月日」指事件發生之日期如某年某月某日或某年某月某日至某年某月某日
2. 「事件」指發生損失之事件如日机之轰炸日軍之進攻等
3. 「地點」指事件發生之地點如某市某縣某鄉某村某鎮等
4. 「損失項目」指一切動產（如衣服什物財帛車証券等）及不動產（如房屋田園礦產等）所有損失逐項填明
5. 「價值」如係當地幣制折成國幣填列外並附填幣名數及數額
6. 如有「证件」應將名称與件數填入「証件」欄內
7. 受損失者如係私人填其姓名如係机關學校團体或事業填其名称
8. 私人之損失由私人填报或由代报者填报机關學校團体或事業之損失由各該主管人填报
9. 本格紙幅一律長28公分寬20.5公分

附：刘德吾重填财产损失报告表（一九四七年四月）

江苏省教育厅致省政府的呈（一九四八年七月十日）

江蘇省教育廳稿

來文教字第11658號

文別：呈

送達機關：省府

事由：為遵令轉飭劉德孝重報財產損失報告單呈祈鑒轉由

附件

廳長 七、三

秘書

第二科 科長

擬稿 六、六

教二字第08101號

呈

案查前奉

鈞府卅七辰篠府民七代電發還省立鎮江中學教員劉德孝財產損失報告單，飭即轉飭更正重報等因，奉經飭據遵照重行填報一式三份前來，除抽存一份備查外，理合檢附原表二份，備文呈請

鑒核轉送行政院賠償委員會彙辦，實為公便。謹呈

江蘇省政府主席王

附呈劉德孝財產損失報告單二份

全銜

中華民國卅七年七月十日

發文教字第 教二 08101 號

37 7 12

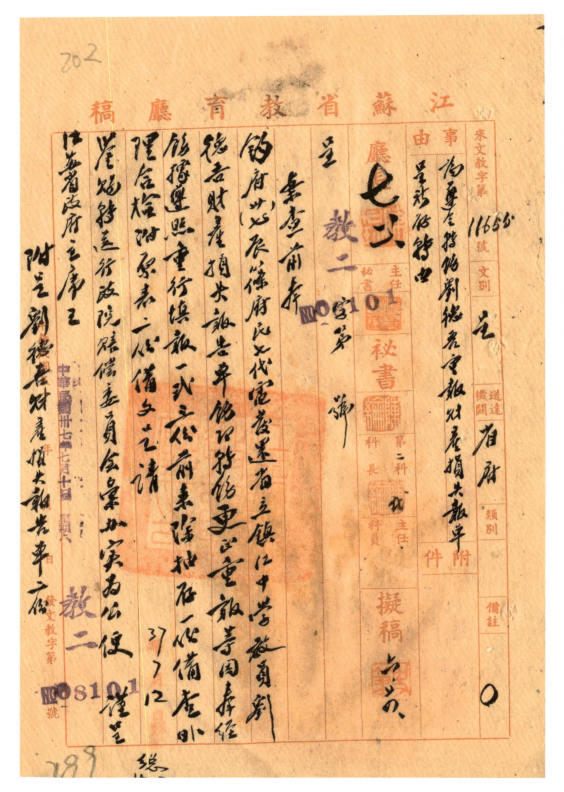

（九）上海教育系统财产损失调查

江苏省立松江女子中学、江苏省教育厅关于填送松江女子中学及教职员抗战财产损失报告单的往来公文（一九四六年八月十二日至一九四七年十二月十一日）

江苏省立松江女子中学致省教育厅的呈（一九四六年八月十二日）

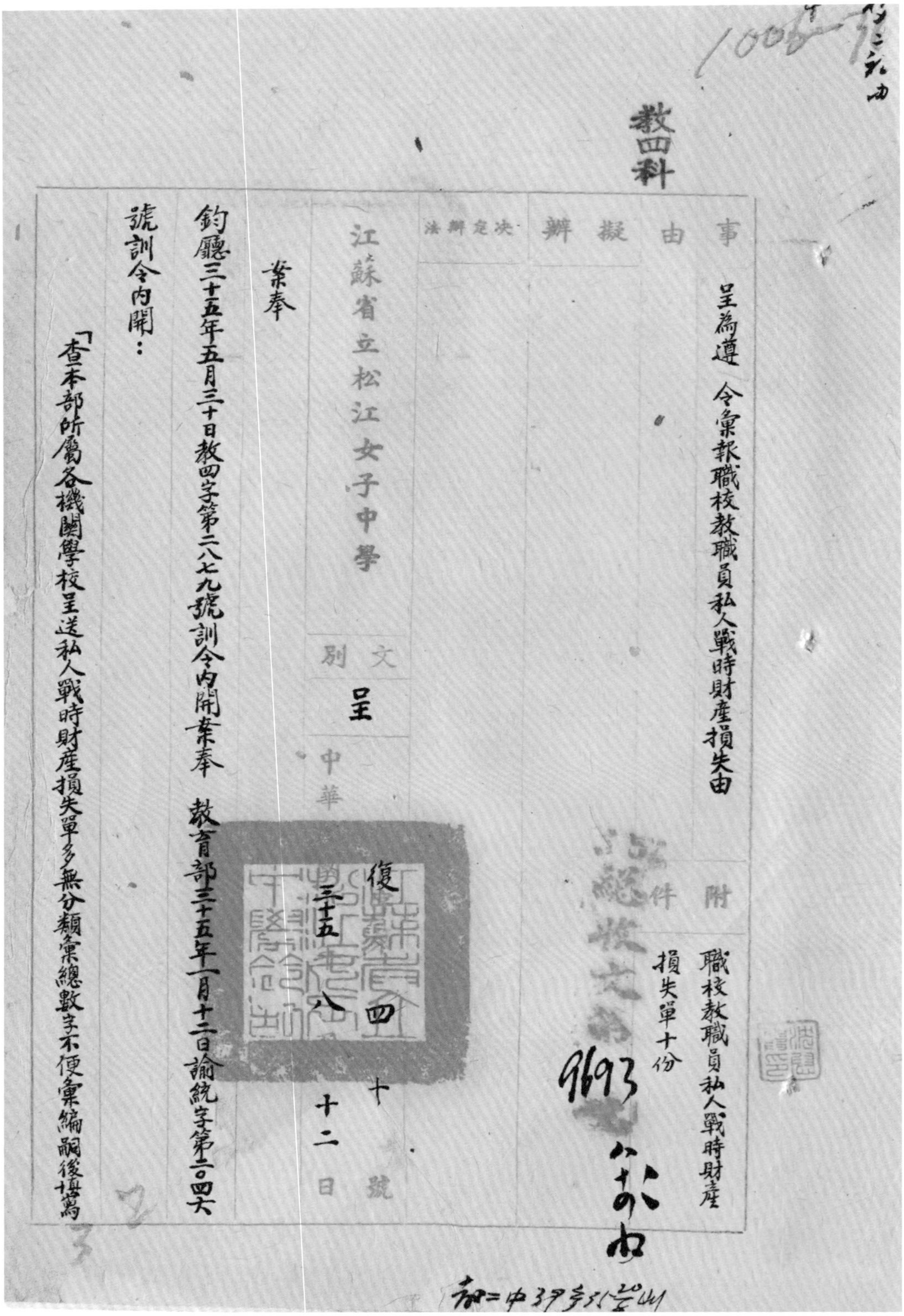
教四科

事由：呈為遵令彙報職校教職員私人戰時財產損失由

擬辦

決定辦法

江蘇省立松江女子中學

文別：呈

中華民國三十五年八月十二日

復四十　字　號

附件：職校教職員私人戰時財產損失單十份

案奉

鈞廳三十五年五月三十日教四字第二八七九號訓令內開案奉

教育部三十五年一月十二日諭統字第一〇四六號訓令內開：

「查本部所屬各機關學校呈送私人戰時財產損失單多無分類彙總數字不便彙編嗣後據爲

是項財產損失報告單時應按房屋器具現款服着書籍其他六類分別計算再將此六類小計合計爲總數列于表之上端所填價值係何時物價亦應註明以便折算附表例一張合行令仰轉飭知照。」

等因，奉此，遵即分函職校同仁依表填寫茲謹將業已收到之該項職校同仁私人財產損失單十份具呈彙報，仰祈

鑒核轉呈，毋任感切。

謹呈

江蘇省教育廳廳長陳

江蘇省立松江女子中學校校長江學珠

江學珠

江苏省教育厅致省立松江女子中学的指令（一九四六年十月三日）

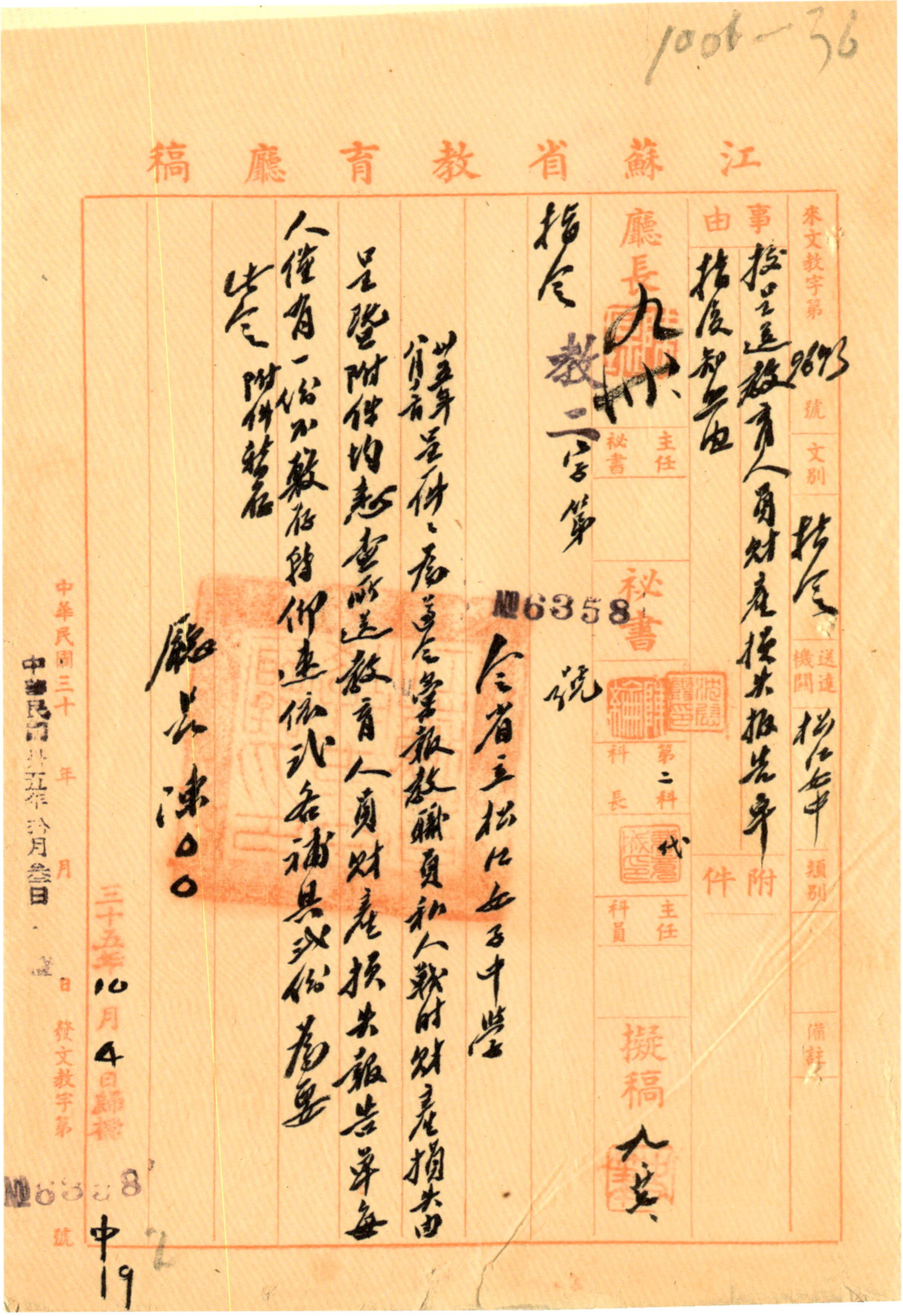
1006—36

江蘇省教育廳稿

來文教字第9693號　文別：指令　送達機關：松江女中　類別　附件　備註

事由：據呈送教育人員財產損失報告單指復知照由

廳長［印］　主任秘書　秘書［印］　第二科科長［印］代　主任科員　擬稿［印］

指令　教二字第　號　№6358

令省立松江女子中學

卅五年八月十日呈一件，為造報教職員私人戰時財產損失由。

呈暨附件均悉。查所送教育人員財產損失報告單每人僅有一份，不敷存轉，仰速依式各補具四份為要。

此令。附件存。

廳長　陳〇〇

中華民國三十五年拾月叁日　發文教字第№6358號

三十五年10月4日歸檔

中19

江苏省立松江女子中学关于补报财产损失单致省教育厅的呈（一九四六年十二月二十四日）

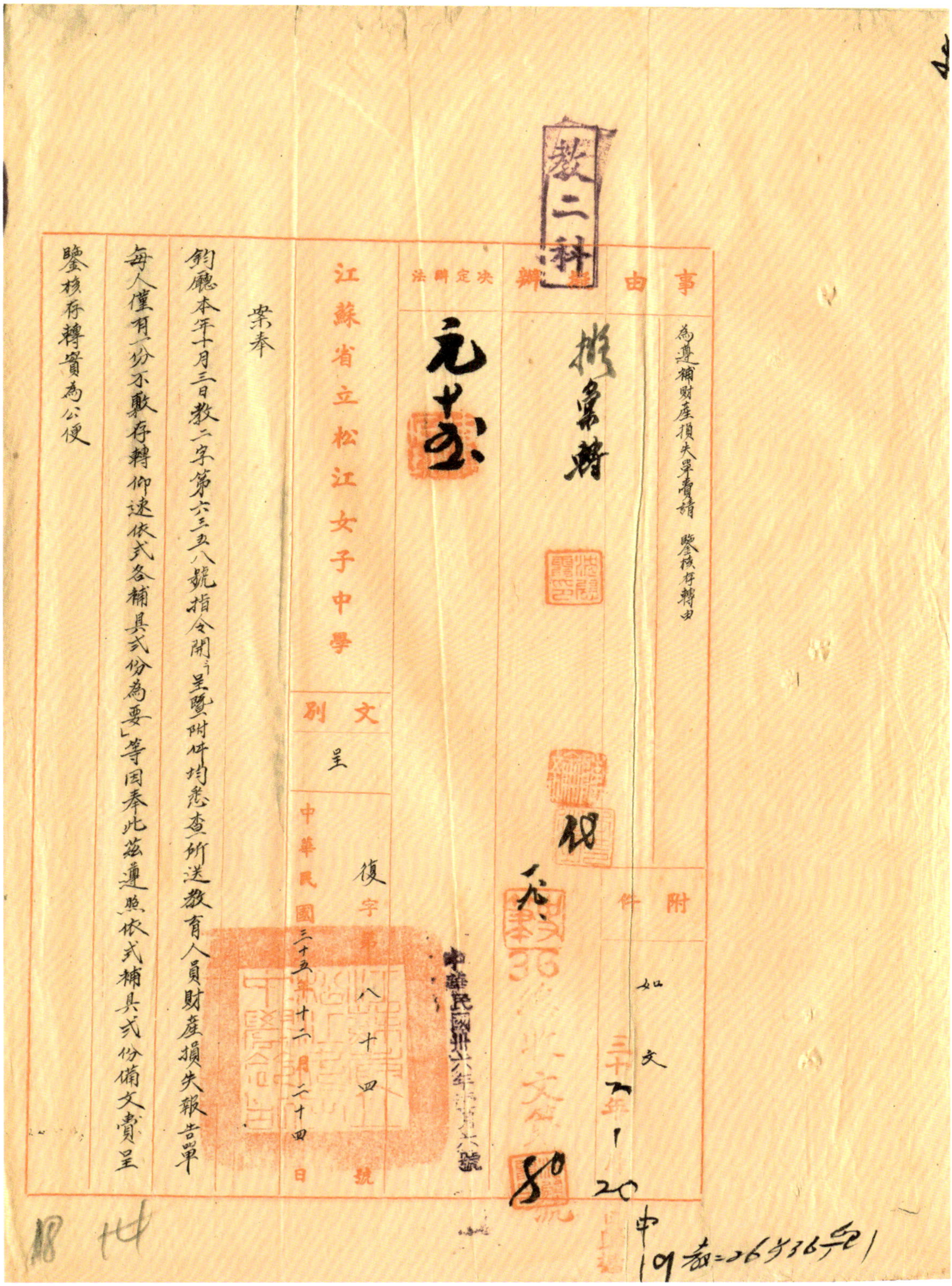

事由：為遵補財產損失單賫請鑒核存轉由

擬辦：擬彙轉

江蘇省立松江女子中學

文別：呈

中華民國三十五年十二月二十四日　復字第八十四號

案奉

鈞廳本年十月三日教二字第六三五八號指令開：「呈暨附件均悉。查所送教育人員財產損失報告單每人僅有一份，不敷存轉，仰速依式各補具式份為要」等因。奉此，茲遵照依式補具式份，備文賫呈

鑒核存轉，實為公便。

附件：如文

教二科

謹呈

江蘇省教育廳廳長陳

附呈財產損失單弍份

江蘇省立松江女子中學校長江學珠

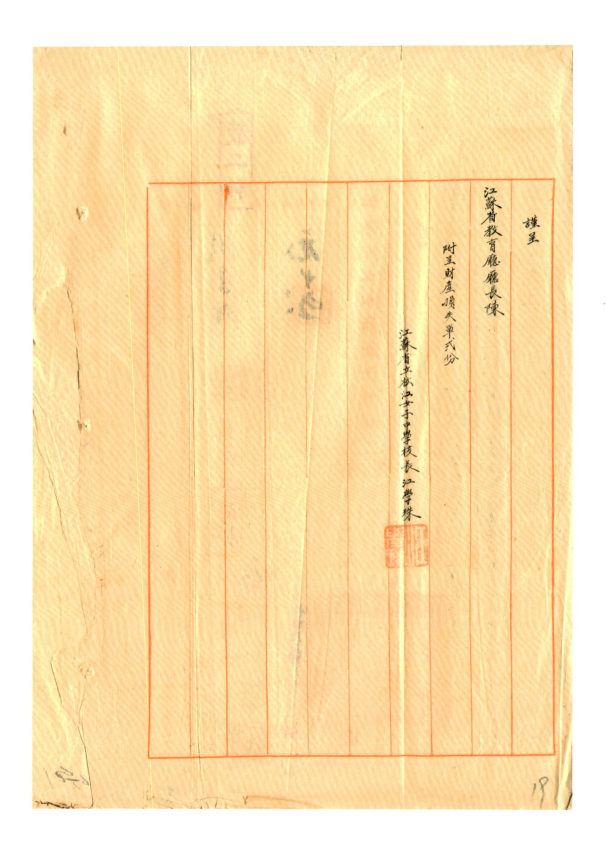

附：教育人员财产损失报告单（一九四六年六至十一月）

P.1

教育人員財產損失報告單

損失項目	單位	數量	價值（用國幣填寫角分不計）（所填係廿六年之價值）	損失時期 26年10月	地點	事件	備註
總計				民國二十六年十月	江蘇松江縣府前街江蘇省立松江女子中學校內教員宿舍	松江城被日寇擲炸彈松江女中叠次被炸校舍大部摧燬教職宿舍同罹	此表分櫥相等部人書籍雜件較多故有分填書名有合填種類且一紙不敷分填二紙
房屋類小計	間						
樓房	〃						
平房	〃						
器具類小計							
床	件						
棹	〃						
椅凳	〃	2	,010元				
現款類小計	元	1000					
服裝類小計							
皮衣	件	3	0,800元				
單衣綿夾在內	〃	50	1,600元				
書籍類小計							
辭源	冊	3	,012元				
四部叢刊		2112	,800元				
二十五史		9	80元				
又補編六冊，四史100		6+100	,100元				
正續資治通鑑，世界地圖，		60+2	,068元				
十三經注疏，佩文韵府，		32+62	,090元				
其他類小計							
書箱、案、被褥、帳席、		10+4+4+1+1	2,200元				
文具、起居什物		12+8	,800元				
收音機		1	,050元				

注意：如已在他校填報告者并請註明

填報日期 35年11月2日 受損失者 錢貞元 簽章 （江蘇省立松江女子中學）主管人 江學珠 簽名蓋章

17

25 26

P.2

教育人員財產損失報告單

損失項目	單位	數量	價值（用國幣填寫角分不計）（所填價值廿六年之價值）	損失情形：損失時期 年月日	地點	事件	備註
總計							
房屋類小計	間						
樓房	〃						
平房	〃						
器具類小計							
床	件						
棹	〃						
椅櫈	〃						
現款類小計							
服裝類小計							
皮衣	件						
單衣	〃						
書籍類小計							
辭源	冊						
備查書籍	種	240種	2,100元				
大學叢書、各叢刊	種	52+28	[illegible],125元				
婦女叢刊	〃	30	[illegible],020元				
碑帖、舊本書畫	〃	30+15	[illegible],000元				
集古錄、[illegible]	冊	28+12	42元				
其他類小計							
[illegible]詩文存稿	冊	8					
歷代女子言行錄稿	〃	2					
[illegible]筆稿	〃	6					
金石書畫	件	15	15,000元				

填報日期 35年11月2日 受損失 錢貞元 （印） 蓋章 （江蘇省立松江女子中學）主管人 江學珠 （印） 蓋章

注意：如已在他校填報者，希詳註明

18

教育人員財產損失報告單

損失項目	單位	數量	價值（用國幣填寫角分不計）（所填係廿六年之價值）	損失情形：損失時間 年 月	地點	事件	備註
總計			三百元				
房屋類小計							
樓房	間						
平房	〃						
器具類小計							
床	件						
桌（藤茶几）	〃	1	约5元	26年11月	松江大馬山	學校解散匆促離校不及攜帶	
椅櫈（藤）	〃	2					
現款類小計							
服裝類小計							
皮衣	件						
單衣	〃	约十餘件	约百數十元	仝上	仝上	仝上	
書籍類小計							
辭源	冊	上下二冊	约8元	仝上	仝上	仝上	
化學參考書	〃	约五六冊	约30餘元				
其他類小計							
被單	條	4	约25元	仝上	仝上	仝上	
五尺羅紗帳	頂	1	〃 12 〃				
26寸牛皮箱	件	1	〃 20 〃				
皮鞋	双	2	〃 15 〃				
火爐	只	1	〃 〃 〃				
其他日用物件	件	约十數件	约五六十元	仝上	仝上	仝上	

注意：如已在他校填報告者并請註明

填報日期 35年6月28日 受損失者周芬簽名蓋章（印）

（校名）主管人 簽名蓋章

江蘇省立松江女子中學校長江學珠（印）

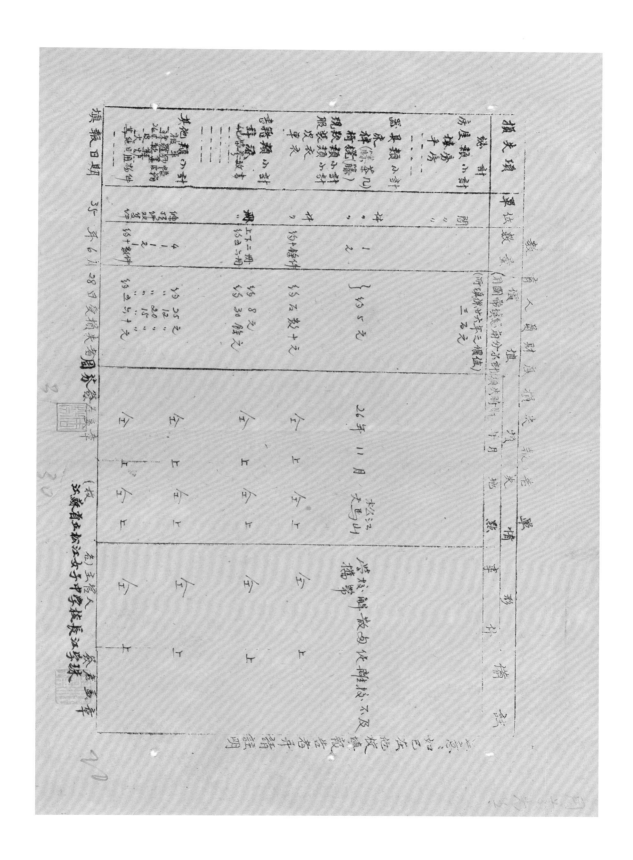

教育人員財產損失報告單

損失項目	單位	數量	價值（用國幣填寫角分不計）（所填係卅六年之價值）	損失情形 損失時期 年 月	損失情形 地點	損失情形 事件	備註
總計		總計	八千一百十四元				
房屋類小計	間						
樓房	〃						
平房	〃						

器具類小計							
床	二件		一百廿元	廿七年	嘉興		
桌	四〃		一百卅元	〃	〃		
椅櫈	七〃		八十餘元	〃			
現款類小計							
服裝類小計					〃		
皮衣	六件		九百餘元	〃	〃		
單棉衣	二十〃		七百餘元	〃			

書籍類小計					〃		
辭源	二冊		二百四十元	〃	〃		
韋氏英漢辭典	一〃		一百五十四元	〃	〃		
原版英文書	五百餘〃		約伍仟餘元	〃	〃		
參考書	二十四〃		二百五十餘元	〃	〃		
其他類小計							
鋼琴	一只		五百四十元	〃	〃		

注意：如已在他校填報告者亦請註明

填報日期　年　月　日　受損失者　陶善卿（印）

（校　名）主管人　簽名蓋章　江蘇省立松江女子中學校長江學珠（印）

21

教育人員財產損失報告單

損失項	單位	數量	價值（用國幣填寫角分不計）	損失情形：損失時期26年11月6日	地點	事件	備考
總計			（折填僅廿六年之價值）	177元	松江天馬山鎮	日軍侵入	
房屋類小計	間						
樓房	〃						
平房	〃						

器具類小計							
床	件						
棹	〃						
椅櫈	〃						
現款類小計							
服裝類小計							
皮衣	件						
單衣	〃						
書籍類小計		56冊	廿六年價值132元				
辞源	3冊						
國文參考書	12〃						
中國歷史參考書	30〃						
西洋史參考書	8〃						
地圖 ----	3〃						
其他類小計							
無線電收音机	1具	一具	廿六年價值45元				

註：[illegible]如已在他校填報告者并請註明

填報日期 三十五 年 六 月 十二 日　受損失者　簽 章　曹鳳池　（校　名）主管人　江蘇省立松江女子中學校長　簽名蓋章

37　38

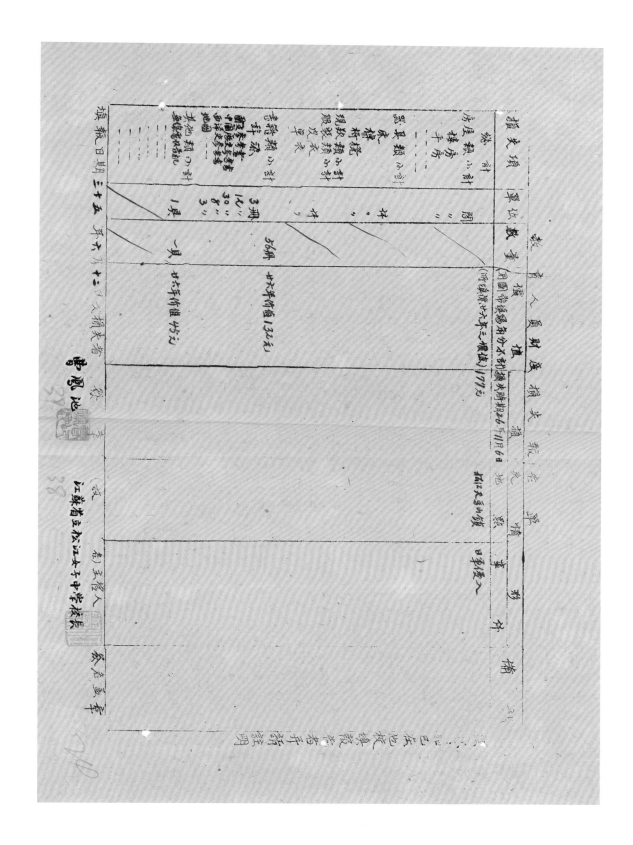

教育人員財產損失報告單

損失項目	單位	數量	價值（用國幣填寫角分不計）（所填係廿六年之價值）	損失情形：損失時期廿六年十一月	損失情形：地點	損失情形：事件	備註
總計			3,849元		江蘇省青浦縣城內縣前街	國軍撤退後被兵匪刼掠毀損	
房屋類小計	間		270元				
樓房	〃						
平房	〃						
住宅門窗	扇	30	150元				
〃〃地板	間	3	120元				
器具類小計			470元				
床	件	3	150元				
棹	〃	6	180元				
椅櫈	〃	20	140元				
現款類小計			160元				
服裝類小計			1,500元				
皮衣	件	10	500元				
單衣	〃	80	400元				
棉夾衣	〃	50	600元				
書籍類小計			665元				
辭源	冊	3	15元				
辭海	〃	2	10元				
藝文大英百科全書	部	1	250元				
原版英文韋氏大字典	冊	1	30元				
萬有文庫	部	1	360元				
其他類小計			784元				
皮箱	只	8	64元				
衣櫥	架	2	120元				
書櫥	〃	4	160元				
廚房用具	件	20	100元				
蚊帳	頂	5	80元				
被褥	条	18	230元				
蓆	〃	5	30元				

注意：如已在他校填報告者并請註明

填報日期卅五年十一月十日　受損失者　孟德基（蓋章）

（校名）主管人　簽名蓋章　江蘇省立松江女子中學校長江學珠

43　42　26

教育人員財產損失報告單

損失項目	單位	數量	價值（用國幣填寫角分不計）	損失時期 年月	損失情形 地點	事件	備註
總計			（所填係廿六年之價值）4100元	26年11月			
房屋類小計	間	2	2500元		嘉興城內項家濱		
樓房	〃		2500元				
平房							
器具類小計			204元		〃		
床	件	6	68				
桌	〃	8	86				
椅凳	〃	20	50				
現款類小計							
服裝類小計			650元		〃		
皮衣	件	9	250元				
單衣	〃	48	220				
棉衣		12	180				
書籍類小計			367元		南潯		
辭源	冊	3	10		天馬山		
字典	〃	3	9				
新書	〃	158	100				
西文書	〃	31	208				
文學書	〃	145	60				
其他類小計			379		嘉興城內項家濱		
電氣用具	件	11	60				
碗盞罐罈	〃	65	58				
廚房用具	〃	52	105				
被褥衣物	〃	4	78				
信[illegible]	〃	2	18				
字畫	〃	25	60				

注意：如已在他校填報告者另行請註明

填報日期　35年6月8日　受損失者　胡埬發（蓋章）

（校　者）主管人　江蘇省立松江女子中學校長江學珠　簽名蓋章

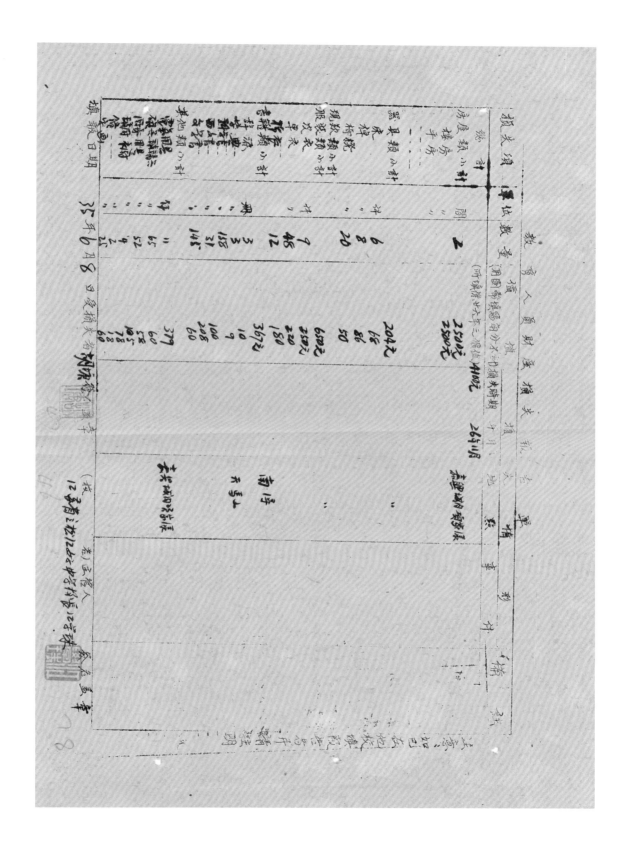

教育人员财产损失报告单　　第一页

损失项目	单位	数量	价值（国币元为单位角分不计）（所填系廿六年之价值）	损失时期 年月日	地点	事件	备注
总计			10767元				注意：如已在他处填报告者并请注明
器具类小计	件		1471元				
大衣橱	〃	1	80元（以下同）	廿六年十一月（以下均同）	松江城内府前（以下均同）	登陆后日寇佔居该屋	
五斗橱	〃	1	30			（说明）损失人当时任教江苏省立松江女子中学于民国廿二年四月租住该屋五间（屋主周颂鑫）迨廿六年松江沦陷日寇即佔居该屋八年之久直至本年始行退出当时损失人仅以身免屋内一切完全损失	
镜台		1	30				
皮箱衣架箱架		11	76				
床（连棕垫）		4	300				
皮橱	件	1	25				
方桌	〃	4	100				
核桃琴桌	〃	3	60				
写字台小计		2	60				
杂橱公事橱		2	40				
方椅方凳茶几	件	24	160				
玻璃书橱	〃	4	160				
家堂		1	60				
书箱（连书架）		24	140				
炊具餐具	件	约13+150	85（包括铜精镬子缸瓮罐刀石缸及碗碟壶盆盂钵）			现在损失人任教国立浙江大学故在浙大就任填报	
梳沐具		12	40（脚桶面桶水桶便桶）				
铜锡器		8	25（汤婆子脚炉火炉烛台）				
衣被类小计			1970元				
帐子	顶	3	60				
被褥	条	10	140				
席毡毯绒毯		7	90				
男女皮衣	件	5	350				
棉衣		7	300				

填报日期　35年8月　　受损失者　陆维钊　（盖章）

（校　　名）主管人　　签名盖章
江苏省立松江女子中学校长江学珠

教育人員財產損失報告單

第二頁

損失項目	單位	數量	價值（用國幣填寫角分不計）	損失情形：損失時期（年月日）	損失情形：地點	損失情形：事件	備註
總計			（所填係廿六年之價值）				
駝絨袍、夾袍	件	11	340				
女大衣	〃	3	180				
男大衣、製服	〃	5	160				
單袍、單衫褲		約 40	350				
古物類小計			670元				
歷代古錢	枚	約 1000	300				
古鏡	件	5	40（內漢鏡3唐鏡2）				
古銅爐	〃	6	50（宣德四景泰藍2）				
宣窰暗花鉢	只	1	100				
紫檀嵌花筒		1	20				
大小端硯	件	5	100				
龍泉筆洗	〃	1	60				
珂羅版書類			638元				
故宮週刊（合訂）	冊	14	42				
故宮書画集		20	50				
南画大成		22	130				
宋元宝绘		2	30				
碑帖大觀		26	100				
六朝唐碑12種		12	40（[illegible] 吴禅国山 [illegible] 石门铭 [illegible] 庙堂 雁塔圣教序 [illegible] 道因碑 [illegible]）				
画冊大觀		53	74				
山水冊九種		33	60（石田2 石谷6 麓台[illegible] 石涛6 [illegible]林6 [illegible]山3 [illegible]2 墨井2 南田1）				
漢碑十種		11	35（礼器 乙瑛 孔宙 衡方 史晨 张迁 [illegible] 曹全 [illegible] 石门颂 天发）				
清代學者家信		4	25				
中國名画集		35	52				

注意：已在他處填報者務請註明

填報日期 35年8月　日　填報人 陸維釗 章　（校名）主管人 簽名蓋章

江蘇省立松江女子中學校長江學珠

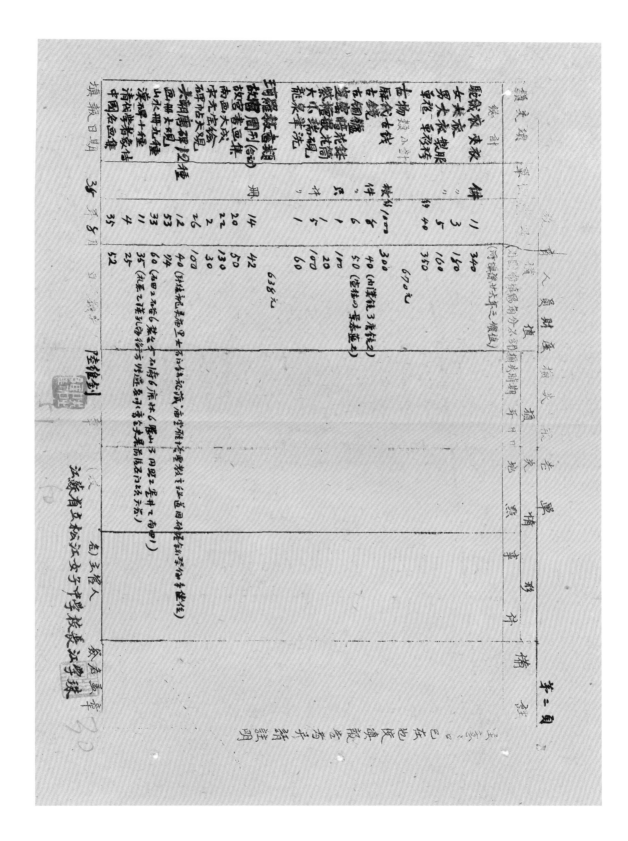

第三頁

教育人員財產損失報告單

損失項目	單位	數量	價值（用國幣填寫角分不計）（照填深廿六年之價值）	損失時期	年月地點	事件	備註
總計							注意：如已在他校填報者，希請註明
碑本類小計	冊		795元				
澹能閣帖	〃	10	60				
三希堂帖	〃	32	180				
黄庭經		1	20				
聖教序		1	25（張祥河跋補記）				
陸忠源龜甲拓片		1	40				
六朝墓志十二種	冊	12	120（根法師刁遵李超李璧司馬景和韋豹孝雲董美人蘇孝慈于纂元顯儁元澄元朗）				
六朝唐碑十五種	〃	16	350（雲峰山二爨孔羨同州九成宮高仁秘多寶塔龐顏勤禮　爭坐位鄭文公雲麾華山瑞州石室）				
楷稿	〃						
墨蹟類小計			1750元				
孫承澤字冊	頁	6	40				
查昇　陳奕禧（合）	頁	12	50				
梁同書字冊	〃	20	80				
王梓登字冊		10	80				
張祥河字冊		12	50				
何焯字冊	冊頁	8	50				
孫鵬翀山水		10	100				
程東山山水		10	80				
西门藻山水		12	60				
同光函札冊		50	250（翁大秦　潘祖蔭　黄翔卿　汪宗沂　翁同和　葉衍蘭　鄭方　沈曾植……）				
扇面集錦冊		40	240（董其昌　姚鼐　趙之謙　吳大澂　吳昌碩　馮超然……）				
陸恢山水	軸	1	100				
蘇宜山水		1	60				
陳沆鍾進士		1	50				
黄丹旭三俠		1	40				
盧谷竹		1	30				
張大千黄山		1	30				

填報日期　35年6月　日　受損失者　陸維釗（印）

（校名）主管人　簽名蓋章　江蘇省立松江女子中學校長江學珠（印）

陸維釗先生

教育人員財產損失報告單

第四頁

損失項目	單位	數量	價值（用國幣填寫角分不計）（所填係卅六年之價值）	損失時期 年月日	地點	事件	備註
總計							
董其昌行書	軸	1	40				
沈文恪篆	〃	1	30				
王鐸行書	〃	1	40				
錢灃行書		1	30				
黃雲行書		1	20				
姚瑩謝楝材合卷	卷	1	40				
杜大緩天宮寺金卷	卷	1	80				
對聯	付	10	80（朱為弼何子貞楊沂孫吳雲俞樾孫姚元之曾熙王仁堪錢泰鑑章太炎）				
書籍類小計	〃		3473元				
歸源辭海（非一冊）		4	24				
監本十三經註疏		120	160				
中國人名地名辭典		2	16				
四書五經	〃	36	16				
正續清經解		96	40				
說文詁林		76	88				
說文五種	冊	82	35（段注句讀釋例義證通訓定聲）				
歷代吉金目		1	12				
周金文存		11	45				
殷虛文字考釋類編		9	16				
金石萃編		60	24				
窓齋集古錄		28	30				
綴遺齋彝器考釋		14	35				
清儀閣古器文		10	15				
明板三古圖		24	60				
西清古鑑續鑑		44	40				
廿五史及補編		12	60（補編未發出）				
局刻四史		74	40				

（附注）書籍每種在十元以內以及雜志約共三百餘種以目繁未列入報告

注意：如已在他校填報者，亦請註明

填報日期 35年8月 日 受損失者 陸維釗 簽名蓋章

（校名）主管人 簽名蓋章 江蘇省立松江女子中學校長江學珠

32

111

第五页

教育人員財產損失報告單

損失項目	單位	數量	價值（用國幣填寫角分不計）	損失情形			備註
				損失時期 年月日	地點	事件	
總計			（所填係廿六年之價值）				注意：如已在他校填報告者并請註明
正續碑傳集	册	84	30				
漢書補注	〃	26	26				
資治通鑑	〃	120	70				
十通		21	120				
天下郡國利病書		50	30				
西夏書事（原板）		6	30				
通志（六種）	册	30	82（畿輔 湖南 廣東 山東 浙江 湖北）				
目錄（二種）	〃	62	30（四庫總目 南刻書）				
淵鑑類函	〃	80	30				
印譜（共六種）		46	40（[illegible]）				
鄂百子全書		110	45				
子書集解九種	册	59	28（[illegible]）				
太平御覽	〃	136	80				
二十二子		83	30				
文選（共四種）		60	60（[illegible] 文選箋注）				
明板楚辭	册	4	30				
全上古三代六朝文		60	40				
全唐詩 宋詩鈔		152	56				
南宋六十家集		58	40				
彊邨叢書		40	30				
歷代題畫詩		20	16				
六十種曲		120	60				
明刻艸堂詩餘		6	20				
集成曲譜		32	32				
筆記小說大觀		500	70				
縮本四部叢刊		400	200				
四部備要		2500	900				

填報日期 35年8月 日 受損失人 陸作劍 蓋章（印）

（校 名）主管人 簽名蓋章

江蘇省立松江女子中學校長江學珠

第六頁

教育人員財產損失報告單

損失項	單位	數量	價值(用國幣填寫角分不計)(所填係廿六年之價值)	損失情形 時期 年 月	地點	事件	備註
總計							
洪北江全集	冊	84	30				
仰文擴府	〃	7	60				
玉函山房佚書	〃	120	40				
知不足齋叢書		240	90				
海山仙館叢書		118	50 (每十二冊)				
春在堂全書		160	40				
美術叢書	冊	160	40				
王忠慤遺書	〃	42	36				
景翁全書	〃	64	20				
士禮居叢書		32	16				
古逸叢書另種	冊	88	70				
書籍類小計	冊						
其他類小計							

注意:如已在他校填報者,并請註明

填報日期 35年8月 日 受損失者 陸瀚 簽名蓋章 (校 名)主管人 簽名蓋章

江蘇省立松江女子中學校長江學珠

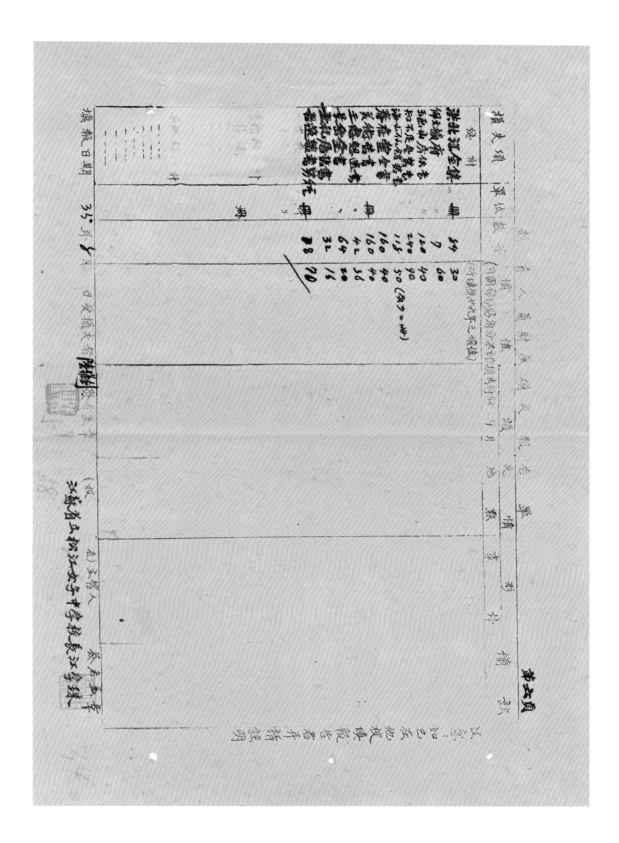

教育人員財產損失報告單

損失項目	單位	數量	價值（折填價值二十六年之價值）	損失情形：損失時期26年11月日	損失情形：地點	損失情形：事件	備註
總計			$4490元	民國二十六年十一月	江蘇省立松江女子中學	松江淪陷	二十餘年積購之名書十餘箱採集之地理實物標本全家六人之行裝於二十六年暑期之初由紹興轉運至松江存放於松江女中童軍需械室內一部份為敵機炸毀大部份於是年十一月松江淪陷時損失至盡
器具類小計							
床	件	4	50元				
棹	〃	5	50〃				
椅	〃	16	40〃				
服裝類小計							
皮衣	共五箱	300餘件	1500〃				
單棉衣							
書籍類小計							
地理書	共二箱	500餘冊	500〃				
其他參考書	二網籃						
其他類小計							
地理實物標本	種	150	1,000〃				
地理稿件	冊	4	1,000〃				
字畫	張	20	300〃				
被帳	三大包	20件	250〃				
毯褥	一綑	5條	150〃				
炊具	件	50	100〃				

填報日期 三十五年六月五日 受損失者 俞易晉（印） 江蘇省立松江女子中學校長 江學珠（印）

教育人員財產損失報告單

損失項目	單位	數量	價值（所填係廿六年之價值）	損失時期 年月日	損失情形 地點	損失情形 事件	備註
總計			$4,313元	民國二十六年十一月	武進奔牛鎮小葉家村	淪陷時被日兵焚燬殆盡	
房屋類小計							
樓房	間	3	780元				
平房	〃	6	1,200元				
房門	扇	8	40元				
器具類小計							
大床	件	4	240元				
桌	〃	3	60元				
椅櫈	〃	36	60元				
現款類小計			1,000元				
服裝類小計							
皮衣	件	5	150元				
單衣	〃	30	60元				
棉衣	〃	8	40元				
書籍類小計							
辭源	部	1	15元				
辭海	〃	1	16元				
資治通鑑	〃	1	30元				
其他類小計							
長枱	扇	8	48元				
小麥	石	15	60元				
黃豆	〃	18	144元				
粳秈米	〃	80	240元				
豆餅	〃	20	100元				
豆油	斤	120	36元				

填報日期 三十五年六月八日 受損者 葉雨田 江蘇省立松江女子中學校長 江學珠

共四頁

教育人員財產損失報告單

損失項目	單位	數量	價值（用國幣填寫角分不計）	損失情形（損失時期　年　月　地點　事件）	備註
總計			34,381.00（前填係廿六年之價值）	損失人住居松江城內府前中南路廿九號（戰前路名及號數）於民國廿二年自建住宅一所前後兩埭連東邊附屋六間西邊附屋平房十四間又市房門面六個內包括大小房屋三十八間廿六年松江淪陷後住宅及附屋並門面三個被日軍駐用直至勝利後于卅五年一月始由日方獨立步兵四百十四大隊第三四中隊交還而附屋等已拆毀正屋裝修之大半殘缺所存器物均損失無餘謹報告如册	該表原已印就各項目不適應用故另粘貼白紙填寫特此陳明
房屋類小計	間		15,920.—		
住宅門窗	扇	182	504.—		
〃〃板壁	堂	15	525.—		
〃〃帷堂	〃	2	160.—		
附屋樓房	間	6	4,500.—		
〃〃平房	〃	13	8,450.—		
市房門窗板壁	堂	98	1,200.—		
附假山石石欖	件	57	581.—		
器具類小計	〃		3,707.—		
大衣橱	件	4	320.—		
五斗橱	〃	1	30.—		
鏡枱	〃	2	60.—		
皮箱	〃	18	126.—		
衣架箱架	件	3	20.—		
大小床（連棕墊）	〃	10	700.—		
藤榻藤椅	〃	4	20.—		
大小方桌	〃	10	250.—		
紫檀方桌	件	1	100.—		
紅木半桌	〃	1	60.—		
〃〃長枱	〃	2	50.—		
〃〃大方欖	〃	4	40.—		
檷几	〃	2	40.—		
寫字枱	〃	2	60.—		
雜物橱及公事橱	〃	8	160.—		
方椅及方几	〃	36	252.—		
方欖	〃	60	300.—		
書橱	〃	4	160.—		
书架及书箱	〃	12	70.—		

注意：如已在他校填報告者并請註明

填報日期 35 年 8 月 1 日　受損失者 周誦盧（簽名蓋章）

（校名）主管人 江蘇省立松江女子中學校長江學珠（簽名蓋章）

二

教育人員財產損失報告單

損失項目	單位	數量	價值（用國幣填寫角分不計）（所填價值係廿六年之價值）	損失情形 損失時期 年月日 地點	事件	備註
炊具	件	38		仝上	仝上	仝上
餐具	副	600	240.-			
淋浴具	〃	42	140.-			
銅錫器	〃	45	135.-			
大小時鐘	〃	5	40.-			
長櫈	〃	16	64.-			
櫃箱	〃	2	30.-			
椅櫈	〃	4	40.-			
縫紉機	件	1	90.-			
水缸	〃	4	35.-			
衣被類小計	〃		8,054.-			
帳子	件	10	200.-			
被	〃	24	360.-			
褥	件	12	144.-			
陳细篾席	〃	8	120.-			
氈毯及線毯		12	120.-			
男女皮衣	〃	18	1,550.-			
〃〃棉衣	〃	34	1,200.-			
〃〃駝絨衣	件	18	820.-			
〃〃夾衣	〃	38	950.-			
〃〃單袍單衫褲	〃	150	1,400.-			
女大衣	〃	4	240.-			
布疋	疋	180	630.-			
綢料	〃	16	320.-			
書畫字蹟類小計			3,160.-			
趙千里手卷	件	1	500.-			
郭河陽手卷(郭熙)	〃	1	1500.-			
栗雨堂幅	〃	1	30.-			
陸椒書樓條	〃	1	80.-			

注意：如已在他校填報者，請註明

填報日期 35 年 8 月 1 日 受損失者 周誦廬（簽名蓋章）

（機關學校名稱）主管人（簽名蓋章） 江蘇省立松江女子中學校長江學珠

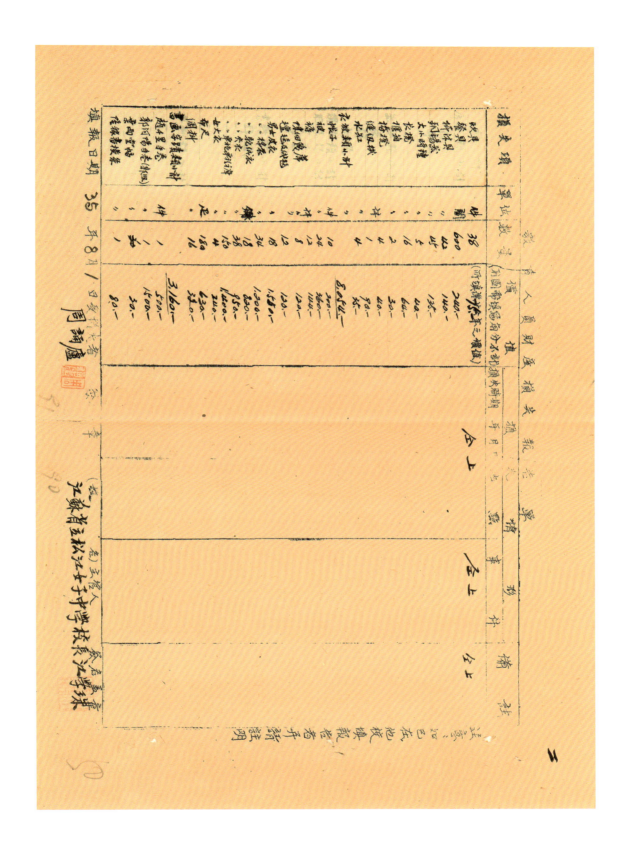

三

教育人員財產損失報告單

損失項目	單位	數量	價值（用國幣填寫角分不計）（所填係廿六年之價值）	損失時期 年月	地點	事件	備註
錢載立軸	件	1		仝上		仝上	仝上
徐良字軸	副	1	20.—				
王武畫軸	頁	10	120.—				
林紓山水立軸	件〃	1	40.—				
邊壽民冊頁	頁	2	30.—				
王鑑大冊頁	頁	2	100.—				
董其昌字冊	〃	10	100.—				
鄭板橋橫幅	件	1	20.—				
呂紀堂幅	〃〃	1	180.—				
集錦扇冊	冊	2	400.—				
珂羅版類小計			430.—				
故宮周刊合訂本	冊	6	18.—				
有正中國名畫集	冊	25	42.—				
畫集大觀	〃	30	40.—				
山水畫冊九種	〃	33	60.—				
拓本碑帖小計							
六朝碑帖六種	冊	6	150.—				
書籍類小計							
辭源	冊	2	10.—				
人民大辭典	〃	1	10.—				
全唐詩	〃	120	40.—				
佩文韻府	〃	7	60.—				
古物類小計			3,110.—				
歷代古錢	枚	1500	500.—				
鏡	件	6	40.—				
爐（宣德）	〃	5	60.—				
端硯	〃	18	400.—				
明瓷白花瓶	〃	1	30.—				

注意：如已在他校填報告者并請註明

填報日期 35年8月1日 受損失者 周調廬 簽名蓋章 （校名）主管人 江蘇省立松江女子中學校長江學珠 簽名蓋章

51

教育人員財產損失報告單

損失項目	單位	數量	價值（用國幣填寫角分不計）（所填係廿六年之價值）	損失時期年月日	損失情形 地點	事件	備註
宋瓷小花瓶	件	1	40.—		仝上	仝上	仝上
窯紅大花瓶	件	1	60.—				
翠綠中花瓶	〃	1	40.—				
成化大碗	〃	4	80.—				
明瓷藍花盆	〃	3	60.—				
哥窯大水盂	〃	1	50.—				
古瓷筆筒	〃	1	30.—				
明瓷香爐	件	2	60.—				
建窯香爐	〃	2	40.—				
漢代銅瓶	〃	2	60.—				
隋代太元磚	〃	1	40.—				
漢代磚硯	〃	3	60.—				
藏墨	件	24	120.—				
紫檀筆筒	〃	3	20.—				
大小舊玉	〃	18	500.—				
黃小松圖章（黃小松刻）	〃	1	50.—				
青田大小古章	件	27	50.—				
昌化石	〃	14	80.—				
昌化鷄血凍石	〃	2	60.—				
古銀錠	〃	3	80.—				
玉筆洗	〃	1	80.—				
元瓷罐	〃	1	30.—				
龍泉筆洗	〃	2	40.—				
明五彩瓷鼎	〃	1	50.—				
明瓷廻龍花瓶	〃	1	50.—				
大号玉水壺	〃	1	250.—				

注意：如已在他校填報者，并請註明

填報日期 35 年 8 月 1 日　受損失者 周譋廬（簽名蓋章）　（校名）主管人 江蘇省立松江女子中學校長江學珠（簽名蓋章）

52

江苏省立松江女子中学致省教育厅的呈（一九四七年十二月十一日）

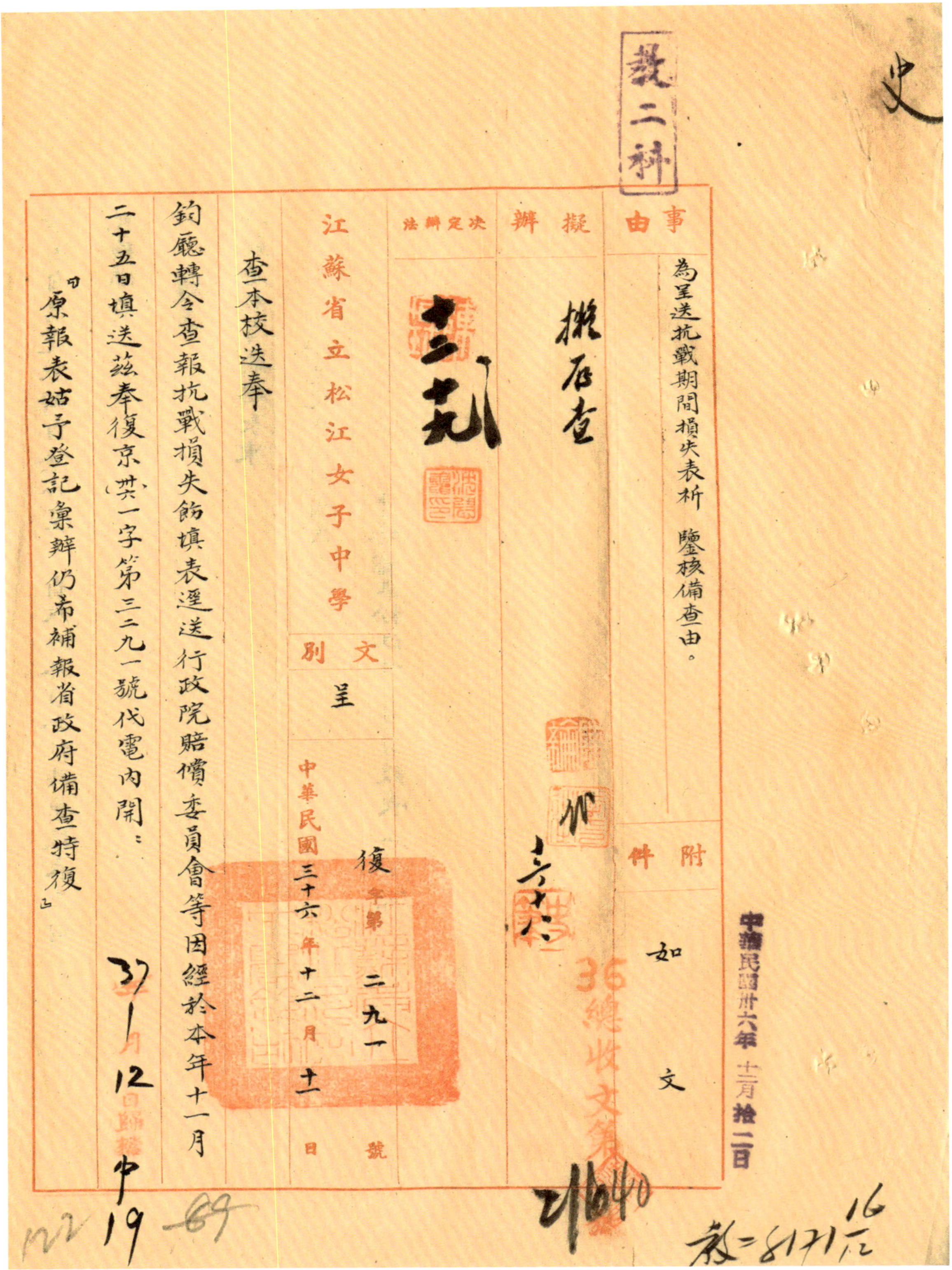

史

教二辦

事由：為呈送抗戰期間損失表祈鑒核備查由。

擬辦：擬存查

決定辦法：

江蘇省立松江女子中學

文別：呈

附件：如文

中華民國三十六年十二月十一日　復字第二九一號

查本校迭奉

鈞廳轉令查報抗戰損失飭填表遲送行政院賠償委員會等因，經於本年十一月二十五日填送，茲奉復京（卅六）字第三二九一號代電內開：「原報表姑予登記彙辦，仍希補報省政府備查。特復」

中華民國卅六年十二月拾二日

36 總收文第 2640

37 1 12 中 19

教二 8171 16

等因自應遵照辦理除分呈　省政府外理合抄具原報表呈請

鑒核備查

謹呈

江蘇省教育廳廳長陳

附呈抗戰期間損失表一份

江蘇省立松江女子中學校長江學珠

江學珠

123

附：江苏省立松江女子中学抗战期间损失表（一九四七年十一月十三日）

江蘇省立松江女子中學抗戰期間損失表

損失年月日	事件地點	損失項目	購置年月	單位	數量	價值（國幣元） 購置時原值	損失時價值	證件
26年—34年	日機轟炸及日軍拆毁	房屋	16年前	間	132	132,000	132,000	
26年	日軍毁損	儀器標本	26年前	件	35,000	80,000	80,000	
26年	日軍毁損	圖書	26年前	册	100,000	80,000	80,000	
26年	日軍毁損	教具校具	26年前	件	4,000	12,000	12,000	

填送日期三十六年十一月十三日

上海县政府关于报送本县公私立各级学校抗战期间财产损失报告表致江苏省教育厅的呈（一九四七年十一月二十五日）

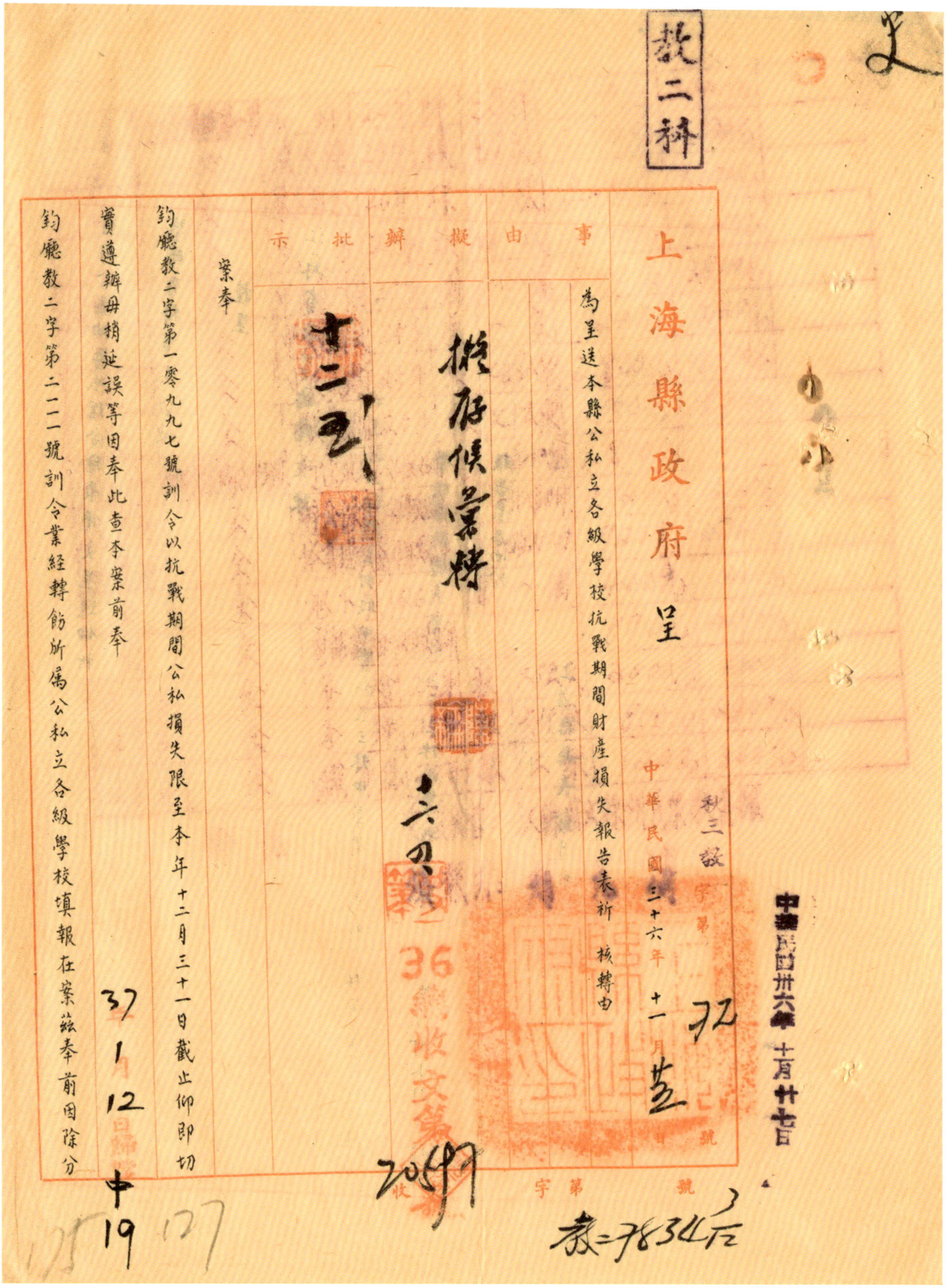
教二科

上海縣政府 呈

事由：為呈送本縣公私立各級學校抗戰期間財產損失報告表祈 核轉由

秋三教字第 號

中華民國三十六年十一月 日

擬辦

批示

案奉

鈞廳教二字第一零九九七號訓令以抗戰期間公私損失限至本年十二月三十一日截止仰即切

實遵辦毋稍延誤等因奉此查本案前奉

鈞廳教二字第二一二一號訓令業經轉飭所屬公私立各級學校填報在案茲奉前因除分

中華民國卅六年十一月廿七日

別指令並抽存外理合檢表備文呈送仰祈

鑒賜存轉實為公便

謹呈

江蘇省教育廳廳長陳

計呈送上海縣立初級中學私立三林中學閔行馬橋三林荷溪等中心國民學校增新國民學校私立三林小學淞滬紀念廣慈院附小財産損失報告表各四份

上海縣縣長俞月秋

0176

附：上海县立初级中学、私立三林中学等学校财产损失报告单（一九四七年四至五月）

財產損失報告表

填送日期 民國三十六年四月二十五日

損失年月日	事件地點	損失項目	購置年月	單位	數量	價值(國幣元) 購置時價值	價值(國幣元) 損失時價值	證件
廿六年八月至卅四年七月	上海縣三林塘日軍進攻	課桌椅	26年3月	付	400	800元	4,000,000元	
〃	〃	辦公桌椅	〃	〃	35	210元	1,050,000元	
〃	〃	電燈電線	〃	盞	150	300元	1,500,000元	
〃	〃	玻璃	26年7月	塊	12×14 4500	1,000元	5,000,000元	
〃	〃	門窗	〃	扇	35	250元	1,250,000元	
〃	〃	地板	19年2月	方尺	3600	150元	750,000元	
〃	〃	竹笆	23年5月	丈	125	375元	1,875,000元	
〃	〃	用具	25年7月	件	150	300元	1,500,000元	
〃	〃	圖書	〃	册	7000	7500元	37,500,000元	
〃	〃	理化儀器	〃	件	100	1500元	7,500,000元	
〃	〃	標本	〃	〃	75	800元	4,000,000元	
〃	〃	鐵箱	〃	具	2	90元	450,000元	
〃	〃	書櫥	〃	〃	25	450元	2,250,000元	
〃	〃	長靠椅	〃	条	30	120元	600,000元	

直轄機關學校團體或事業 名稱 印信

受損失者 上海縣私立三林中學

填報者 三林中學校長龔守藩

姓名 龔守藩 服務處所與所任職務 上海縣三林鎮三林中學 與受損失者之關係 校長 通信地址 本校 蓋章

財產損失報告表

填送日期民國三十六年四月二十五日

損失年月日	事件地點	損失項目	購置年月	單位	數量	價值（國幣元）		證件
						購置時價值	損失時價值	
廿六年八月至卅四年七月	上海縣三林塘日軍進攻	衛生設備	23年2月	件	28	500元	2,500,000元	
〃	〃	火鉢	19年3月	具	2	60元	300,000元	
〃	〃	時鐘	20年4月	〃	6	120元	600,000元	
〃	〃	電桿木	18年5月	根	5	20元	100,000元	
〃	〃	黑板	19年7月	塊	16×5 10	150元	750,000元	
〃	〃	校產市房	22年3月	間	60	30,000元	150,000,000元	
〃	〃	室板	25年4月	方	2,500	300元	1,500,000元	
〃	〃	風琴	〃	具	3	150元	750,000元	
〃	〃	鐵床	〃	隻	200	1,000元	5,000,000元	
〃	〃	舖板	〃	塊	12×35 60	180元	900,000元	
〃	〃	方桌	〃	隻	20	100元	500,000元	
〃	〃	長櫈	〃	条	60	120元	600,000元	
〃	〃	運動器具	〃	件	25	450元	2,250,000元	
〃	〃	校舍	19年	間	35	10,500元	52,500,000元	

直轄機關學校團體或事業名稱　印信　　　受損失者　上海縣私立三林中學

填報者　三林中學校長龔守藩（印）

姓名　龔守藩　服務處所與所任職務　上海縣三林鎮三林中學　與受損失者之關係　校長　通信地址　本校　蓋章

財產損失報告表

填送日期　三十六年四月二十三日

損失年月日	事件地點	損失項目	購置年月	單位	數量	價值（國幣元）購置時價值	價值（國幣元）損失時價值	証件
二十六年十一月八日起二十七年三月止	日軍佔攻及駐守上海縣馬橋鎮今校	房屋	十六年二月		32間 門窗地板牆壁	9600元	48000元	
〃	〃	課桌椅	〃		160副	320元	320元	
〃	〃	辦公桌椅	二十六年二月		10副	150元	150元	
〃	〃	黑板	〃		大7 小10 塊	35元	35元	
〃	〃	大訲盤	〃		1個	2元	2元	
〃	〃	掛鐘	〃		1隻	10元	10元	
〃	〃	風琴	〃		2隻	36元	36元	
〃	〃	玻璃書厨	〃		2個	30元	30元	
〃	〃	銅茶壺	十八年五月		1個	3元	5元	
〃	〃	棕棚架垫	二十六年二月		20副	40元	40元	
〃	〃	銅鈴	〃		2隻	1元	1元	
〃	〃	鏡框	二十五年二月		40個	20元	20元	
〃	〃	油印機	〃		1副	5元	5元	
〃	〃	痰盂	〃		20個	10元	10元	
〃	〃	八仙桌	〃		8隻	40元	40元	
〃	〃	樹椅	二十六年二月		12隻	40元	40元	
〃	〃	厨房用具	〃		全套	150元	150元	
〃	〃	浴桶	〃		2隻	4元	4元	
〃	〃	脚桶	〃		2隻	2元	2元	
〃	〃	電灯	二十五年七月		30盏連電錶	150元	300元	
〃	〃	各種圖書雜誌	歷年		3000册	3000元	5000元	

受損失者上海縣立馬橋中心國民学校（前名上海縣立強恕小学校）填報者校長陸惠生

182　181　120

財產損失報告單

填送日期　三十六　年　五　月　一　日

損失年月日	事件地點	損失項目	購置年月	單位	數量	價值（國幣元）		證件
						購置時價值	損失時價值	
民國念六年十一月	上海縣第一區閔行鎮西市	房屋	民國元年	200元	48間	9600元	16800元	
			民國念六年	2800元	四上四下	2800元	2800元	
		地板	民國元年	30元	48間	1440元	1440元	
		門窗	民國元年	100元	362面	36200元	36200元	
		圍牆	民國元年	100元	鐵欄65担 鉄門8担	7300元	7300元	
				140元	圍牆一百丈	14000元	14000元	
		桌椅	民國元年以後	10元	學生桌椅500副	5000元	5000元	
		辦公桌	民國元年以後	20元	28副連椅	560元	560元	
		教具	民國元年以後		实驗器械標本藥品掛圖鋼琴	29200元	39200元	
		床（架墊）	民國元年以後	40元	100副	4000元	4000元	
		圖書	民國元年以後		2500本	12500元	12500元	
		什件	民國元年以後		打鐘鈴時辰鐘印刷機鋼板28件等……	15000元	20000元	
		總計				137600元	159800元	

直轄機関学校团体或事業名稱　印信
上海縣閔行鎮中心國民學校

受損失者　前任校長金作賓
填報者　現任校長金石泉
姓名　服務處所與所任職務　與受損失者之關係　通信地址　蓋章

說明：以銀洋新

財產損失報告單

填報日期 三十六年 四月 二十二日

損失年月日	事件地點	損失項目	購置年月	單位	數量	價值（國幣元）		證件
						購置時價值	損失時價值	
廿七年六月	敵偽駐軍	課桌	十六年至廿七年	副	300副			
〃 〃	〃 〃	樓欄板	十六年	呎	1311.1方尺			
〃 〃	〃 〃	樓欄門	十六年	根	144根			
〃 〃	〃 〃	床榻	十六年	副	150副			
〃 〃	〃 〃	辦公桌	十六年	只	15只			
〃 〃	〃 〃	理化櫥	十六年	個	6個			
〃 〃	〃 〃	圖書	十六年	本	1250本			

直轄機關學校團体或事業　受損失者

名稱　印信　填報者

上海縣立初級中學

姓名	服務處所與所任職務	與受損失者之關係	通信地址	蓋章
薛惠康	校長		上海縣閔行鎮	

132

財產損失報告單

填送日期 36 年 4 月 20 日

損失年月日	事件地點	損失項目	購置年月	單位	數量	價值（國幣元）		證件
						購置時價值	損失時價值	
26.11.13—34.8.10	日軍盤據時閔行鎮	不動產 果樹		株	800		1200.00	
〃 〃	〃 〃	動產 雜件		件			未計	

淞滬紀念廣慈院　院務主任楊德徵

上海縣閔行鎮東市梢

一

財產損失報告單

填送日期 36 年 4 月 20 日

損失年月日	事件地點	損失項目	購置年月	單位	數量	價值（國幣元）購置時價值	損失時價值	證件
26.11.6	日機轟炸 閘行鎮	不動產 西式大禮堂		間	20		8.000.00	
〃 〃	〃 〃 〃 〃	〃 〃 西式議事廳		〃	8		3.500.00	
26.11.13—34.8.11	日軍佔領並撥時拆去閘行鎮	〃 〃 浴室廁所		〃	7		1.400.00	
〃 〃	〃 〃	〃 〃 院舍（教室宿舍）		〃	89		26.000.00	
〃 〃	〃 〃	〃 〃 門房廚房		〃	12		8.000.00	
〃 〃	〃 〃	〃 〃 木橋		座	1		800.00	
34.7.10—8.10	日軍拆毀建砲台 閘行	〃 〃 三層樓洋房		間	12		4000.000.00	

134

187

二

財產損失報告單

填送日期 36 年 4 月 20 日

損失年月日	事件地點	損失項目	購置年月	單位	數量	價值（國幣元）購置時價值	損失時價值	證件
26.11.13—30.8.10	日軍進攻佔領 閘行鎮	動產 桌椅凳几		件	811		3.070.00	
〃 〃	〃 〃	〃 〃 床琴櫥箱		〃	421		3.362.00	7.764.—
〃 〃	〃 〃	〃 〃 盆桶缸壺		〃	350		1.332.00	
〃 〃	〃 〃	〃 〃 圖書		冊	8500		3.688.00	
〃 〃	〃 〃	掛圖		幅	300		360.00	
〃 〃	〃 〃	〃 〃 儀器		件	127		277.00	
〃 〃	〃 〃	〃 〃 文具		〃	2926		860.00	

135

188

③三

財產損失報告單

填送日期 36 年 4 月 20 日

損失年月日	事件地點	損失項目	購置年月	單位	數量	價值（國幣元）		證件
						購置時價值	損失時價值	
26.11.13.	日軍進攻佔領時 閔行鎮	動產 醫藥用具		件	108		515.00	715.00
〃 〃	〃 〃	〃〃 藥品		〃	約100		200.00	
〃 〃	〃 〃	〃〃 被褥、帳		〃	1266		4300.00	
〃 〃	〃 〃	〃〃 衣服		〃	1993		5900.00	11.005.00
〃 〃	〃 〃	〃〃 鞋襪巾布		〃	1025		805.00	
〃 〃	〃 〃	〃〃 糧食		〃	171		1875.00	
〃 〃	〃 〃	〃〃 工廠机器用具		〃	275		2190.00	

財產損失報告單

填送日期　三十六年　四　月　22　日

損失年月日	事件地點	損失項目	購置年月	單位	數量	價值		證件
						購置時價值	損失時價值	
31年9月	敵偽築塗閘所時被敵軍拆毀	木料	24年6月		丈五筒木頭一百二十根	360	720	
		紅磚	〃		六萬塊	120	240	
		瓦筒	〃		六個	60	120元	

合計1080元

直轄機關學校團体或事業名稱　　印信

受損失者　上海縣立三林中心國民學校

填報者　朱寧英

姓名　服務處所與所任職務　與受損失者之關係　通信地址

137

填送日期　三十六年　四　月　二十二　日

損失年月日	事件地點	損失項目	購置年月	單位	數量	價值		證件
						購置時價值	損失時價值	
28年11月	被日軍拆燬 荷溪鄉	柏椅	14年7月	付	25	每2元 共50元	9元 225元	
28年8月	仝上	風琴	22年3月	隻	1	每 共56元	150元	
28年12月	日軍取去 仝上	寫字枱	24年7月	隻	2	每47元 共94元	145元 290元	
28年10月	被日軍拆燬 仝上	門窗	8年4月	扇	8	每3元 共24元	15元 120元	
28年10月	仝上	書籍	16年月	冊	142	每5角 共71元	1.5元 213元	
28年12月	日軍取去 仝上	藤椅	24年7月	隻	4	每2元 共8元	6元 24元	

上海縣荷溪中心國民學校

受損失者　荷溪中心國民學校

填報者　校長

上海縣荷溪鎮中心國民學校

姓名　吳輝姜　校長

138

181

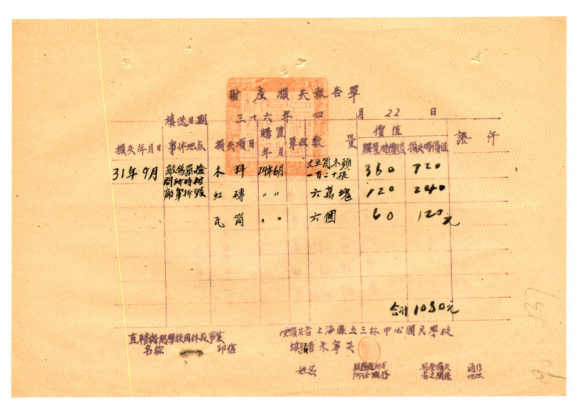

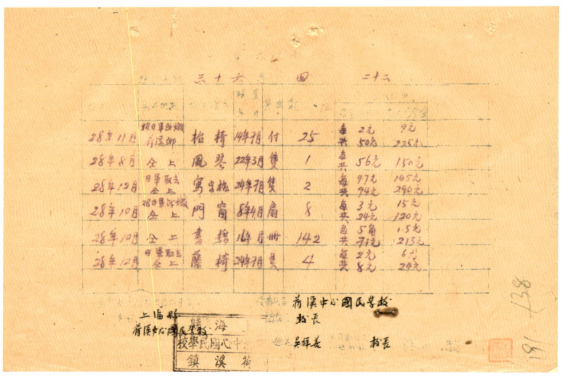

財產損失報告單

填送日期　民國三十六年　五　月　十五　日

損失年月日	事件地点	損失項目	購置年月	單位	數量	價值（國幣元）		證件
						購置時價值	損失時價值	
二十六年十二月二日	私立三林小学高級部	圖書	二十二年至二十六年	册	3000册	1560元	2,000元	註：全部燒火焚去，給日軍
二十六年十二月二十日	高級部	儀器	十八年至二十六年	件	230件	780元	1,600元	註：全部搗毀。
二十六年十二月二十五日起	高級部	單人課桌椅	十五年至二十六年	件	195件	1300元	2,000元	註陸續為日軍作燃料焚去。
二十七年五月十三日	本校初級部	校舍	十三年	間	18間	9500元	21,600元	註：為日軍焚燬者12間，拆毀者6間
同日	初級部	雙人課桌椅	十三年至二十五年	件	130件	1400元	2,200元	註：與校舍同時焚去。
二十七年二月二十日起	高級部	木質床鋪	三年至二十六年	件	25件	200元	300元	註：陸續為日軍作燃料燒去。
二十七年六月十四日	高級部	雙層鐵床	二十三年至二十五年	件	95件	2100元	4,000元	註：日軍撤退時全部搬去。
二十六年至二十七年六月	高級部	玻璃	至二十六年	塊	560塊	240元	600元	註：一年間陸續損壞。
二十八年四月三日	高級部	地板	十八年至二十四年	間	5大間	350元	800元	註：拆遷[illegible]
二十七年六月十四日止	高級部	電燈	二十二年	盞	85盞	250元	700元	
二十六年十二月二日	高級部（教員）	被褥		条	50条	400元	400元	註校長及教員十五人之全部。
二十六年十二月二日	高級部（教員）	衣服		件	165件	900元	900元	註校長及教員共十五人之全部秋冬季衣
					共計	18,980元	37,100元	註：此數為最低損失，其他零星尚不在內。

江蘇省上海縣三林塘鎮

私立三林小學校　（印：三林學校）

填報者校長丁仁科　（印：仁科）

192　139

财产损失报告单

填送日期 36年 4月 22日

损失年月日	事件地点	损失项目	购置年月	单位	数量	价值（国币元）购置时价值	价值（国币元）损失时价值	证件
27年5月21日	蒲溪乡中渡桥	房屋	民国廿年		5间	500元	1500元	
27年5月21日	〃中渡桥	课桌	20年3月		20件	80元	100元	
27年5月21日	中渡桥	教具	20年3月		15件	80元	81元	
27年5月21日	中渡桥	写字枱	20年3月		2只	70元	100元	
27年5月21日	〃中渡桥	书籍	20年3月		300册	150元	200元	
27年5月21日	〃中渡桥	藤椅	20年3月		6只	18元	24元	
27年5月21日	〃中渡桥	方桌	20年3月		2只	12元	20元	

名称 上海县增新小学

受损失者 增新小学

填报者 王百钧 服务处所 蒲溪中心 与受损失者之关系 增新前校长

姓名 职务 通信地址 闵行西中渡桥

[印]

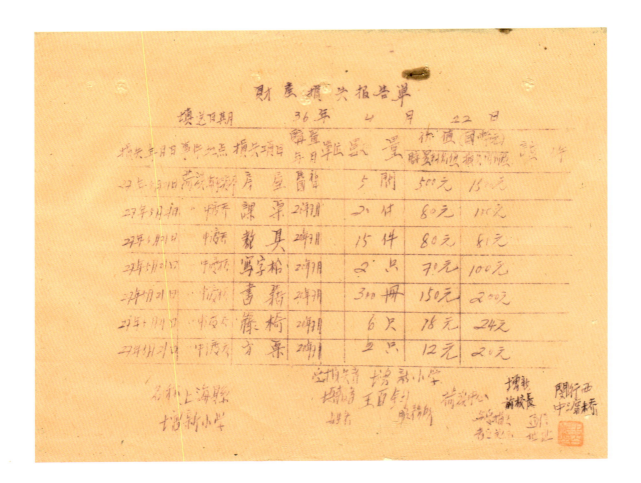

江苏省立上海中学、江苏省教育厅、江苏省政府关于重报战时财产损失报告单的一组公文
（一九四八年一月二十三日至五月二十一日）

江苏省立上海中学致省教育厅的呈（一九四八年一月二十三日）

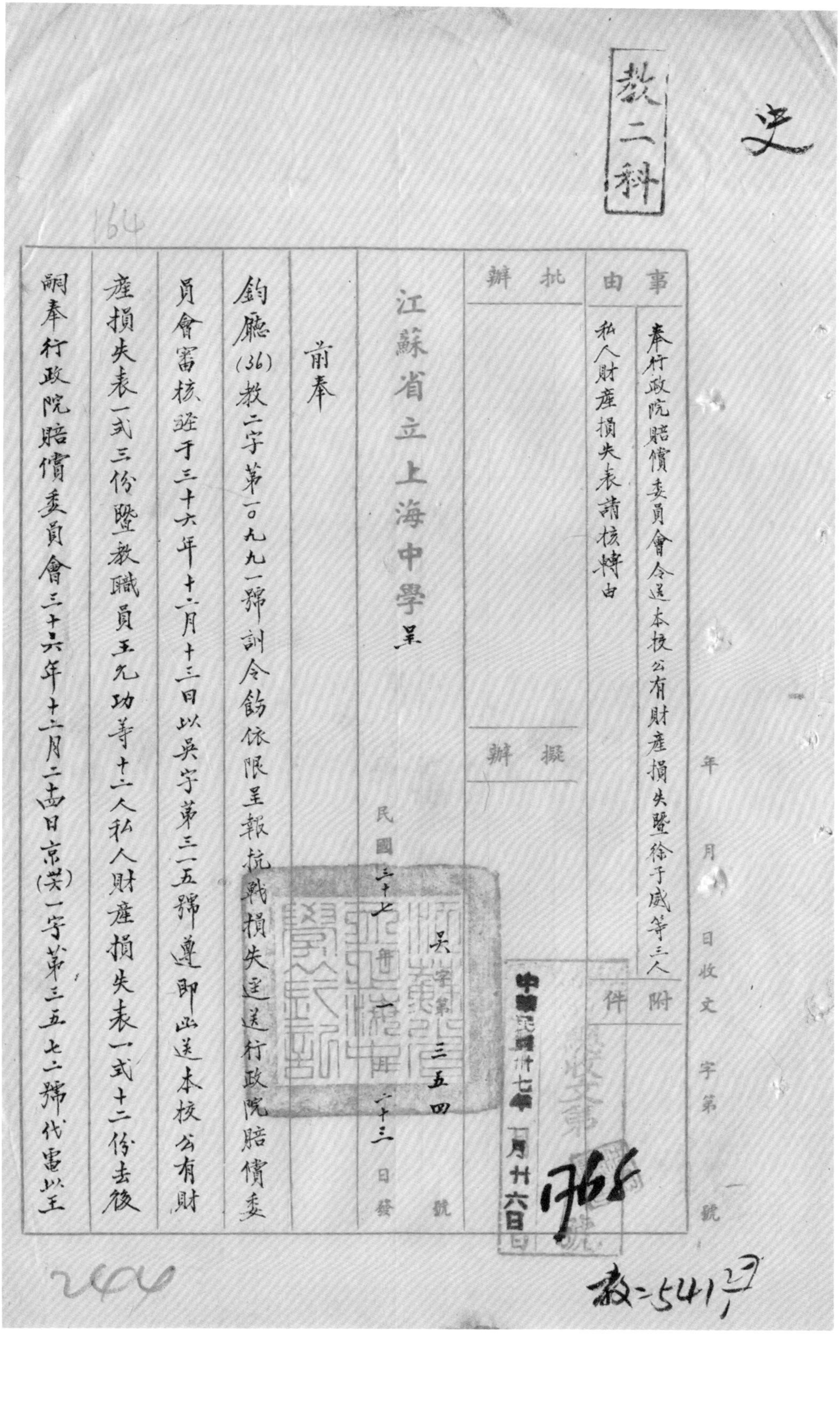
文
教二科
事由：奉行政院賠償委員會令送本校公有財產損失暨徐子威等三人私人財產損失表請核轉由
批辦
擬辦
附件
年 月 日收文 字第 號
江蘇省立上海中學呈
民國三十七年一月二十三日發
吴字第三五四號
前奉
鈞廳(36)教二字第一〇九九一號訓令飭依限呈報抗戰損失逕送行政院賠償委員會審核，遵于三十六年十二月十三日以吴字第三一五號遵即函送本校公有財產損失表一式三份暨教職員王允功等十二人私人財產損失表一式十二份去後，茲奉行政院賠償委員會三十六年十二月二十四日京(興)一字第三五七二號代電以至
中華民國卅七年一月廿六日
368
教二541

允功等報表八份姑准登記徐子威報表等五份核与規定不合茲將原件發還并附審查單四份即希依照審查圈註各点更正報由江蘇省教育廳轉送本會核辦等因除顧錦城一名放棄不報外謹將依式繕填之徐子威魏瓛光鄭廣興私人財產損失表各一式三份暨本校公有財產損失表一式三冊計二式六冊隨文送請

核轉實為公便謹呈

江蘇省教育廳廳長陳

江蘇省立上海中學校長沈亦珍

計呈本校公有財產損失表一式三冊計貳六冊暨徐子威魏瓛光鄭廣興私人財產損失表各一式三份計九份

財產損失報告單

填送日期　三十六年　十二月　二五日

損失年月日	事件地点	損失項目	購置年月	单位	數量	價值（國幣元）購置時價值	價值（國幣元）損失時價值	證件
廿六年十一月二十三日	金壇城内	房屋	祖遺	间	九间	約6500元	5,000元	
廿六年十一月廿二日	金壇城内	圍牆	祖遺	段	一段	約700元	600元	
廿六年十一月廿二日	金壇城内	書籍	祖遺 随时購置	五大橱	4000册	約3,300元	2,500元	
廿六年十一月廿二日	金壇城内	字畫	祖遺	件	30件	約800元	1,000元	
廿六年十一月廿二日	金壇城内	古玩	祖遺	件	9件	約300元	700元	
廿六年十一月廿二日	金壇城内	衣服	廿三至廿六年	件	12件	約500元	450元	
廿六年十一月廿二日	金壇城内	家俱	祖遺 廿三至廿六年	件	100件	約3,500元	2,000元	
廿六年九月	上海吴家巷	書籍	廿三至廿六年七月	册	100册	約120元	100元	
廿六年九月	上海吴家巷	衣服	廿六年	套	4套	約150元	130元	
						$15,870	$12,480	

直轄机関學校團体或事業名称　江苏省立上海中学印信

姓名　沈亦珍

受損失者　徐子威

填報者　徐子威

服務處所与所任職務　上海中学　教员

与受損失者之関係

通信地址　上海吴家巷上海中学

蓋章

財産損失報告单

填送日期 卅六 年 十二月 二五日

損失年月日	事件地点	損失項目	購置年月	单位	數量	價值（國幣元）購置時價值	價值（國幣元）損失時價值	證件
26年11月	本校	大鉄床	17年	張	1	$15—	15.45元	無
〃	〃	小鉄床	〃 〃	〃	3	每隻5元共計 $15—	15.45元	〃
〃	〃	小方桌	〃 〃	〃	1	$5—	5.15元	〃
〃	〃	小靠背椅	〃 〃	〃	4	$4—	4.12元	〃
〃	〃	柚木轉椅	18年	〃	1	$10—	10.3元	〃
〃	〃	靠背椅	23年	〃	10	每隻2元共計 $20—	20.6元	〃
〃	〃	玻璃橱	〃 〃	座	1	$10—	10.3元	〃
〃	〃	大木箱	〃 〃	〃	1	$10—	10.3元	〃
〃	〃	梳妝枱	〃 〃	〃	1	$12—	12.36元	〃
〃	〃	寫字枱	〃 〃	張	1	$8—	8.24元	〃
〃	〃	中號大餐桌	〃 〃	〃	1	$8—	8.24元	〃
〃	〃	兒用鉄課桌	〃 〃	〃	1	$10—	10.3元	〃
〃	〃	兒用欄杆小鉄床	20年	〃	1	$8—	8.24元	〃
〃	〃	茶几	〃 〃	〃	1	$2—	2.06元	〃
〃	〃	石刻漢畫	24年	幅	6	$6—	6.18元	〃
〃	〃	飯鍋	23年	口	2	$2—	2.06元	〃
〃								
					36件	$145.00	149.35元	

直轄机関学校團体或事業
名称 江苏省立上海中学 印信
校長姓名 沈亦珍

受損失者 魏璘光
填報者 魏璘光
服務處所与所任職務 本校事務主任（卅五年以前）現任專任教員
与受損失者之関係 本人
通信地址 本校
蓋章

財產損失報告單

填送日期　　年　　月　　日

損失年月日	事件地点	損失項目	購置年月	單位	數量	價值（國幣元）購置時價值	價值（國幣元）損失時價值	證件
二十六年十一月	江蘇省立上海中學	大皮箱	一七年	張	2	13元	14元	無
		大木箱	〃	〃	1	5元	5元	〃
		大鉄床	一八年	〃	1	20元	21元	〃
		小鉄床	〃	〃	1	5元	5元	〃
		大方桌	〃	〃	1	8元	8元	〃
		小柏樟桌	〃	〃	1	5元	5元	〃
		籐榻	〃	〃	1	6元	6元	〃
		籐椅	〃	〃	4	共10元	11元	〃
		碗橱	二十年	〃	1	5元	5元	〃
		鬧鐘	〃	〃	1	5元	5元	〃
		大木櫃	〃	〃	1	5元	5元	〃
		方櫈子	〃	〃	4	共6元	7元	〃
		銅鐘鍋	〃	〃	2	6元	6元	〃
		小鉄床	二三年	〃	1	6元	5元	〃
		蚊帳	〃	〃	2	10元	10元	〃
		被衫	〃	〃	2	10元	10元	〃
		羊皮袍	二四年	〃	1	40元	42元	〃
		脚炉	〃	〃	1	5元	5元	〃
		大小盆	〃	〃	2	8元	9元	〃
					三十件	共178元	共184元	

直轄機關學校團体或事業名稱　江蘇省立上海中學印信

姓名　沈亦珍

受損失者　鄭廣與

填報者　鄭廣與

服務處所與所任職務　書記

與受損失者之關係　本人

通信地址　本校

蓋章

財產損失報告單(一)

江蘇省立上海中學

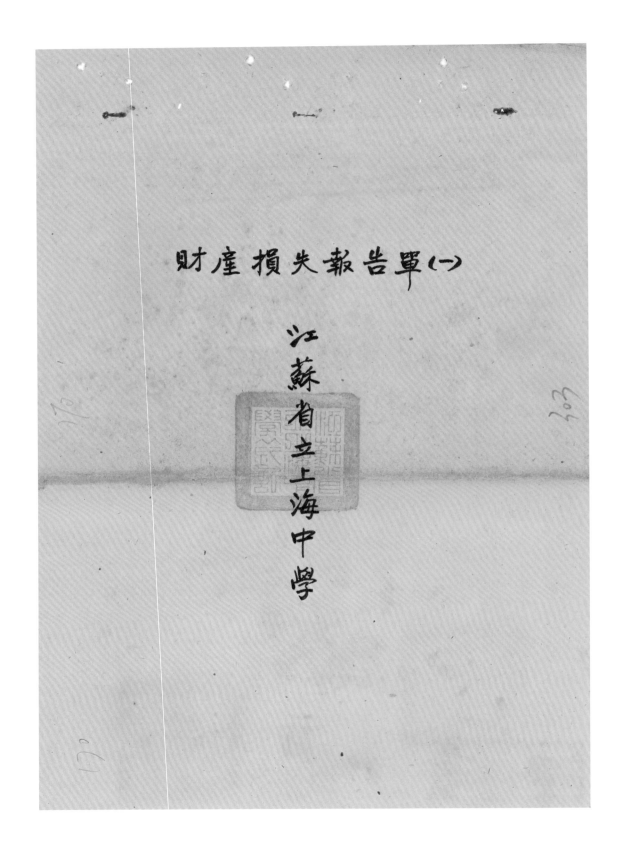

財產損失報告表

填送日期　　年　月　日

損失年月日	事件地点	損失項目	購置年月	單位	數量	價值（國幣元）購置時價值	價值（國幣元）損失時價值	證件
民國二十六年十一月	上海江灣路[illegible]	學校辦公三層樓房	民國二十年	座	3	$127,500	$127,500	
		教員住宅西式平房		〃	2	10,000	10,000	
		高初中合作社樓		〃	1	5,000	5,000	
		体育館西式		〃	1	10,000	10,000	
		乒乓室中式平房		〃	1	3,000	3,000	
		办公桌		張	42	2,100	2,100	
		轉椅		〃	42	420	420	
		會議桌		〃	4	100	100	
		講桌		〃	11	110	110	
		長方桌		〃	200	3,600	3,600	
		沙發		套	4	120	120	
		茶几		張	12	54	54	
		自修桌		〃	334	6,680	6,680	
		長靠背椅		〃	320	3,200	3,200	
		元凳		〃	3358	3,358	3,358	
		實驗桌		〃	50	1,000	1,000	
		儀器廚		〃	16	480	480	
		標本廚		〃	3	120	120	
		圖書桌		〃	14	224	224	
	接下頁							
						$177,066.—	$177,066.—	

直轄机關學校團体或事業名称　[illegible]　印信

受損失者　江蘇省立上海中學

填報者

姓名　沈亦珍　[印]

服務處所與所任職務

與受損失者之關係

通信地址　上海本校黃章

財產損失報告表

填送日期　　年　　月　　日

損失年月日	事件地点	損失項目	購置年月	單位	數量	價值（國幣元）購置時價值	價值（國幣元）損失時價值	證件
	承上頁					$137066.—	$137066.—	
民國二十六年十一月	上海滬閔路吳家巷	圖書櫥	民國二十年	張	10	$300.00	$300.00	
		什誌櫥		〃	2	60.00	60.00	
		書架		〃	6	90.00	90.00	
		成績櫥		〃	30	900.00	900.00	
		陳展覽櫥		〃	18	540.00	540.00	
		繪圖桌		〃	50	300.00	300.00	
		靠背椅		〃	1587	7935.00	7935.00	
		單人鐵床		〃	1444	7220.00	7220.00	
		總類		冊	708	331.07	331.07	
		哲學類		〃	3292	693.88	693.88	
		宗教類		〃	426	200.19	200.19	
		社會科學類		〃	1056	875.04	875.04	
		語文學類		〃	504	251.93	251.93	
		自然科學類		〃	1472	744.48	744.48	
		應用技術類		〃	1178	561.12	561.12	
		藝術類		〃	474	126.75	126.75	
		文學類		〃	2692	401.92	401.92	
		史地類		〃	850	333.63	333.63	
						$198931.01	$198931.01	

直轄机關學校團体或事業名稱　省立上海中学　印信

受損失者填報者　江苏省立上海中学

姓名　沈亦云　服務處所與所任職務　　與受損失者之關係　　通信地址　　蓋章

財產損失報告單

填送日期　　　年　　月　　日

損失年月日	事件地点	損失項目	購置年月	單位	數量	價值（國幣元）購置時價值	價值（國幣元）損失時價值	證件
						$198931.01	$198931.01	
民國二十六年十一月	上海[illegible]	鋼床	民國廿[illegible]年	部	1	$1035.00	$1035.00	
		龍門刨床		〃	1	2000.00	2000.00	
		[illegible]		隻	1	19.00	19.00	
		[illegible]		〃	1	22.50	22.50	
		[illegible]		把	1	4.50	4.50	
		CENTER GAGS		隻	2	3.80	3.80	
		[illegible]		把	1	19.00	19.00	
		[illegible]鉗		〃	1	2.88	2.88	
		車刀		〃	52	104.00	104.00	
		12吋 [illegible]		隻	1	1.80	1.80	
		[illegible]		把	10	5.00	5.00	
		D.P 銑刀12吋		〃	7	98.00	98.00	
		D.P 銑刀16吋		〃	4	56.00	56.00	
		5/16吋 [illegible]		〃	2	29.40	29.40	
		[illegible]	民國二十[illegible]年	隻	14	126.00	126.00	
		6吋 [illegible]		把	6	99.00	99.00	
		6吋 大刀鉗		〃	1	21.67	21.00	
		[illegible]		[illegible]	1	6.00	6.00	
		[illegible]		[illegible]	6	90.00	90.00	
	接下頁					$202674.56	$202674.56	

直轄機關學校團体或事業名稱 [illegible] 印信

姓名 沈[illegible]

受損失者

填報者 [illegible]

服務處所與所任職務

與受損失者之關係

通信地址

蓋章

808

809

703

310

財產損失報告單

填送日期　　年　　月　　日

損失年月日	事件地点	損失項目	購置年月	單位	數量	價值（國幣元）購置時價值	價值（國幣元）損失時價值	證件
	承上頁					$202674.56	$202674.56	
民國二十六年十一月	[illegible]	[illegible]螺絲	民國二十七年	隻	105	10.54	10.54	
		[illegible]螺絲	〃	〃	30	4.51	4.51	
		紗頭	民國二十七年	磅	5	1.00	1.00	
		[illegible]鋼模		副	1	3.50	3.50	
		[illegible]鋼模		〃	1	3.50	3.50	
		[illegible]鋼模		〃	1	0.90	0.90	
		鐵搭扣		〃	50	4.00	4.00	
		小老虎鉗		把	50	7.50	7.50	
		銅牌		塊	600	30.00	30.00	
		[illegible]		隻	1	22.00	22.00	
		電鑽		〃	1	135.00	135.00	
		14吋[illegible]粗圓		打	1	12.60	12.60	
		14吋[illegible]細圓		〃	1	32.80	32.80	
		12吋[illegible]細圓扁		把	8	11.20	11.20	
		12吋[illegible]粗三角		〃	8	8.00	8.00	
		8吋[illegible]粗三角		打	[illegible]	3.38	3.38	
		6吋[illegible]粗扁		〃	〃	2.30	2.30	
		6吋[illegible]細扁		把	5	2.50	2.10	
	接下頁					$202969.22	$202969.22	

直轄機關學校團体或事業
名稱[illegible]印信
姓名[illegible]

受損失者[illegible]
填報者
服務處所與所任職務

與受損失者之關係

通信地址

蓋章

112

財產損失報告單

填送日期　　年　　月　　日

損失年月日	事件地点	損失項目	購置年月	單位	數量	價值（國幣元）購置時價值	價值（國幣元）損失時價值	證件
	承上頁					8202969.39	8202969.39	
民國二十六年十一月	上海漕河涇吳家巷	6吋手牌細圓	民國二十六年	把	3	1.38	1.38	
		6吋手牌[illegible]		〃	3	1.50	1.50	
		[illegible]吋手牌粗扁		打	2	22.00	22.00	
		[illegible]吋手牌細扁		〃	2	29.00	29.00	
		6吋手牌粗三角		〃	1	6.50	6.50	
		6吋手牌細三角		把	10	6.66	6.66	
		8吋手牌粗三角		打	1	8.50	8.50	
		8吋手牌細三角		〃	1	9.50	9.50	
		24吋手牌粗圓		〃	[illegible]	2.35	2.35	
		24吋手牌細三角		〃	〃	3.40	3.40	
		四吋手牌[illegible]		〃	〃	2.40	2.40	
		鉸刀柄		把	15	31.00	31.00	
		工作桥		只	14	392.00	392.00	
		5吋[illegible]		副	4	480.00	480.00	
		8吋三式手搖機		〃	1	250.00	250.00	
		2吋[illegible]		支	2	300.00	300.00	
		[illegible]		只	1	170.00	170.00	
		三角[illegible]		〃	1	18.00	18.00	
	接下頁					8204704.38	8204704.38	

直轄機關學校團体或事業

名稱　省立上海中學　印信

姓名　沈亦珍

受損失者　江蘇省立上海中學

填報者

服務處所與所任職務

與受損失者之關係

通信地址

蓋章

財產損失報告表

填送日期　　年　月　日

損失年月日	事件地点	損失項目	購置年月	單位	數量	價值（國幣元）購置時價值	價值（國幣元）損失時價值	證件
	承上頁					$204,704.38	$204,704.38	
民國二十六年十一月	上海[illegible]	刀砖[illegible]	二十年	塊	30	$1.05	$1.05	
		車鑽螺絲		隻	2	0.90	0.90	
		磨刀[illegible]		件	1	5.85	5.85	
		磨刀[illegible]		〃	1	2.00	2.00	
		[illegible]		隻	20	27.00	27.00	
		[illegible]		〃	8	10.80	10.80	
		[illegible]		〃	8	10.80	10.80	
		[illegible]		〃	8	8.64	8.64	
		鉄圓鑽		〃	2	1.44	1.44	
		[illegible]		〃	18	2.16	2.16	
		[illegible]		〃	25	9.00	9.00	
		[illegible]		〃	10	150.00	150.00	
		[illegible]		〃	20	320.00	320.00	
		二分[illegible]		〃	20	20.00	20.00	
		八分[illegible]		〃	19	76.00	76.00	
		[illegible]		〃	12	60.00	60.00	
		[illegible]		把	20	30.00	30.00	
		[illegible]		[illegible]	12	4.32	4.32	
	接下頁					$205,444.34	$205,444.34	

直轄机關學校團体或事業名稱 [illegible] 印信　　受損失者 [illegible]

填報者 姓名 [illegible]　服務處所與所任職務　與受損失者之關係　通信地址　盖章

財產損失報告表

填送日期　　年　　月　　日

損失年月日	事件地点	損失項目	購置年月	單位	數量	價值（國幣元）購置時價值	價值（國幣元）損失時價值	證件
	承上頁					8205,444.34	8205,444.34	
民國二十六年十一月	上海[illegible]	螺[illegible]		把	11	2.75	2.75	
		分圓		付	20	100.00	100.00	
		[illegible]		組	1	248.00	248.00	
		[illegible]				450.00	450.00	
		大小平[illegible]		把	30	24.00	24.00	
		大小圓[illegible]		〃	44	35.20	35.20	
		上下売		只	64	96.00	96.00	
		平達		〃	20	30.00	30.00	
		圓達		〃	20	30.00	30.00	
		[illegible]鉗		〃	8	6.40	6.40	
		[illegible]		〃	12	18.00	18.00	
		套排頭		〃	12	18.00	18.00	
		[illegible]		把	22	6.60	6.00	
		[illegible]鉗		〃	12	9.60	9.60	
		卡卡鉗		副	3	6.00	6.00	
		〃〃〃		〃	9	18.00	18.00	
		[illegible]		只	12	24.00	24.00	
		鐵[illegible]		〃	2	2.00	2.00	
	接下頁					8206,568.29	8206,568.29	

直轄机關學校團体或事業名稱　[illegible]　印信

受損失者　江蘇省立上海中学

填報者

姓名　[illegible]　服務處所與所任職務　與受損失者之關係　通信地址　蓋章

财产损失报告表

填送日期　　年　　月　　日

损失年月日	事件地点	损失项目	购置年月	单位	数量	价值（国币元）购置时价值	价值（国币元）损失时价值	证件
	承上页					8206568.29	8206568.29	
民国二十六年十一月	上海[illegible]	[illegible]		件	1	1.50	1.50	
		[illegible]		〃	1	3.00	3.00	
		[illegible]		〃	11	22.00	22.00	
		[illegible]		〃	1	1.20	1.20	
		下口		〃	4	4.00	4.00	
		圆钳		把	1	0.80	0.80	
		铁马		只	1	1.50	1.50	
		钳子		把	4	3.00	3.00	
		30吋[illegible]		副	1	1200.00	1200.00	
		22吋[illegible]		〃	1	480.00	480.00	
		[illegible]		座	1	500.00	500.00	
		22吋[illegible]		只	1	52.00	52.00	
		大中小[illegible]		〃	10	60.00	60.00	
		各式木模		副	200	1100.00	1100.00	
		[illegible]型砂		吨	15	225.00	225.00	
		特种工具		副	2	40.00	40.00	
		普通工具		〃	10	40.00	40.00	
		14吋木型框		〃	50	600.00	600.00	
	接下页					8210902.29	8210902.29	

直辖机关学校团体或事业名称　[illegible]印信

受损失者　江苏省立上海中学

填报者　姓名　沈亦[illegible]　服务处所与所任职务　与受损失者之关系　通信地址　盖章

財產損失報告表

填送日期　　年　月　日

損失年月日	事件地点	損失項目	購置年月	單位	數量	價值（國幣元）購置時價值	價值（國幣元）損失時價值	證件
	承上頁					\$210902.29	\$210902.29	
民國二十六年十一月	上海[illegible]	20吋30吋型框		副	10	\$250.00	\$250.00	
		14吋鐵型框		〃	20	110.00	110.00	
		鑄型管		磅	3,000	200.00	200.00	
		砂心骨		斤	150斤	85.00	85.00	
		風箱		具	6	36.00	36.00	
		[illegible]		〃	20	80.00	80.00	
		砂箱		〃	40	280.00	28.00	
		石墨粉		担	2	30.00	30.00	
		焦炭		噸	2	50.00	50.00	
		白泥		〃	1	15.00	15.00	
		鐵鍊		根	1	15.00	15.00	
		石灰石		担	2	30.00	30.00	
		[illegible]		隻	2	320.00	320.00	
		坩堝鉗		把	2	72.00	72.00	
		澆鐵[illegible]		隻	4	32.00	32.00	
		澆鐵口圈		〃	20	8.00	8.00	
						\$212,263.29	\$212,263.29	

直轄機關學校團體或事業名稱　印信

受損失者　江蘇省立上海中學

填報者

姓名　沈亦珍　服務處所與所任職務　與受損失者之關係　通信地址　蓋章

財産損失報告單（二）

江蘇省立上海中學

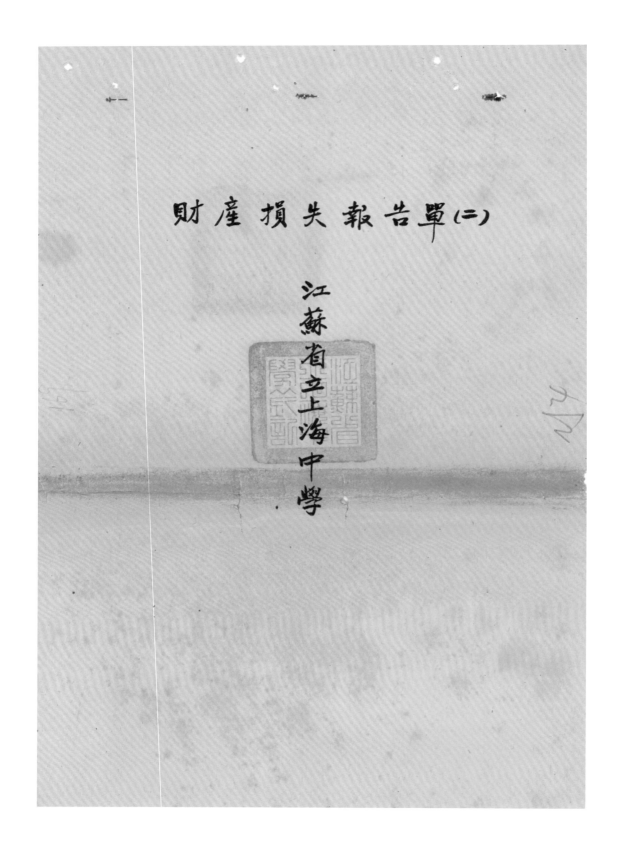

財產損失報告單

填送日期　　年　　月　　日

損失年月日	事件地点	損失項目	購置年月	單位	數量	價值(國幣元) 購置時價值	價值(國幣元) 損失時價值	證件
民國二十六年十一月	上海沪閔路吴家巷	鋼捲尺	民國十八年	个	6	$9.00元	$9,000—	
		米尺架			5	〃2.125元	2,125—	
		測徑游標尺			5	2.00元	2,000—	
		螺旋測微器			5	50.00	50,000—	
		物理天平		架	5	(甲種) 140.00	140,000—	
		彈簧秤	民國十七年	个	10	(秤重2000克) 12.00	12,000—	
		朱利氏秤 Jolly Balance		〃	1	10.00	10,000—	
		墜体速率試驗器		架	1	(甲種) 42.50	42,500—	
		真空真空管	民國十八年	个	1	4.25	4,250—	
		平行四邊合力器		架	1	7.50	7,500—	
		擺[illegible]架子		个	1	6.00	6,000—	
		滑車		架	1	(甲種) 1.30	1,300—	
		〃〃		〃	1	(丁種) 3.25	3,250—	
		測時器	民國十七年	〃	1	.20	200—	
		螺旋壓榨器		〃	1	1.00	1,000—	
		測摩擦力器		〃	1	1.40	1,400—	
	接下頁					$292.525	$292,525.—	

直轄機關學校團体或事業名稱 江蘇省立上海中學 印信

受損失者填報者 江蘇省立上海中學

姓名 [illegible]　服務處所與所任職務　與受損失者之關係　通信地址 上海　蓋章

財產損失報告單

填送日期　　年　　月　　日

損失年月日	事件地點	損失項目	購置年月	單位	數量	價值（國幣元）		證件
						購置時價值	損失時價值	
民國二十六年十八月	承上頁					$292,525	$292,525.-	
	上海浦閘路吳家巷	滑動及滾動之摩擦	民國十九年	个	1	$2.50	$2,500-	
		底壓力試驗器	民國十七年	架	1	7.00	7,000-	
		上壓力試驗器		〃	1	1.00	1,000-	
		婆梅氏輕表		个	5	.65	675-	
		婆梅氏重表		〃	5	.65	675-	
		离心力水車説明用[illegible]		架	1	19.00	19,000-	
		水錘		个	1	1.00	1,000-	
		玻璃水盆		〃	5	（徑15cm）11.25	11,250-	
		真空測驗壓力管	民國十八年	〃	5	3.00	3,000-	
		同上用水銀		〃	100cc	2.00	2,000-	
		驗氣体壓力瓶		〃	1	1.25	1,250-	
		水銀氣壓计	民國十七年	〃	1	（附寒暑表及標板）25.00	25,000-	
		自記氣壓表		〃	1	25.00	25,000-	
		波氏空律管		〃	5	3.00	3,000-	
		同上用支架		〃	2	10.00	10,000-	
	接下頁					$404,825	$404,875.-	

直轄機關學校團体或事業名稱 省立上海中學 印信

受損失者填報者 江蘇省立上海中學

姓名 張[illegible]　服務處所與所任職務　與受損失者之關係　通信地址　蓋章

財產損失報告單

填送日期　　年　　月　　日

損失年月日	事件地點	損失項目	購置年月	單位	數量	價值（國幣元）		證件
						購置時價值	損失時價值	
	承上頁					8404.825	8404,825—	
民國二十六年十一月	上海滬閔路吳家巷	海倫氏噴水器	民國二十年	架	1	$12.50	$12,500—	
		測量重瓶		个	1	12.50	12,500—	
		抽氣機		架	1	80.00	80,000—	
		真空計		〃	1	20.00	20,000—	
		螺旋推進器雛形	民國十九年	架	1	5.00	5,000—	
		汽機模形		〃	1	5.00	5,000—	
		固本吸氣器		〃	1	1.25	1,250—	
		縱波器		〃	1	4.00	4,000—	
		橫波器		〃	1	2.75	2,750—	
		示波器		〃	1	13.00—	13,000—	
		銅絲螺旋		个	1	2.50	2,500—	
		真空鈴	民國十七年	〃	1	2.25	2,250—	
		真空閘鐘		架	1	2.75	2,750—	
		孔板測音器		〃	1	1.25	1,250	
		曲線記音器		〃	1	（壯民）20.00	20,000—	
	接下頁					8589.575	8589,575—	

直轄機關學校團体或事業名稱　省立上海中學　印信

受損失者填報者　江蘇省立上海中學

姓名　沈亦珍　服務處所與所任職務　與受損失者之關係　通信地址　蓋章

留底4

財產損失報告單

填送日期　　年　　月　　日

損失年月日	事件地点	損失項目	購置年月	單位	數量	價值(國幣元) 購置時價值	損失時價值	證件
	承上頁					$8,589.575	$8,589,625.—	
民國二十六年十一月	上海北門外吳家巷	曲線記錄器	民國十七年	架	2	(德國) $12.00	$12,000.—	
		共鳴音叉		〃	1	7.50	7,500.—	
		喉模型		个	1	17.00	17,000.—	
		二弦準弦器		〃	1	2.75	2,750.—	
		琴鋼		〃	1	1.25	1,250.—	
		板振動試驗器		架	1	2.25	2,250.—	
		耳模型		个	1	12.00	12,000.—	
		留聲機		架	1	(附片子20張) 36.00	36,000.—	
		变音器		个	1	3.50	3,500.—	
		多音定理儀器	民國二十年	架	1	15.00	15,000.—	
		旋轉反射鏡		个	1	20.00	20,000.—	
		氫氧石灰灯		架	1	5.00	5,000.—	
		電石氣灯		〃		3.50	3,500.—	
		電石發生器		〃	1	15.00	15,000.—	
		油点光度表	民國十八年	个	1	3.50	3,500.—	
	接下頁					$8,745.825	$8,745,875.—	

直轄機關學校團体或事業名称　省立上海中學　印信

受損失者填報者　江蘇省立上海中學

姓名　沈亦珍　服務處所與所任職務　與受損失者之關係　通信地址　蓋章

262

財產損失報告單

填送日期　　年　　月　　日

損失年月日	事件地点	損失項目	購置年月	單位	數量	價值(國幣元) 購置時價值	損失時價值	證件
	承上頁					8745825	8745875—	
民國二十六年十一月	上海沪閔路吴家巷	液体曲折率試驗器	民國二十二年	架	1	$1.00	$1,000—	
		光學盤		个	1	35.00	35,000—	
		角度镜		〃	1	2.00	2,000—	
		抛物線镜		架	1	4.00	4,000—	
		減色三稜镜	民國廿九年	个	1	35.00	35,000—	
		空三稜镜		〃	1	25.00	25,000—	
		分光器		架	1	75.00	75,000—	
		聲盤		个	1	1.40	1,400—	
		攝影機		架	1	25.00	25,000—	
		射影器	民國二十年	〃	1	28.00	28,000	
		映片		个	36	17.50	17,500—	
		電影機	民國十七年	架	2	204.00	240,000—	
		光波干涉試驗器		〃	1	5.00	5,000—	
		電氣石抶		个	1	20.00	20,000—	
		偏光試驗器		架	1	15.00	15,000—	
	接下頁					$1238725	$1274775—	

直轄機關學校團体或事業名称 省立上海中學 印信

受損失者填報者 江蘇省立上海中學

姓名　　服務處所與所任職務　　與受損失者之關係　　通信地址　　蓋章

档底6

財産損失報告單

填送日期　　年　　月　　日

損失年月日	事件地点	損失項目	購置年月	单位	數量	價值(國幣元) 購置時價值	損失時價值	證件
	承上頁					81238.725	81234,775—	
民國二十六年十一月	上海斜圆路吴家巷	水晶板	民國十七年	架	1	2.50	2,500—	
		石英透鏡		〃	1	5.00	5,000—	
		双筒望遠鏡		〃	1	15.00	15,000—	
		測水晶大密度器		〃	1	7.50	7,500—	
		黃銅熱漲率試驗器		〃	1	5.50	5,500—	
		空氣長漲率試驗器		〃	1	4.00	4,000—	
		寒暑表	民國二十三年	只	1	10.00	10,000—	
		量容熱器	民國二十年	〃	1	7.50	7,500—	
		結冰球		〃	1	.75	750—	
		冷剂造冰器		架	1	15.00	15,000—	
		蒸氣密度試驗器	民國二十三年	〃	1	5.00	5,000—	
		沸点上昇試驗器		〃	1	14.00	14,000—	
		熱之工作當量器		〃	1	15.00	15,000—	
		濕度計	民國二十年	〃	1	(但氏) 18.00	18,000—	
		毛髮濕度計		〃	1	10.00	10,000—	
	接下頁					81373.475	81,409,525—	

直轄機關學校團体或事業名稱 省立上海中学 印信

受損失者填報者 江苏省立上海中学

姓名 沈亦珍　服務處所與所任職務　與受損失者之關係　通信地址　蓋章

財產損失報告單

填送日期　　年　　月　　日

損失年月日	事件地點	損失項目	購置年月	單位	數量	價值(國幣元) 購置時價值	價值(國幣元) 損失時價值	證件
	承上頁					$1373.475	$1409525—	
民國二十六年十一月	上海尹闾路吳家巷	乾濕球溫度計	民國二十二年	个	1	$3.50	$3,500—	
		回熱凹鏡		〃	1	8.00	8,000—	
		吸熱射熱試驗器		架	1	6.00	6,000—	
		雙輪射熱輪		〃	1	15.00	15,000—	
		蒸汽機剖面模型	民國十八年	〃	1	(甲種) 9.00	9,000—	
		摩電機		〃	1	24.00	24,000—	
		電鈴		个	1	4.00	4,000—	
		鋅銅電堆		〃	1	2.00	2,000—	
		硫酸電池		〃	2	5.00	5,000—	
		紅礬電池槽		〃	1	12.50	12,500—	
		膽礬電池		〃	1	1.35	1,350—	
		重力電池		〃	1	4.00	4,000—	
		蓄電池A	民國二十四年	〃	5	25.00	25,000—	
		〃〃〃B		〃	1	10.00	10,000—	
		直立電流計		〃	1	7.50	7,500—	
	接下頁					$1510.325	$1546375—	

直轄機關學校團体或事業名稱：省立上海中學　印信

受損失者：江蘇省立上海中學
填報者姓名：沈亦珍

服務處所與所任職務　　與受損失者之關係　　通信地址　　蓋章

财产损失报告单

填送日期　　年　　月　　日

损失年月日	事件地点	损失项目	购置年月	单位	数量	价值(国币元) 购置时价值	价值(国币元) 损失时价值	证件
	承上页					$1,510,325	$1,546,275.—	
民国二十六年十一月	上海沪闵路吴家巷	正切电流计	民国二十一年	个	1	17.50	17,500—	
		阿生电流计		〃	2	28.00	28,000—	
		电压计		〃	1	12.00	12,000—	
		电流计		〃	1	12.00	12,000—	
		电流电压互测计		〃	1	2.70	2,700—	
		韦氏电桥		架	1	12.00	12,000—	
		抵抗箱	民国二十一年	〃	1	12.00	12,000—	
		变阻器		〃	1	18.00	18,000—	
		变压器		〃	1	20.00	20,000—	
		弧灯离雏型		〃	1	(甲种)6.00	6,000—	
		白热电灯离雏型		〃	1	1.75	1,750—	
		热电试验器		〃	1	2.75	2,750—	
		热之电当量		〃	1	3.50	3,500—	
		热电柱		个	1	3.50	3,500—	
		热电堆		〃	1	20.00	20,000—	
	接下页					$1682,025	$1718,075.—	

直辖机关学校团体或事业名称　省立上海中学　印信

受损失者　江苏省立上海中学
填报者　姓名　沈亦珍　服务处所与所任职务　与受损失者之关系　通信地址　盖章

財產損失報告單

填送日期　　年　　月　　日

損失年月日	事件地点	損失項目	購置年月	單位	數量	價值(國幣元) 購置時價值	價值(國幣元) 損失時價值	證件
	承上頁					$1682.025	$1,718,075—	
民國二十六年十一月	上海滬閔路吳家巷	磁針測驗電流器	民國十八年	架	1	$2.70	$2,700—	
		電報發聲器		〃	1	5.00	5,000—	
		電報繼電器		〃	1	2.50	2,500—	
		電話機		〃	1	(新式對話台電話) 45.00	45,000—	
		電話話器	民國十七年	〃	1	4.50	4,500—	
		無線電報機、雛型		〃	1	27.50	27,500—	
		電流旋轉器		〃	1	7.50	7,500—	
		電流旋轉器		〃	1	6.50	6,500—	
		導体在磁場内的運動		〃		4.50	4,500—	
		感應圈		个	1	200.00	200,000—	
		旋轉磁場說明器		架	1	5.00	5,000—	
		電車雛型	民國二十年	〃	1	10.00	10,000—	
		無線電收音機		〃	1	48.00	48,000—	
		精密化學天平		〃	1	(感量萬分之一格) 80.00	80,000—	
		化學天平		〃	8	(感量千分之一格) 480.00	480,000—	
	接下頁					$2610.725	$2,646,775—	

直轄機關學校團体或事業名稱 省立上海中學 印信

受損失者填報者 江蘇省立上海中學

姓名 沈亦珍　服務處所與所任職務　與受損失者之關係　通信地址　蓋章

財產損失報告單

填送日期　　年　　月　　日

損失年月日	事件地点	損失項目	購置年月	单位	數量	價值（國幣元） 購置時價值	價值（國幣元） 損失時價值	證件
	承上頁					$2610.725	$2646,775.—	
民國二十六年十一月	上海什圖路安家巷	愛四天平	民國十九年	架	25	500.00	500,000—	
		桿稱		〃	2	（称量20克）6.00	6,000—	
		比重天平		〃	1	6.00	6,000—	
		比重瓶		个	25	30.00	30,000—	
		比重輕表		〃	25	3.27	3,275—	
		比重重表		〃	25	3.27	3,275—	
		温度表C150°	民國十七年	〃	2	2.72	2,720—	
		〃〃〃C100°		〃	25	30.00	30,000—	
		〃〃〃C50°		〃	2	2.40	2,400—	
		量管25cc		个	25	93.75	93,750—	
		〃〃25cc		〃	25	（具活塞）140.62	140,625—	
		滴管5cc		〃	25	18.75	18,750—	
		〃〃10cc		〃	25	20.37	20,375—	
		量筒10cc		〃	25	37.50	37,500—	
		〃〃50cc		〃	25	50.00	50,000—	
	接下頁					$3555.375	$3591,445—	

直轄機關學校團体或事業名称 省立上海中學 印信

受損失者填報者 江蘇省立上海中學

姓名 沈亦珍　服務處所與所任職務　與受損失者之關係　通信地址　蓋章

11

財產損失報告單

填送日期　　年　　月　　日

損失年月日	事件地点	損失項目	購置年月	單位	數量	價值（國幣元）購置時價值	價值（國幣元）損失時價值	證件
	承上頁					$3555.375	$3191,445—	
民國二十六年十一月	上海市閘北吳家巷	量筒100CC	民國十七年	个	25	$62.50	$62,500—	
		〃〃200CC		〃	5	17.50	17,500—	
		〃〃500CC		〃	5	28.12	28,125—	
		量杯1000CC		〃	2	10.00	10,000—	
		乳鉢		〃	25	（磁，徑9cm）18.00	18,000—	
		〃〃		〃	1	（磁，徑12cm）8.00	800—	
		〃〃		〃	1	（磁，徑18cm）1.50	1,500—	
		玻乳鉢	民國十八年	〃	25	（徑6cm）31.25	31,250—	
		〃〃〃		〃	2	（徑9cm）5.00	5,000—	
		〃〃〃		〃	2	（徑12cm）7.50	7,500—	
		三重篩		个	2	12.00	12,000—	
		榨汁器		架	1	5.00	5,000—	
		鑷子		个	25	7.50	7,500—	
		鍋抹		〃	25	25.25	25,250—	
		黃鉢		〃	25	4.50	4,500—	
	接下頁					$3798.995	$3823,870.—	

直轄機關學校團体或事業名稱　省立上海中學　印信

受損失者填報者　江蘇省立上海中學

姓名　沈亦珍　服務處所與所任職務　與受損失者之關係　通信地址　蓋章

222

一六一

財產損失報告單

填送日期　年　月　日

損失年月日	事件地點	損失項目	購置年月	單位	數量	價值(國幣元) 購置時價值	價值(國幣元) 損失時價值	證件
	承上頁					83798.995	83827870—	
民國二十六年十一月	上海打浦路吴家巷	炭錶	民國十八年	个	1	$ .40	$ 400—	
		白金絲鉗		〃	50	20.00	20,000—	
		滴管台		架	1.	3.00	3,000—	
		量管夾台		〃	25	112.50	112,500—	
		三脚架		〃	30.	9.00	9,000—	
		鐵絲三角		架	30	3.00	3,000—	
		試管架		〃	30	48.00	48,000—	
		漏斗架		〃	25	(容二漏斗) 25.00	25,000—	
		〃〃〃		〃	2	(容四漏斗) 3.00	3,000—	
		曲頸甑架		〃	25	120.00	120,000—	
		曲管台		个	25	25.00	25,000—	
		試驗管夾		〃	30	3.00	3,000—	
		鐵絲燒管		〃	25	62.20	62,500—	
		硬玻燃燒管		〃	25	100.00	100,000—	
		燃燒杯		〃	24	36.00	36,000—	
	接下頁					84263.095	84398270—	

直轄機關學校團体或事業名稱 省立上海中學 印信

受損失者填報者 江蘇省立上海中學

姓名 沈亦珍　服務處所與所任職務　與受損失者之關係　通信地址　蓋章

財產損失報告單

填送日期　　年　　月　　日

損失年月日	事件地点	損失項目	購置年月	單位	數量	價值(國幣元) 購置時價值	損失時價值	證件
	承上頁					$4,369.095	$4,398,270.-	
民國二十六年十一月	上海江灣路吴家巷	炭炉	民國十七年	架	1	$ .60	600.-	
		磁坩鍋		个	30	6.00	6,000.-	
		鉛坩鍋		〃	25	12.50	12,500.-	
		鉄坩鍋		〃	5	1.50	1,500.-	
		鉄砂皿		〃	30	6.00	6,000.-	
		重温鍋		〃	25	50.00	50,000.-	
		鉄絲網		〃	50	5.00	5,000.-	
		銅絲網		〃	10	2.00	2,000.-	
		酒精灯		架	30	37.50	37,500.-	
		酒精噴灯		〃	30	180.00	180,000.-	
		手鞴	民國十九年	个	25	125.00	125,000.-	
		金筆吹管		〃	25	45.00	45,000.-	
		(平底250cc)燒瓶		〃	100	100.00	100,000.-	
		(圆底250cc)燒瓶		〃	100	100.00	100,000.-	
		(平底500cc)燒瓶		〃	50	68.75	68,750.-	
	接下頁					$5,108.945	$5,138,120.-	

直轄機關學校團体或事業名称 省立上海中學 印信

受損失者 填報者 江蘇省立上海中學

姓名 沈亦珍　服務處所與所任職務　與受損失者之關係　通信地址　蓋章

尚庭14

182

282

財產損失報告單

填送日期　　年　　月　　日

損失年月日	事件地點	損失項目	購置年月	單位	數量	價值(國幣元) 購置時價值	價值(國幣元) 損失時價值	證件
	承上頁					$5108.945	$5138120—	
民國二十六年十一月	上海沪閔路吳家巷	(元底500CC)燒瓶	民國十九年	个	50	$68.75	$68,750—	
		(平底5000CC)燒瓶		〃	2	30.00	30,000—	
		(250CC)凯氏燒瓶		〃	50	50.00	50,000—	
		(6枚組)燒杯		〃	50組	281.25	281,250—	
		(高30cm)玻筒		〃	25	50.00	50,000—	
		(徑6cm.)漏斗(玻)	民國二十年	〃	30	15.00	15,000—	
		(徑12cm.)漏斗(玻)		〃	30	45.00	45,000—	
		(徑15cm.)漏斗(玻)		〃	5	10.00	10,000—	
		(筋紋)漏斗(玻)		〃	1	2.70	2,700—	
		分液漏斗		〃	25	125.00	125,000—	
		(50CC)滴液漏斗		〃	25	93.75	93,750—	
		濾紙(元)		〃		2.50	2,500—	
		濾紙貯藏器	民國二十四年	架	2	4.00	4,000—	
		離心分液器		〃	1	6.75	6,750—	
		洗瓶		只	25	78.12	78,125—	
	接下頁					$5971365	$6000945—	

直轄機關學校團体或事業名称　省立上海中學　印信

受損失者填報者　江苏省立上海中學

姓名　沈亦珍　服務處所與所任職務　與受損失者之關係　通信地址　蓋章

169-2

15

財產損失報告單

填送日期　　年　　月　　日

損失年月日	事件地点	損失項目	購置年月	單位	數量	價值(國幣元) 購置時價值	價值(國幣元) 損失時價值	證件
	承上頁					85971266	86000945—	
民國二十六年十一月	上海江湾路吴家巷	過濾燒瓶	民國二十年	个	25	$62.50	$62,500—	
		(徑6cm.)蒸發皿		〃	30	4.50	4,500—	
		(徑9cm.)蒸發皿		〃	30	7.50	7,500—	
		(徑12cm)蒸發皿		〃	5	2.50	2,500—	
		(徑16cm.)蒸發皿		〃	1	1.00	1,000—	
		(徑11cm)蒸發皿		〃	1	(只柄).66	660—	
		(徑9cm.)錶面皿		〃	50	28.10	28,100—	
		結晶皿		〃	25	43.75	43,750—	
		空氣乾燥箱	民國二十五年	个	1	20.00	20,000—	
		硫酸乾燥器		架	25	281.25	281,250—	
		蒸餾器		〃	1	35.00	35,000—	
		(250cc)分液漏斗		个	25	62.50	62,500—	
		(250cc)曲頸甑	民國二十年	〃	30	112.50	112,500—	
		冷凝管		〃	25	140.62	140,625—	
		無水五硫酸乾燥器	民國十八年	架	1	4.00	4,000—	
	接下頁					86778145	86807330—	

直轄機關學校團体或事業名称　省立上海中學　印信

受損失者填報者　江蘇省立上海中學

姓名　沈昌珍　服務處所與所任職務　與受損失者之關係　通信地址　盖章

283

282

1695

财产损失报告单

填送日期　　年　　月　　日

损失年月日	事件地点	损失项目	购置年月	单位	数量	价值(国币元) 购置时价值	价值(国币元) 损失时价值	证件
	承上页					86778.145	36807330.—	
民国二十六年十一月	上海浦路吴家巷	[illegible]蒸发器	民国十八年	架	2	$3.50	$3,500—	
		[illegible]洗涤瓶		个	25	140.62	140,625—	
		[illegible]滴管		〃	50	62.50	62,500—	
		还原管		〃	25	5.00	5,000—	
		安全漏斗		〃	50	19.00	19,000—	
		长颈漏斗		〃	50	19.00	19,000—	
		活塞玻管	民国二十二年	〃	25	50.00	50,000—	
		[illegible]干燥瓶		〃	25	62.50	62,500—	
		[illegible]干燥管		〃	30	6.00	6,000—	
		球形干燥管		〃	30	4.50	4,500—	
		苛性钾球		〃	1	1.50	1,500—	
		碳酸容积测定管	民国十八年	〃	1	2.50	2,500—	
		圆玻水槽		〃	25	156.25	156,250—	
		[illegible]玻架		架	25	7.50	7,500—	
		(500CC) 蒸馏瓶		个	100	87.50	87,500—	
	接下页					87406.015	87435.205—	

直辖机关学校团体或事业名称　省立上海中学　印信

受损失者　填报者　江苏省立上海中学

姓名　钦[illegible]　服务处所与所任职务　与受损失者之关系　通信地址　盖章

財產損失報告單

填送日期　　年　　月　　日

損失年月日	事件地点	損失項目	購置年月	單位	數量	價值(國幣元) 購置時價值	價值(國幣元) 損失時價值	證件
	承上頁					$7,406.05	$7,435,205—	
民國二十六年十一月	上海浦東吳家巷	毛玻片	民國十七年	个	100	$15.00	$15,000—	
		(有孔)毛玻片		〃	25	7.50	7,500—	
		集氣筒		〃	25	6.25	6,250—	
		(銅製)薰蒸箱		架	2	10.00	10,000—	
		氣節管		个	25	75.00	75,000—	
		玻鐘罩	民國二十七年	〃	25	31.25	31,250—	
		燃燒匙		〃	100	10.00	10,000—	
		銅燒杆	民國十七年	〃	25	2.50	2,500—	
		測氣管	民國二十年	〃	25	100.00	100,000—	
		鹽酸分析器		架	12	240.00	240,000—	
		硝酸分析器		〃	12	120.00	120,000—	
		電流分水器		〃	25	112.50	112,500—	
		比色管		〃	50	75.00	75,000—	
		試驗管	民十七年	个	500	30.00	30,000—	
		试驗板		〃	24	14.40	14,400—	
	接下頁					$8,536.65	$8,565,855—	

直轄機關學校團体或事業名稱 省立上海中學 印信

受損失者 江蘇省立上海中學
填報者

姓名 沈亦珍　服務處所與所任職務　與受損失者之關係　通信地址　蓋章

财产损失报告单

填送日期　　年　　月　　日

损失年月日	事件地点	损失项目	购置年月	单位	数量	价值(国币元) 购置时价值	价值(国币元) 损失时价值	证件
	承上页					8526665	8565855	
民国二十六年十一月	上海南市关家巷	吹管	民国十七年	个	24	$12.00	$12,000	
	~~白金丝~~	白金丝		〃	24	(四件一尺) 360.00	360,000	
		(60-5000cc) 广口瓶		〃	200	160.00	160,000	
		(60-5000cc) 细口瓶		〃	200	160.00	160,000	
		(2500cc) 细口瓶		〃	5	(下具活塞) 75.00	75,000	
		(5000cc) 细口瓶	民国十八年	〃	5	(下口具活塞) 100.00	100,000	
		玻管		〃	25磅	11.25	11,250	
		橡皮管		〃	5丈	19.00	19,000	
		胶皮塞		〃	500	24.00	24,000	
		软木塞		〃	500	10.00	10,000	
		玻匙		〃	25	10.00	10,000	
		角匙		〃	50	30.00	30,000	
		筷子		〃	25	7.50	7,500	
		玻棒		〃	15磅	6.75	6,750	
		瓶刷	民国十七年	〃	30	4.50	4,500	
	接下页					8526665	8555855	

直辖机关学校团体或事业名称 省立上海中学 印信

受损失者 江苏省立上海中学

填报者 姓名 沈亦珍　服务处所与所任职务　与受损失者之关系　通信地址　盖章

財產損失報告單

填送日期　　年　　月　　日

損失年月日	事件地点	損失項目	購置年月	单位	數量	價值（國幣元）購置時價值	價值（國幣元）損失時價值	證件
	承上頁					89526665	89555855—	
民國二十六年十一月	上海沪閔路吴家巷	試管刷	民國廿年	个	50	$6.00	$6,000—	
		玻管刷		〃	30	3.60	3,600—	
		（三本）木塞穿孔器		架	25组	25.00	25,000—	
		（八本）木塞穿孔器		〃	2组	8.00	8,000—	
		（有摇輪）木塞穿孔器		〃	1	7.50	7,500—	
		木塞压榨器		〃	25	22.50	22,500—	
		木塞搭		个	5	.50	500—	
		三角锉		〃	25	10.00	10,000—	
		平锉		〃	25	10.00	10,000—	
		圆锉		〃	25	15.00	15,000—	
		金工钳		〃	2	2.00	2,000—	
		[illegible]计		〃	1	6.00	6,000—	
		生物顯微鏡	民國廿五年	〃	26	5200.00	5200,000—	
		礦物顯微鏡		〃	1	400.00	400,000—	
		解剖顯微鏡		〃	28	2800.00	2800,000—	
	接下頁					818042765	818071955—	

直轄機關學校團体或事業名称　省立上海中学印信

受損失者填報者　江苏省立上海中学

姓名　沈亦珍　服務處所與所任職務　與受損失者之關係　通信地址　蓋章

财産損失報告單

填送日期　　年　　月　　日

損失年月日	事件地点	損失項目	購置年月	單位	數量	價值(國幣元) 購置時價值	價值(國幣元) 損失時價值	證件
	承上頁					$18042.365	$18091,955—	
民國二十六年十一月	上海沪南吴家巷	根压作用試驗器	民國十七年	架	1	$4.00	$4,000	
		水液培養缸		个	5	4.25	4,250—	
		滲透作用試驗器		架	1	2.00	2,000—	
		玻鐘罩		个	5	62.50	62,500—	
		同化作用試驗器		架	1	1.75	1,750—	
		光合作用試驗器		〃	2	4.00	4,000—	
		呼吸作用試驗器		〃	2	2.00	2,000—	
		蒸騰作用試驗器		〃	2	10.00	10,000—	
		無機素培養器		〃	1	1.20	1,200—	
		發酵器		〃	1	.45	450—	
		植物暗箱		〃	4	16.00	16,000—	
		蒸[illegible]試驗器		〃	1	2.50	2,500—	
		種子膨脹力測定器		〃	1	8.50	8,500—	
		植物標箱		〃	25	70.00	70,000—	
		根掘		个	25	15.00	15,000—	
	接下頁					$18246.915	$18296,105—	

直轄機關學校團体或事業名稱 省立上海中学 印信

受損失者填報者 江苏省立上海中学

姓名 沈[illegible]　服務處所與所任職務　與受損失者之關係　通信地址　蓋章

財產損失報告單

填送日期　　年　　月　　日

損失年月日	事件地点	損失項目	購置年月	單位	數量	價值（國幣元）購置時價值	價值（國幣元）損失時價值	證件
	承上頁					$18,246.945	$18,236,105	
民國二十六年十一月	上海浦路吳家巷	拳剪	民國十七年	个	25	$7,5.00	$75,000	
		動物採集箱		架	25	87.50	87,500	
		水中捕蟲網		个	25	57.50	57,500	
		空中捕蟲網		〃	25	62.50	62,500	
		毒壺		〃	10	25.00	25,000	
		採集袋		〃	10	15.00	15,000	
		野柵		〃	10	14.00	14,000	
		植物標本夾		〃	10	10.00	10,000	
		植物壓榨器		架	2	15.00	15,000	
		根匣		个	1	.80	800	
		展翅板	民國十九年	〃	50	50.00	50,000	
		昆蟲吹脹器		架	5	10.50	10,500	
		(NO.0-4) 昆虫針		个	500	5.00	5,000	
		捕虫灯		〃	1	3.25	3,250	
		解剖刀		〃	25	6.25	6,250	
	接下頁					$18,684.215	$18,713,405	

直轄機關學校團体或事業名稱　省立上海中学　印信

受損失者填報者　江蘇省立上海中学

姓名　沈亦珍　服務處所與所任職務　與受損失者之關係　通信地址　蓋章

第底22

財產損失報告單

填送日期　　年　　月　　日

損失年月日	事件地點	損失項目	購置年月	單位	數量	價值(國幣元) 購置時價值	價值(國幣元) 損失時價值	證件
	承上頁					$18684.215	$18913405.—	
民國二十六年十一月	上海浦東吳家巷	解剖剪	民國廿年	只	25	$12.50	$12500—	
		解剖針		〃	25	6.25	6250—	
		剝蠹鉗		〃	1	.40	400—	
		解剖鑷子		〃	25	3.25	3,250	
		大解剖盒	民國十七年	〃	2	3.00	3,000—	
		大鐵鉗		〃	1	2.50	2,500—	
		蠟盤	民國二十三年	〃	25	62.50	62,500—	
		圓玻璃缸		〃	10	62.50	62,500—	
		昆蟲標本盒		〃	20	30.00	30,000—	
		磨切刀石		〃	1	1.500—	1,500—	
		解刀革		〃	1	1.500—	1,500—	
		滴管		〃	30	3.00	3,000—	
		蓋玻片匣		〃	25	6.50	6,500—	
		細菌皿		〃	6	1.50	1,500—	
		(方形)色素缸		〃	12	9.00	9,000—	
	接下頁					$18890.115	18919305.—	

直轄機關學校團体或事業名稱 省立上海中學 印信

受損失者填報者 江蘇省立上海中學

姓名 沈□□　服務處所與所任職務　與受損失者之關係　通信地址　蓋章

288

財產損失報告單

填送日期　　年　　月　　日

損失年月日	事件地点	損失項目	購置年月	單位	數量	價值(國幣元) 購置時價值	價值(國幣元) 損失時價值	證件
	承上頁					$18890.115	18,919,30.5.—	
民國二十六年十一月	上海沪閔路吴家巷	(四方形)色素缸	民國二十年	个	6	$4.500	$4,500-	
		色素瓶		〃	20	6.00	4,000-	
		載玻片貯藏匣		〃	20	6.00	6,000-	
		載玻片		〃	200	12.00	1,200-	
		蓋玻片		〃	200	1.20	1,200-	
		切片刀		〃	1	4.00	4,000-	
		(迴旋形)手切片機		架	1	10.00	10,000-	
		動手切片機		〃	1	150.00	150,000-	
		放大鏡	民國二十年	〃	30	90.00	90,000-	
		圓形標本瓶		个	150	225.00	225,000-	
		扁形標本瓶		个	20	30.00	30,000-	
		標本管		〃	200	2.00	2,000-	
		圓形種子瓶		〃	50	10.00	10,000-	
		大形種子瓶		〃	50	10.00	10,000	
		儲痕板		〃	25	25.00	25,000-	
	接下頁					$19465.015	1949,2205.—	

直轄機關學校團体或事業名称　省立上海中学　印信

受損失者　江蘇省立上海中学

填報者

姓名　沈亦珍　服務處所與所任職務　與受損失者之關係　通信地址　蓋章

財產損失報告單

填送日期　年　月　日

損失年月日	事件地點	損失項目	購置年月	單位	數量	價值(國幣元) 購置時價值	損失時價值	證件
	承上頁					$19465.015	$19492.205.—	
民國二十六年十一月	上海縣閔行吳家巷	離心沉澱器	民國二十年	架	1	$6.75	$6,750	
		尖頭鉗		个	1	1,50	1,500—	
		金工鉗		〃	1	1.00	1,000—	
		剪刀		〃	2	1.00	1.000—	
		鉄鑷子	民國十年	〃	2	,40	,400—	
		酒精灯		〃	2	2.50	2,500—	
		鋸子		〃	2	3.00	3,000—	
		鉄錘		〃	25	12,50	12,500—	
		鉄砧		〃	25	50.00	50,000—	
		橡皮		〃	30	30.00	30000—	
		廣口瓶		〃	20	11.24	11,240—	
		小口瓶		〃	20	11.24	11,240—	
		(10CC)量筒		〃	1	1.50	1,500—	
		(50CC)量筒		〃	1	2.00	2,000—	
		(100CC)量筒		〃	1	2,50	2,500—	
	接下頁					$19602.145	19629.335.—	

直轄機關學校團体或事業名稱　省立上海中學　印信

受損失者　江蘇省立上海中學
填報者

姓名　沈亦珍　服務處所與所任職務　與受損失者之關係　通信地址　蓋章

財產損失報告單

填送日期　　年　　月　　日

損失年月日	事件地點	損失項目	購置年月	單位	數量	價值（國幣元）購置時價值	價值（國幣元）損失時價值	證件
	承上頁					819602,145	819629,335—	
民國二十六年十一月	上海滬閔南柘 吳家巷	(200CC)量筒	民國廿七年	个	1	$3.60	$3,600—	
		(500CC)量筒		〃	1	5,62	5,625—	
		(10CC)量杯		〃	1	,87	,875—	
		(50CC)量杯		〃	1	1,50	1,500—	
		(100CC)量杯		〃	1	1,87	1,875—	
		(200CC)量杯		〃	1	2,50	2,500—	
		(500CC)量杯		〃	1	3,75	3,750—	
		(1000CC)量杯		〃	1	5,00	5,000—	
		三腳架		〃	2	,60	,600—	
		(6枚組)燒杯		〃	2	11,25	11,250—	
		注射器	民國廿八年	架	5	7,50	7,500—	
		展覽標本箱		〃	5	25,00	25,000—	
						819671,205	819698,410—	

直轄機關學校團体或事業
名稱 滬閔南柘中學 印信
姓名 沈𤣥珍

受損失者 江蘇省立上海中學
填報者
服務處所與所任職務
與受損失者之關係
通信地址
蓋章

江苏省政府致省教育厅的代电（一九四八年二月二十八日）

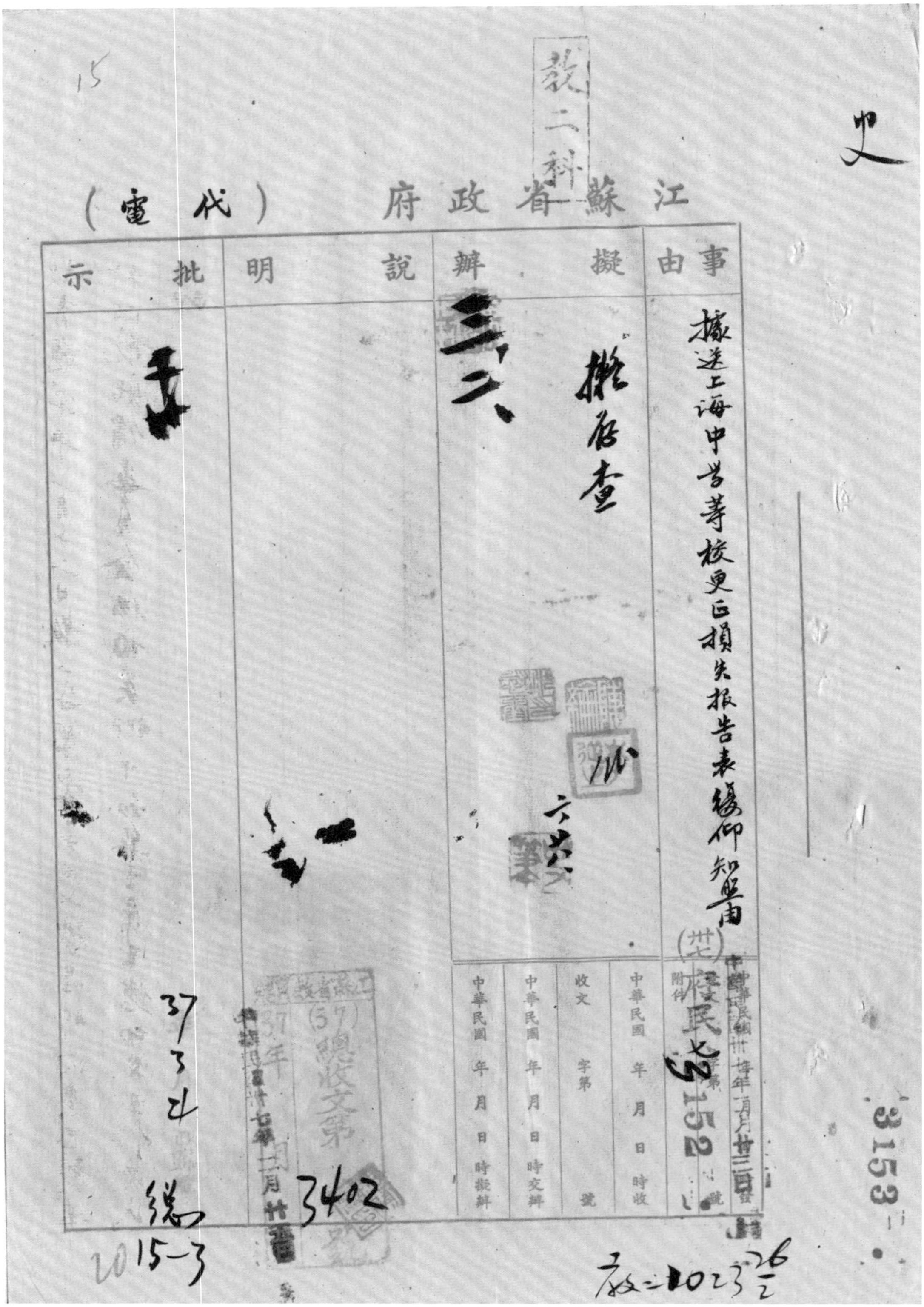
教二科

江蘇省政府（代電）

事由	擬辦	說明	批示
據送上海中學等校更正損失報告表後仰知照由	三、六 擬存查		

3153

教育廳卑平二月十二日教二字第零一六三七號呈件均悉已轉送
行政院賠償委員會核辦矣仰即知照主席王懋功世丑儉府民
七印

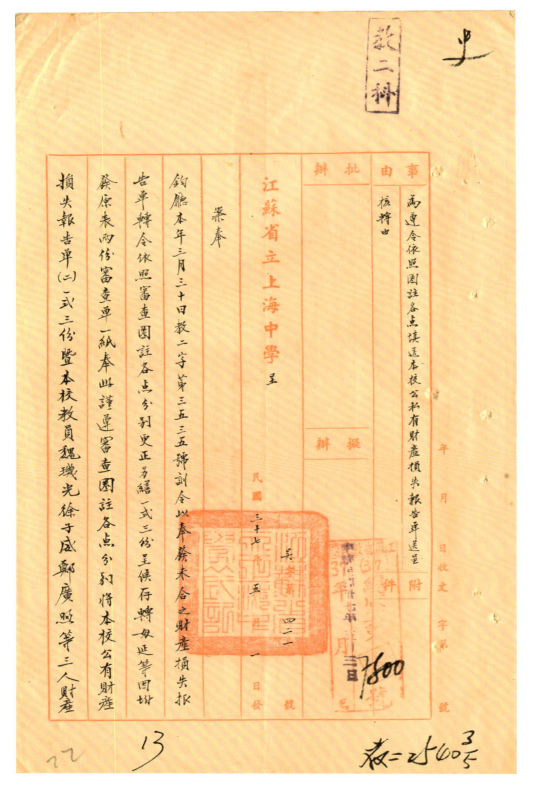

江苏省立上海中学致省教育厅的呈（一九四八年五月一日）

教二科

事由：為遵令依照圈註各点填送本校公私有財產損失報告单送呈核轉由

批辦

擬辦

附件

江蘇省立上海中學呈

民國三十七年五月一日發　吳字第四二一號

案奉

鈞廳本年三月三十日教二字第三五三五號訓令以奉發未合之財產損失報告单轉令依照審查圈註各点分别更正另繕一式三份呈候存轉毋延等因；附發原表兩份審查单一紙。奉此，謹遵審查圈註各点分别将本校公有財產損失報告单（二）一式三份暨本校教員魏璣光、徐子盛、鄭廣照等三人財產

損失表各一式三份繕填完竣隨文送呈

核轉實爲公便謹呈

江蘇省教育廳廳長陳

江蘇省立上海中學校長沈亦珍

附(一)本校財産損失報告单(二)一式三份

(二)徐子威魏識光鄭廣照三人財産損失報告单各一式三份

23

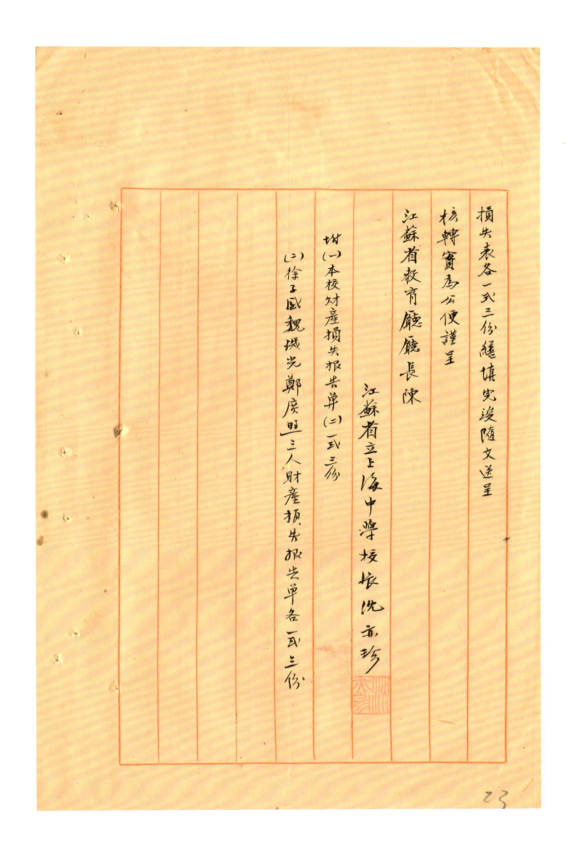

附一：徐子威、魏玑光、郑广煦三人财产损失报告单

財產損失報告單

填送日期　　年　　月　　日

損失年月日	事件地點	損失項目	購置年月	單位	數量	價值（國幣元）		證件
						購置時價值	損失時價值	
廿六年十月廿二日	金壇城内	房屋	祖遺	间	九	约2500元	约2500元	
廿六年十月廿二日	金壇城内	房圍牆	祖遺	段	一	约200元	约200元	
廿六年十月廿二日	金壇城内	祖遺書籍	祖遺 隨時購置	册	2000	约1000元	约900元	
廿六年十月廿二日	金壇城内	字畫（古）	祖遺	件	30	约500元	约500元	
廿六年十月廿二日	金壇城内	藝術品（古玩）	祖遺	件	9	约300元	约400元	
廿六年十月廿二日	金壇城内	家俱	祖遺 二十年至二十五年	件	100	约1500元	约1200元	
廿六年十月廿二日	金壇城内	衣被等	二十年至二十六年	件	45	约300元	约200元	
廿六年八月	上海吳家花	書籍	二十年至二十六年	册	100	约80元	约50元	
廿六年八月	上海吳家花	衣服類	二十二年至二十六年	套	4	约100元	约60元	
廿六年八月	上海吳家花	日用物品	二十二年至二十六年	件	60	约80元	约50元	
						共6560元	共6060元	

直轄機關學校團体或事業名稱 省立上海中学 印信

姓名 沈亦珍

受損失者 徐子威

填報者 徐子威

服務處所與所任職務 上海中学 教員

與受損失者之關係

通信蓋章

地址 上海吳家花上海中学

財產損失報告單

填送日期　　年　　月　　日

損失年月日	事件地點	損失項目	購置年月	單位	數量	價值（國幣元）		證件
						購置時價值	損失時價值	
26年11月	江蘇省立上海中學	大鉄床	17年	張	1	15元	15元	無
〃	〃	單人鉄床	〃	〃	3	每張5元共計15元	15元	〃
〃	〃	方桌	〃	〃	1	3元	3元	〃
〃	〃	小靠背椅	〃	〃	4	4元	4元	〃
〃	〃	柚木轉椅	18年	〃	1	9元	9元	〃
〃	〃	靠背椅	23年	〃	10	每張1.5元共計15元	15元	〃
〃	〃	玻璃橱	〃	座	1	8元	8元	〃
〃	〃	大木箱	〃	〃	1	8元	8元	〃
〃	〃	梳粧枱	〃	〃	1	10元	10元	〃
〃	〃	寫字枱	〃	張	1	8元	8元	〃
〃	〃	中號大餐枱	〃	〃	1	6元	8元	〃
〃	〃	兒用鉄課桌	〃	〃	1	5元	5元	〃
〃	〃	兒用欄杆小鉄床	20年	〃	1	8元	8元	〃
〃	〃	茶几	〃	〃	1	2元	2元	〃
〃	〃	石刻漢畫	24年	幅	6	6元	6元	〃
〃	〃	鉄鍋	23年	口	2	2元	2元	〃
					36件	124元	124元	

直轄機關學校團体或事業
名稱省立上海中學印信
姓名沈亦珍

受損失者　魏璣光
填報者　魏璣光
服務處所與所任職務　專任教員
與受損失者之關係　本人
通信地址　本校

財產損失報告單

填送日期　　年　　月　　日

損失年月日	事件地點	損失項目	購置年月	單位	數量	價值（國幣元）購置時價值	價值（國幣元）損失時價值	證件
二十六年十一月	江蘇省立上海中學	大皮箱	一七年	張	2	10元	10元	無
		大木箱	〃	〃	1	3元	3元	〃
		大鉄床	一八年	〃	1	15元	16元	〃
		小鉄床	〃	〃	1	3元	3元	〃
		大方桌	〃	〃	1	5元	5元	〃
		小抽屜桌	〃	〃	1	3元	3元	〃
		籐桶	〃	〃	1	4元	4元	〃
		籐椅	〃	〃	4	6元	6元	〃
		碗廚	二十年	〃	1	3元	3元	〃
		鬧鐘	〃	〃	1	3元	3元	〃
		大木櫃	〃	〃	1	3元	3元	〃
		大櫈子	〃	〃	4	4元	4元	〃
		鋼精鍋	〃	〃	2	4元	4元	〃
		小鉄床	二三年	〃	1	3元	3元	〃
		蚊帳	〃	〃	2	7元	7元	〃
		枕頭	〃	〃	2	6元	6元	〃
		羊皮袍	二四年	〃	1	30元	31元	〃
		大腳爐	〃	〃	1	3元	3元	〃
		大小盆	〃	〃	2	5元	5元	〃
							共計122元	

直轄機關學校團体或事業
名稱　江蘇省立上海中學　印信
姓名　沈亦珍　所任職務　書記

受損失者　鄭廣鈞
填報者　鄭廣鈞
服務處所與與受損失者之關係　本人
通信地址　本校

财産損失報告单（二）

江蘇省立上海中學

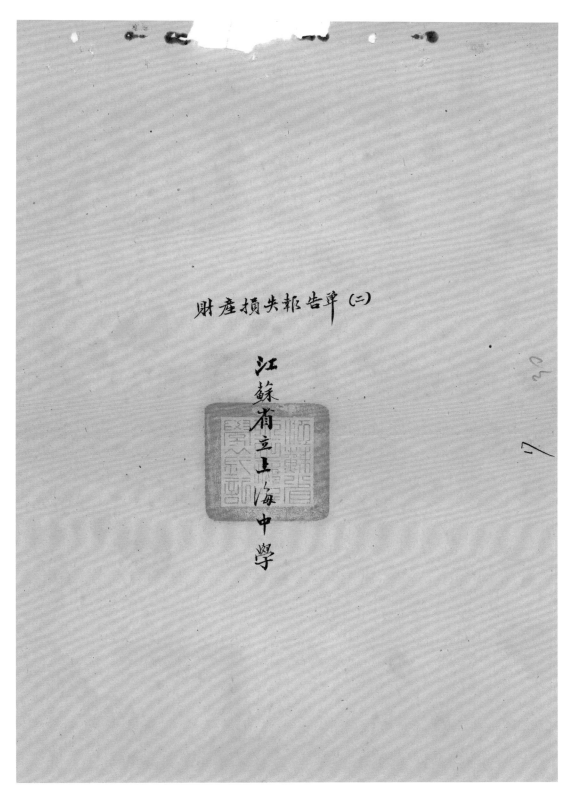

①

財產損失報告單

填送日期　　年　　月　　日

損失年月日	事件地点	損失項目	購置年月	單位	數量	價值（國幣元）購置時價值	價值（國幣元）損失時價值	證件
民國廿六年十一月	上海沂汶路吳家巷	鋼捲尺	民国十八年		6	$9.00	$9.00	
		米尺架		个	5	$21.25	$21.25	
		測徑游標尺			5	$2.00	$2.00	
		螺旋測微器			5	$50.00	$50.00	
		物理天平		架	5	（甲种）$140.00	（甲种）$140.00	
		彈簧秤	民國十七年	个	10	（权重2000克）$12.00	（权重2000克）$12.00	
		朱利氏秤 Jolly's Balance			1	$10.00	$10.00	
		墜体速率試驗器		架	1	（甲种）$42.50	（甲种）$42.50	
		真空真墜管	民國十八年	个	1	$4.25	$4.25	
		平形四边合力器		架	1	$7.50	$7.50	
		擺捶及架子		个	1	$6.00	$6.00	
		滑車		架	1	（甲种）$1.30	（甲种）$1.30	
		〃〃		〃	1	（丁种）$3.25	（丁种）$3.25	
		測臂器	民國十七年	〃	1	$.25	$.25	
		螺旋压榨器		〃	1	$1.00	$1.00	
		測摩擦力器		〃	1	$1.40	$1.40	
		滑動及滾動之摩擦	民國十九年	个	1	$2.50	$2.50	
		底压力試驗器	民國十七年	架	1	$7.00	$7.00	
		上压力試[illegible]		〃	1	$1.00	$1.00	
	接下頁					$322.20	$322.20	

81

直轄機關學校團体或事業名稱省立上海中學印信

受損失者填報者省立上海中學

姓名沈亦珍

服務處所與所任職務

與受損失者之關係

通信蓋章地址

財產損失報告單

填送日期　　年　　月　　日

損失年月日	事件地点	損失項目	購置年月	單位	數量	價值（國幣元）購置時價值	價值（國幣元）損失時價值	證件
民國二十六年十一月	承上頁					~~8,322.20~~ ~~17.65~~	8,322.20	
	上海沪閔路吴家巷	波梅氏輕表	民國十七年	个	5	$.65	$.65	
		波梅氏重表		〃	5	~~19.00~~ .65	.65	
		離心力水車透明雛形		架	1	19.00	19.00	
		水錘		个	1	1.00	1.00	
		玻璃水盆		〃	5	（徑15cm）11.25	（徑15cm）11.25	
		真空與空氣壓管	民國十八年	〃	5	3.00	3.00	
		同上用水銀		〃	100CC	2.00	2.00	
		驗氣体压力机		〃	1	1.25	1.25	
		水銀氣压計	民國十七年	〃	1	（附空盒表及標板）25.00	（附空盒表及標板）25.00	
		自記氣压表		〃	1	25.00	25.00	
		波以定律管		〃	5	3.00	3.00	
		同上用支架		〃	2	10.00	10.00	
		海倫氏噴水器	民國二十年	架	1	12.50	12.50	
		測氣重瓶		个	1	12.50	12.50	
		抽氣機		架	1	80.00	80.00	
		真空計		架	1	20.00	20.00	
		螺旋推進器雛形	民國十九年	〃	1	5.00	5.00	
		飛机模形		〃	1	5.00	5.00	
	接下頁					8,559.00	8,559.00	

直轄機關學校團体或事業
名稱 省立上海中學 印信
姓名 沈亦珍

受損失者
填報者 省立上海中學
服務處所與所任職務

與受損失者之關係

通信地址

33

34

17

財產損失報告單

填送日期　　年　　月　　日

損失年月日	事件地点	損失項目	購置年月	單位	數量	價值（國幣元）購置時價值	價值（國幣元）損失時價值	證件
民国二十六年十一月	上海沪閔路吳家巷	承上頁				8,559.00	8,559.00	
	~~固本吸氣器~~	固本吸氣器	民国十九年	架	1	$1.25	$1.25	
		縱波器		〃	1	4.00	4.00	
		橫波器		〃	1	2.75	2.75	
		示波器		〃	1	13.00	13.00	
		全同丝螺旋		个	1	2.50	2.50	
		真空鈴	民国十七年	〃	1	2.25	2.25	
		真空閘鐘		架	1	2.75	2.75	
		孔板測音器		〃	1	1.25	1.25	
		曲線示音器		〃	1	（杜氏）20.00	20.00	
		共鳴音義		〃	1	7.50	7.50	
		二弦準弦器		〃	1	2.25	2.25	
		琴鈎		〃	1	1.25	1.25	
		板振動試驗器		架	1	2.25	2.25	
		喉模型		个	1	17.00	17.00	
		耳模型		〃	1	12.00	12.00	
		留声机		架	1	（附加子20張）36.00	36.00	
		文音器		个	1	3.50	3.50	
		多培定理儀器	民国二十年	架	1	15.00	15.00	
	接下頁					8,706.00	8,706.00	

直轄機關學校團体或事業
名稱 省立上海中學 印信

姓名 沈亦珍

受損失者
填報者 省立上海中學
服務處所與
所任職務

與受損失者
之關係

通信處
地址

財產損失報告單

填送日期　　年　　月　　日

損失年月日	事件地點	損失項目	購置年月	單位	數量	價值（國幣元）購置時價值	價值（國幣元）損失時價值	證件
民國二十六年十一月	承上頁					8706.00	8706.00	
	上海滬閔路吴家巷	旋轉反射鏡	民國二十年	个	1	$20.00	$20.00	
		盤桌石灰灯		架	1	5.00	5.00	
		電石氣灯		〃		3.50	3.50	
		電磁[illegible]		〃	1	15.00	15.00	
		[illegible]光度表	民國十八年	个	1	3.50	3.50	
		光學盤	民國二十二年	个	1	35.00	35.00	
		角度鏡		〃	1	2.00	2.00	
		抛物線鏡		架	1	4.00	4.00	
		減光測[illegible]鏡	民國十九年	个架	1	$35.00	35.00	
		空立體鏡		〃	1	25.00	25.00	
		分光器		架	1	75.00	75.00	
		[illegible]盤		个	1	1.40	1.40	
		攝影機		架	1	25.00	25.00	
		射影器	民國二十年	个	1	28.00	28.00	
		照片		个	34	17.50	17.50	
		電影機	民國十七年	架	2	204.00	204.00	
		光波干涉試驗器		〃	1	5.00	5.00	
		液体曲折率試驗器		架	1	1.00	1.00	
	接下頁					8121.90	8121.90	

直轄機關學校團体或事業名稱 省立上海中學 印信

姓名 沈亦珍

受損失者
填報者 省立上海中學
服務處所與所任職務

與受損失者之關係

通信地址

財產損失報告單

填送日期　　年　　月　　日

損失年月日	事件地點	損失項目	購置年月	單位	數量	價值（國幣元）購置時價值	價值（國幣元）損失時價值	證件
民國二十六年十一月	承上頁					$1210.90	$1210.90	
	上海滬閔路吳家巷	電氣石鉗	民國十七年	个	1	$20.00	20.00	
		偏光試驗器		架	1	15.00	15.00	
		水晶板		〃	1	2.50	2.50	
		石英透鏡		〃	1	5.00	5.00	
		双凹面透鏡		〃	1	15.00	15.00	
		[illegible]		〃	1	7.50	7.50	
		黃銅熱脹率試驗器		〃	1	5.50	5.50	
		空氣熱脹率試驗器		〃	1	4.00	4.00	
		寒暑表	民國二十三年	个	1	10.00	10.00	
		量熱器	民國二十年	〃	1	7.50	7.50	
		結冰球		〃	1	.75	.75	
		寒劑造冰器		架	1	15.00	15.00	
		蒸氣密度試驗器	民國二十二年	〃	1	5.00	5.00	
		沸點上昇試驗器		〃	1	14.00	14.00	
		熱之工作當量器		〃	1	15.00	15.00	
		溫度計	民國二十年	〃	1	（但氏）18.00	18.00	
		毛髮濕度計		〃	1	10.00	10.00	
		乾濕球濕度計	民國二十二年	个	1	3.50	3.50	
	接下頁					$1384.15	$1384.15	

直轄機關學校團体或事業名稱　省立上海中學　印信

受損失者　填報者　省立上海中學

姓名　沈亦珍　服務處所與所任職務

與受損失者之關係　通信地址

財產損失報告單

填送日期　　年　　月　　日

損失年月日	事件地點	損失項目	購置年月	單位	數量	價值（國幣元）購置時價值	價值（國幣元）損失時價值	證件
民國二十六年十一月	承上頁					81,384.55	81,384.55	
	上海滬閔路吳家巷	凹凸凹鏡	民國二十七年	个	1	8.00	8.00	
		吸收射出試驗器		架	1	6.00	6.00	
		双輪射出輪		〃	1	15.00	15.00	
		蒸汽機剖面模型	民國十八年	〃	1	(甲种) 9.00	9.00	
		摩電機		〃	1	24.00	24.00	
		電鈴		个	1	4.00	4.00	
		鋅銅電堆		〃	1	2.00	2.00	
		硝酸電池		〃	2	5.00	5.00	
		紅礬電池槽		〃	1	12.50	12.50	
		照燈電池		〃	1	1.35	1.35	
		重力電池		〃	1	4.00	4.00	
		蓄電池A	民國二十四年	〃	5	25.00	25.00	
		蓄電池B		〃	1	10.00	10.00	
		直立電流計		〃	1	7.50	7.50	
		正切電流計	民國二十一年	〃	1	17.50	17.50	
		阿氏電流計		〃	2	28.00	28.00	
		電壓計		〃	1	12.00	12.00	
		電流計		〃	1	12.00	12.00	
	接下頁					81,587.00	81,587.00	

直轄機關學校團体或事業
名稱省立上海中學印信　　受損失者
填報者省立上海中學
姓名沈亦珍　　服務處所與所任職務　　與受損失者之關係　　通信地址　　蓋章

財產損失報告單

填送日期　　年　　月　　日

損失年月日	事件地点	損失項目	購置年月	單位	數量	價值（國幣元）購置時價值	價值（國幣元）損失時價值	證件
民国廿六年十一月	承上頁					$1,587.00	$1,587.00	
	上海[illegible]	直流電压並測计	民国二十一年	个	1	$2.70	2.70	
		韋氏電橋		架	1	12.00	12.00	
		抵抗箱	民国二十年	〃	1	12.00	12.00	
		变阻器		〃	1	18.00	18.00	
		变压器		〃	1	20.00	20.00	
		弧灯模型		〃	1	（甲种）6.00	6.00	
		白热電灯模型		〃	1	1.25	1.25	
		热電试验器		〃	1	2.75	2.75	
		热之電當量		〃	1	3.50	3.50	
		热電柱		〃	1	2.50	3.50	
		热電堆		〃	1	20.00	20.00	
		磁针测验電流器	民国十八年	〃	1	2.70	2.70	
		電报發声器		〃	1	5.00	5.00	
		電报继電器		〃	1	2.50	2.50	
		電話機		〃	1	（[illegible]）45.00	45.00	
		電话[illegible]器	民国十七年	〃	1	4.50	4.50	
		無線電报机模型		〃	1	27.50	27.50	
		電流换向器		〃	1	7.50	7.50	
	接下頁					$1,783.90	$1,783.90	

直轄機關學校團体或事業　　受損失者　省立上海中學

名稱省立上海中學印信　　填報者

服務處所與　　與受損失者　　通信地址

姓名[illegible]　　所任職務　　之關係

財產損失報告單

填送日期　　年　　月　　日

損失年月日	事件地點	損失項目	購置年月	單位	數量	價值（國幣元）購置時價值	價值（國幣元）損失時價值	證件
民國二十六年十一月	承上頁					81783.90	81783.90	
	上海閘北吳家巷	電流旋轉器	民國十七年	架	1	84.50	86.50	
		導体在磁場内的運動		〃	1	4.50	4.50	
		感應圈		个	1	200.00	200.00	
		旋轉磁場試驗器		架	1	5.00	5.00	
		電中離型	民國二十年	〃	1	10.00	10.00	
		無線電收音机		〃	1	48.00	48.00	
		精密化學天平		〃	8	480.00	480.00	
		受皿天平	民國十九年	〃	25	500.00	500.00	
		砝碼		〃	2	（砝碼20克）6.00	6.00	
		比重天平		〃	1	6.00	6.00	
		比重瓶		个	25	~~3.20~~ 30.00	~~3.20~~ 30.00	
		比重計表		〃	25	3.27	3.27	
		〃〃		〃	25	3.27	3.27	
		溫度表C150°	民國十七年	〃	2	2.72	2.72	
		〃〃C100°		〃	25	30.00	30.00	
		〃〃C50°		〃	2	2.40	2.40	
		量管25CC		个	25	93.75	93.75	
		〃〃		〃	25	（吳活塞）140.62	140.62	
	接下頁					83355.93	83355.93	

直轄機關學校團体或事業　　受損失者 省立上海中學
名稱 省立上海中學 印信　　填報者 省立上海中學
服務處所與　　與受損失者　　通信蓋章
姓名 沈亦玲　　所任職務　　之關係　　地址

財產損失報告單

填送日期　　年　　月　　日

損失年月日	事件地點	損失項目	購置年月	單位	數量	價值（國幣元）購置時價值	價值（國幣元）損失時價值	證件
民國二十六年十一月	承上頁					83,355.93	83,355.93	
	上海[illegible]路吳家巷	滴管5CC	民國十七年	个	25	18.75	18.75	
		〃〃10CC		〃	25	20.37	20.37	
		量筒10CC		〃	25	37.50	37.50	
		〃〃50CC		〃	25	50.00	50.00	
		〃〃100CC		〃	25	62.50	62.50	
		〃〃200CC		〃	5	28.12	28.12	
		量杯1000CC		〃	2	10.00	10.00	
		乳鉢		〃	25	18.00	18.00	
		〃〃		〃	1	8.00	8.00	
		〃〃		〃	1	1.50	1.50	
		玻乳鉢	民國十八年	〃	25	31.25	31.25	
		〃〃		〃	2	5.00	5.00	
		〃〃		〃	2	7.50	7.50	
		三垂架		〃	2	12.00	12.00	
		榨汁器		架	1	5.00	5.00	
		鑷子		个	25	7.50	7.50	
		鍋挟		〃	25	25.25	25.25	
		簧鉄		〃	25	4.50	4.50	
	接下頁					83,708.69	83,708.69	

直轄機關學校團体或事業名稱　省立上海中學　印信

受損失者　填報者　省立上海中學

姓名　沈亦珍　服務處所與所任職務

與受損失者之關係

通信地址　蓋章

財產損失報告單

填送日期　　年　　月　　日

損失年月日	事件地點	損失項目	購置年月	單位	數量	價值（國幣元）購置時價值	價值（國幣元）損失時價值	證件
民國廿六年十一月	承上頁					83708.67	83708.67	
	上海沪南路吴家弄	炭铁	民國十八年	个	1	80.40	80.40	
		白金丝铁		〃	50	20.00	20.00	
		滴管台		架	1	3.00	3.00	
		量管夹台		〃	25	112.50	112.50	
		三脚架		〃	30	9.00	9.00	
		铁丝三角		架	30	3.00	3.00	
		试管架		〃	30	48.00	48.00	
		漏斗架		〃	25	25.00	25.00	
		〃〃		〃	2	3.00	3.00	
		曲颈瓶架		〃	25	120.00	120.00	
		曲管台		个	25	25.00	25.00	
		试验管夹		〃	30	3.00	3.00	
		铁燃烧匙		〃	25	62.50	62.50	
		硬质玻璃燃烧匙		〃	25	100.00	100.00	
		燃烧炉		〃	24	36.00	36.00	
		黄炉	民國十七年	〃	1	0.60	0.60	
		磁坩锅		个	30	6.00	6.00	
		铅坩锅		〃	25	12.50	12.50	
	接下頁					84297.87	84297.87	

直轄機關學校團体或事業　受損失者
名稱 省立上海中學 印信　填報者 省立上海中學
服務處所與　與受損失者之關係　通信地址　蓋章
姓名 沈甫玲　所任職務

財產損失報告單

填送日期　　年　　月　　日

損失年月日	事件地点	損失項目	購置年月	單位	數量	價值（國幣元）購置時價值	價值（國幣元）損失時價值	證件
民国二十六年十一月	承上頁					8,4297.83	8,4297.83	
	上海泸南路兵家巷	鉄坩鍋	民国十七年	个	5	81.50	81.50	
		鉄砂皿		〃	30	6.00	6.00	
		重湯鍋		〃	25	50.00	50.00	
		鉄絲網		〃	50	5.00	5.00	
		銅絲網		〃	10	2.00	2.00	
		酒精灯		架	30	37.50	37.50	
		酒精噴灯		〃	30	180.00	180.00	
		手鞴	民国十九年	个	25	125.00	125.00	
		氣氣吹管		〃	25	45.00	45.00	
		（平底250CC）燒瓶		〃	100	100.00	100.00	
		（圓底250CC）燒瓶		〃	100	100.00	100.00	
		（平底500CC）燒瓶		〃	50	68.75	68.75	
		（圓底500CC）燒瓶		〃	50	68.75	68.75	
		（平底5000CC）燒瓶		〃	2	30.00	30.00	
		（250CC）係氏燒瓶		〃	50	50.00	50.00	
		（6枚組）燒杯		〃	50組	281.25	281.25	
		（高30Cm）玻筒		〃	25	50.00	50.00	
		（徑6cm）漏斗（玻）	民国二十二年	〃	30	15.00	15.00	
	接下頁	~~（徑12Cm）漏斗（玻）~~		〃		8,5513.62	8,5513.62	

直轄機關學校團体或事業名稱　省立上海中學　印信

姓名　沈亦玲

受損失者
填報者　省立上海中學
服務處所與所任職務

與受損失者之關係

通信地址

財產損失報告單

填送日期　　年　　月　　日

損失年月日	事件地點	損失項目	購置年月	單位	數量	價值（國幣元）購置時價值	價值（國幣元）損失時價值	證件
民國二十六年十一月	承上頁					8,5513.62	8,5513.62	
	上海滬閔路吴家巷	（徑12cm）漏斗（玻）	民二十二年	个	30⁰	845.00	845.00	
		（徑15cm）漏斗（玻）		〃	5	10.00	10.00	
		（筋紋）漏斗（玻）		〃	1	2.00	2.00	
		分液漏斗		〃	25	125.00	125.00	
		（50cc）滴液漏斗		〃	25	93.75	93.75	
		濾紙（元）		〃		2.50	2.50	
		濾紙貯藏器	民國二十四年	架	2	4.00	4.00	
		兩口分液器		〃	1	6.75	6.75	
		洗瓶		个	25	78.12	78.12	
		過濾燒瓶		〃	25	62.50	62.50	
		（徑6cm）蒸發皿		〃	30	4.50	4.50	
		（徑9cm）蒸發皿		〃	30	7.50	7.50	
		（徑12cm）蒸發皿		〃	5	2.50	2.50	
		（徑19cm）蒸發皿		〃	1	1.00	1.00	
		（徑11cm）蒸發皿		〃	〃	0.66	0.66	
		（徑9cm）錶面皿		〃	50	28.10	28.10	
		結晶皿		〃	25	43.75	43.75	
		空氣乾燥箱	民國二十四年	个	1	20.00	20.00	
	接下頁					86051.25	86051.25	

直轄機關學校團体或事業　名稱省立上海中學印信

受損失者　填報者省立上海中學

姓名沈亦珍　服務處所與所任職務

與受損失者之關係

通信地址　蓋章

財產損失報告單

填送日期　　年　　月　　日

損失年月日	事件地点	損失項目	購置年月	單位	數量	價值（國幣元）購置時價值	價值（國幣元）損失時價值	證件
民國二十六年十二月	承上頁					86051.25	86051.25	
	上海海防路吳家巷	硫酸乾燥器	民國二十三年	架	25	281.25	281.25	
		蒸溜器		〃	1	35.00	35.00	
		（250CC）分溜燒瓶		个	25	62.50	62.50	
		（250CC）曲頸甑	民國二十年	〃	30	112.50	112.50	
		冷凝管		〃	25	140.50	140.50	
		[illegible]硫酸[illegible]蒸餾器	民國十八年	架	1	4.00	4.00	
		氣体發生器		〃	2	3.50	3.50	
		氣体洗滌瓶		个	50	140.62	140.62	
		還原管		〃	25	5.00	5.00	
		安全漏斗		〃	50	19.00	19.00	
		長頸漏斗		〃	50	19.00	19.00	
		活塞玻管	民國二十二年	〃	25	50.00	50.00	
		氣体乾燥瓶		〃	25	62.50	62.50	
		氯化鈣乾燥管		〃	30	6.00	6.00	
		球形乾燥管		〃	30	4.50	4.50	
		苛性鉀球		〃	1	1.50	1.50	
		[illegible]測定管	民國十八年	〃	1	2.50	2.50	
		圓玻水槽		〃	25	156.25	156.25	
	接下頁					87157.37	87157.37	

直轄機關學校團体或事業 名稱 省立上海中學 印信

受損失者 填報者 省立上海中學

姓名 沈亦珍　服務處所與所任職務

與受損失者之關係

通信地址

蓋章

財產損失報告單

填送日期　　年　　月　　日

損失年月日	事件地點	損失項目	購置年月	單位	數量	價值（國幣元）購置時價值	價值（國幣元）損失時價值	證件
民國二十六年十一月	承上頁					87157.37	87157.37	
	上海市南市吳家巷	蓄氣瓶架	民國十八年	架	25	7.50	7.50	
		(500CC)蓄氣瓶		个	100	87.50	87.50	
		毛玻片	民國十七年	〃	100	15.00	15.00	
		(有孔)毛玻片		〃	25	7.50	7.50	
		集氣筒		〃	25	6.25	6.25	
		(銅製)貯氣箱		架	2	10.00	10.00	
		氧氣發生器	民國二十二年	个	25	75.00	75.00	
		玻鐘罩		〃	25	31.25	31.25	
		燃燒匙		〃	100	10.00	10.00	
		銅燒杓	民國十七年	〃	25	2.50	2.50	
		測氣管	民國二十年	〃	25	100.00	100.00	
		鹽酸分析器		架	12	240.00	240.00	
		硼砂分析器		〃	12	120.00	120.00	
		電流分水器		〃	25	112.50	112.50	
		比色管		〃	50	75.00	75.00	
		試驗管	民國十七年	个	500	30.00	30.00	
		試驗板		〃	24	14.40	14.40	
		吹管		〃	24	12.00	12.00	
	接下頁					88113.77	88113.77	

直轄機關學校團体或事業　　受損失者
名稱 省立上海中學 印信　　填報者 省立上海中學
姓名 沈亦珍　　服務處所與所任職務　　與受損失者之關係　　通信蓋章 地址

財產損失報告單

填送日期　　年　　月　　日

損失年月日	事件地点	損失項目	購置年月	單位	數量	價值（國幣元）購置時價值	價值（國幣元）損失時價值	證件
民國二十六年十一月	承上頁					88,113.37	88,113.37	
	上海戶閩路吳家巷	白金皿	民國十七年	个	24	$12.00	12.00	
		(60-5000CC)廣口瓶		〃	200	160.00	160.00	
		(60-5000CC)細口瓶		〃	200	160.00	160.00	
		(2500CC)細口瓶	民國十八年	〃	5	(下具活塞)75.00	75.00	
		玻管		〃	25磅	11.25	11.25	
		橡皮管		〃	5丈	19.00	19.00	
		(No1-17)膠皮塞		〃	500	24.00	24.00	
		(No1-17)軟木塞		〃	500	10.00	10.00	
		玻匙		〃	25	10.00	10.00	
		角匙		〃	50	30.00	30.00	
		鑷子		〃	25	7.50	7.50	
		玻棒		〃	15磅	6.75	6.75	
		瓶刷	民國廿年	〃	30	4.50	4.50	
		試管刷		〃	50	6.00	6.00	
		玻管刷		〃	30	3.60	3.60	
		(三支)木塞穿孔器		組	25組	25.00	25.00	
		(八支)木塞穿孔器		〃	2組	8.00	8.00	
		(有捎輪)木塞穿孔器		〃	1	7.50	7.50	
	接下頁					88,693.87	88,693.87	

直轄機關學校團体或事業
名稱省立上海中學印信
姓名沈亦珍

受損失者
填報者省立上海中學
服務處所與所任職務

與受損失者之關係

通信蓋章地址

財產損失報告單

填送日期　　年　　月　　日

損失年月日	事件地點	損失項目	購置年月	單位	數量	價值（國幣元）購置時價值	價值（國幣元）損失時價值	證件
民國二十六年十一月	承上頁					88,693.83	88,693.83	
	上海[illegible]吳家巷	木塞压榨器	民國十七年	架	25	$22.00	$22.00	
		木塞拔		个	5	.50	.50	
		三角錯		〃	25	10.00	10.00	
		平錯		〃	25	10.00	10.00	
		圓錯		〃	25	15.00	15.00	
		金工鉗		〃	2	2.00	2.00	
		生長計		〃	1	6.00	6.00	
		生物顯微鏡	民國廿九年	架	26	5200.00	5200.00	
		礦物顯微鏡		〃	1	400.00	400.00	
		解剖顯微鏡		〃	28	2800.00	2800.00	
		根压作用試驗器	民國十七年	〃	1	4.00	4.00	
		水液培養缸		个	5	4.25	4.25	
		滲透作用試驗器		架	1	2.00	2.00	
		玻鐘罩		个	5	62.50	62.50	
		同化作用試驗器		架	1	1.75	1.75	
		光合作用試驗器		〃	2	4.00	4.00	
		呼吸作用試驗器		〃	2	2.00	2.00	
		蒸發作用試驗器		〃	2	10.00	10.00	
	接下頁					81,7249.83	81,7249.83	

直轄機關學校團体或事業　受損失者
名稱省立上海中學印信　填報者省立上海中學
姓名沈亦珍　服務處所與所任職務　與受損失者之關係　通信蓋章地址

(20)

財產損失報告單

填送日期　　年　　月　　日

損失年月日	事件地点	損失項目	購置年月	單位	數量	價值(國幣元) 購置時價值	損失時價值	證件
民国二十六年十一月	承上頁					818,733.41	818,733.41	
	上海中学实验室	(500CC)量杯	民国廿七年	个	1	3.75	3.75	
		(1000CC)量杯		〃	1	5.00	5.00	
		三脚架		架	2	0.60	0.60	
		(6枚組)燒杯		〃	2	11.65	11.65	
		注射器	民国十八年	架	5	7.50	7.50	
		展支加标箱		〃	5	25.00	25.00	
總計						818,786.91	818,786.91	

直轄機關學校團体或事業名稱 省立上海中學 印信

受損失者 填報者 省立上海中學

服務處所與所任職務

姓名 [illegible]

與受損失者之關係

通信地址

蓋章

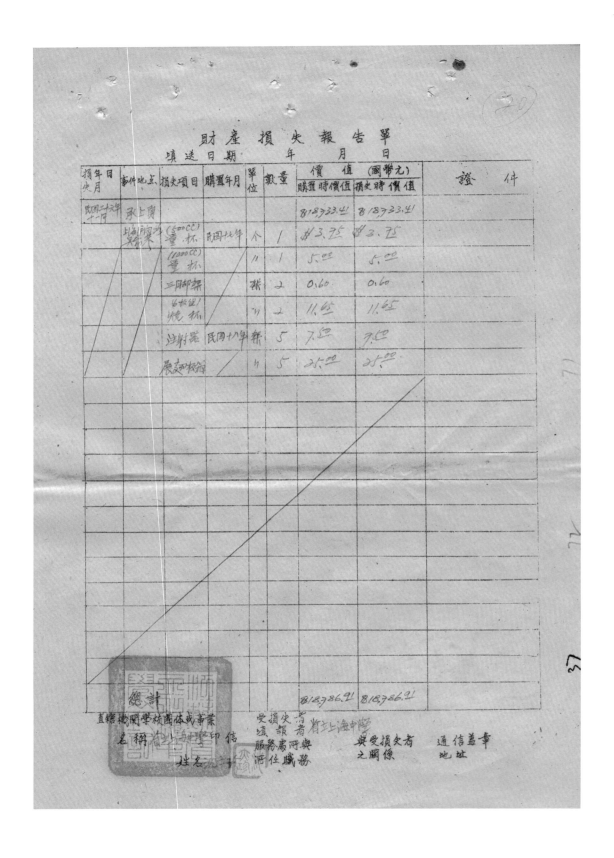

江苏省教育厅致省政府的呈（一九四八年五月十四日）

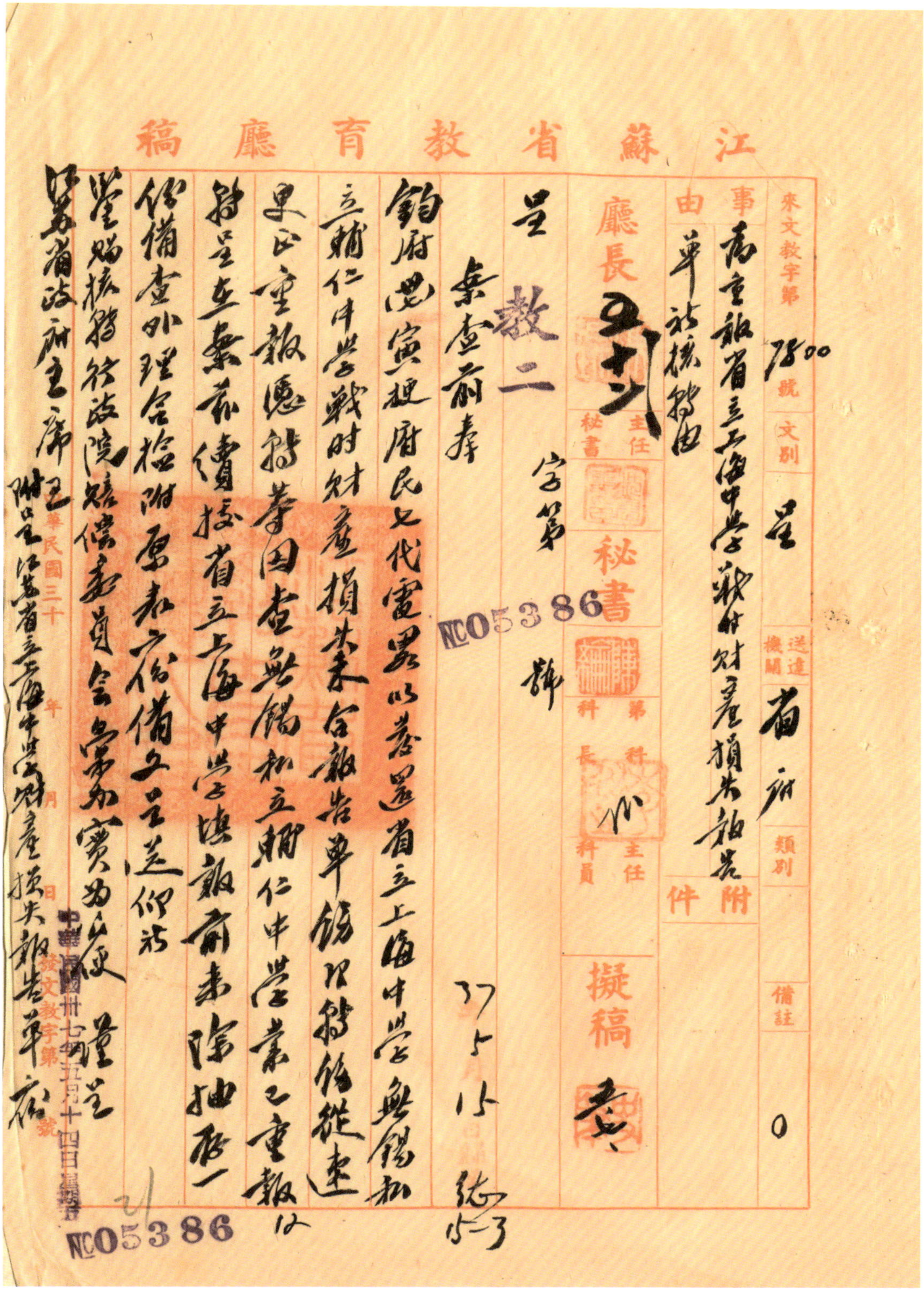

江蘇省教育廳稿

來文教字第7800號　文別：呈　送達機關：省府　類別　備註：○

事由：為呈報省立上海中學戰時財產損失報告祈核轉由

附件

廳長　主任秘書　秘書　科長　主任科員　擬稿

呈　教二字第　號

案查前奉
鈞府寅梗府民七代電略以"卷查省立上海中學無錫私立輔仁中學戰時財產損失未合報告單飭即轉飭從速更正重報憑轉"等因，查無錫私立輔仁中學業已重報以轉呈在案，續據省立上海中學填報前來，除抽存一份備查外，理合檢附原表備文呈送，仰祈
鑒賜核轉行政院賠償委員會爲實爲公便。謹呈
江蘇省政府主席王
附呈江蘇省立上海中學財產損失報告單
中華民國三十　年　月　日

中華民國卅七年五月十四日　發文教字第　號

NO05386

江苏省政府致省教育厅的代电（一九四八年五月二十一日）

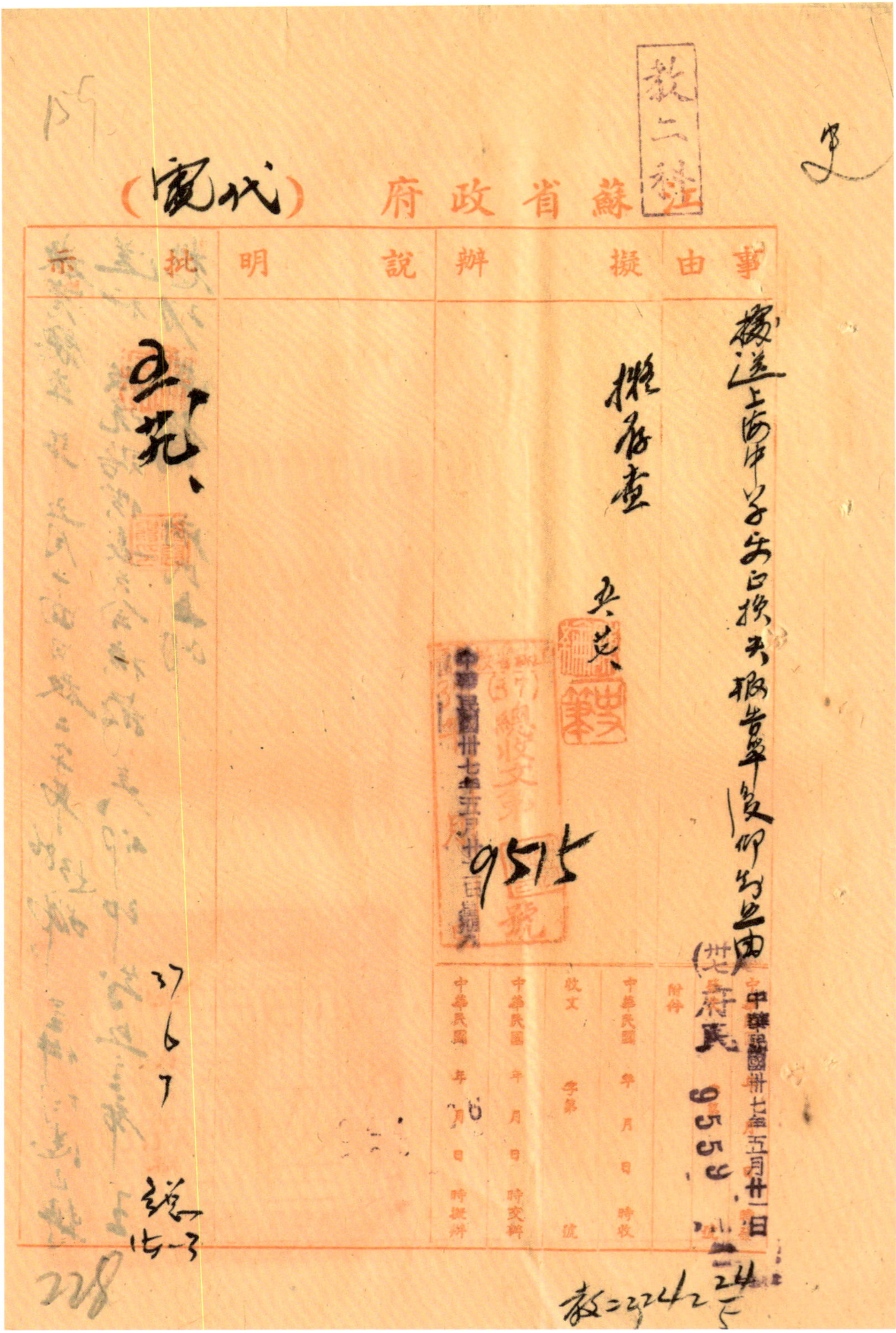

江蘇省政府（代電）

事由

擬辦

說明

批示

中華民國卅七年五月廿一日

9559

9515

教育廳本年五月十四日教二字第386號呈件均悉已轉
送行政院賠償委員會核辦矣仰即知照　主席　王
懋功甦簽　府民上印

22

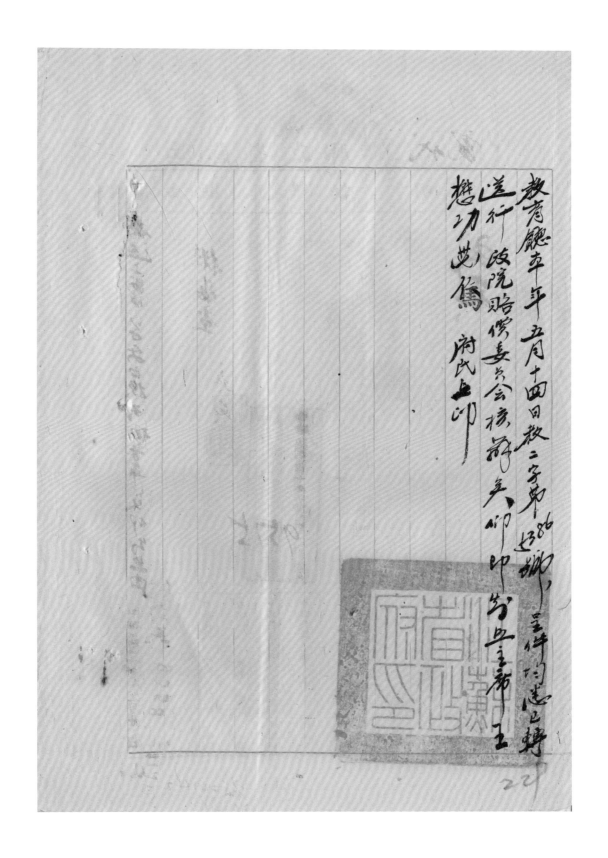

上海县立初级中学关于更正损失报告单致江苏省教育厅的呈（一九四八年三月九日）

教二科

史

事由	擬辦	批示
為奉令更正損失報告單茲將更正者一式三份賫送請求核轉由		

附件：如文

文別：呈

上中字第二十一號

中華民國三十七年三月九日

上海縣立初級中學

案奉

鈞廳訓令教二字第二五一五號略開：「層奉行政院賠償委員會以前呈損失報告單不合，亟待更正，並將前呈損失報告單發還更正

4264 號

181

教二1284号

等因奉此謹將屬校所需更正部份詳細調查繕單更正合將損失報告單一式三紙呈送請求核轉實為

公便

謹呈

江蘇教育廳廳長陳

上海縣立初級中學校長薛惠康

附呈損失報告單一式三紙

260

附：财产损失报告单（一九四七年四月二十二日）

財產損失報告單

填報日期 三十六年 四 月 二十二 日

損失年月日	事件地點	損失項目	購置年月	單位	數量	價值(國幣元) 購置時價值	價值(國幣元) 損失時價值	證件
廿七年六月	敵偽駐軍	課桌	十六年	副	300副	每副10元 3000元	每副10元 3000元	
〃	〃 〃	樓欄板	十六年	呎	1244方呎	每呎0.12元 149.28元	每呎0.12元 149.28元	
〃	〃 〃	樓欄門	十六年	根	144根	每根2.1元 302.4元	每根2.1元 302.4元	
〃	〃 〃	床榻	十六年	副	150副	每副13.3元 1995元	每副13.3元 1995元	
〃	〃 〃	辦公桌	十六年	只	15只	每只24元 360元	每只24元 360元	
〃	〃 〃	理化櫥	十六年	個	6個	每個30元 180元	每個30元 180元	
〃	〃 〃	圖書	十六年	本	1250本	平均每本0.55元 687.5元	平均每本0.55元 687.5元	

直轄機關團体或事業 名稱 上海縣立初級中學 印信

受損失者 填報者 姓名 薛惠康

服務處所與所任職務 校長

與受損失者之關係

通信地址 上海縣閔行鎮

蓋章

（十）南通教育系统人口伤亡及财产损失调查

江苏省立南通中学关于检送本校战时损失及被毁校具校舍清册及照片致省教育厅的呈（一九四七年一月十一日）

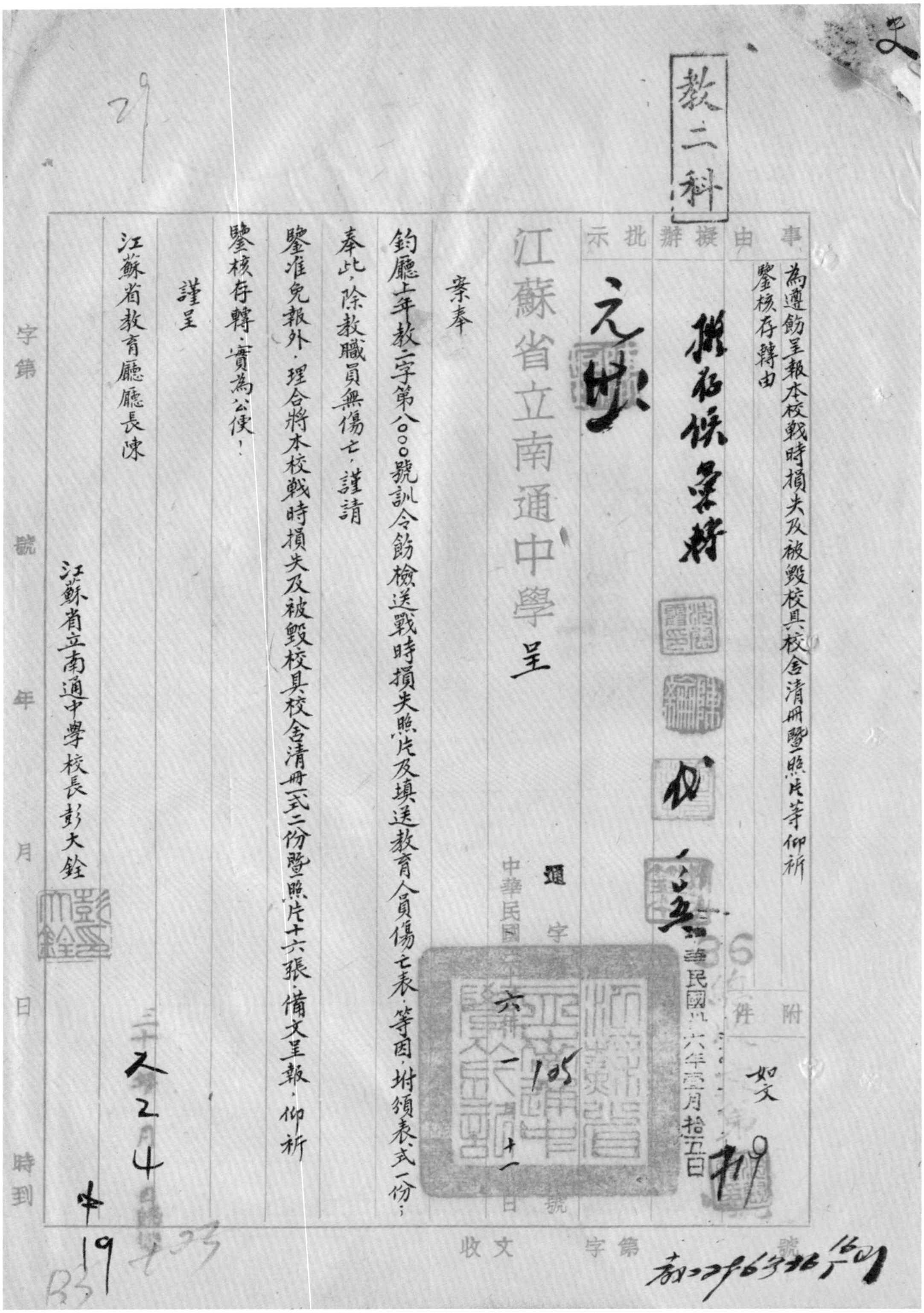

教二科

事由：為遵飭呈報本校戰時損失及被毁校具校舍清册暨照片等仰祈鑒核存轉由

擬辦：擬存候彙轉

批示：

江蘇省立南通中學呈

通字第　號

中華民國三十六年一月十一日

案奉

鈞廳上年教二字第八〇〇〇號訓令飭檢送戰時損失照片及填送教育人員傷亡表等因，附須表式一份；奉此，除教職員無傷亡，謹請

鑒准免報外，理合將本校戰時損失及被毁校具校舍清册(式)二份暨照片十六張，備文呈報，仰祈

鑒核存轉，實為公便！

謹呈

江蘇省教育廳廳長陳

江蘇省立南通中學校長彭大銓

附件：如文

中華民國卅六年壹月拾五日

收文　字第　號　年　月　日　時到

附：江苏省立南通中学战时损失及被毁校具清册及照片（一九四七年一月）

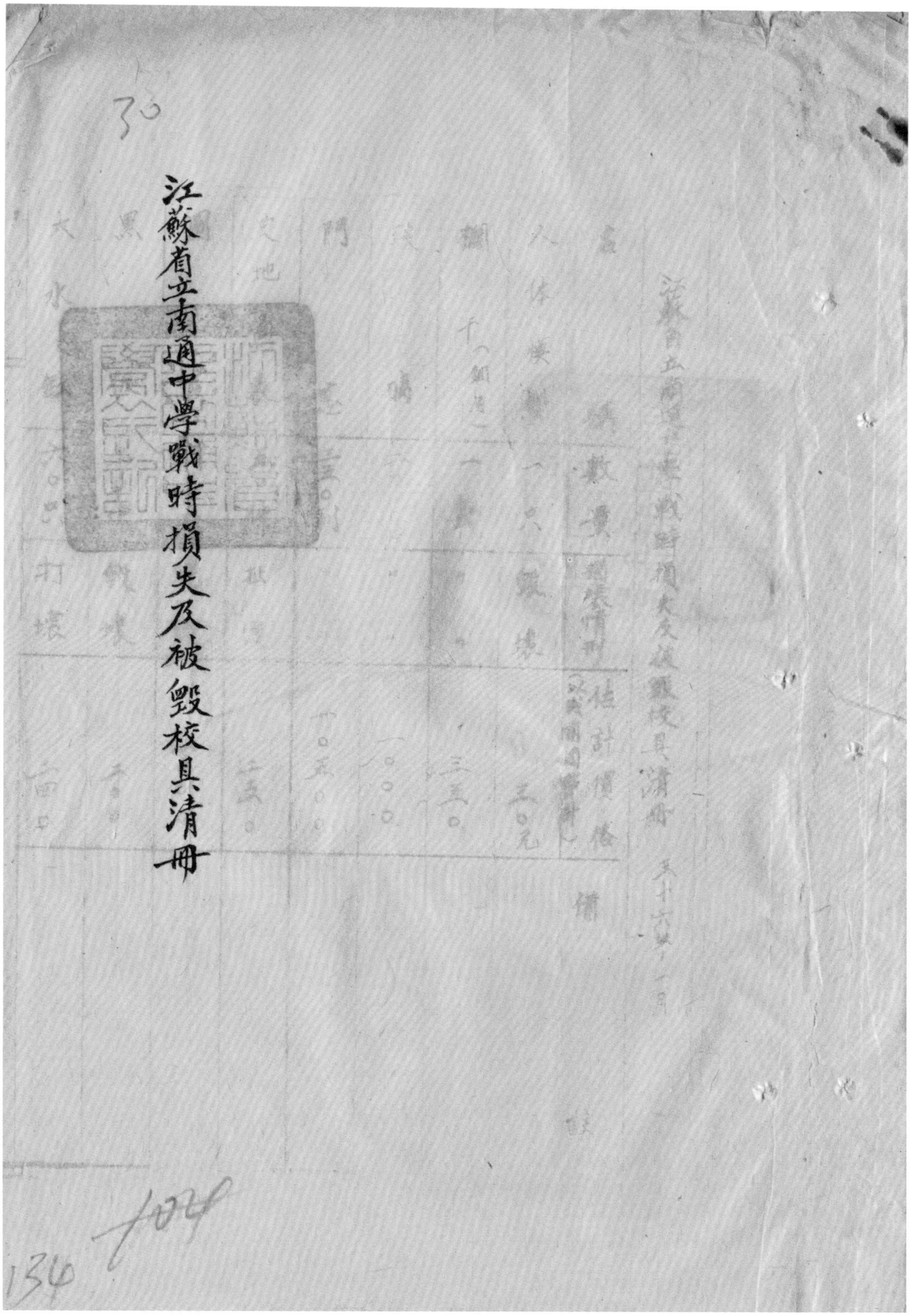
30

江蘇省立南通中學戰時損失及被毀校具清冊

134

江苏省立南通中学战时损失及被毁校具清册

三十六年一月

名称	数量	损坏情形	估计价格（以战前国币计）	备注
人体模型	一只	毁坏	三〇元	
栏干（铜质）	一套	〃	三五〇	
玻璃	二四〇片	〃	一〇〇〇	
门窗	三五〇副	〃	一〇五〇〇	
史地图表	五〇件	拆毁	二五〇	
图书	五〇〇册	烧毁	一〇〇〇	
黑板	二〇块	毁坏	二〇〇	
大水缸	六〇只	打坏	二四〇	

大洋鼓	一只	搶走	二〇元
洋鈸	四只	〃	四〇
小洋鼓	二只	〃	二〇
軍笛	二〇六五	毀壞	八〇
人力車	一輛	搶走	一五〇
自由車	二輛	〃	三〇
藤圈椅	一五張	毀壞	三〇
五灯收音机	一架	〃	四〇
步槍	五〇枝	搶走	二五〇〇
大鋼琴	一架	毀壞	一〇〇〇

136

大鋼風琴	一架	毁壞	六〇元
洋龍	全套	〃	三五〇
四人坐大办公桌	二張	〃	二五
普通办公桌	九張	〃	四五
紅木方桌	二張	搬走	一〇〇
紅木方形太士椅	八張	〃	三六〇
紅木茶几	四張	〃	五〇
半圓形精製紅木桌	一付	〃	一〇〇
普通床架連板	三八付	毁壞作燃料	二二八
單人課桌	二五〇套	〃	七五〇

[illegible]道中学

106

137

顯微鏡（750倍）	三架	搬走	四五〇元
螺旋形測微器	一只	毀壞	一五〇
抽氣机（甲）	一具	搬走	五〇
螺旋吸水器	一具	毀壞	六
比重計	一組	〃〃	六
幻灯	全套	〃〃	五七
照相器全套		〃〃	四六〇

138

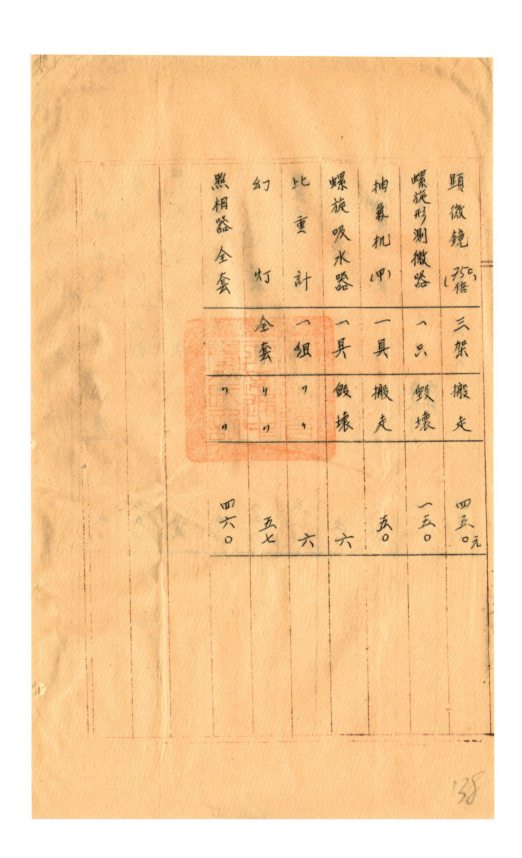

江蘇省立南通中學校舍全部係

被敵毀壞照片計十六幅

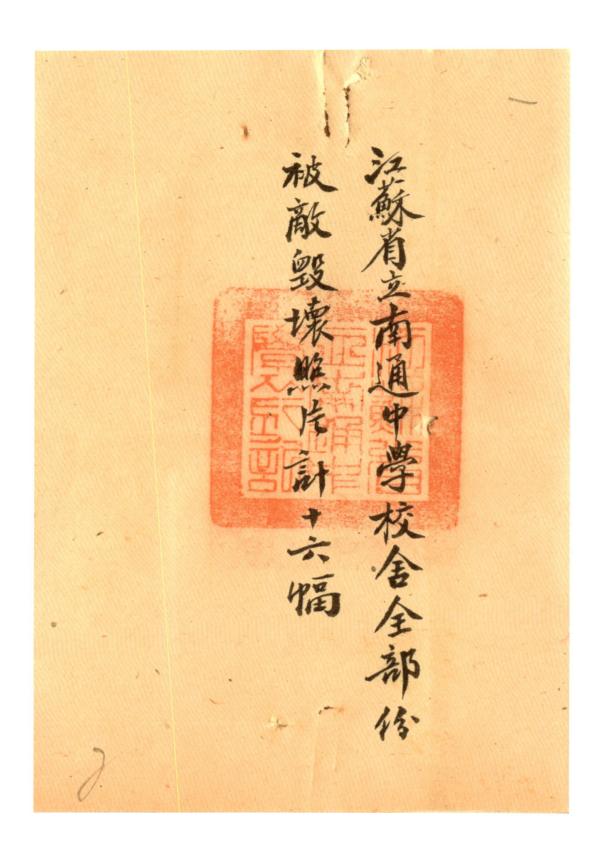

2

三层楼——

门窗，屋面，多被敌毁坏。

估計門窗損失（共90間每間依4窗一方计回2250屋面損失900元）合计3150）

1

3

三、铸造炭之——

屋面、门窗、楼梯、墙壁全部拆毁破坏。

估值540元

8

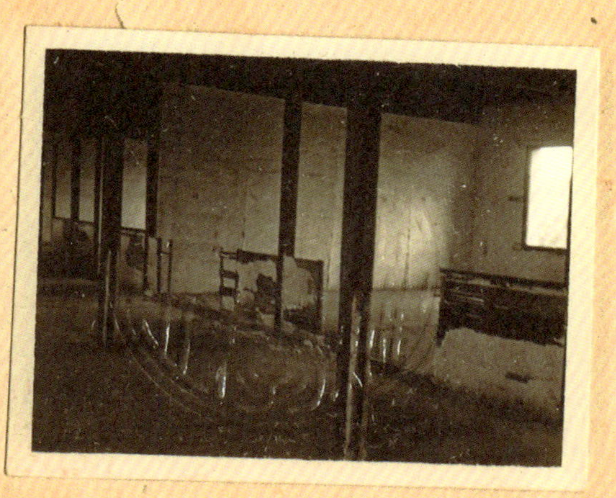

三層樓内部
門窗隔板被敵毀壞。
（90間隔板工料估值2700.）

③

5

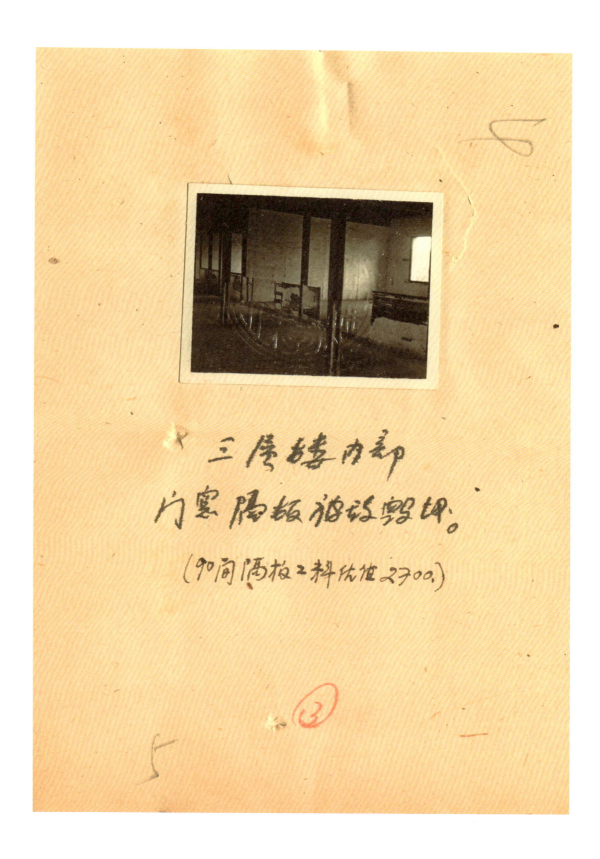

5

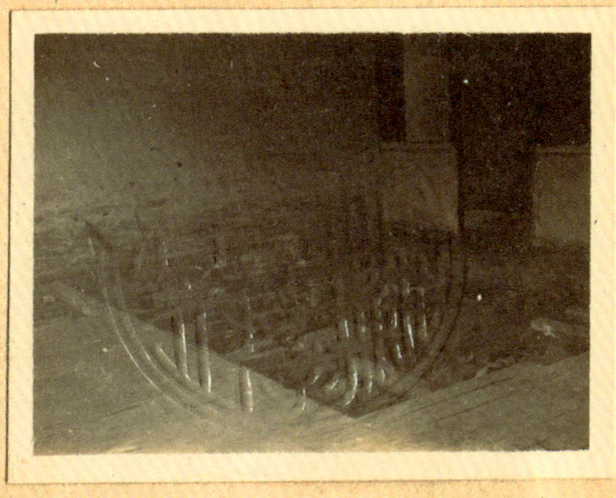

正房铺地板被敌
拆除以作燃料。

仝前

①

6

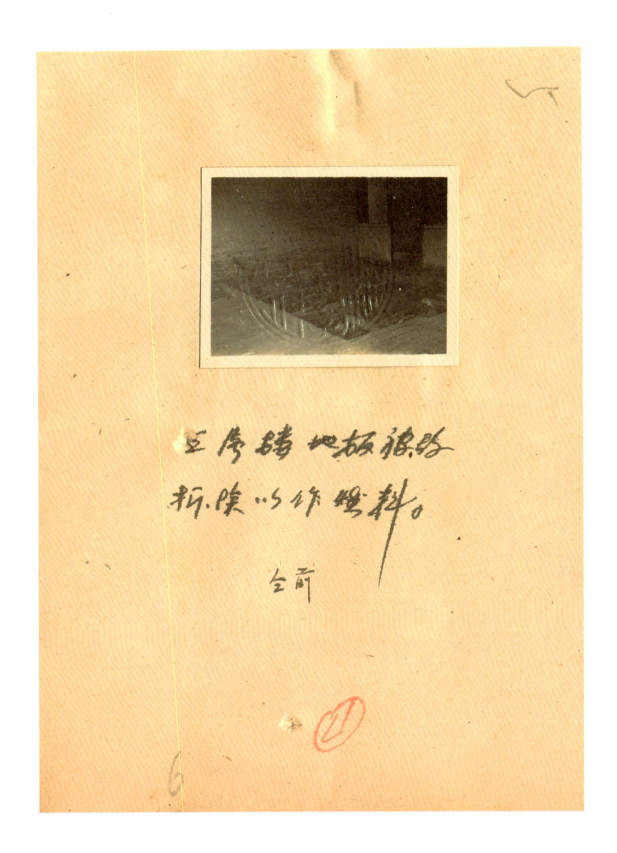

9

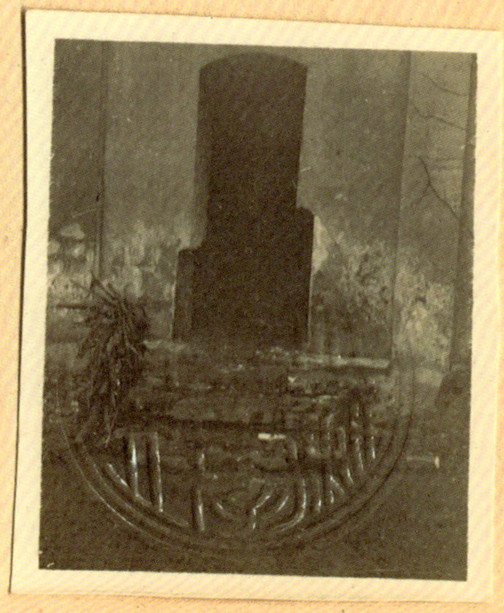

三層樓後門被毀。

（估值100元）

5

7

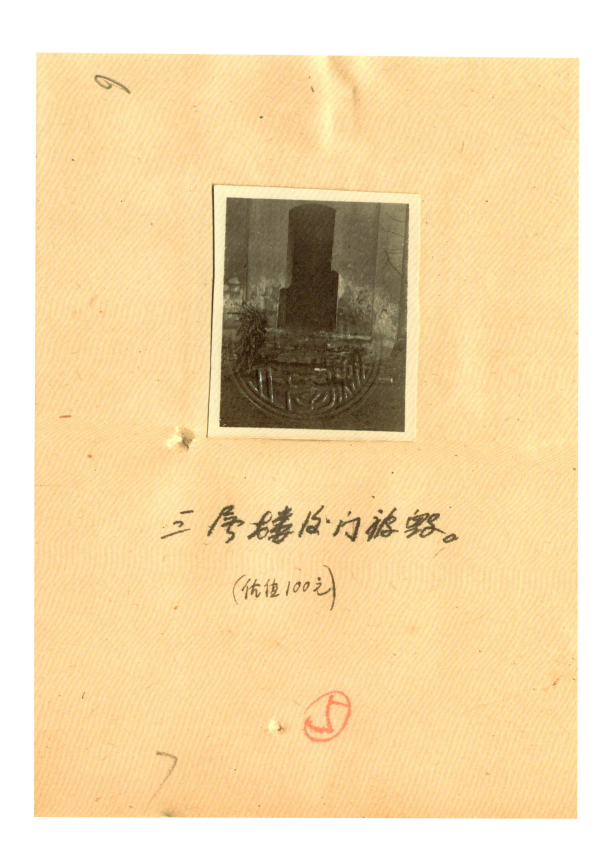

東廂樓房面被毁
现象。

计25間每间50元共估值1250元

18

故園內之龍墻、曲橋、
荷亭屋宇被敵轟損·全毀。

共估值2450元

7

9

9

蕺園荷池上之九曲橋被敵全部毀壞。

（70元）

8

10

10

鼓園池心九曲橋上之

荷亭被敵毀壞無遺。

（荷亭初造460元）

9

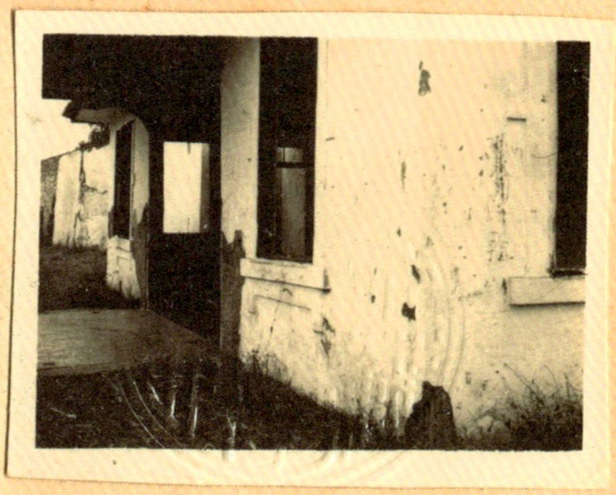

蕾園東館门窗地板被
敌人拆卸光燒掉。

（340元）

10

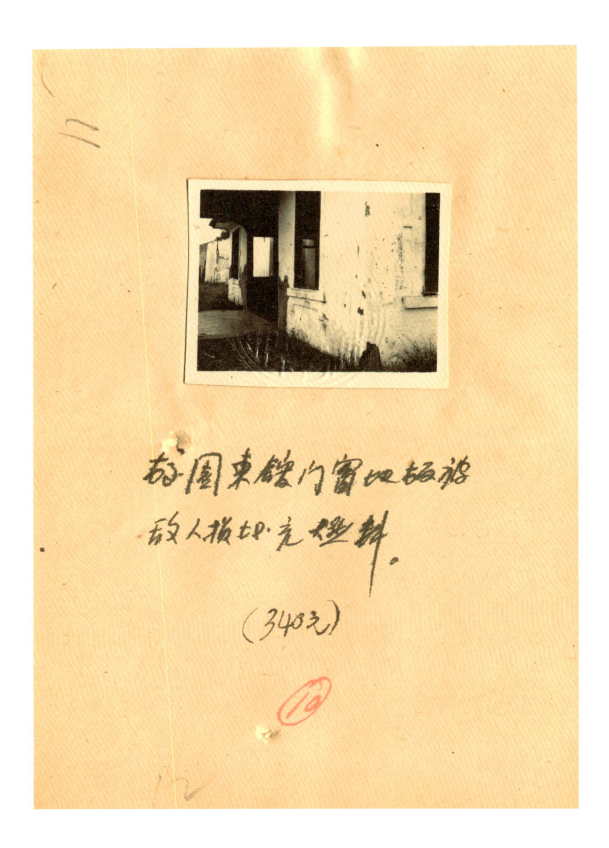

12

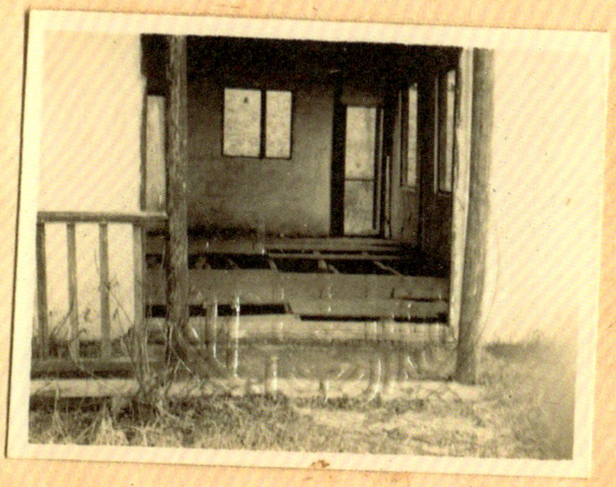

校園南轅门窗地板全部毁失。

240元

⑪

13

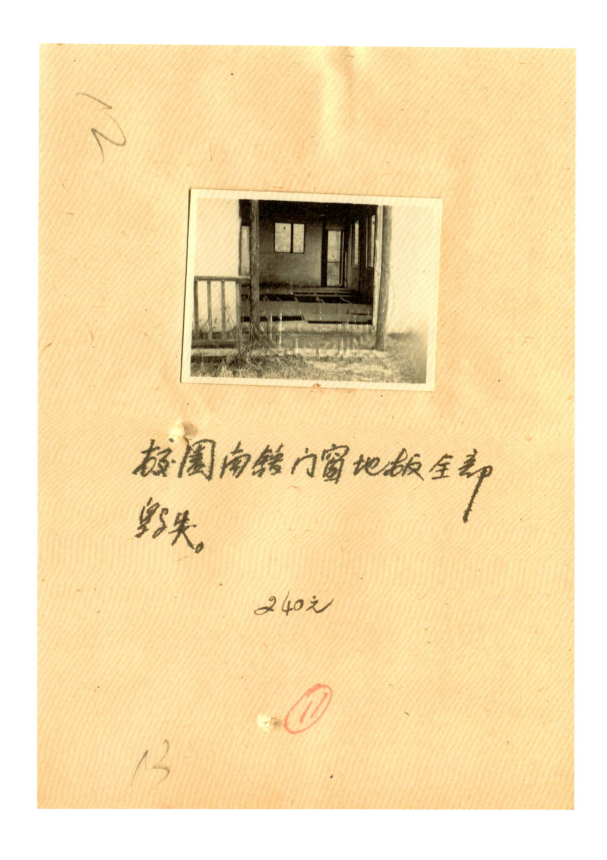

13

奇-園西館被毁。

（50元）

⑬

14

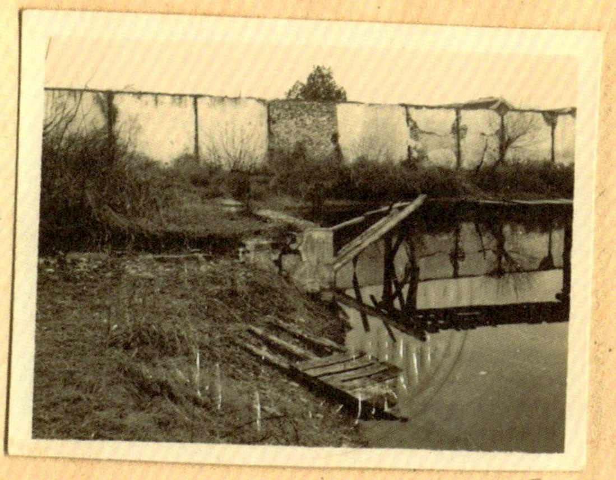

蘇園北館被敌拆毁
已成廢墟一堆。

计共44间每间依100元计4400元

(12)

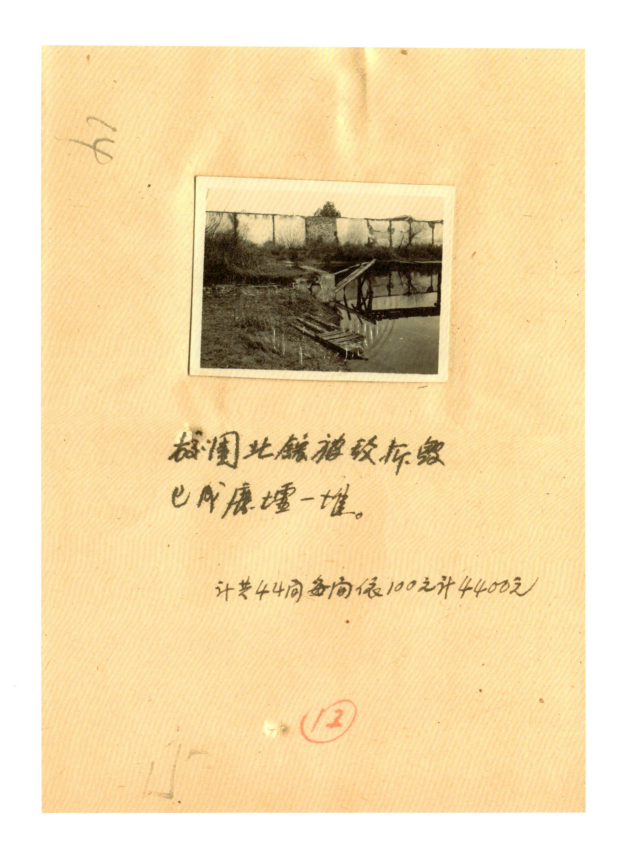

二八

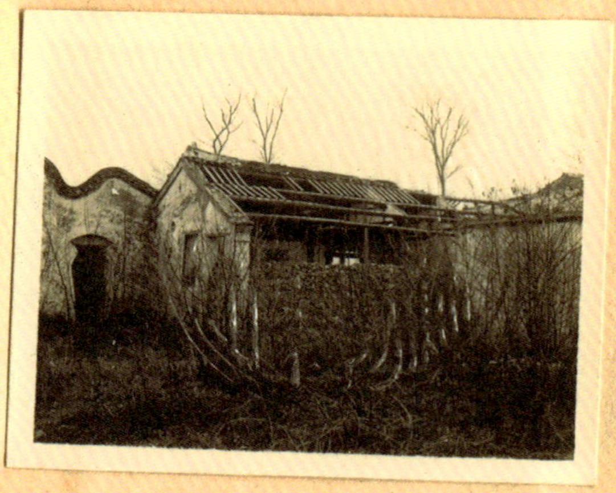

教育器械室被毁坏现象。

（房屋7间每間50元
内部器械估值400元
共值750元）

16

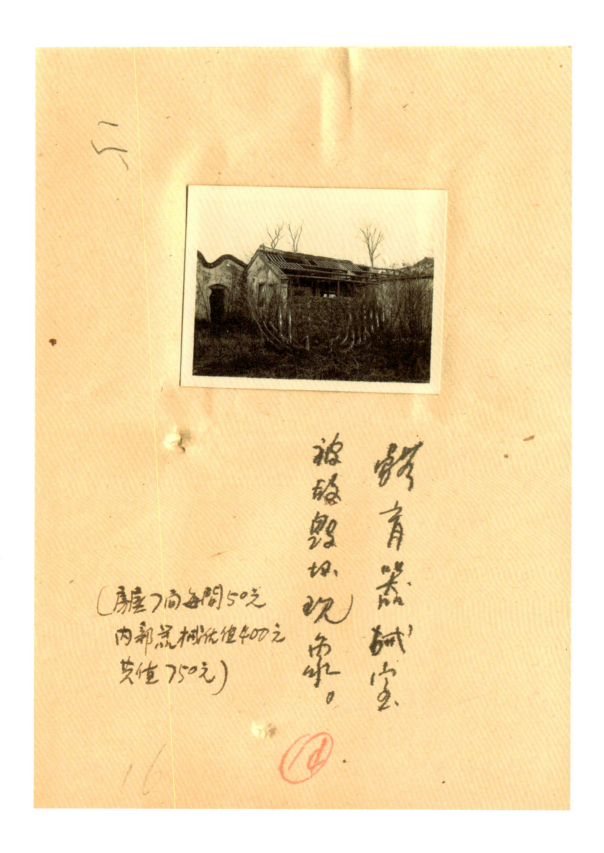

61

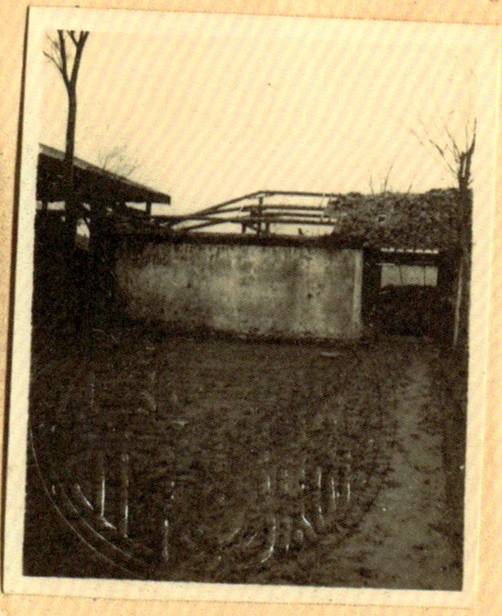

兩條墻及雜庫器械室被敌拆坏。

（300元）

15

17

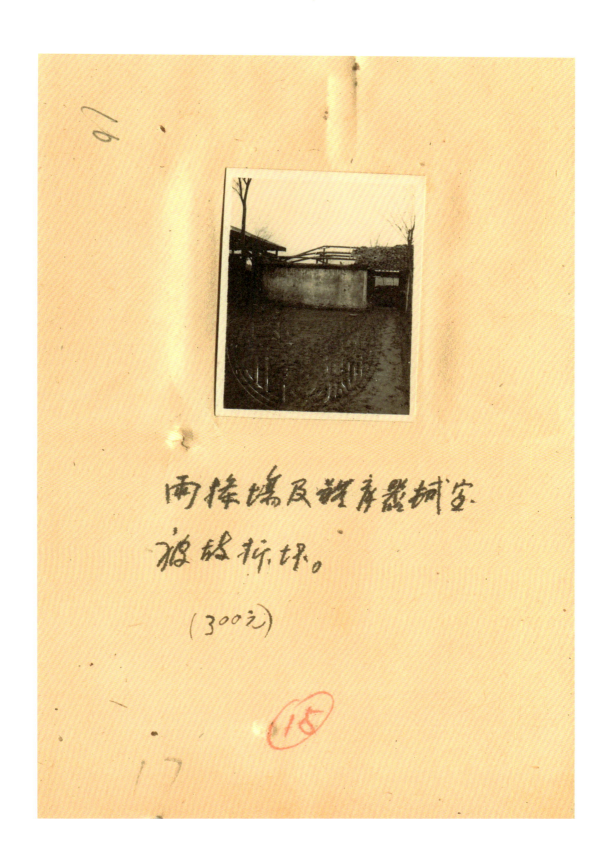

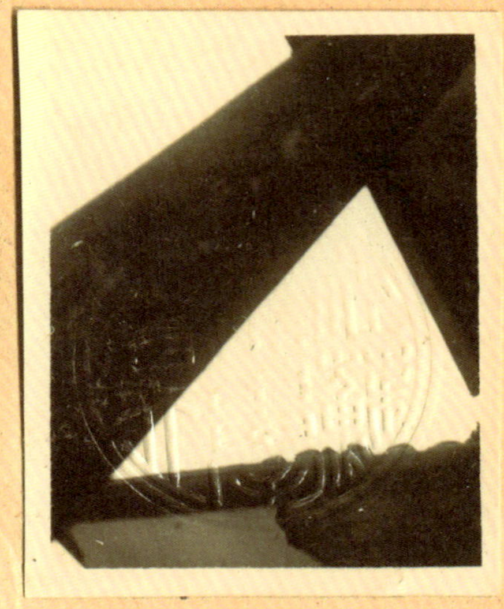

两栋坞房面全部被毁
拆除所剩之铁架。

（仝上）

15

16

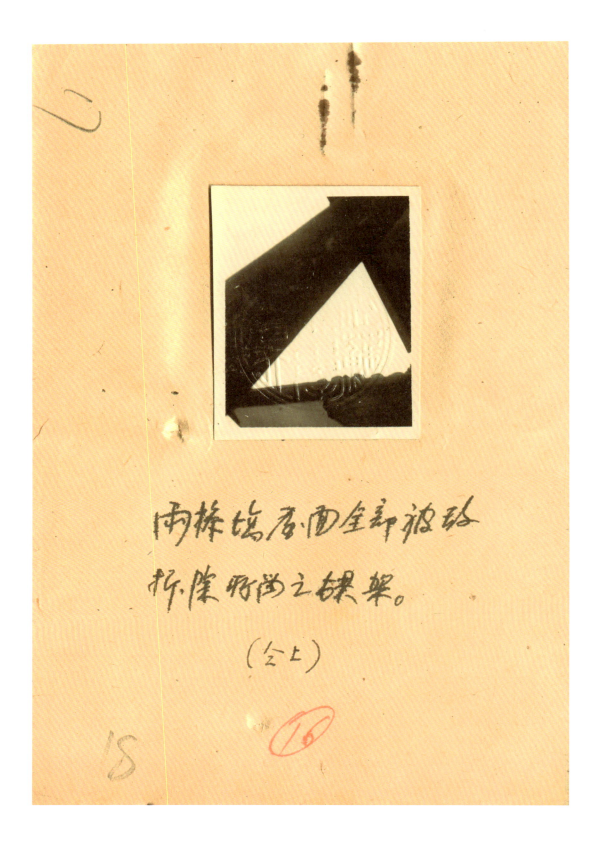

南通县政府、江苏省政府、江苏省教育厅关于私立通州师范重报战时财产损失表及战前校舍图战后照片的往来公文（一九四七年三月十至二十二日）

南通县政府致江苏省政府、江苏省教育厅的呈（一九四七年三月十日）

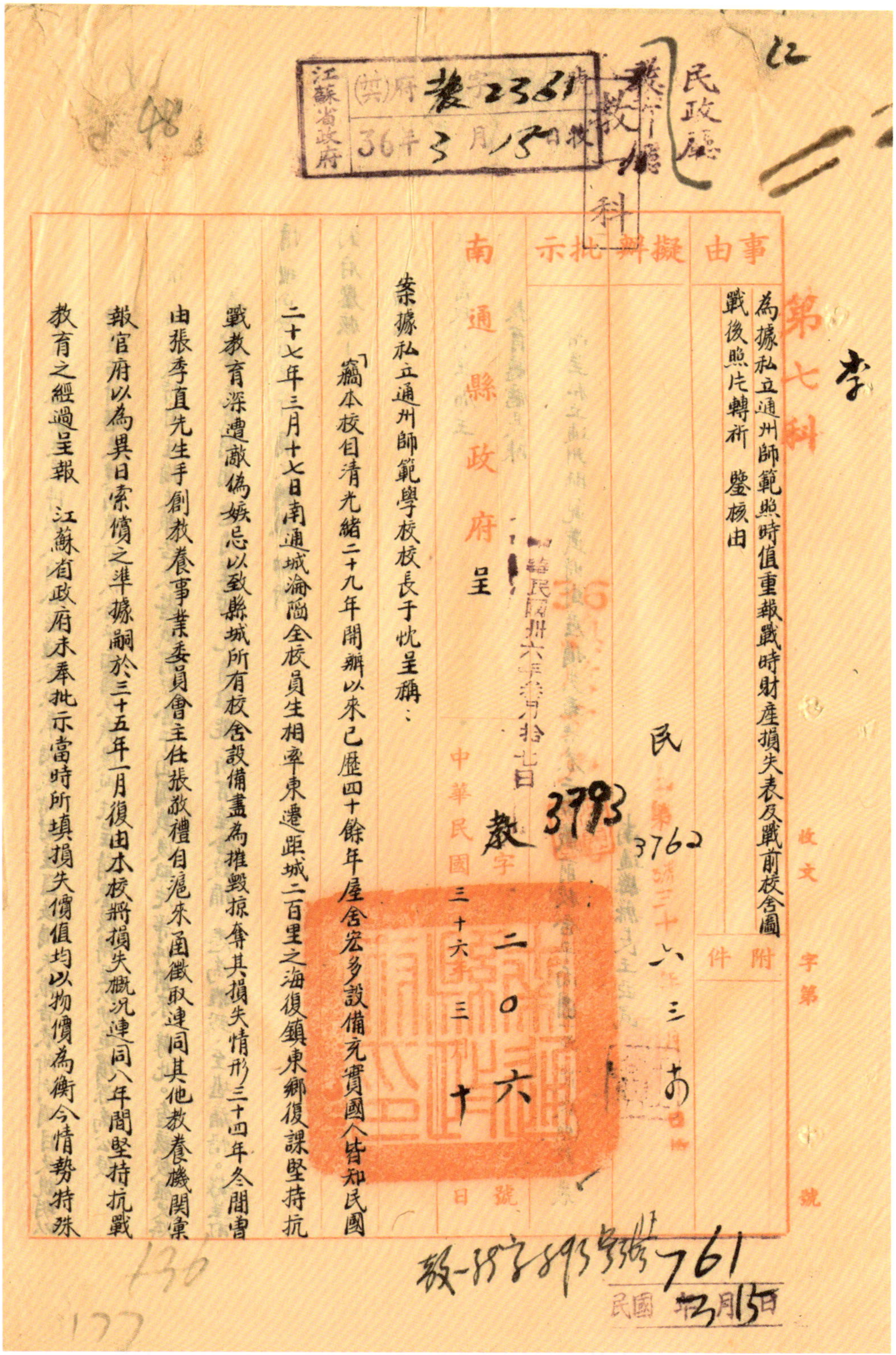
江蘇省政府 (六)府 教2361 36年3月15日收

民政廳 科

第七科

李

事由：為據私立通州師範照時值重報戰時財產損失表及戰前校舍圖戰後照片轉祈鑒核由

擬辦

批示

附件

收文 字第 號

南通縣政府呈

中華民國三十六年三月十日 教字二〇六號

中華民國卅六年叁月拾七日

民 3762 三

教 3793

案據私立通州師範學校校長于忱呈稱：

「竊本校自清光緒二十九年開辦以來已歷四十餘年屋舍宏多設備充實國人皆知民國二十七年三月十七日南通城淪陷全校員生相率東遷距城二百里之海復鎮東鄉復課堅持抗戰教育深遭敵偽嫉忌以致縣城所有校舍設備盡為摧毀掠奪其損失情形三十四年冬間曾由張季直先生手創教養事業委員會主任張敬禮自滬來函徵取連同其他教養機關彙報官府以為異日索償之準據嗣於三十五年一月復由本校將損失概況連同八年間堅持抗戰教育之經過呈報　江蘇省政府未奉批示當時所填損失價值均以物價為衡今情勢特殊

教-3585 8893號 761

民國36年3月15日

幣值低落前送表件似欠適合茲謹依照奉頒戰時財產直接損失報告表所例項目及說明以時值估計繕表連同戰前校舍平面圖及戰後照片呈請鑒核轉呈以便追償深為公便」！等情；附呈戰時財產損失報告表暨戰前校舍平面圖戰後照片等件前來，據此。查該校歷史悠久，而著盛譽，抗戰期間，忠貞堅持，尤屬難能，所有屋舍設備，悉為摧毀，至堪痛惜。據呈前情，理合檢同原件，備文轉報，仰祈

鈞府鑒核！

謹呈

江蘇省政府主席王

教育廳廳長陳

附呈私立通州師範戰時財產損失報告表二份 戰前校舍平面圖一紙 戰後照片一張

南通縣縣長王亞武

178

附一：私立通州师范学校战后摄影

附二：通州师范学校校舍平面全图

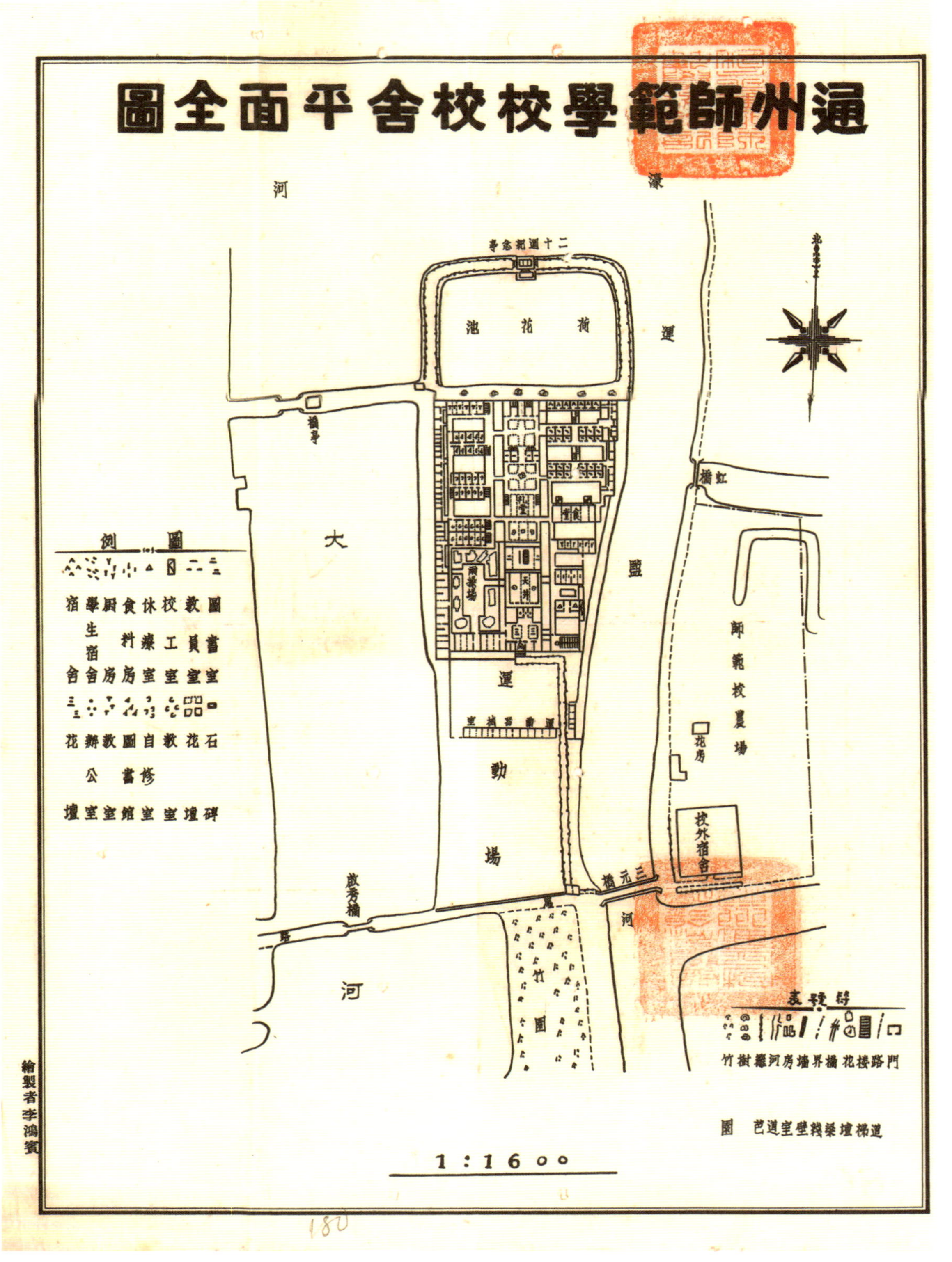

江蘇省南通私立通州師範學校戰時財產損失報告表

資料時期　二十六年七月七日至三十四年八月十二日

填送日期　三十六年二月十二日

損失分類	
共計	5,596,000,000元
房屋	2,840,000,000元
器具	1,650,000,000元
現款	4,000,000元
服着物	160,000,000元
古物書籍	642,000,000元
其他	300,000,000元

報告者　私立通州師範學校々長丁　忱

江苏省政府、江苏省教育厅致南通县政府的指令（一九四七年三月二十二日）

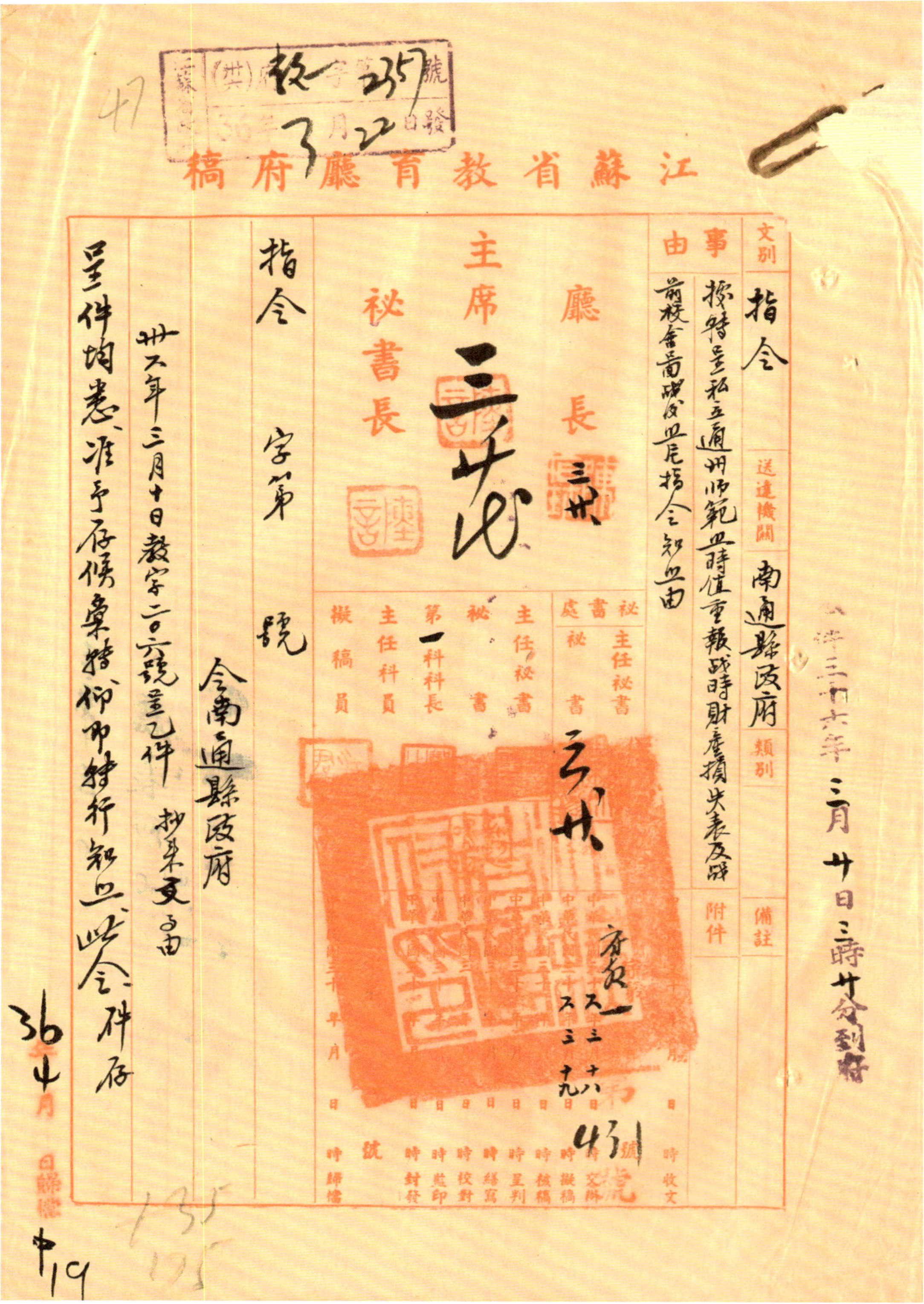

（共）府教字第2357號
36年3月22日發

江蘇省教育廳府稿

文別：指令

事由：據轉呈私立通州師範學校當時值重報戰時財產損失表及戰前校舍圖攝照片呈核指令知照由

送達機關：南通縣政府

卅六年三月廿日三時廿分到府

廳長　主席　秘書長

指令　字第　號

令南通縣政府

卅六年三月十日教字二〇六號呈乙件　抄呈表冊

呈件均悉，准予存候彙轉，仰即轉行知照。此令。件存

主席王〇〇
廳長陳〇〇

176

南通县教育局、江苏省教育厅关于汇报抗战损失调查表的往来公文（一九四七年五月二十二日至六月十八日）

南通县教育局致江苏省教育厅的呈（一九四七年五月二十二日）

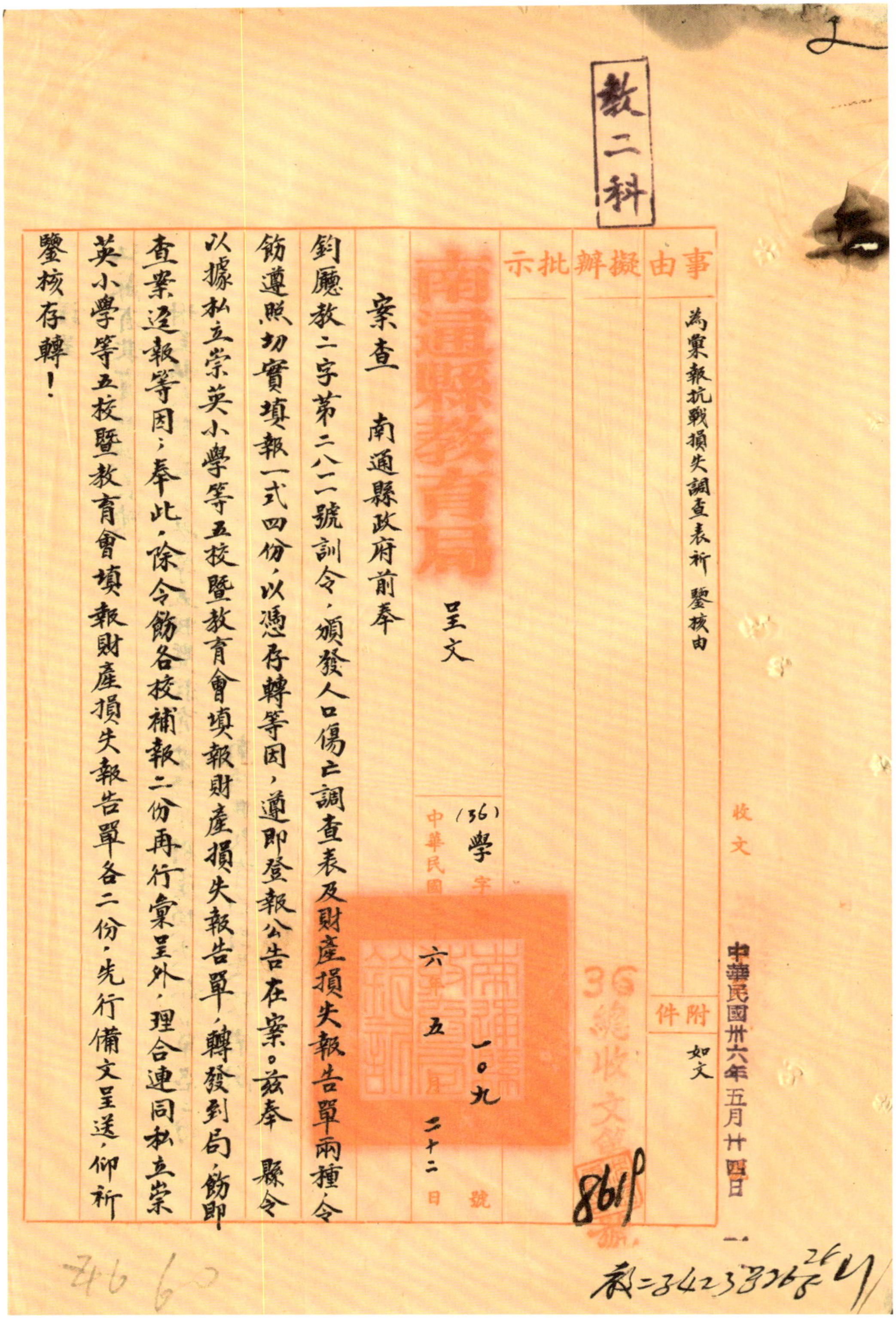
教二科

事由：為彙報抗戰損失調查表祈 鑒核由

擬辦

批示

南通縣教育局 呈文

案查 南通縣政府前奉
鈞廳教二字第二八二一號訓令，頒發人口傷亡調查表及財產損失報告單兩種，令飭遵照切實填報一式四份，以憑存轉等因，遵即登報公告在案。茲奉 縣令以據私立崇英小學等五校暨教育會填報財產損失報告單，轉發到局，飭即查案逕報等因；奉此，除令飭各校補報二份再行彙呈外，理合連同私立崇英小學等五校暨教育會填報財產損失報告單各二份，先行備文呈送，仰祈
鑒核存轉！

(36)學字一〇九號

中華民國六年五月二十二日

收文 中華民國卅六年五月廿四日

附件 如文

36 總收文第8618號

謹呈

江蘇省教育廳廳長陳

附呈私立崇英小學等五校暨教育會填報財産損失報告單各二份

南通縣教育局局長張樂陶

監印張希董
校對

61

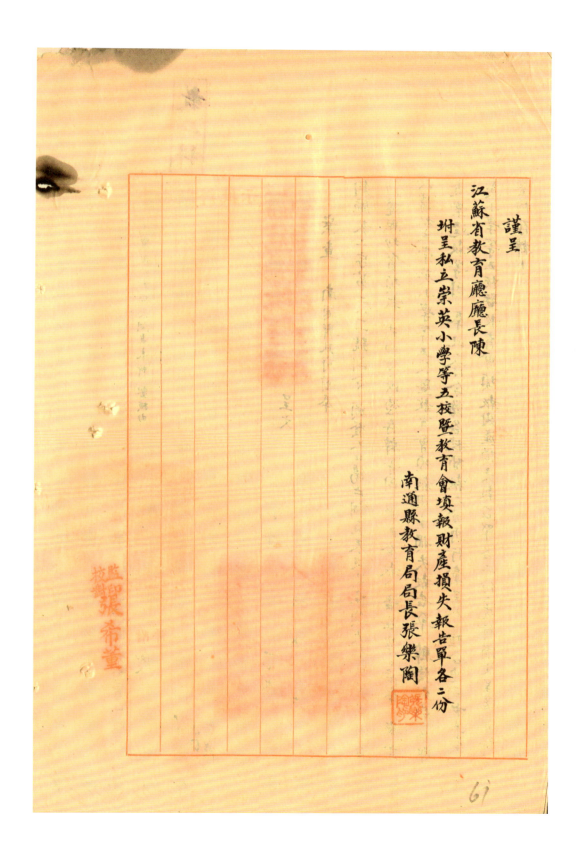

附：私立崇英小学等五校暨教育会财产损失报告单（一九四七年三至四月）

財產損失報告單

填送日期　36年　3月　26日

損失年月日	事件	地點	損失項目	購置年月	單位	數量	價值(國幣元) 購置時價值	價值(國幣元) 損失時價值	證件
民國26年8月17日	日机轟炸	南通山芝鎮	體育舘	25年11月	座	壹座	$8,500.00	$15,300.00	
〃	〃	〃	幼稚園	26年6月	〃	壹座	$3,400.00	$5,800.00	
〃	〃	〃	運動用具	〃	種	16種計235件	$1,200.00	$1,800.00	
〃	〃	〃	鋼琴	〃	架	壹架	$360.00	$450.00	
〃	〃	〃	留聲机	〃	只	壹只	$150.00	$250.00	
〃	〃	〃	收音机	〃	〃	壹只	$100.00	$150.00	
民國27年2月19日	日軍進攻	南通山芝鎮	圖書	23年8月	冊	2,800冊	$1,750.00	$3,500.00	

直轄機關學校團體或事業名稱：南通崇英小學　印信

受損失者：

填報者：孫寶華（印）

姓名　服務處所與所任職務　與受損失者之關係　通信地址　蓋章

說明

1、「損失年月日」指事件發生之日期，如某年某月某日或某年某月某日至某年某月某日。
2、「事件」指發生損失之事件，如日机之轟炸、日軍之進攻等。
3、「地點」指事件發生之地點，如某市某縣某鄉某鎮某村等。
4、「損失項目」指一切動產（如衣服、什物、財帛、舟車、証券等）及不動產（如房屋、田園、礦產等）所有損失，逐項填明。
5、「價值」如係當地幣制，除折成國幣填列外，並將填原幣名稱及數額。
6、如有証件，應將名稱與件數填入「証件」欄內。
7、受損失者如係私人，填其姓名；如係机關、學校、團體或事業，填其名稱。
8、私人之損失，由本人填報，或由代報者填報；机關、學校、團体或事業之損失，由各該主管人填報。

647

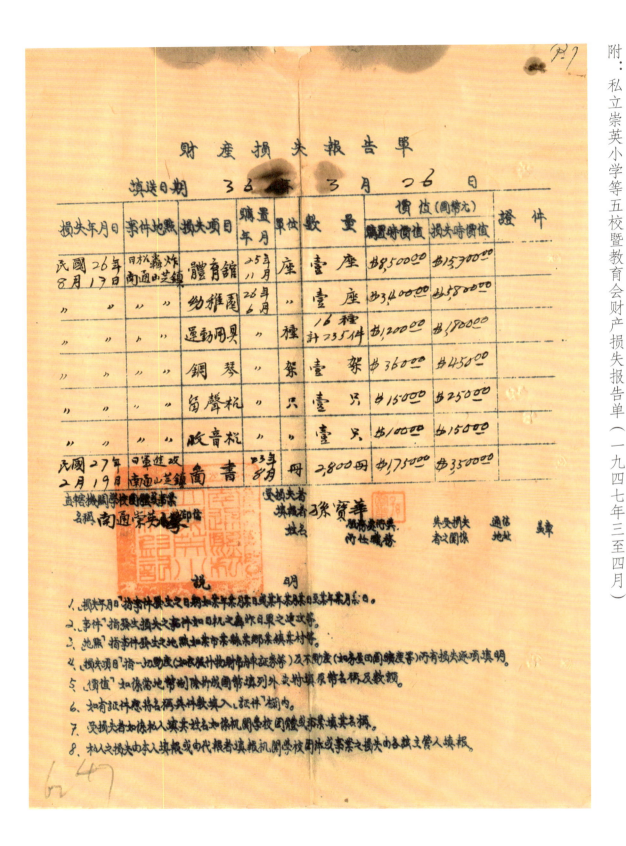

P.2

財產損失報告單

填送日期 36 年 3 月 26 日

損失年月日	事件地點	損失項目	購置年月	單位	數量	價值（國幣元）		證件
						購置時價值	損失時價值	
民國27年二月十九日	日軍進攻南通山芝鎮	理化儀器標本及藥品等	24年8月	件	345件	$780.00	$2500.00	
〃 〃	〃 〃	校具（桌椅、床、黑板）	26年2月	件	500件	$1500.00	$3000.00	

5

直轄機關學校團體或事業名稱 南通崇英小學 印信

受損失者
填報者 孫寶華（印）

姓名　服務處所與所任職務　與受損失者之關係　通信地址　蓋章

說　明

1、「損失年月日」指事件發生之日期，如某年某月某日或某年某月某日至某年某月某日。
2、「事件」指發生損失之事件，如日機之轟炸、日軍之進攻等。
3、「地點」指事件發生之地點，如某市某縣某鄉某鎮某村等。
4、「損失項目」指一切動產（如衣服、什物、財帛、舟車、證券等）及不動產（如房屋、田園、礦產等）所損失之項目，並填明……
5、「價值」如係當地幣制，除折成國幣填列外，並附填原幣名稱及數額。
6、如有證件，應將名稱與件數填入「證件」欄內。
7、受損失者如係私人，填其姓名；如係機關、學校、團體或事業，填其名稱。
8、私人之損失由本人填報或由代報者填報；機關、學校、團體或事業之損失由各該主管人填報。

63　48

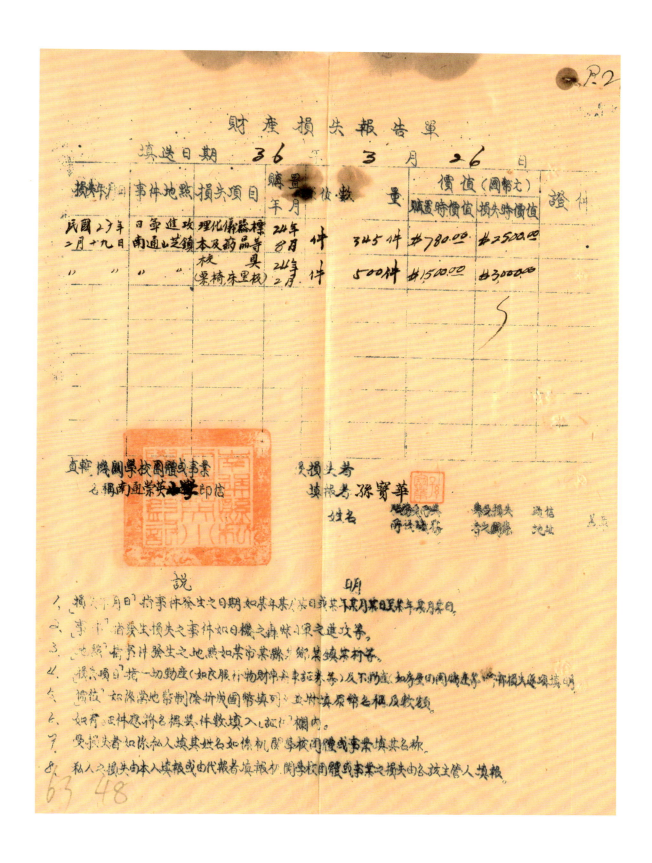

財產損失報告單

填送日期　36年4月10日

損失年月日	事件	地點	損失項目	購置年月	單位	數量	價值（國幣元）		證件
							購置時價值	損失時價值	
27、7、29	日軍佔領拆毀	井川鄉二保	瓦屋	民九年七月	間	16	2400元	4800元	

直轄機關學校團体或事業

名稱　南通縣井字圩初級小學校

印信

受損失者　學校

填報者

姓名　錢美榮

服務處所與所任職務　井川鄉鄉長

與受損失者之關係　鄉內未復學校

通信地址　平潮云台山小学校

蓋章

1. 「損失年月日」指事件發生之日期如某年某月某日或某年某月某日至某年某月某日。
2. 「事件」指發生損失之事件如日机之轟炸日軍之進攻等。
3. 「地點」指事件發生之地點如某市某縣某鎮某村等。
4. 「損失項目」指一切動產（如衣服什物財帛舟車証券等）及不動產（如房屋田園曠產等）所有損失逐項填明。
5. 「價值」如係當地幣制除折成國幣填列外並附填原幣名稱及數額。
6. 如有証件應將名稱與件數填入「証件」欄內。
7. 受損失者如係私人填其姓名如係机関學校团体或事業填其名稱。
8. 私人之損失由本人填報或由代報者填報機關學校团体或事業之損失由各該主管人填報。

52 67

財產損失報告單

填送日期 36 年 4 月 10 日

損失年月日	事件	地點	損失項目	購置年月	單位	數量	價值（國幣元）購置時價值	價值（國幣元）損失時價值	證件
27.7.17	日軍放火	云台山	学桌	民5.2	連	24	72元	240元	
仝上	〃	〃	黑板	民5.2	块	2	30元	100元	
仝上	〃	〃	玻璃窗	民24.7	扇	12	48元	120元	
仝上	〃	〃	橱	民20.2	張	1	12元	32元	

直轄機關學校團体或事業名稱：南通縣云台山第二保国民学校

印信

受損失者填報者姓名：吳江

服務處所与所任職務：本校校長

與受損失者之關係：本校

通信地址：平潮云台山本校

蓋章

1. 「損失年月日」指事件發生之日期如某年某月某日或某年某月某日至某年某月某日。
2. 「事件」指發生損失之事件如日机之轟炸日軍之進攻等。
3. 「地點」指事件發生之地點如某市某縣某鎮某村等。
4. 「損失項目」指一切動產（如衣服什物財帛舟車証券等）及不動產（如房屋田園礦產等）所有損失逐項填明。
5. 「價值」如係當地幣制除折成國幣填列外並附填原幣名稱及數額。
6. 如有証件應將名稱與件數填入「証件」欄內。
7. 受損失者如係私人填其姓名如係机關學校团体或事業填其名稱。
8. 私人之損失由本人填報或由代報者填報機關學校团体或事業之損失由各該主管人填報。

5368

財產損失報告單

填送日期　三十六年　三　月　日

損失年月日	事件	地點	損失項目	購置年月	單位	數量	價值（國幣元）		證件
							購置時價值	損失時價值	
民國二十七年三月至民國三十四年八月	三一七日軍之進攻	南通縣公園鎮	房屋	民國二十年	間	35	5000	7000	
			圖書	民國二十三年	本	15000	7500	7500	
			儀器	民國二十四年	件	3500	3500	3500	
			用具	民國二十四年	件	2500	5000	5000	
			什物	民國二十四年	件	2500	3000	3000	
			服裝	民國二十四年	件	360	700	700	
			其他	民國二十四年	件	150	300	300	

直轄機關學校團體或事業名稱　南通私立商益中學

印信

受損失者　南通私立商益中學

填報者　南通商校

姓名　服務處所與所任職務　與受損失者之關係　通信地址　蓋章

說明

1、「損失年月日」指事件發生之日期，如某年某月某日或某年某月某日至某年某月某日。

2、「事件」指發生損失之事件，如日機之轟炸、日軍之進攻等。

3、「地點」指事件發生之地點，如某市某縣某鄉某鎮某村等。

4、「損失項目」指一切動產（如衣服、什物、財帛、舟車、證券等）及不動產（如房屋、田園、礦產等）所有損失，逐項填明。

5、「價值」如係當地幣制，除折成國幣填列外，並附填原幣名稱及數額。

6、如有證件，應將名稱與件數填入「證件」欄內。

7、受損失者如係私人，填其姓名；如係機關、學校、團體或事業，填其名稱。

8、私人之損失由本人填報，或由代報者填報；機關、學校、團體或事業之損失由各該主管人填報。

55　70

財產損失報告單

填送日期　三十六年　三　月　日

損失年月日	事件	地點	損失項目	購置年月	單位	數量	價值（國幣元）		證件
							購置時價值	損失時價值	
二十七年三月十七日至三十四年八月	三一七日軍之進攻事件	南通縣公園鎮	房屋	二十五年	間	1	300	400	
			圖書		册	12000	2500	3000	
			用具		件	210	500	600	
			什物		件	30	50	50	
			服裝		件	25	60	60	
			其他		件	40	40	40	

直轄機關學校團體或事業名稱　印信

受損失者　南通私立鍾永兒童圖書館

填報者

姓名	服務處所	與所任職務	通信地址	蓋章
孫東儒	南通縣教育會理事長	館董	東北營十一號	〔印〕

備用

說明

1、「損失年月日」指事件發生之日期，如某年某月某日或某年某月某日至某年某月某日。
2、「事件」指發生損失之事件，如日機之轟炸、日軍之進攻等。
3、「地點」指事件發生之地點，如某市某縣某鄉某鎮某村等。
4、「損失項目」指一切動產（如衣服、什物、財帛、舟車、證券等）及不動產（如房屋、田園、礦產等），分別填明。
5、「價值」如係當地幣制，請折成國幣填列，並附填原幣名稱及數額。
6、如有證件，應將名稱與件數填入「證件」欄內。
7、受損失者如係私人，填其姓名；如係機關、學校、團體或事業，填其名稱。
8、私人之損失，由本人填報，或由代報者填報；機關、學校、團體或事業之損失，由各該主管人填報。

57 72

財產損失報告單

填送日期　三十六年　三　月　日

損失年月日	事件	地點	損失項目	購置年月	單位	數量	價值（國幣元）		證件
							購置時價值	損失時價值	
二十七年三月十七日至三十四年八月	三一七日軍之進攻事件	南通縣中心鎮	房屋	民國三年	間	35	5000	8000	
			圖書	民國十年	本	15000	10000	10000	
			儀器	民國十年	件	2000	2000	2000	
			用具	民國十年	件	1500	3000	3000	
			什物	民國十年	件	1500	2000	2000	
			服裝	民國十年	件	65	200	200	
			其他	民國十年	件	45	100	100	

直轄機關學校團體或事業名稱　印信

受損失者　南通縣教育會　南通圖書館路

填報者

姓名	服務處所與所任職務	與受損失者之關係	通信地址	蓋章
孫東儒	南通縣教育會	理事長	東北營十一號	

說明

1、「損失年月日」指事件發生之日期，如某年某月某日或某年某月某日至某年某月某日。
2、「事件」指發生損失之事件，如日機之轟炸、日軍之進攻等。
3、「地點」指事件發生之地點，如某市某縣某鄉某鎮某村等。
4、「損失項目」指一切動產（如衣服、什物、財產、股票、證券等）及不動產（如房屋、田園、礦產等）所有損失，逐項填明。
5、「價值」如係當地幣制，除折成國幣填寫外，並附填原幣名稱及數額。
6、如有證件，應將名稱與件數填入「證件」欄內。
7、受損失者如係私人，填其姓名；如係機關、學校、團體或事業，填其名稱。
8、私人之損失由本人填報或由代報者填報，機關、學校、團體或事業之損失由各該主管人填報。

59　76

江苏省教育厅致南通县教育局的指令（一九四七年六月十八日）

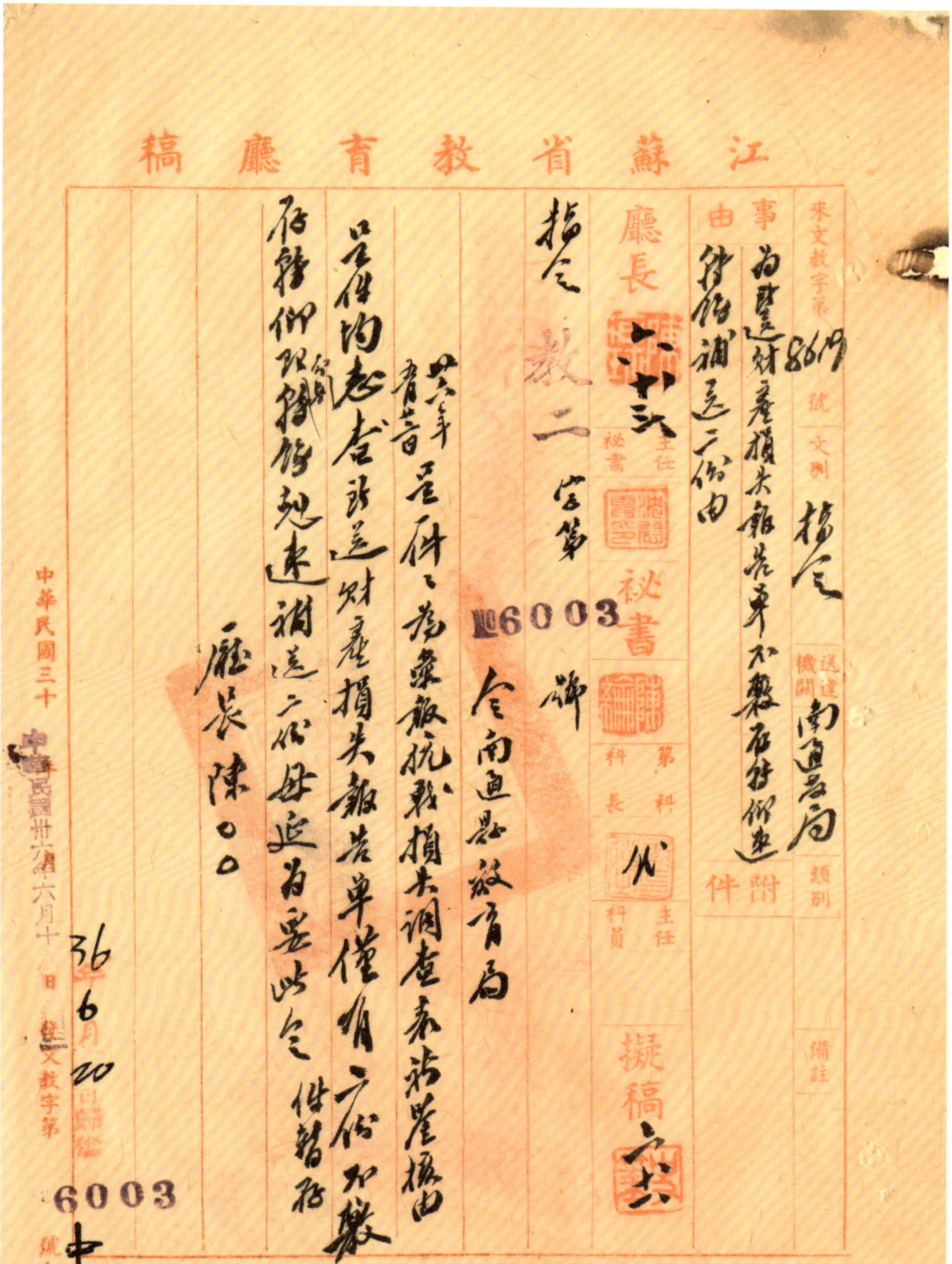

江蘇省教育廳稿

來文教字第8619號　文別：指令　送達機關：南通縣教育局

事由：為呈送財產損失報告單不敷存轉仰速補送二份由

廳長　秘書　科長　擬稿

教二　字第6003號

指令

令南通縣教育局

卅六年　月　日呈一件：為呈報抗戰損失調查表請鑒核由

呈件均悉。查該送財產損失報告單僅有一份，不敷存轉，仰即補繕迅速補送二份，毋延為要。此令。件暫存。

廳長陳〇〇

中華民國卅六年六月十八日發文教字第6003號

南通县教育局关于报送刘桥镇中心国民学校战时损失照片致江苏省教育厅的呈（一九四七年五月二十六日）

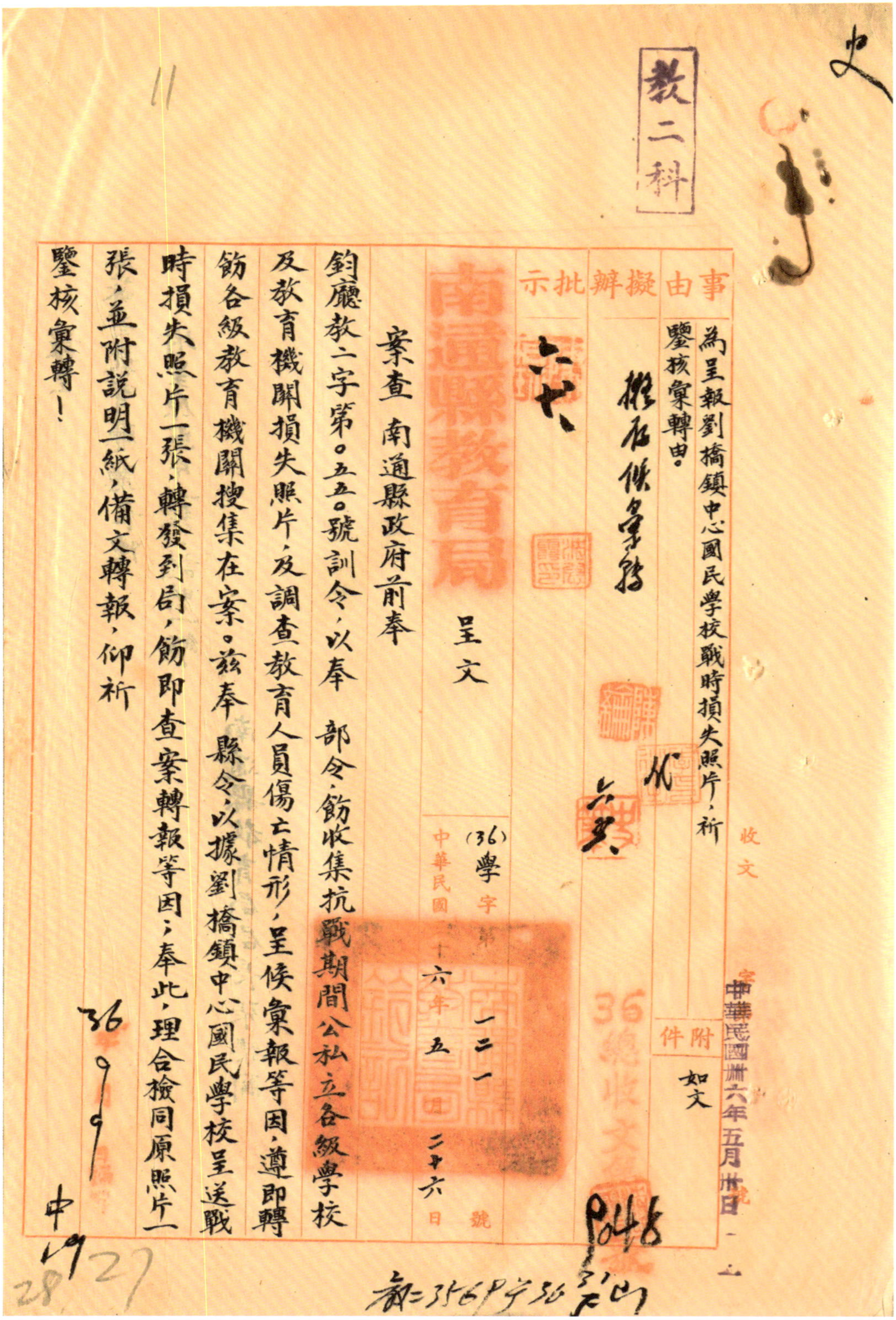

教二科

事由：為呈報劉橋鎮中心國民學校戰時損失照片，祈鑒核彙轉由。

擬辦：擬存候彙轉

附件：如文

收文 中華民國卅六年五月卅日 36總收文 8048

中華民國三十六年五月二十六日 (36)學字第一二一號

南通縣教育局

呈文

案查 南通縣政府前奉

鈞廳教二字第〇五五〇號訓令，以奉 部令，飭收集抗戰期間公私立各級學校及教育機關損失照片，及調查教育人員傷亡情形，呈候彙報等因，遵即轉飭各級教育機關搜集在案。茲奉 縣令，以據劉橋鎮中心國民學校呈送戰時損失照片一張，轉發到局，飭即查案轉報等因，奉此，理合檢同原照片一張，並附說明一紙，備文轉報，仰祈

鑒核彙轉！

謹呈

江蘇省教育廳廳長陳

附呈原照片一張、說明一紙。

南通縣教育局局長張樂陶

〔印：張樂陶印〕

21

監印 校對 張希董

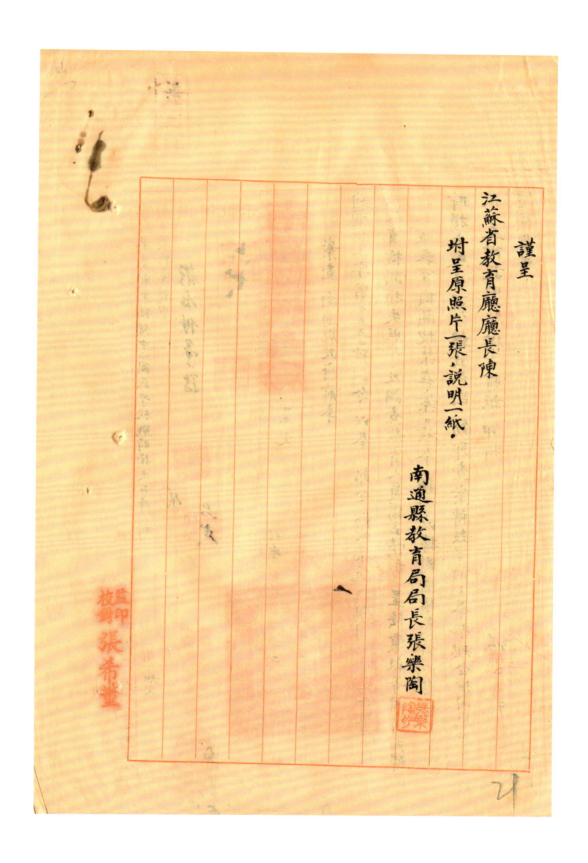

附：照片及说明

坿原照片說明

查屬校校舍原有四十八間矗立市頭亦頗壯闊乃疊遭敵僞匪之摧毀僅餘衰草敗礫一堆職見此傷情爰集同仁攝影其間藉念既往俾創將來是以坿影片一禎備文呈送仰祈

鈞座備案轉呈

江苏省立南通民众教育馆、江苏省教育厅、江苏省政府等关于重填抗战损失调查表单的往来公文

（一九四七年八月三十日至十月十三日）

南通民众教育馆致江苏省教育厅的呈（一九四七年八月三十日）

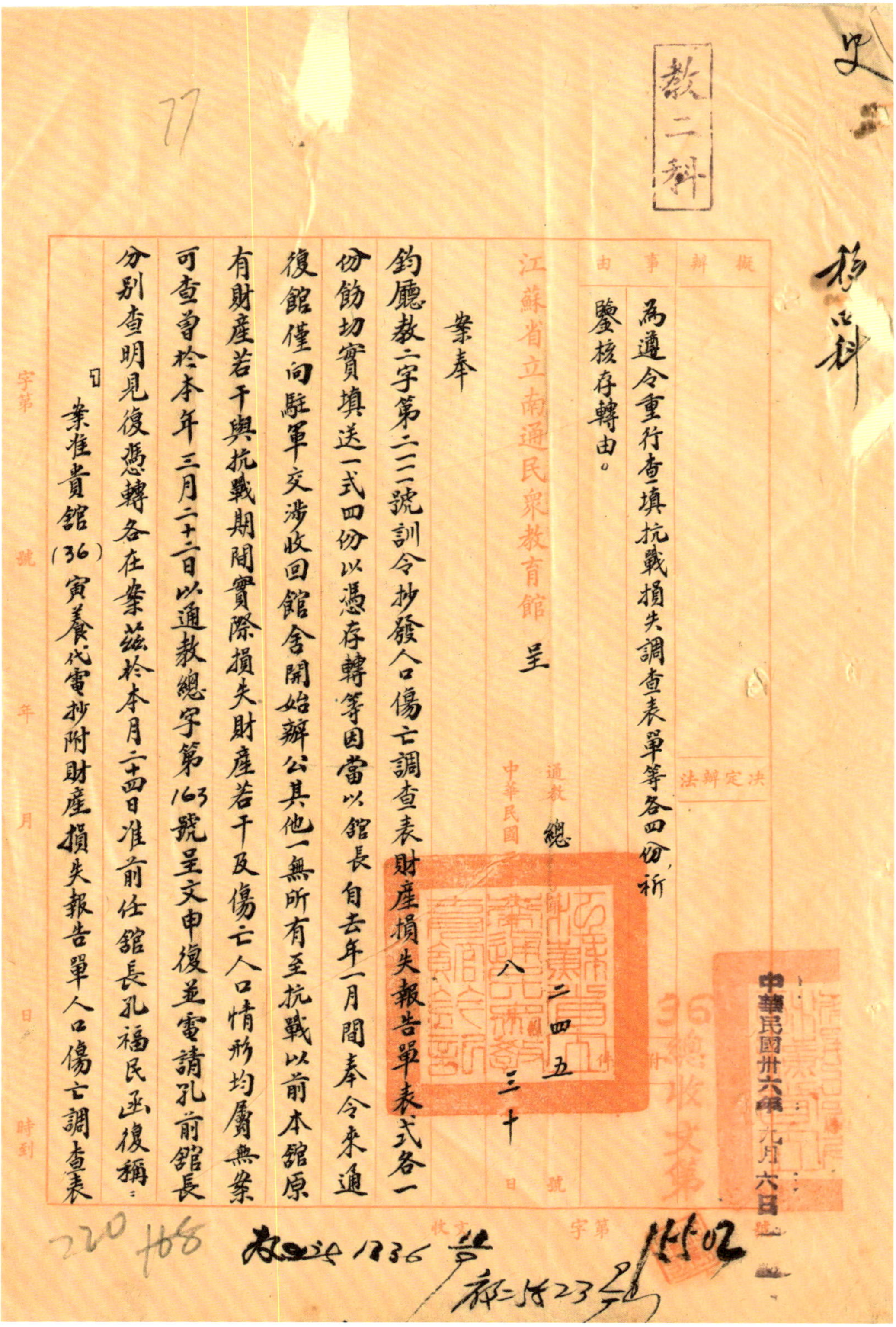

教二科

擬辦　　事由：為遵令重行查填抗戰損失調查表單等各四份祈鑒核存轉由。

決定辦法

江蘇省立南通民衆教育館　呈　通教總字第二四五號　中華民國　年八月三十日

案奉

鈞廳教二字第二一二號訓令抄發人口傷亡調查表財產損失報告單表式各一份飭切實填送一式四份以憑存轉等因當以館長自去年一月間奉令來通復館僅向駐軍交涉收回館舍開始辦公其他一無所有至抗戰以前本館原有財產若干與抗戰期間實際損失財產若干及傷亡人口情形均屬無案可查曾於本年三月二十二日以通教總字第163號呈文申復並電請孔前館長分別查明見復憑轉各在案茲於本月二十四日准前任館長孔福民函復稱：

「案准貴館（36）寅養代電抄附財產損失報告單人口傷亡調查表

中華民國卅六年九月六日　收文

單格式各一份囑將抗戰期間福民任內館產損失及傷亡人口情形
分別查填見復以憑轉報并於本年五月二十四日以通教總字第一九
四號咨催迅速填報各等由准此查民國二十六年年終日寇進犯江蘇南
通情勢漸緊奉令暫停館務派員保管因鑒於南通地處要衝為
軍事必爭之地經將館內儀器物品之一部運往興化縣寄存并派本館
總務主任杜方策會計主任褚桂芬幹事方宗清顧大先黃鶴九趙漸
逵等人分別留通駐興保管部署粗定福民即赴淮陽（時省府移於此）
面謁陳代廳長報告結束經過并備文呈廳備案嗣於經漢轉黔
時再面向前周教育廳長報告處理經過並於二十七年六月以代電
重向教廳陳明各在案在福民離職後通館以工作不能進行顧幹事
大光兼辦四區專署民訓工作趙黃兩幹事於二十七年二三月間先後他
就褚會計亦因事返里只餘杜主任攜鈐記款簿留通負責方幹
事駐興看守一部館物是年三月十七日南通淪敵保管主任杜方策

因職守所在不肯離去為敵搜獲抗節不屈與館役袁林富同時遇害館址為敵寇盤據儀器物品悉遭損毀印信文卷等件以及經管款項因杜主任殉職歸落何處亦無法究詰運往興化之儀器存於該縣民教館以抗戰期間軍運頻繁民教館屢住軍隊儀器頗有損毀嗣以戰事吃緊縣局危急保管人方宗清即加入抗戰部隊工作該縣旋亦淪入敵手迨勝利後寄存儀器損失詳情更屬無法查考矣至本館職員因公殉職者除杜主任方策及館役袁林富外尚有幹事顧大光馬玉璞兩員亦均于保管期間及館務結束後先後參加抗戰為國犧牲因前述各節發生時間均在館務結束保管以後彼時福民已由漢入黔工作遠居西南消息阻濶歷時九載人事變遷舊時同事星散四方查詢不易關於本館在抗戰時期人口之傷亡財產之損失知者僅此除殉難館役袁林富身世不詳應請貴館設法調查

填報外茲就記憶所及填列人口傷亡調查表三份財產損失報告單

一份五頁一併函復即希查照辦理爲荷

等由，附財產損失報告單五紙，人口傷亡調查表三紙，准此，理合將孔前

館長查復之單表一式照繕四份連同 館長調查之館役袁林富調查表四

份一併備文呈報仰祈

鑒核存轉！

謹呈

江蘇省教育廳廳長陳

坿呈 人口傷亡調查表四份

財產損失報告單四份

江蘇省立南通民衆教育館館長陶 志

223-171

附：南通民众教育馆人口伤亡调查表和财产损失报告单（一九四七年七月）

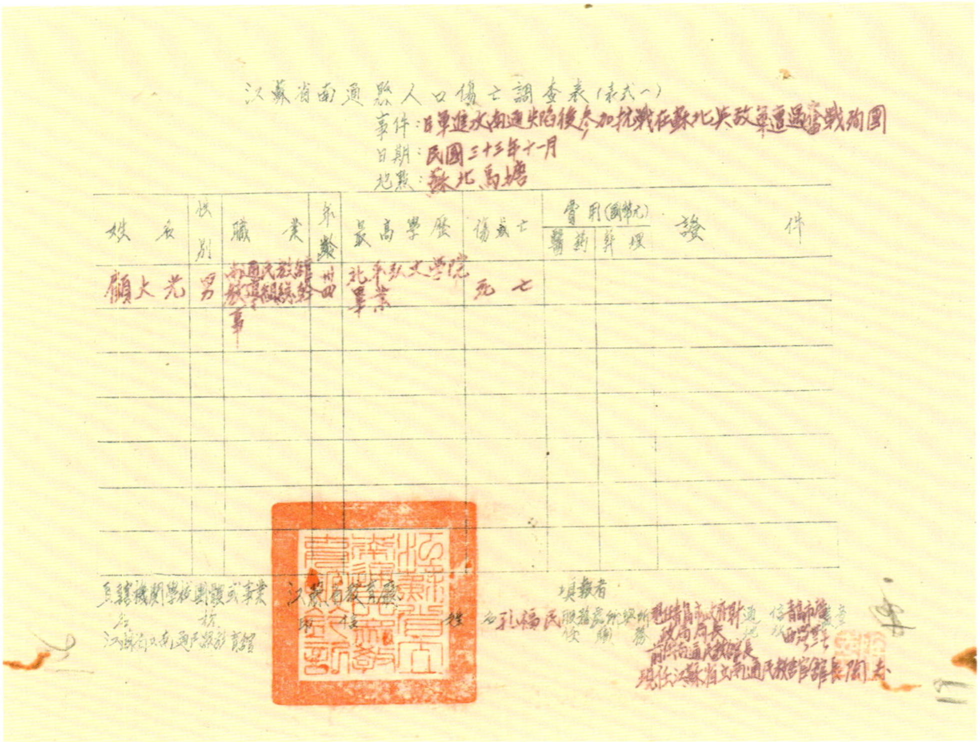

江苏省南通县人口伤亡调查表（表式一）

事件：日军进攻南通失陷后参加抗战在苏北失散遭遇当战殉国

日期：民国三十三年十一月

地点：苏北马塘

姓名	性别	职业	年龄	最高学历	伤或亡	费用（国币元）医药	费用（国币元）葬埋	证件
顾大光	男	南通民教馆教导组组干事	卅四	北平私立文学院毕业	死亡			

受损机关学校团体或事业名称 江苏省立南通民众教育馆

填报者 现任江苏省立南通民众教育馆馆长 陶

江苏省南通县人口伤亡调查表（表式一）

事件：日军进攻南通时失陷时被敌杀害

日期：民国三十三年三月十九日

地点：南通民教馆

姓名	性别	职业	年龄	最高学历	伤或亡	费用（国币元）医药	费用（国币元）葬埋	证件
袁林富	男	馆役	廿八	小学肄业	亡			

受损机关学校团体或事业名称 江苏省立南通民众教育馆

填报者

江蘇省南通縣人口傷亡調查表（表式一）

事件：日軍進攻南通大殿時被敵殺害

日期：民國三十二年三月十七日

地點：南通民教館

姓名	性別	職業	年齡	最高學歷	傷或亡	費用（國幣元）醫藥	費用（國幣元）葬埋	證件
馬玉璜	男	南通民教館幹事	廿六	北平大學法學院畢業	死亡			

受損機關學校團體或事業名稱：江蘇省立南通民眾教育館　江蘇省教育廳印信

填報者　姓名：孔福民　服務處所與所任職務：現任江蘇省立南通民教館館長周志

20

江蘇省南通縣人口傷亡調查表（表式一）

事件：日軍進攻南通時因為教館執抗節不屈被敵以殘酷手段殺害

日期：民國三十三年三月十七日

地點：南通民教館

姓名	性別	職業	年齡	最高學歷	傷或亡	費用（國幣元）醫藥	費用（國幣元）葬埋	證件
杜方策	男	南通民教館[illegible]	二十	北平中國大學畢業	死亡			

受損機關學校團體或事業名稱：江蘇省立南通民眾教育館　江蘇省教育廳印信

填報者　姓名：孔福民　服務處所與所任職務：前南通民教館館長　現任南通民教館館長周志

21

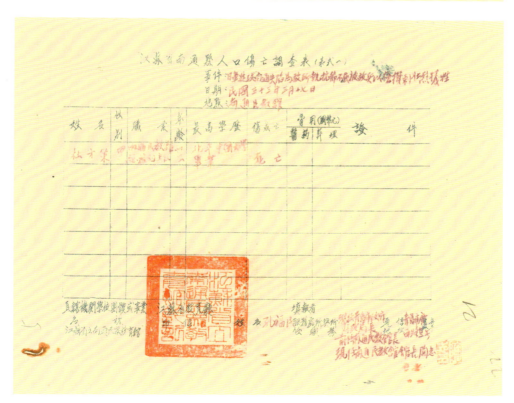

财产损失报告单

填送日期　　36年7月　日

损失年月日	事件	地点	损失项目	购置年月	单位	数量	价值（国币元）购置时价值	价值（国币元）损失时价值	证件
27.3.17.	日军攻陷	南通本馆	电影机		部	3		2400.00	
〃	〃	〃	留声片		部	10		500.00	
〃	〃	〃	显微镜		架	2		1800.00	
〃	〃	〃	照像机		架	大2 小一		2000.00 80.00	
〃	〃	〃	沙发椅子		套	4		40.00	
〃	〃	〃	[illegible]		[illegible]	60		1200.00	
〃	〃	〃	[illegible]		[illegible]	400		32,000	

直辖机关学校团体或事业　江苏省教育厅　受损失者

名称　江苏省立南通民众教育馆　印信　填报者

姓名　福民　服务处所与所任职务　……　与受损失者之关系　……　通信地址　……

江苏省立南通民众教育馆馆长　陶志

财产损失报告单

填送日期　　36年7月　日

损失年月日	事件	地点	损失项目	购置年月	单位	数量	价值（国币元）购置时价值	价值（国币元）损失时价值	证件
27.3.17.	日军攻陷	南通本馆	饭厅桌椅		套	40		400.00	
〃	〃	〃	宿舍桌椅		套	30		270.00	
〃	〃	〃	厨房用具 炊具		套	2		30.00	
〃	〃	〃	缝纫机		部	20		400.00	
〃	〃	〃	熨斗		个	50		250.00	
〃	〃	〃	织袜机		[illegible]	30		450.00	
〃	〃	〃	[illegible]		[illegible]	2800(册)		2800.00	

直辖机关学校团体或事业　江苏省教育厅　受损失者

名称　江苏省立南通民众教育馆　印信　填报者

姓名　福民　服务处所与所任职务　……　与受损失者之关系　……　通信地址　……

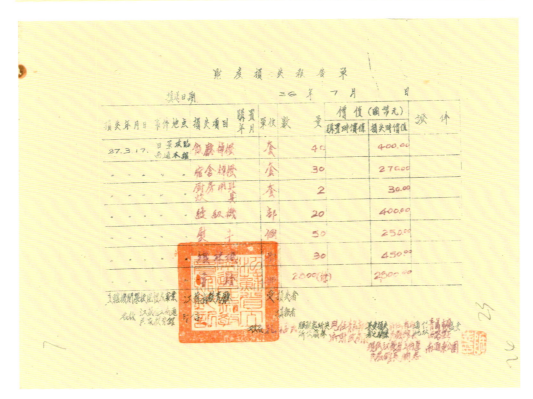

財產損失報告單

填送日期　　36年7月　日

損失年月日	事件地点	損失項目	購置年月	單位	數量	價值（國幣元）購置時價值	價值（國幣元）損失時價值	證件
27.3.17.	日軍攻陷南通本館	樂具						
〃	〃	收音機		部	2		80.00	
〃	〃	留声機		部	2		40.00	
〃	〃	片子		打	4		40.00	
〃	〃	擴音機		個	1		9.00	
〃	〃	[illegible]						
〃	〃	[illegible]						

直轄機關學校團體或事業　江蘇省教育廳　　受損失者

名稱　江蘇省立南通民衆教育館　　印信　　填報者

財產損失報告單

填送日期　　36年7月　日

損失年月日	事件地点	損失項目	購置年月	單位	數量	價值（國幣元）購置時價值	價值（國幣元）損失時價值	證件
27.3.17.	日軍攻陷南通本館	黄包車		部	2		100.00	
〃	〃	自行車		輛	10		500.00	
〃	〃							
〃	〃							
〃	〃							
〃	〃							
〃	〃							

直轄機關學校團體或事業　江蘇省教育廳　　受損失者

名稱　江蘇省立南通民衆教育館　　印信　　填報者

財產損失報告單

填送日期　　36年7月　　日

損失年月日	事件	地點	損失項目	購置年月	單位	數量	價值（國幣元）購置時價值	價值（國幣元）損失時價值	證件
27.3.17.	日軍攻佔	南通本館	木船		隻	2（一隻客用、一隻酉道）		800.00	
〃	〃	〃	雜誌架		個	4		32.00	
〃	〃	〃	書廚書架		個	12		100.00	
〃	〃	〃	鐵書櫃		個	6		160.00	
〃	〃	〃	鐵床		張	6		108.00	
〃	〃	〃	棕繃床及[illegible]		張	50		1250.00	
〃	〃	〃	[illegible]櫃		[illegible]	2（大小各一）		70.00	

直轄機關學校團體或事業：江蘇省教育廳

受損失者：江蘇省立南通民眾教育館

名稱：江蘇省立南通民眾教育館　　印信

填報者：[illegible] 福民　服務處所與所任職務：南通民眾教育館館長（[illegible]）

江苏省教育厅致省政府的呈文及致南通民众教育馆的指令（一九四七年十月三日）

江蘇省教育廳稿

來文數字：一三五〇三

文別：呈、指令

送達機關：教育部、南通民教館

事由：一、案據省立南通民眾教育館呈送抗戰損失調查表請核轉一案仰祈鑒賜核轉由
二、據該館呈送抗戰損失調查表祈核轉等情指令知照由

廳長 秘書 科長 主任 科員

擬稿 九、卅

呈 教四 字第 號

案據省立南通民眾教育館本年八月卅日捻字第二四五號呈稱：「原文照敘」等情，附呈人口傷亡調查表暨財產損失報告單各四份。據此，除各抽存一份外，理合檢同原件備文呈請鑒賜核轉，實爲公便。

謹呈

省政府主席王

教育部部長朱

全銜

中華民國卅六年十月三日 星期五

發文數字第 10049 號

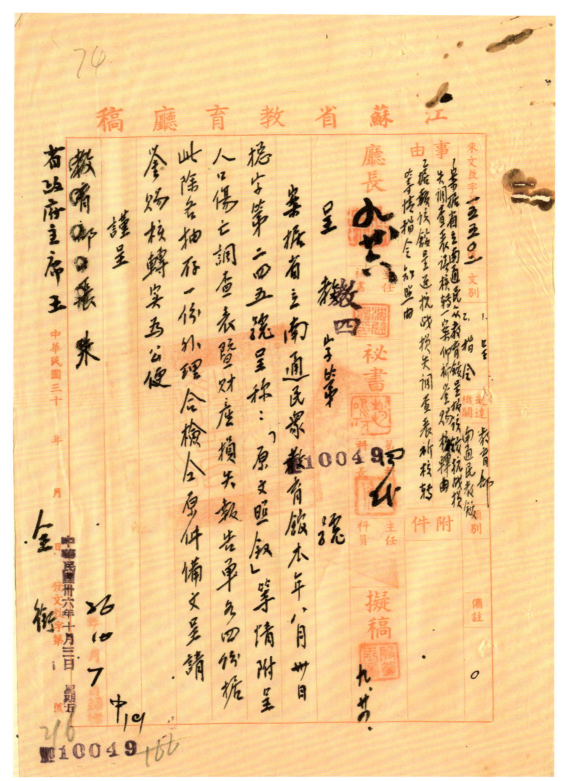

指令 教四 字第 10049 號

令省立南通民衆教育館

三十六年八月卅日呈壹件 爲遵令重行查填抗戰損失調查表單等各四份祈鑒核存轉由

呈件均悉准予轉呈教育部核備 仰即知照

此令。

廳長 陳〇〇

中華民國卅六年十月二日

10049

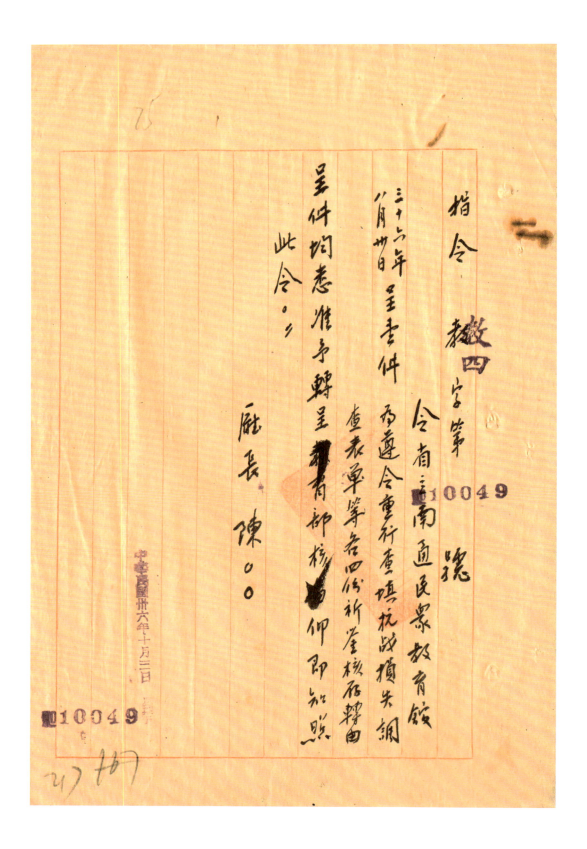

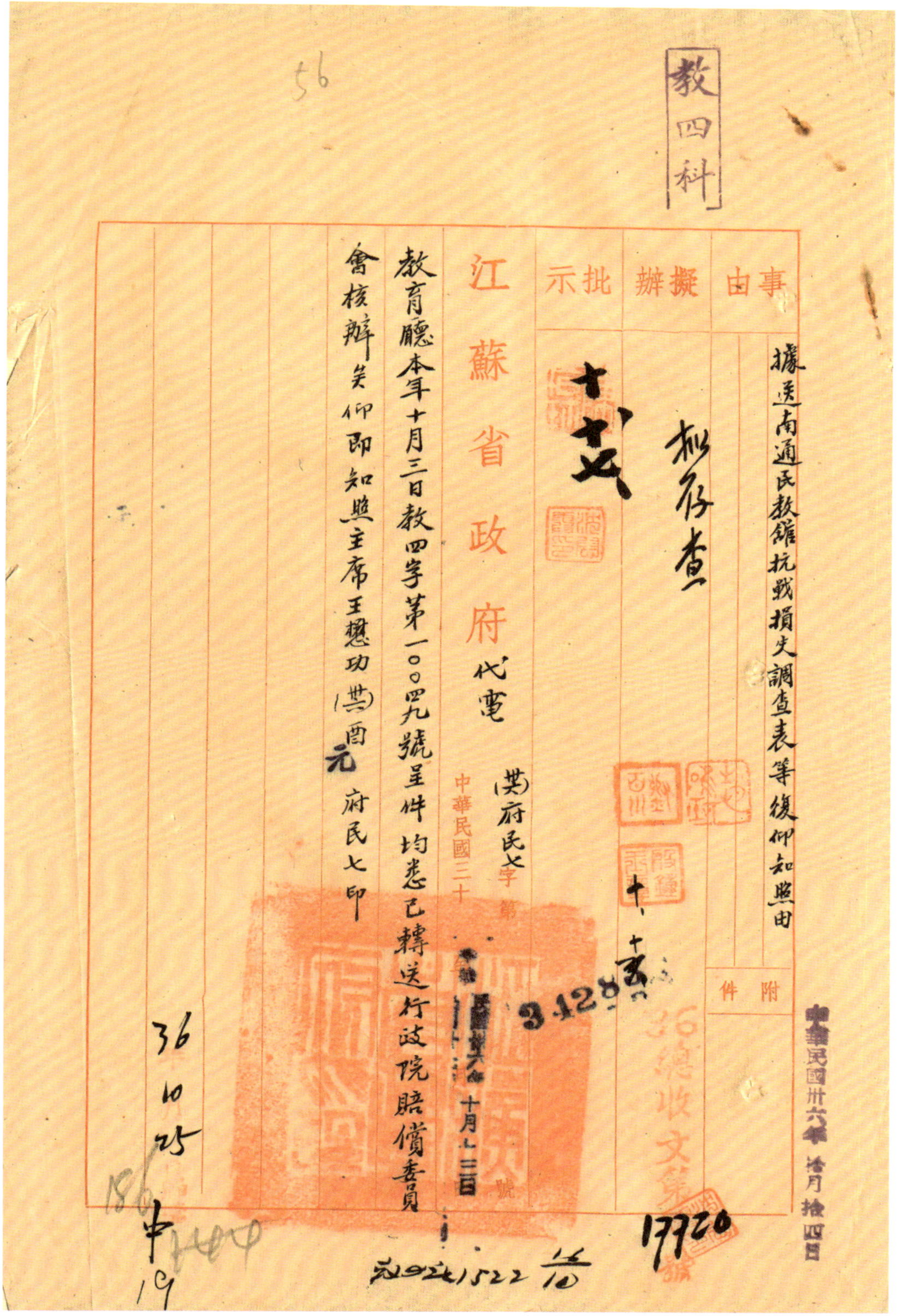
教四科

事由：據送南通民教館抗戰損失調查表等復仰知照由

擬辦：擬存查

江蘇省政府代電

（卅六）府民七字第　號

中華民國三十　年　月　日

教育廳本年十月三日教四字第一〇四九號呈件均悉已轉送行政院賠償委員會核辦矣仰即知照主席王懋功（卅六）酉元府民七印

附件

36總收文第　號

中華民國卅六年拾月拾四日

江苏省政府致省教育厅的代电（一九四七年十月十三日）

（十一）苏州教育系统财产损失调查

江苏省立太仓师范学校致省教育厅的呈（一九四七年三月二十七日）

教二科

事由：為遵令重行填報抗戰損失調查表由

擬辦：擬存候彙轉　吳

批示：四存

中華民國卅六年三月卅日

江蘇省立太倉師範學校　呈　中華民國三十六年三月二十七日　太字第一八六號

案奉

鈞廳教二字第二八二二號訓令轉飭重行填報抗戰損失調查表一式四份等因附發人口傷亡調查表財產損失報告單表式各一份奉此遵即轉知各教職員一一依式重填理合備文呈報仰祈

鑒核存轉寔為公便

謹呈

江蘇省教育廳廳長陳

附呈財產損失報告單十九份（每份一式四紙）

江蘇省立太倉師範學校校長顧克彬

附件：如文

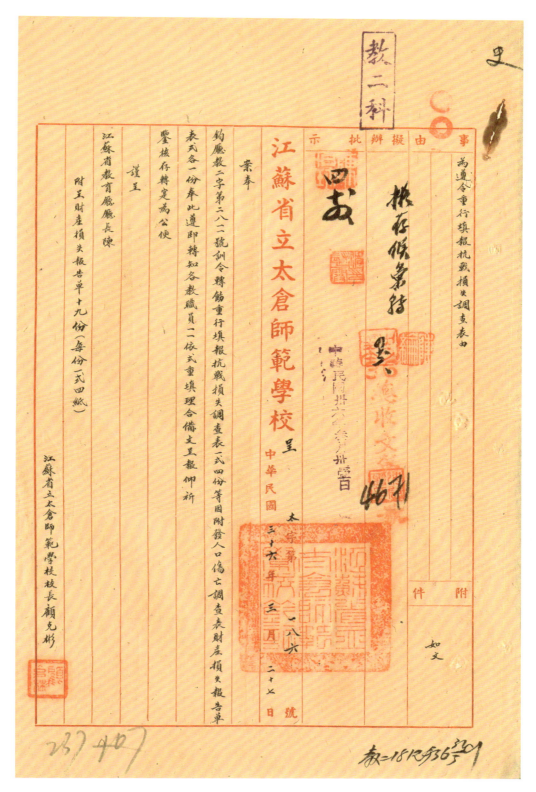

附：江苏省立太仓师范学校财产损失报告单（一九四七年三月）

財產損失報告單

填送日期　三十六年　三　月　日

損失年月日	事件地點	損失項目	購置年月	單位	數量	價值（國幣元）購置時價值	價值（國幣元）損失時價值	證件
民國26年9月1日至11月	轟炸學校	皮衣 冬季大衣	25年11月 24年11月	一 一	一件 一件	六十元 三十元	七十元 四十五元	
仝上	仝上	春季大衣 夫西裝	23年2月 24年7月	一 一	一件 二套	二十五元 五十元	三十五元 七十五元	
仝上	仝上	學生裝 中山裝	24年4月 26年2月	一 一	二套 一套	四十五元 二十元	六十元 二十五元	
仝上	仝上	軍衫 棉被	25年4月 23年2月	一 一	二件 二條	十元 三十元	十二元 四十元	
仝上	仝上	褥子 絨單	25年4月 23年7月	一 一	一條 二條	十五元 十元	二十元 十五元	
仝上	仝上	被單 帳子	23年7月 23年2月	一 一	二條 一頂	十元 四元	十五元 五元	
仝上	仝上	皮箱 藤箱	24年7月 23年5月	一 一	二只 二只	二十元 八元	三十元 十元	
仝上	仝上	两灯收音機	25年2月	一	一架	十五元	二十五元	
仝上	仝上	皮鞋 公事包	25年11月	一 一	一雙 一只	六元 七元	十元 十二元	
仝上	仝上	辭源 英文字典	23年8月	一 一	一部 一部	五元 五元	七元 七元	
仝上	仝上	社會參考書	23年8月 26年7月	三	一百十冊	五十元	六十元	
仝上	仝上	语文参考書	仝上	三	一百四十五冊	七十元	七十五元	

江蘇省立太倉師範學校

受損失者　郭立岑

填報者

服務處所與所任職務

與受損失者之關係

姓名

通信地址

蓋章

168

238

江苏省立太仓师范学校关于重报本校教员刘训家战时财产损失表致省教育厅的呈（一九四七年十月二十八日）

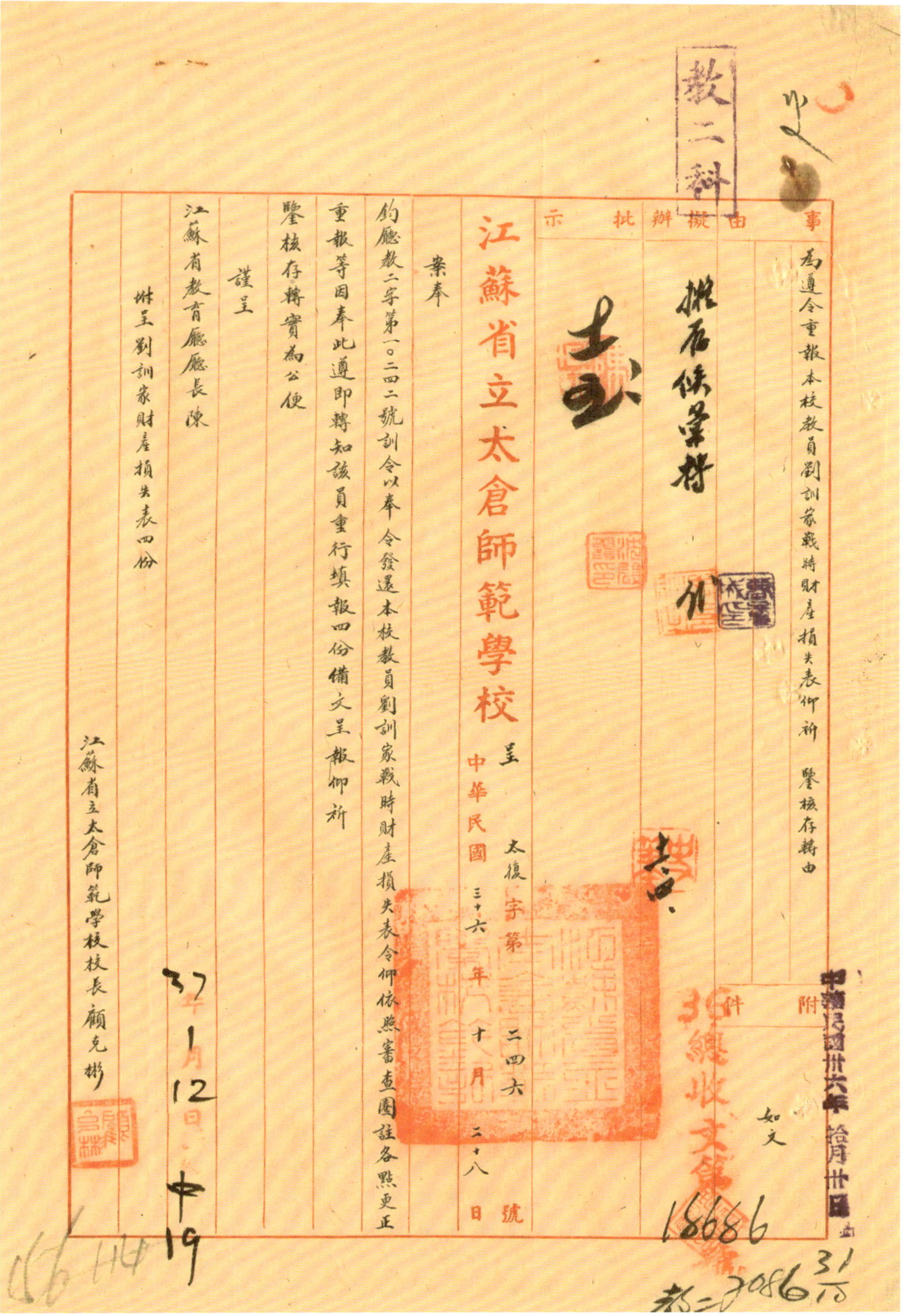

教二科

事由：為遵令重報本校教員劉訓家戰時財產損失表仰祈鑒核存轉由

擬辦：擬存俟彙轉

江蘇省立太倉師範學校　呈

中華民國三十六年十月二十八日

太復字第二四六號

案奉

鈞廳教二字第一〇二四二號訓令以奉令發還本校教員劉訓家戰時財產損失表令仰依照審查圖註各點更正重報等因奉此遵即轉知該員重行填報四份備文呈報仰祈

鑒核存轉實為公便

謹呈

江蘇省教育廳廳長陳

計呈劉訓家財產損失表四份

江蘇省立太倉師範學校校長顧克彬

附件：如文

36 總收文 18686

附：财产损失报告单（一九四七年十月二十六日）

財產損失報告單

填送日期　中華民國三十六年十月二十六日

損失年月日	事件地點	損失項目	購置年月	單位	數量	價值（國幣元） 購置時價值	損失時價值	證件
二十八年八月五日	日寇焚燬章宅四明鎮	草房	二六年九月	十間	計十間	弍仟元	肆仟元	
同上	同上	橙桌椅床	二七年二月	四条二張八張	計十六件	弍百元	肆百元	
同上	同上	茶几零件	二七年三月		計十二件	乙百元	弍百元	
三十二年二月八日	日寇搶劫江蘇省立鄉師	皮衣單衣襯褲	二五年十月	一件一件三套	計五件	五百元	六万伍仟元	
同上	同上	夾襯褲等	二七年二月		計六件	三十五元	伍仟元	
同上	同上	蚊帳行李等	二七年三月		計五件	八十元	乙万元	
同上	同上	公粮米麥	三二年一月	二石一石	計三石	六十元	六十元	
三十二年十月六日	日寇搶劫省立六臨中	辭源幾何學	二六年三月	各一部	計二册	七元	八百元	
同上	同上	三角辭典	二六年三月	一部	計一册	五元	六百元	
同上	同上	代數化學辭典	二六年三月	各一部	計二册	八元	乙仟元	
同上	同上	行李衣服等	三二年三月		計六件	九仟元	九仟元	

江蘇省立太倉師範學校

受損失者填報者　劉訓家（印）

姓名　顧克彬（印）　服務處所與所任職務　與受損失者之關係

通信地址　太倉省立師範　蓋章

115

江苏省立苏州实验小学关于报送更正抗战财产损失报告表致省教育厅的呈（一九四七年十月二十九日）

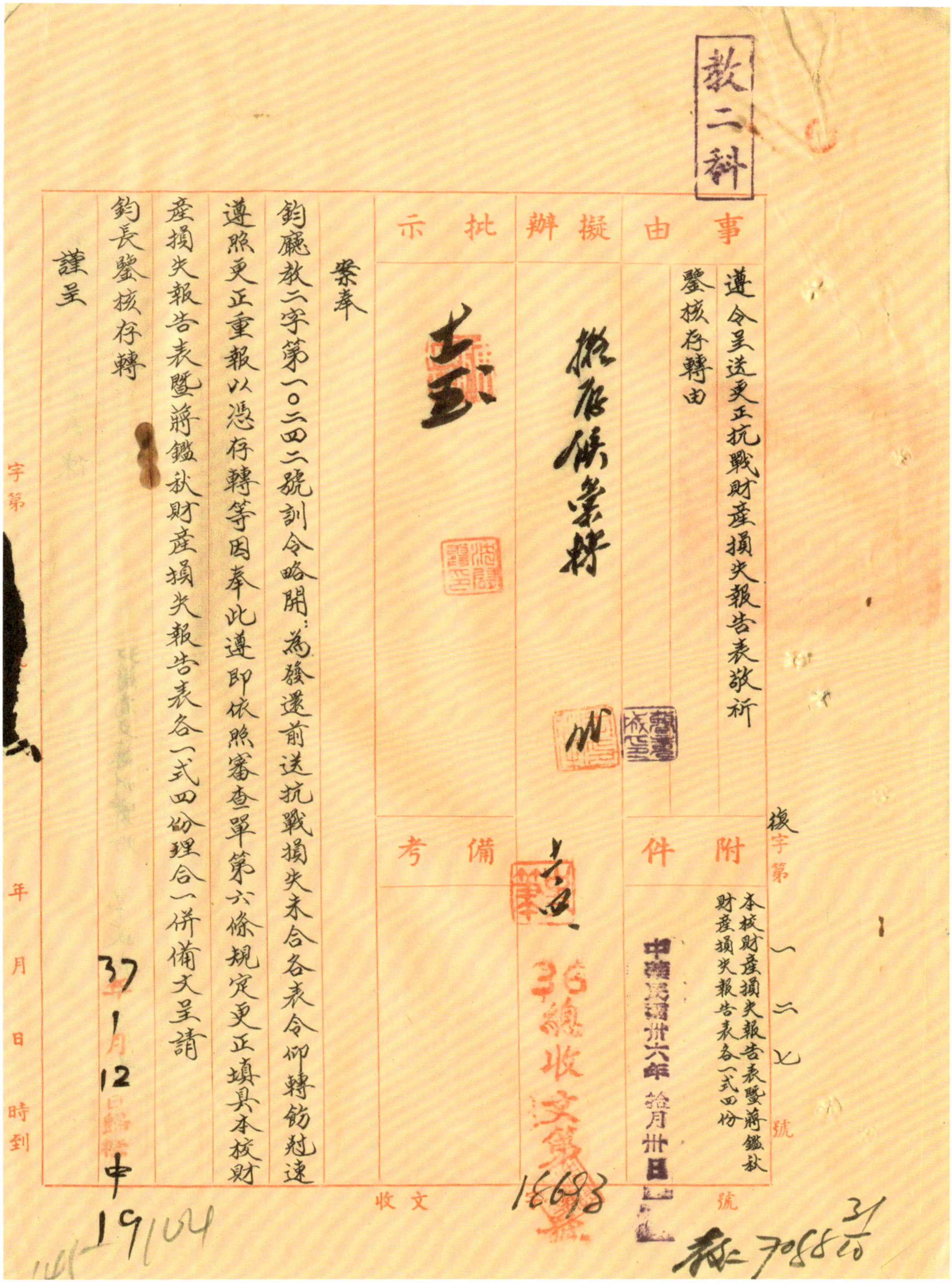

教二科

事由：遵令呈送更正抗戰財產損失報告表敬祈鑒核存轉由

附件：本校財產損失報告表暨蔣鑑秋財產損失報告表各一式四份

擬辦：擬依併案轉

核字第一二七號

案奉

鈞廳教二字第一〇二四二號訓令略開：「為發還前送抗戰損失未合各表，令仰轉飭剋速遵照更正重報，以憑存轉」等因，奉此，遵即依照審查單第六條規定更正填具本校財產損失報告表暨蔣鑑秋財產損失報告表各一式四份，理合一併備文呈請

鈞長鑒核存轉

謹呈

中華民國卅六年拾月卅日

36 總收文第16693號

江蘇省教育廳廳長陳

江蘇省立蘇州實驗小學校長瞿芑豐

中華民國三十六年十月二十九日

146

附：江苏省立苏州实验小学财产损失报告表（一九四七年十月）

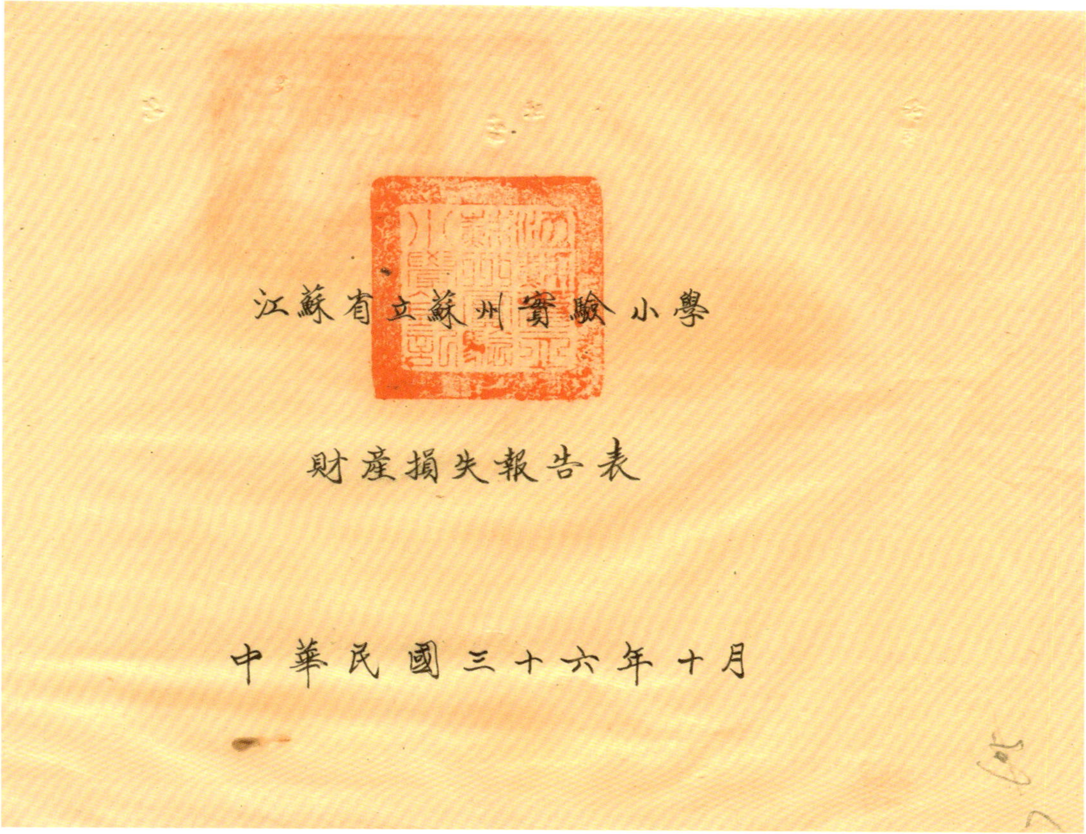

江蘇省立蘇州實驗小學

財產損失報告表

中華民國三十六年十月

財產直接損失彙報表

事件： 日軍佔領

日期： 民國二十六年十一月起

地點： 蘇州三元坊本校

填送日期 36年10月

分類	價值
共計	159,627元
建築物	102,000元
器具	23,952元
圖書	24,859元
儀器	6,800元
醫藥用品	568元
其他	1,448元

附財產損失報告表一份

報告者 校長 瞿艺豐

財產損失報告單

填送日期 年 月 日

損失年月日	事件地点	損失項目	購置年月	單位	數量	價值（國幣元）		證件
						購置時價值	損失時價值	
26年11月至今	日軍佔領蘇州三元坊本校	建築物 門房及會客室		500元	5間	2500元	3000元	
		西部樓房		500元	24	12000元	14400元	
		保恒堂		500元	12	6000元	7200元	
		東部教室		500元	15	7500元	9000元	
		南部教室		500元	15	7500元	9000元	
		北部教室		500元	18	9000元	10800元	
		宿房		500元	30	15000元	18000元	
		廚房		500元	7	3500元	4200元	
		送膳室及後門房		500元	11	3500元	6600元	

江蘇省立蘇州實驗小學

名稱 印信

受損失者

填報者

姓名 服務處所與所任職務 與受損失者之關係 通信地址 蓋章

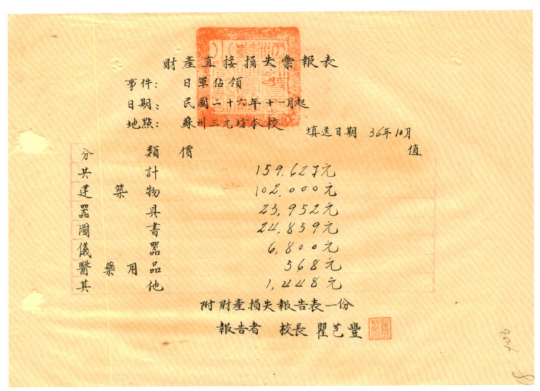

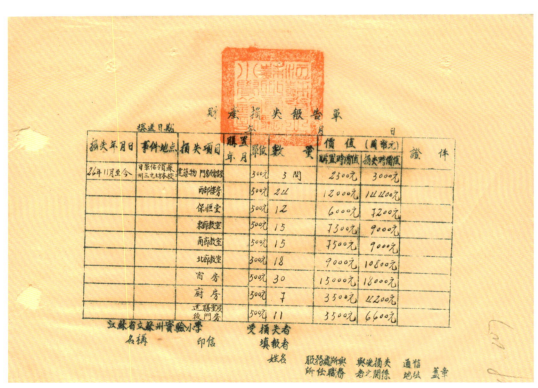

財產損失報告單

填送日期　36年　10月　日

損失年月日	事件地点	損失項目	購置年月	單位	數量	價值（國幣元）購置時價值	價值（國幣元）損失時價值	證件
26年11月至今	日軍佔領蘇州三元坊本校	建築物 大會堂		500元	10	5000元	6000元	
		兒童自治機關		500元	6	3000元	3600元	
		雨具室		300元	10	3000元	3600元	
		第二院門房		500元	3	1500元	1800元	
		大會堂		500元	3	1500元	1800元	
		辦公室樓房		500元	8	4000元	4800元	
		教室		500元	21	10500元	12600元	
		幼稚園		500元	10	5000元	6000元	
		學校普通用具		3元	7984件	23952元	28742元	

江蘇省立蘇州實驗小學　受損失者
名稱　印信　填報者
姓名　服務處所與所任職務　與受損失者之關係　通信地址　蓋章

財產損失報告單

填送日期　36年　10月　日

損失年月日	事件地点	損失項目	購置年月	單位	數量	價值（國幣元）購置時價值	價值（國幣元）損失時價值	證件
26年11月至今	日軍佔領蘇州三元坊本校	圖書		1元	24859冊	24859元	29830元	
		儀器		10元	680件	6800元	6936元	
		醫藥用品		1元	568件	568元	682元	
		文卷			40宗			
		其他		0.5	2897件	1448元	1738元	
		總計				159627元	190528元	

江蘇省立蘇州實驗小學　受損失者
名稱　印信　填報者
姓名　服務處所與所任職務　與受損失者之關係　通信地址　蓋章

財產損失報告表

民國三十六年十月

受損失填報者 蔣鑑秋

財產損失報告單

填送日期 36年 10月 日

損失年月日	事件地点	損失項目	購置年月	單位	數量	價值（國幣元）		證件
						購置時價值	損失時價值	
26年11月	日軍佔領蘇州城南周鎮	紅銹木桌椅	20年	10.5元	69隻	724.5元	869.4元	
		木捅	20年	3.75元	24件	90元	108元	
		箱子	20年	12.8元	22隻	281.6元	337.92元	
		床	20年	16.6元	6付	99.6元	119.52元	
		銅錫器	20-26年	7.3元	30件	219元	262.8元	
		磁器	20-26年	1.5元	120件	180元	216元	
		衣服	22-26年	10元	380件	3800元	4560元	
		書籍	20-26年	1.1元	72件	79.2元	9504元	
		紅木鏡框	24年	10元	18個	180元	216元	

江蘇省立蘇州實驗小學 名稱 印信

受損失者填報者 蔣鑑秋

姓名 服務處所與所任職務 與受損失者之關係 通信地址 蓋章

財產損失報告單

填送日期 36年 10月 日

損失年月日	事件地点	損失項目	購置年月	單位	數量	價值（國幣元）購置時價值	價值（國幣元）損失時價值	證件
26年11月	日軍佔領蘇州城南周鎮	書畫	19年	3.5元	28条	98元	117.6元	
		門窗	19年	8元	20扇	160元	192元	
		金手飾	26年	8元	15兩	120元	144元	
		銀手飾	25年	3元	57兩	171元	205.2元	
		電器	20年	30元	4件	120元	144元	
		時鐘	24年	30元	4具	120元	144元	
		自由車	26年	60元	1輛	60元	72元	
		米	26年	10元	2石	20元	24元	
		法幣	歷年積蓄	5元	600張	3000元	3000元	

名稱：江蘇省立蘇州實驗小學　印信

受損失者／填報者：蔣鑑秋（印）

姓名　服務處所與所任職務　與受損失者之關係　通信地址　蓋章

財產損失報告單

填送日期 36年 10月 日

損失年月日	事件地点	損失項目	購置年月	單位	數量	價值（國幣元）購置時價值	價值（國幣元）損失時價值	證件
26年11月	日軍佔領蘇州城南周鎮	花瓶插鏡	23年	169元	2件	338元	403.6元	
		總計				9860.9元	11233.08元	

名稱：江蘇省立蘇州實驗小學　印信

受損失者／填報者：蔣鑑秋（印）

姓名　服務處所與所任職務　與受損失者之關係　通信地址　蓋章

江苏省立苏州图书馆关于更正重填抗战损失表致省教育厅的呈（一九四七年十一月十一日）

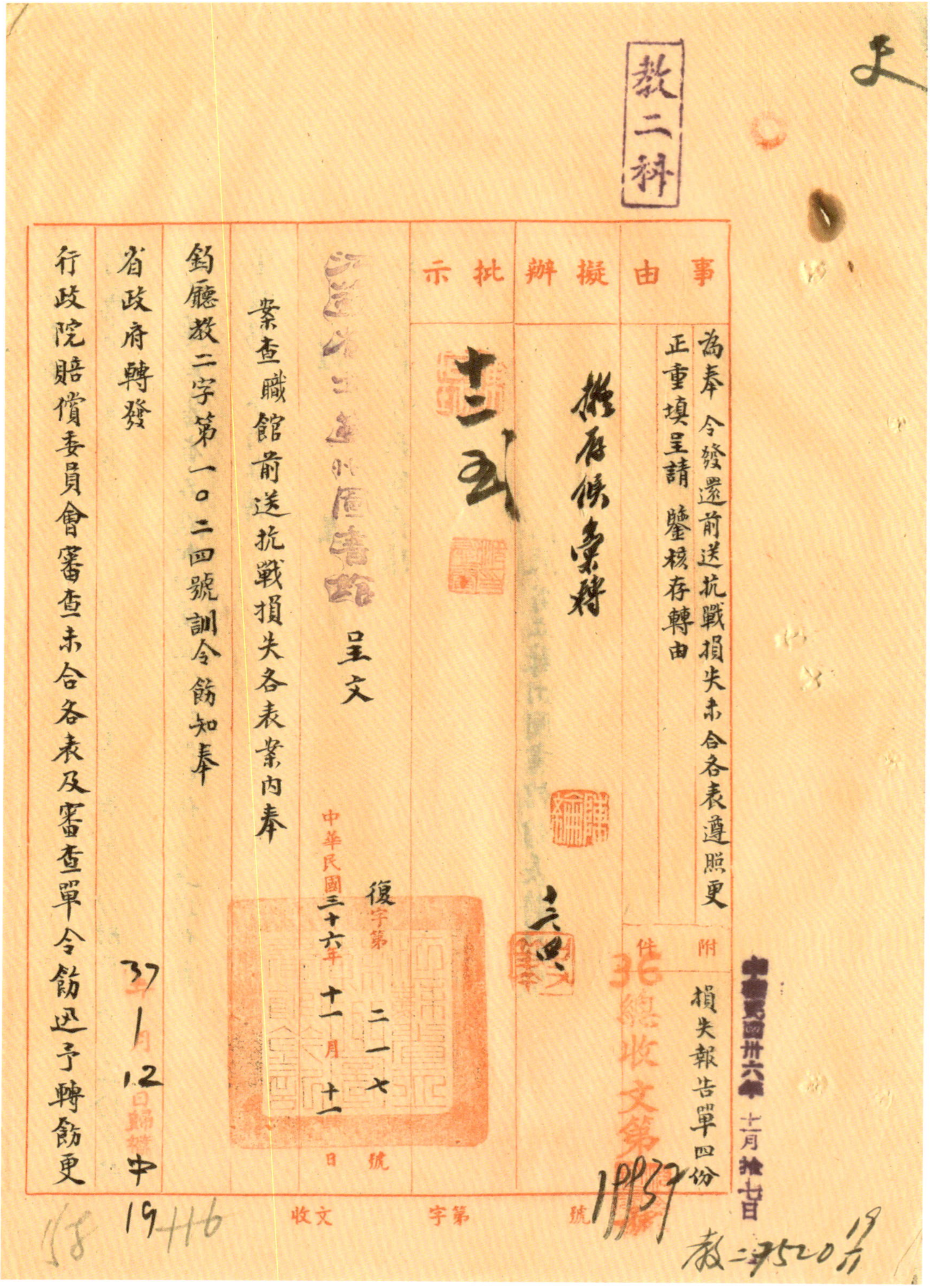
教二科

事由：為奉令發還前送抗戰損失未合各表遵照更正重填呈請鑒核存轉由

擬辦：擬存候彙轉

批示：

附件：損失報告單四份

江蘇省立蘇州圖書館 呈文

案查職館前送抗戰損失各表案內奉
鈞廳教二字第一〇二四號訓令飭知奉
省政府轉發
行政院賠償委員會審查未合各表及審查單令飭迅予轉飭更

中華民國三十六年十一月十一日
復字第二一七號

36 總收文第19837

中華民國卅六年十一月拾七日

收文 字第 號

正重報茲由

鈞廳分令遵辦等因並發下 職館原損失報告單四份附審查單一份奉此

茲已遵照審查各點加以更正重填四份備文呈送仰祈

鑒核賜予分別存轉

謹 呈

江蘇省教育廳廳長陳

計呈 職館抗戰期内財産損失重填報告單四份

江蘇省立蘇州圖書館館長蔣鏡寰

159

附：江苏省立苏州图书馆财产损失报告表（一九四七年十一月十日）

江蘇省立蘇州圖書館

財產損失報告單

三十六年十一月重行填報

江蘇省立蘇州圖書館 財產損失報告表

填送日期　三十六年十一月十日

損失年月日	事件地点	損失項目	購置年月	単位	數量	價值（國幣元）		證件
						購置時之价值	損失時之价值	
廿六年十一月	蘇州本館	鉄床	23年5月	隻	1	元角分 32,00	元角分 40,00	
〃	〃	瀏安园枱	〃年〃	〃	1	8,00	10,00	
〃	〃	瀏安反墊椅	〃年〃	〃	4	19,20	24,00	
〃	〃	〃〃衣架	〃年〃	〃	1	3,00	4,00	
〃	〃	〃〃矮玻璃橱	〃年〃	〃	16	179,20	224,00	
〃	〃	包車	〃年〃	輛	1	128,00	160,00	
〃	〃	三輪流動書車	〃年〃	〃	1	160,00	200,00	
〃	〃	自由車	〃年〃	〃	1	56,00	70,00	
〃	〃	廚房用具	歷年			80,00	100,00	
〃	〃	其他器皿	〃			80,00	100,00	
〃	〃	圖書	〃	册	12,798	10,238,40	12,798,00	
〃	〃	期刊雜誌	〃	册	15163	2,426,08	3,032,60	
〃	〃	報章彙訂本	〃	册	1747	歷年積存難算	800,000,00	
〃	〃	書版	〃	片	18179	〃〃〃〃難計算	265,413,400,00	
合計							266,246,138,80	

館長 蔣鏡寰

江蘇省立蘇州圖書館財產損失報告单

填送日期 三十六年十一月十日

損失年月日	事件地点	損失項目	購置年月	單位	數量	價值（國幣元）		證件
						購置時之价值	損失時之价值	
廿六年十一月	蘇州本館	洋松玻璃洋门	22年1月	扇	2	元角分 32,00	元角分 40,00	
〃	〃	洋松玻璃廣漆長窓	24年7月	〃	6	96.00	120,00	
〃	〃	〃〃〃短窓	〃年〃〃	〃	12	115,20	144,00	
〃	〃	河房靠欄杆	16年2〃	〃		56.00	80,00	
〃	〃	玻璃短窓	24年7〃	〃	16	153,60	192,00	
〃	〃	洋門	〃年〃〃	〃	2	19,20	24.00	
〃	〃	地板	歷年〃	间	7	245,00	350,00	
〃	〃	走廊挂落	14年2〃	扇	16	11,52	19,20	
〃	〃	房间夾仗	20年4〃	堂	12	84.00	120,00	
〃	〃	被毁墙垣	歷年	方	40	392,00	560,00	
〃	〃	玻璃	〃年	尺	560	33,60	56.00	
〃	〃	晴落注水	〃年	丈	60	50.40	72,00	
〃	〃	電灯材料	〃年			700,00	1,000,00	
〃	〃	其他值房木料	〃年			5000,00	8000,00	
〃	〃	銀杏書橱	20年1月	具	20	560,00	800,00	
〃	〃	泖安木書橱	23年8月	〃	30	600,00	750,00	
〃	〃	廣漆杉木書橱	20年5月	〃	40	640,00	800,00	
〃	〃	瀏安寫字枱	23年3月	隻	8	128,00	160,00	
〃	〃	〃〃椅靠	〃年〃	〃	20	80,00	100,00	
〃	〃	〃〃卡片箱	〃年〃	〃	4	96,00	120,00	
〃	〃	廣漆八仙方桌	〃年〃	〃	5	28,00	35,00	
〃	〃	特製借書櫃	〃年〃	隻	2	48,00	6000	
〃	〃	玻璃櫃枱	〃年〃	〃	2	40,00	50,00	
〃	〃	厚玻璃陳列枱	20年7月	〃	5	150,00	250,00	
〃	〃	柳安木演講桌	〃年4月	〃	1	12,00	15,00	
〃	〃	柳安聽講双椅	24年7月	〃	50	400,00	500,00	
〃	〃	棕墊架	歷年	〃	22	61,50	88.00	
〃	〃	松木衣橱	20年1月	具	24	84,00	120,00	
〃	〃	廣漆三抽屜枱	〃年〃	隻	24	134,40	192,00	
〃	〃	杉木書版架	〃年〃	〃	400	560,00	800,00	
〃	〃	沙发（大）	23年9月	〃	1	32,00	40,00	
〃	〃	沙发（中）	〃年〃	〃	3	84,00	105,00	
〃	〃	瀏安大菜枱	21年11月	〃	3	105,00	150,00	
〃	〃	瀏安屏風	24年1月	扇	16	51,20	64,00	

昆山县政府关于重填抗战损失表致江苏省教育厅的呈（一九四七年十一月十五日）

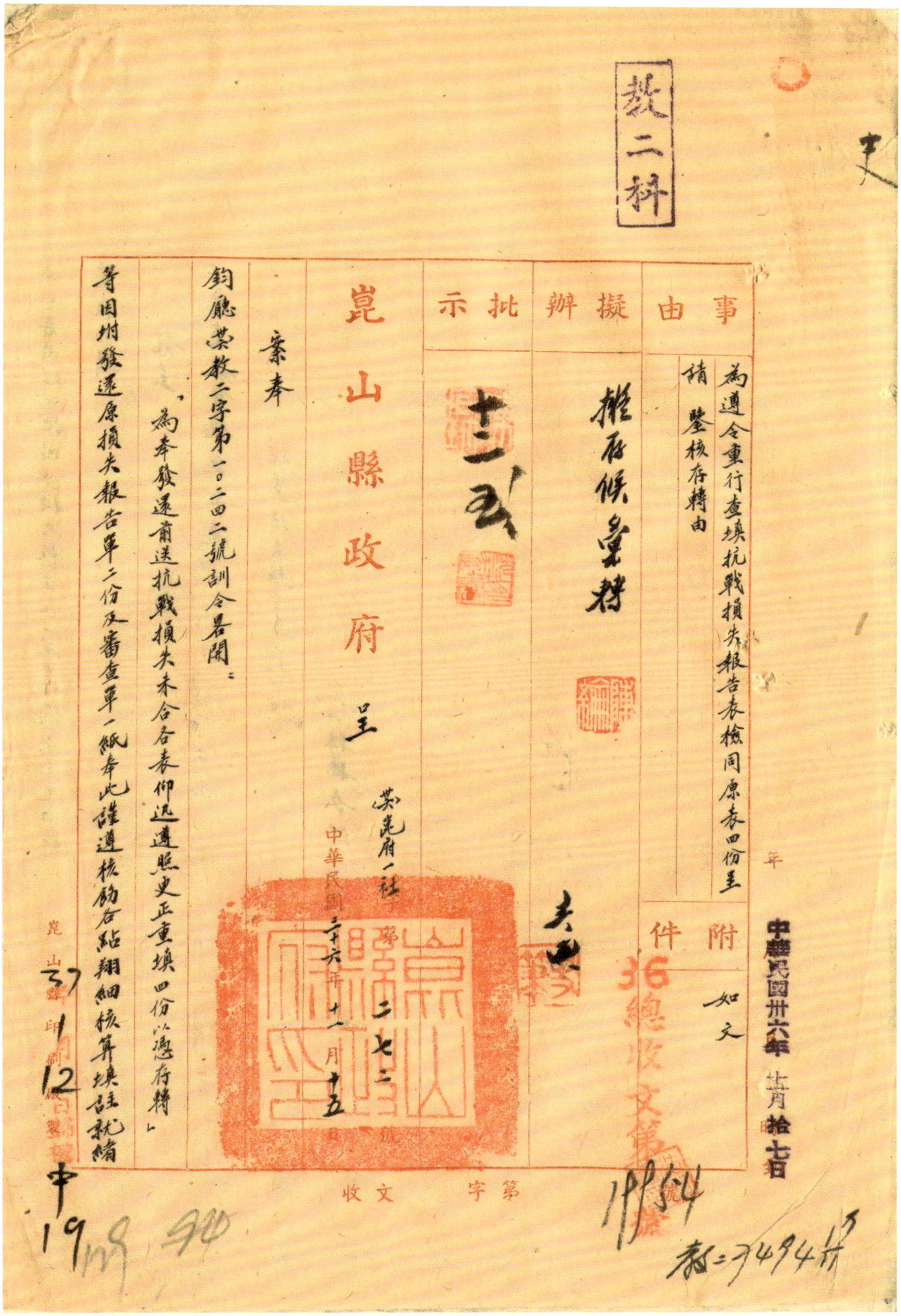

教二科

事由：為遵令重行查填抗戰損失報告表檢同原表四份呈請鑒核存轉由

擬辦：擬存候彙轉

批示：十二 式

附件：如文

昆山縣政府呈

栄崑府一社字第二七二號

案奉

鈞廳栄教二字第一〇二四二號訓令略開：「為本發還前送抗戰損失未合各表仰迅遵照更正重填四份以憑存轉」等因，附發還原損失報告單二份及審查單一紙。奉此，謹遵核飭各點翔細核算填註就緒

中華民國三十六年十一月十五日

中華民國卅六年十一月拾七日

36總收文第　號

奉令前因理合檢同原損失報告表一式四份備文呈送仰祈

鑒核存轉

謹呈

江蘇省教育廳廳長陳

附呈損失報告表一式四份

崑山縣縣長沈霞飛

130

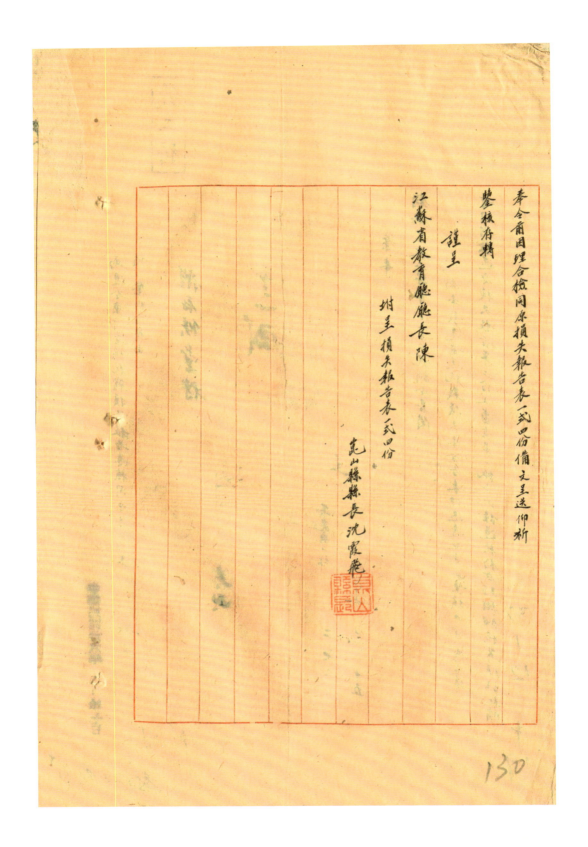

附：昆山县各中心小学暨社教机关财产损失报告单（一九四七年四月四日）

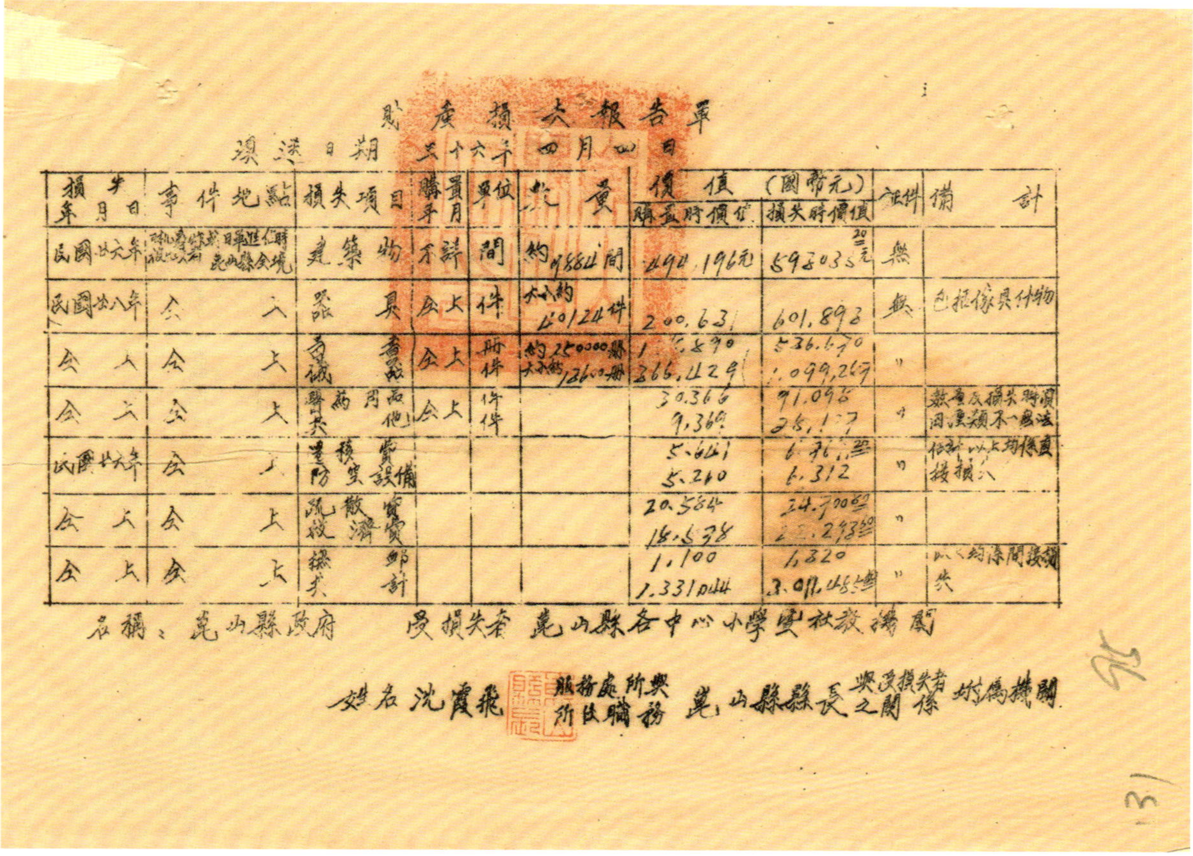

財產損失報告單

填送日期　三十六年　四月四日

損失年月日	事件地點	損失項目	購置年月	單位	數量	價值（國幣元）購置時價值	損失時價值	證件	備註
民國廿六年	[illegible]日軍進佔時 昆山縣全境	建築物	不詳	間	約1884間	494,196元	598,035.20元	無	
民國廿八年	仝上	器具	仝上	件	大小約60124件	200,631	601,893	無	包括傢具什物
仝上	仝上	書籍 儀器	仝上	冊 件	約250000冊 大小約12600冊	1[illegible],890 366,429	536,670 1,099,267	〃	
仝上	仝上	醫藥用品 其他	仝上	件 件		30,366 9,369	91,098 28,157	〃	數量及損失時價因種類不一無法
民國廿六年	仝上	遷移費 防空設備				5,661 5,240	6,791.20 6,312	〃	估計 以上均係直接損失
仝上	仝上	疏散費 救濟費				20,584 18,538	24,700.60 22,243.60	〃	
仝上	仝上	撫卹費 [illegible]				1,100 1,331,044	1,320 3,011,485.60	〃	以下均係間接損失

名稱：昆山縣政府　受損失者：昆山縣各中心小學暨社教機關

姓名　沈霞飛　服務處所與所任職務　昆山縣縣長　與受損失者之關係　所屬機關

吴江县教育局关于更正重报芦墟镇及八坼镇中心国民学校财产损失报告表致江苏省教育厅的呈

（一九四七年十二月二日）

教二科

事由：為遵令更正重報本縣蘆墟鎮及八坼鎮中心國民學校財產損失報告表仰祈鑒核存轉由

附件：如文

擬辦：擬存候彙轉

決定辦法：

吴江縣教育局

文別：呈

中華民國三十六年十二月二日 （卅六）總字第一一一一號

案奉

鈞廳教二字第一〇二四二號訓令為發還本縣蘆墟鎮及八坼鎮中心國民學校抗戰損失報告表飭即更正重填四份以憑存轉等因奉此遵經轉飭補正前來理合檢同該校等財產損失報告表各四份備文轉呈仰祈

鑒核存轉

中華民國卅六年十二月四日

36 總收文第21042號

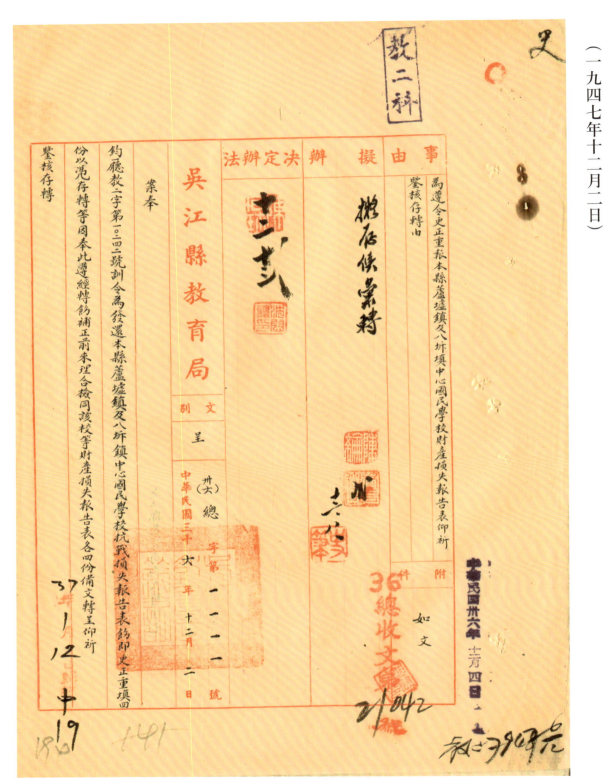

謹呈

江蘇省教育廳廳長陳

附呈 吳江縣蘆墟八圻鎮中心國民學校財產損失報告表各四份

吳江縣教育局局長趙升元

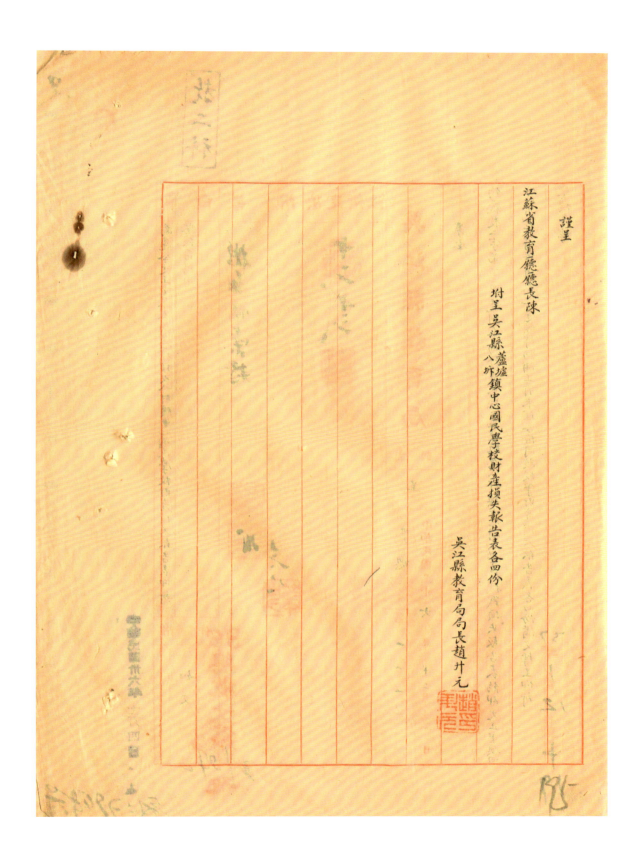

附：芦墟镇、八坼镇中心国民学校财产损失报告表（一九四七年三至十一月）

財產損失報告單

填送日期 三十六年 三 月 廿六 日

損失年月日	事件地點	損失項目	購置年月	單位	數量	價值（國幣元）		證件
						購置時價值	損失時價值	
廿六年十一月十五日	八坼南港	床	17年6月	隻	2	130元	156元	被敵火毁
"	"	桌	"	"	6	80元	96元	"
"	"	椅	"	"	10	40元	48元	"
"	"	皮夾棉單衣	17年至26年	件	50	500元	600元	"
"	"	字典雜誌	"	册	100	200元	240元	"
"	"	其他類	"	件	80	300元	360元	"
"								

直轄機關學校團體或事業 受損失者 吴江縣八坼鎮中心國民學校

名稱 吴江縣八坼鎮中心國民學校印信 填報者 陶鳳五

姓名 陶鳳五 服務處所與所任職務 校長 與受損失者之關係 通信地址 八坼南港 蓋章

說 明

1.「損失年月日」指事件發生之日期如某年某月某日或某年某月某日至某年某月某日
2.「事件」指發生損失之事件如日機之轟炸日軍之進攻等
3.「地點」指事件發生之地點如某市某縣某鄉某鎮某村等
4.「損失項目」指一切動產（如衣服什物財帛舟車證券等）及不動產（如房屋田園礦產等）所有損失逐項填明
5.「價值」如係當地幣制除折成國幣填列外並加填原幣名稱及數額
6. 如有證件應將名稱與件數填入「證件」欄内
7. 受損失者如係私人填其姓名如係機關學校團体或事業填其名稱
8. 私人之損失由本人填報或由代報者填報機關學校團体或事業之損失由各該主管人填報
9. 表格紙幅一律長28公分寬20.5公分

吳江縣盧墟鎮中心國民學校 財產損失報告單

填送日期 36年 11月 日

損失年月日	事件地點	損失項目	購置年月	單位	數量	價值（國幣元）購置時價值	價值（國幣元）損失時價值	證件
26年11月27日	敵軍初次侵入蘆墟翌日全部向浙境而去	辦公用具	民國紀元前七年至民國廿六年止		17件	340元	408元	
		教具			5件	150元	180元	
28年7月10日——11日	敵軍進攻駐蘆游擊隊大肆焚劫	校舍	〃		5間	5000元	10000元	
		課桌椅	〃		120副	720元	1400元	
		教具	〃		12件	360元	720元	
		其他用具	〃		30件	45元	90元	
32年2月8日——3月5日	敵軍大舉掃蕩蘆墟燒殺劫掠達三十六天之久	校舍	〃		36間	3600元	4788000元	
		課桌椅	〃		380副	2280元	293240元	
		辦公用具	〃		150件	300元	39900元	
		教具	〃		63件	1890元	251370元	
		圖書	〃		4500册	3000元	399000元	
		儀器標本	〃		150件	3000元	399000元	
		藥品	〃		1櫥	500元	65500元	
		其他用具	〃		376件	564元	75000元	

直轄機關學校團體或事業　　受損失者 吳江縣蘆墟鎮中心國民學校

名稱　印信　　填報者 王蔭喬

吳江縣蘆墟鎮中心國民學校

姓名 王蔭喬　服務處所與所任職務 校長　與受損失者之關係　通信地址 芦墟鎮　蓋章

（十二）扬州教育系统财产损失调查

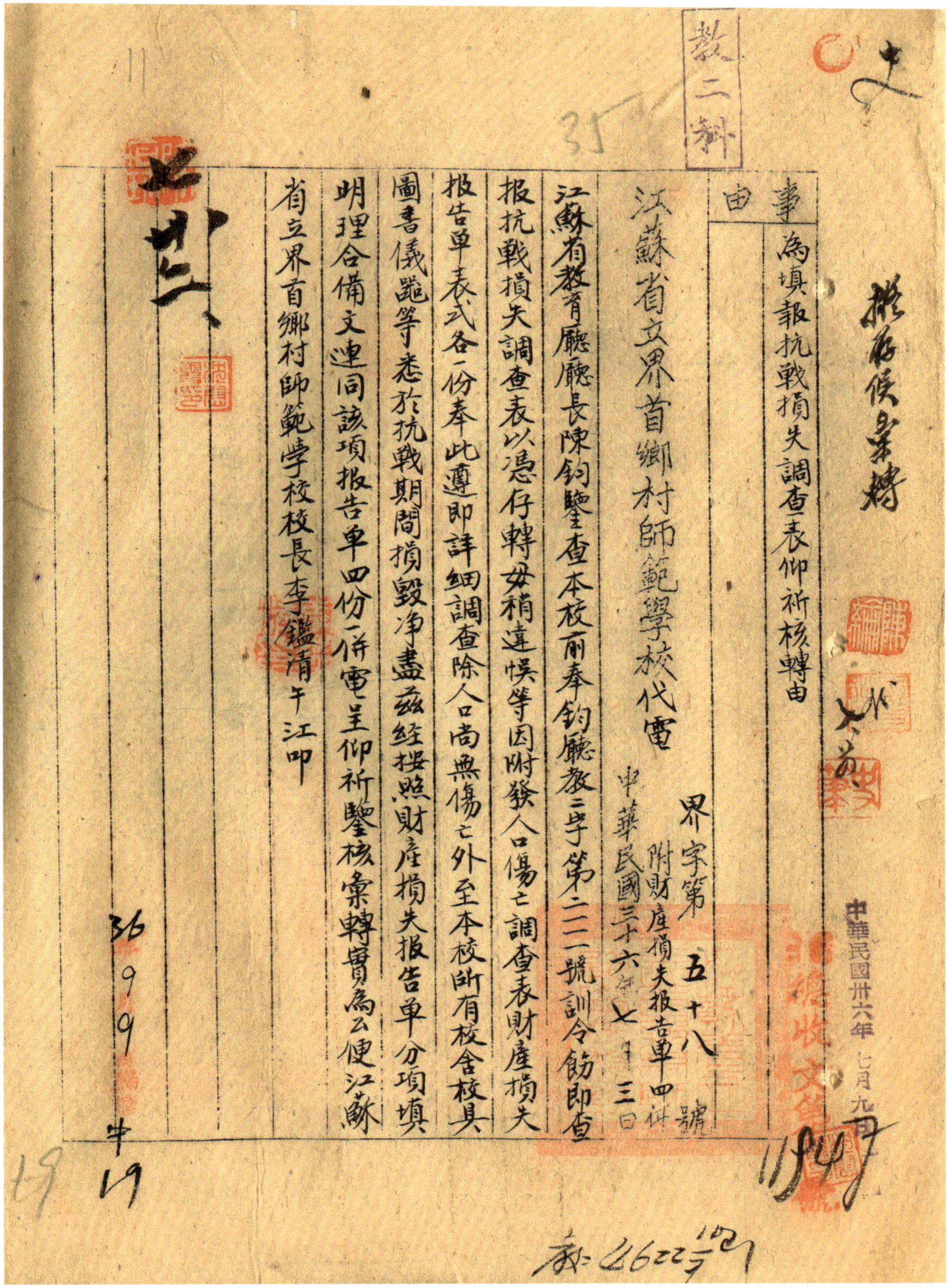

事由：為填報抗戰損失調查表仰祈核轉由

江蘇省立界首鄉村師範學校代電　界字第五十八號

附財產損失報告單四份

中華民國三十六年七月三日

江蘇省教育廳廳長陳鈞鑒：查本校前奉鈞廳教二字第二二一號訓令飭即查報抗戰損失調查表以憑存轉毋稍違悞等因，附發人口傷亡調查表、財產損失報告單表式各一份，奉此遵即詳細調查，除人口尚無傷亡外，至本校所有校舍、校具、圖書、儀器等悉於抗戰期間損毀淨盡，茲經按照財產損失報告單分項填明，理合備文連同該項報告單四份一併電呈，仰祈鑒核彙轉，實為公便。江蘇省立界首鄉村師範學校校長李鑑清午江叩

江苏省立界首乡村师范学校关于填报抗战损失调查表致省教育厅的代电（一九四七年七月三日）

高邮县政府关于呈报本县中山镇第一中心国民学校抗战期间损失调查统计表致江苏省教育厅的呈

（一九四八年二月五日收）

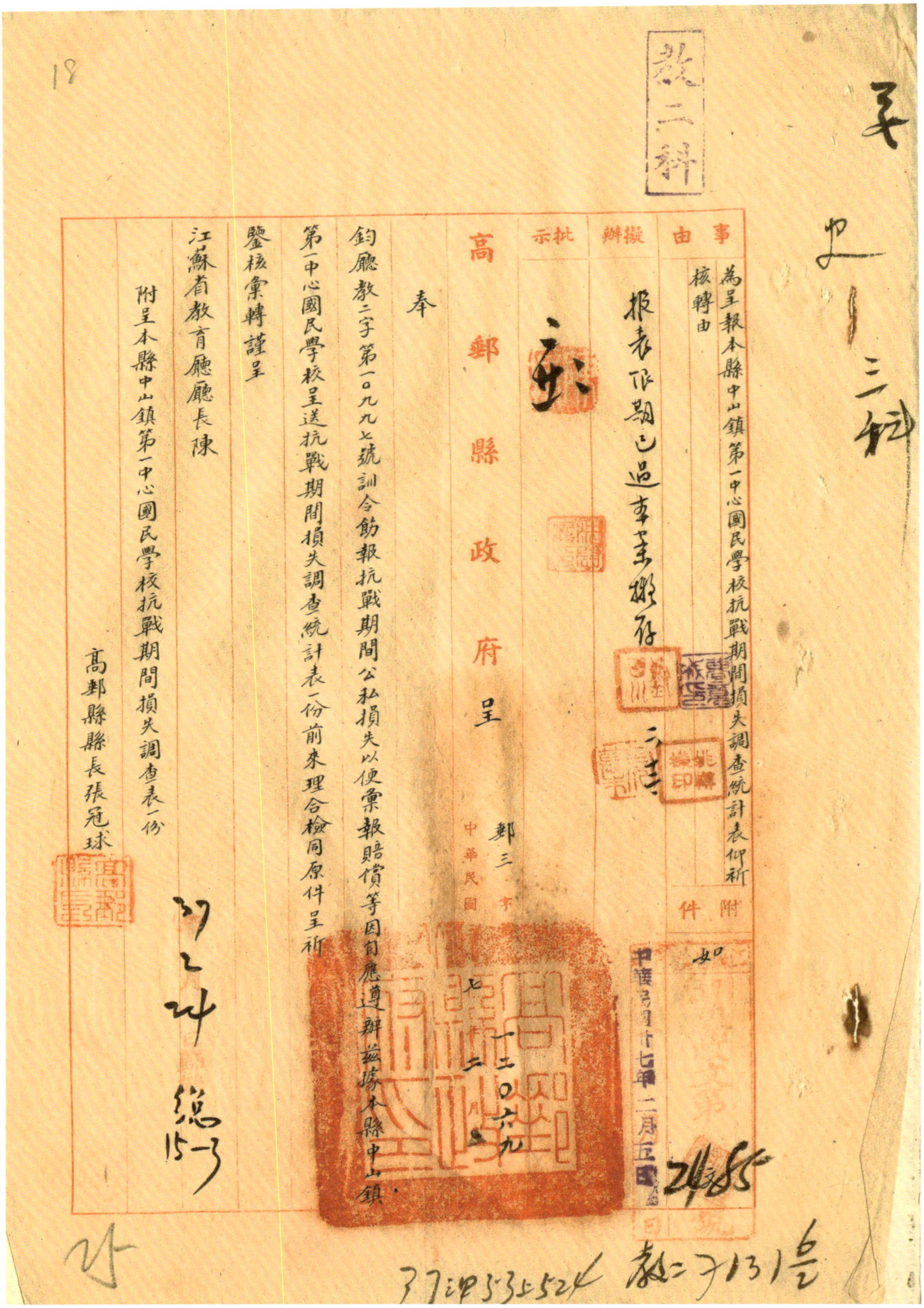

教二科

事由：為呈報本縣中山鎮第一中心國民學校抗戰期間損失調查統計表仰祈核轉由

擬辦：報表限期已過，本案擬存 二、十三

附件：如文

高郵縣政府呈 郵三字第一二〇六九號 中華民國三十七年二月 日

奉

鈞廳教二字第一〇九九七號訓令飭報抗戰期間公私損失以便彙報賠償等因自應遵辦茲據本縣中山鎮第一中心國民學校呈送抗戰期間損失調查統計表一份前來理合檢同原件呈祈

鑒核彙轉謹呈

江蘇省教育廳廳長陳

附呈本縣中山鎮第一中心國民學校抗戰期間損失調查表一份

高郵縣縣長張冠球

中華民國三十七年二月五日

附：高邮县中山镇第一中心国民学校抗战期间损失调查统计表（一九四七年十二月）

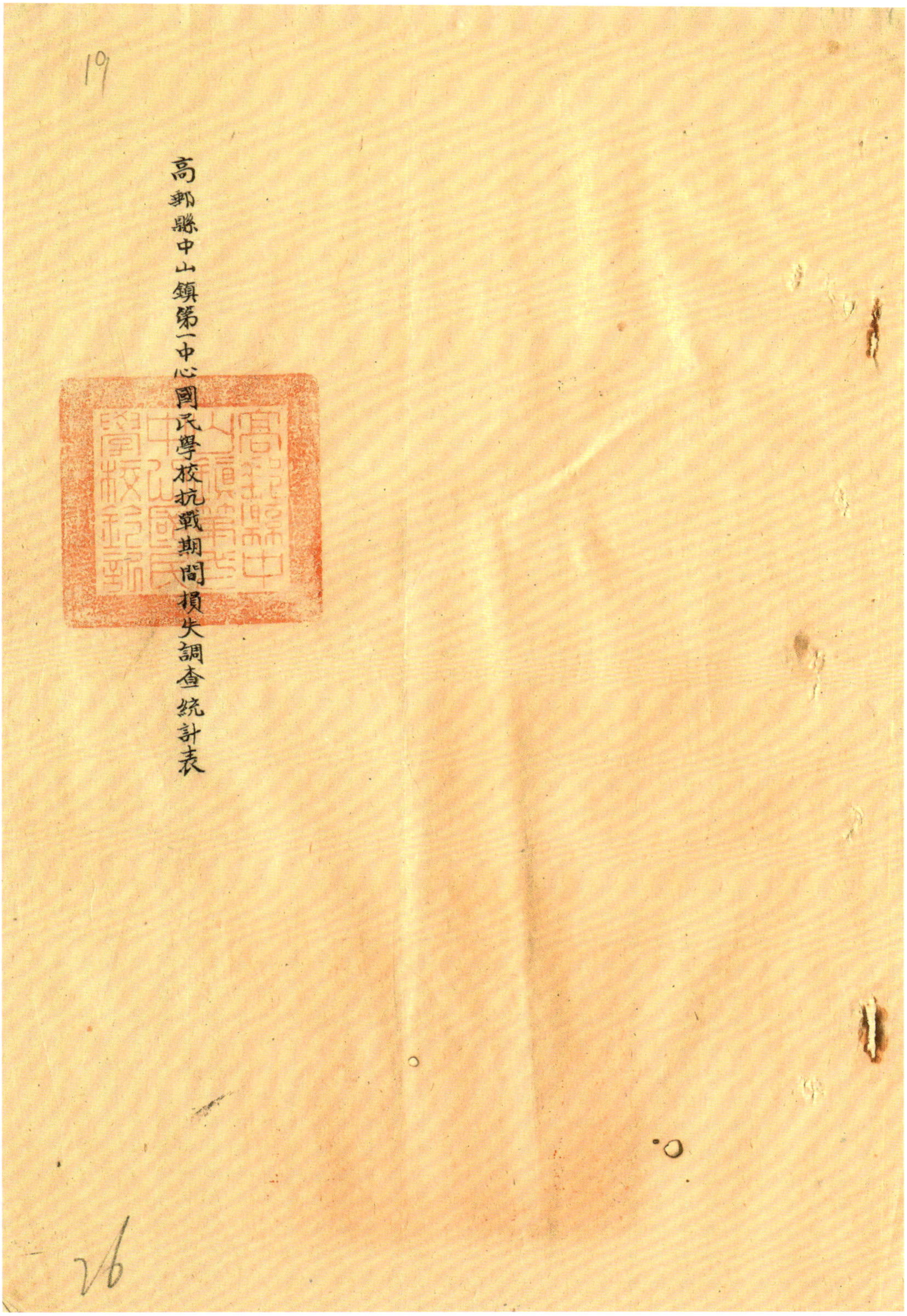

19

高郵縣中山鎮第一中心國民學校抗戰期間損失調查統計表

26

20

江蘇省高郵縣中山鎮第一中心國民學校抗戰期間損失調查統計表 民國三十六年十二月　日報

名稱	數量	現值估價（以萬元為單位）	備攷
房屋	一〇八間	二〇億〇、〇〇〇萬元	
桌櫈	一二〇件	二四〇〇〇萬元	
學桌櫈	八〇〇套	九、六〇〇萬元	
圖書	一五〇〇〇冊	七、五〇〇萬元	
儀器標本	三、〇〇〇件	一〇、〇〇〇萬元	
體育設備	五〇〇件	二、五〇〇萬元	
普通校具	一六〇〇件	八、〇〇〇萬元	
櫥架	五〇件	二、〇〇〇萬元	

27

校景佈置		一二、〇〇〇萬元
合計		二五四億、〇〇〇萬元

28

（十三）泰州教育系统财产损失调查

泰兴县政府、江苏省教育厅、教育部关于报送孔庙及过船港小学校抗战财产损失报告单及附图事的往来公文（一九四七年七月二十八日至九月六日）

泰兴县政府致江苏省教育厅的呈（一九四七年七月二十八日）

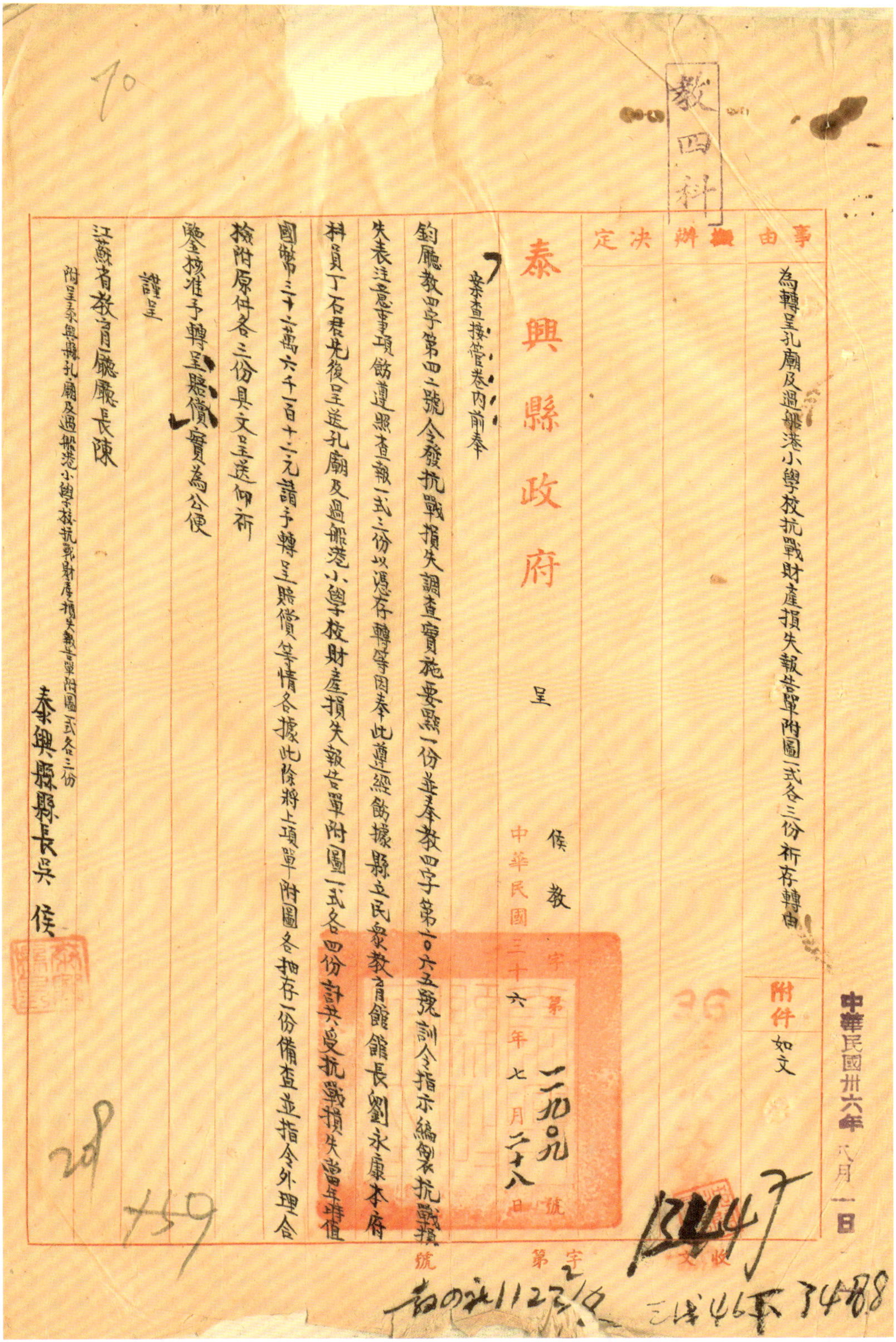

事由：為轉呈孔廟及過船港小學校抗戰財產損失報告單附圖一式各三份祈存轉由

附件：如文

泰興縣政府 呈　侯教字第一一九〇九號

中華民國三十六年七月二十八日

案查接管卷内前奉

鈞廳教四字第四二號令發抗戰損失調查實施要點一份並奉教四字第一〇六五號訓令指示編製抗戰損失表注意事項飭遵照查報一式三份以憑存轉等因奉此遵經飭據縣立民衆教育館館長劉永康本府科員丁石君先後呈送孔廟及過船港小學校財產損失報告單附圖一式各四份計共受抗戰損失當年時值國幣三十二萬六千一百十二元請予轉呈賠償等情各據此除將上項單附圖各抽存一份備查並指令外理合檢附原件各三份具文呈送仰祈

鑒核准予轉呈賠償實為公便

謹呈

江蘇省教育廳廳長陳

附呈泰興縣孔廟及過船港小學校抗戰財產損失報告單附圖一式各三份

泰興縣縣長吳　侯

附：孔庙及过船港小学校抗战财产损失报告单及附图（一九四七年六至七月）

財產損失報告單

填送日期 三十六年六月二十日

損失年月日	事件	地點	損失項目	購置年月	單位	數量	價值（國幣元）購置時價值	價值（國幣元）損失時價值	證件
民國二十九年四月十八日	縣城淪陷日寇登陸焚燒機關學校	江蘇省泰興縣第一區過船鄉過船港小學校	房屋		間	13		13000	日寇縱火焚燒已成一片瓦礫當時未能攝影留証合併登明
			課桌椅全付		張	64		768	
			黑板		面	大3 小3		180	（未被敵寇燒燬前平面圖）
			座鐘		座	1		28	
			鋪板		付	6		48	
			圖書		種	43		430	
			運動器械		種	3		50	
			風琴		架	1		120	
			辦公桌椅		付	12		600	
			教師衣服被帳		件	30		720	
			鍋碗用物		件	40		120	
合計								16064	

直轄機關學校或事業名稱 印信 受損失者 泰興縣立過船港小學校 填報者

姓名 丁石君 服務處所與所任職務 泰興縣政府教育科科員 與受損失者之關係 原任該校校長 通信地址 泰興縣政府 蓋章

財產損失報告單

填送日期 三十六年七月　日　第一頁

損失年月日	事件	地點	損失項目	購置年月	單位	數量	價值（國幣元）購置時價值	價值（國幣元）損失時價值	證件
二十九年二月	日寇攻陷縣城大肆拆屋建築營房工事	泰興東嶽廟	房屋		間	139		278,000元	未被拆毁前平面圖、已拆毁後平面圖（以下同）
			槅子		扇	78		1,548元	
			桌子		張	10		260元	
			玻璃窗		扇	120		2400元	
			椅子		張	20		320元	
			圍牆		立方	98		19,600	
			碑亭		間	2		800元	
			禮門坊		座	1		1,600元	
			義門坊		座	1		1,600元	

直轄機關學校或事業名稱 印信 受損失者 填報者

姓名 服務處所與所任職務 與受損失者之關係 通信地址 蓋章

财产损失报告单

填送日期三十六年七月 日 第二頁

損失年月日	事件	地點	損失項目	購置年月	單位	數量	價值（國幣元）購置時價值	價值（國幣元）損失時價值	證件
二十九年二月			續第一頁						
			照壁		立方市丈	1.6		320元	
			石橋		座	3		3,600元	
			合計					310,048元	

直轄機關學校或事業 名稱泰興縣立民眾教育館 印信

受損失者 孔廟

填報者 姓名劉永康 服務處所與所任職務 泰興縣立民眾教育館館長 與受損失者之關係 孔廟系泰興縣民眾教育館現由民教館保管 通信地址 泰興民眾教育館 蓋章

161

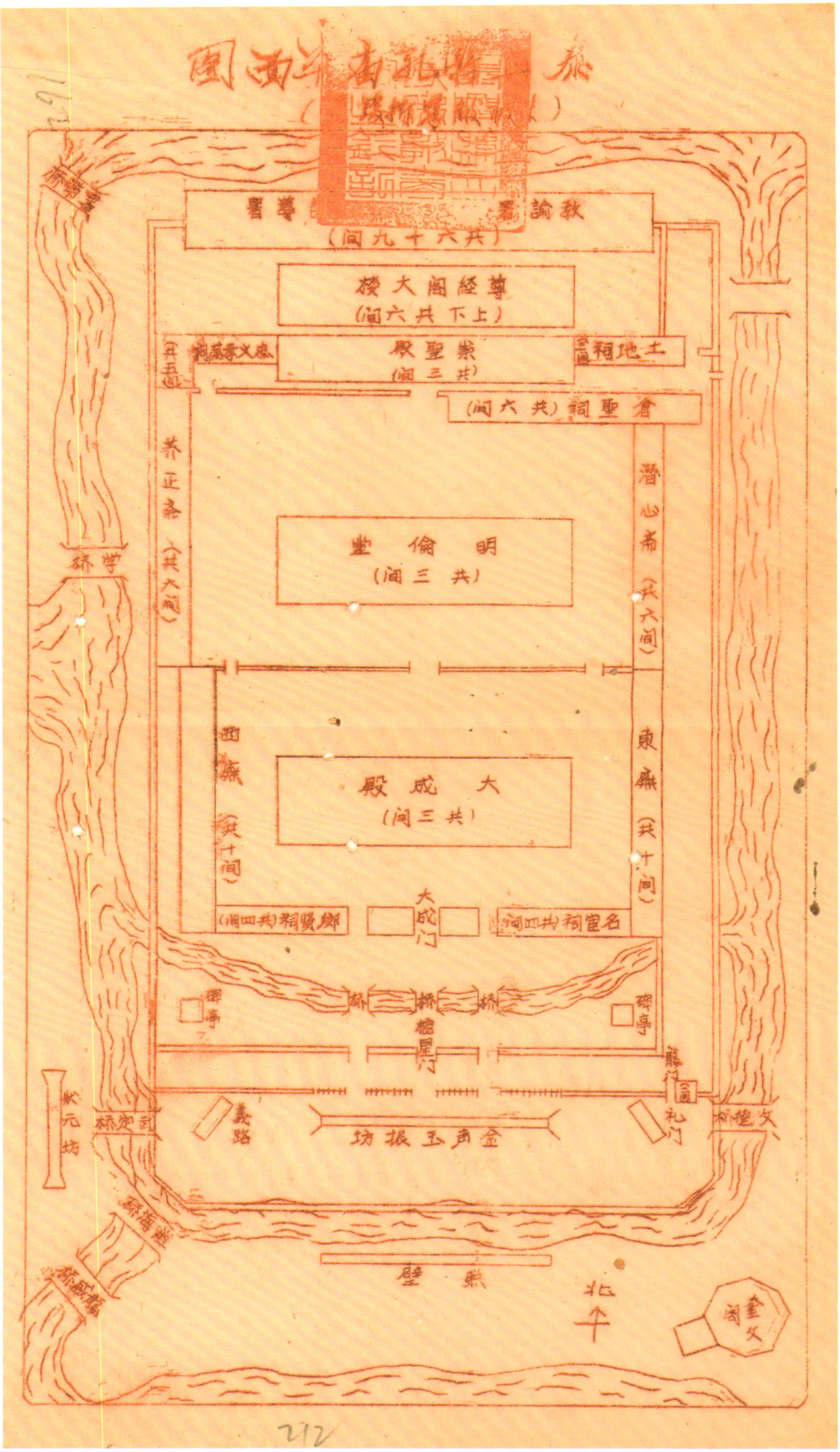

教諭署
(共六十九间)
尊經閣大楼
(上下共六间)
崇聖殿
(共三间)
土地祠
倉聖祠(共六间)
養正斋(共六间)
潛心斋(共六间)
明倫堂
(共三间)
大成殿
(共三间)
西廡
(共十间)
東廡
(共十间)
鄉賢祠(共四间)
名宦祠(共四间)
大成门
棂星门
碑亭
碑亭
金声玉振坊
義路
礼门
状元坊
学桥
照壁
北

泰興縣孔……被敌寇拆毁後)

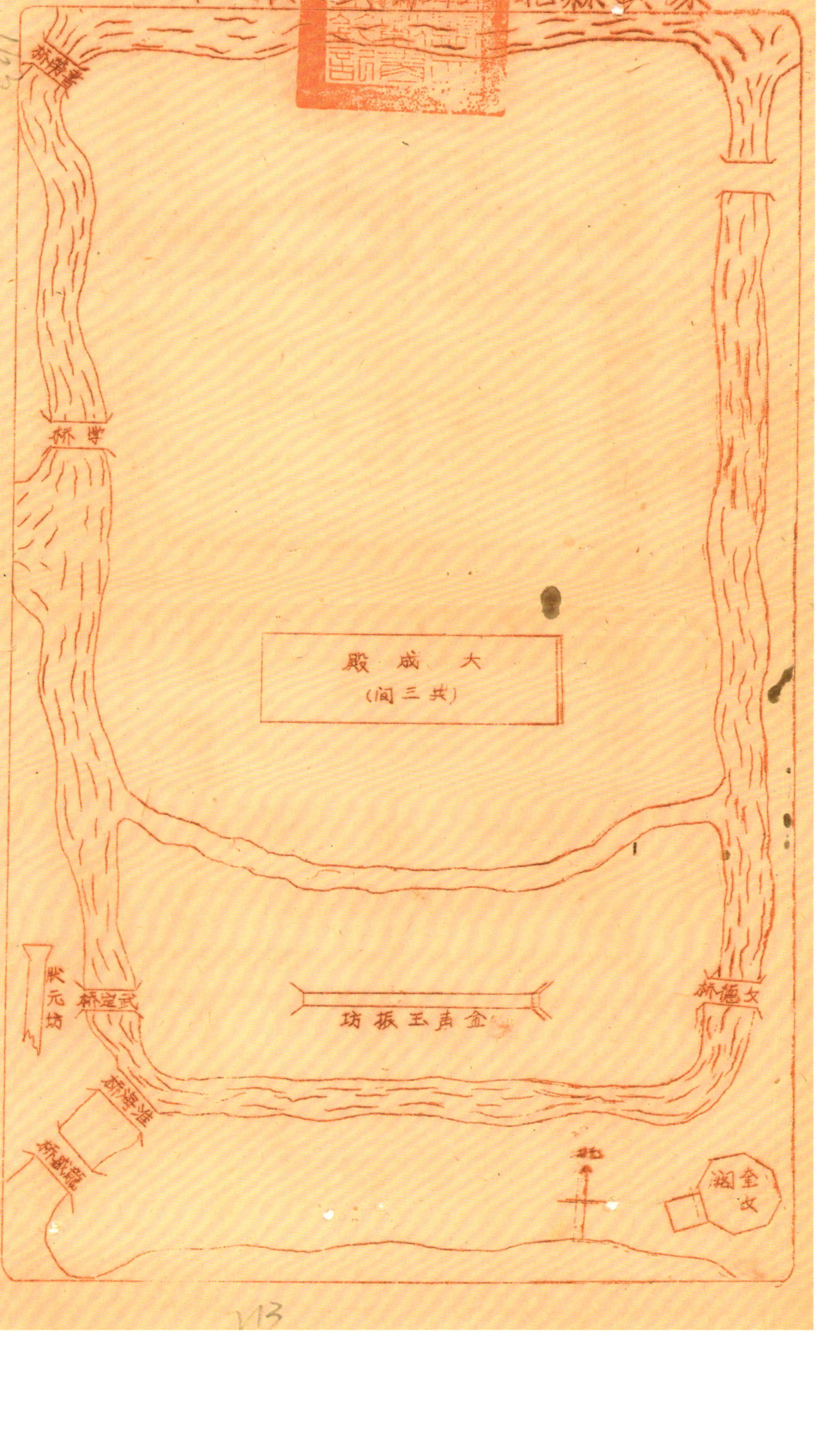

泰興縣立過船港小學校平面圖

（未被敵寇燒燬前）

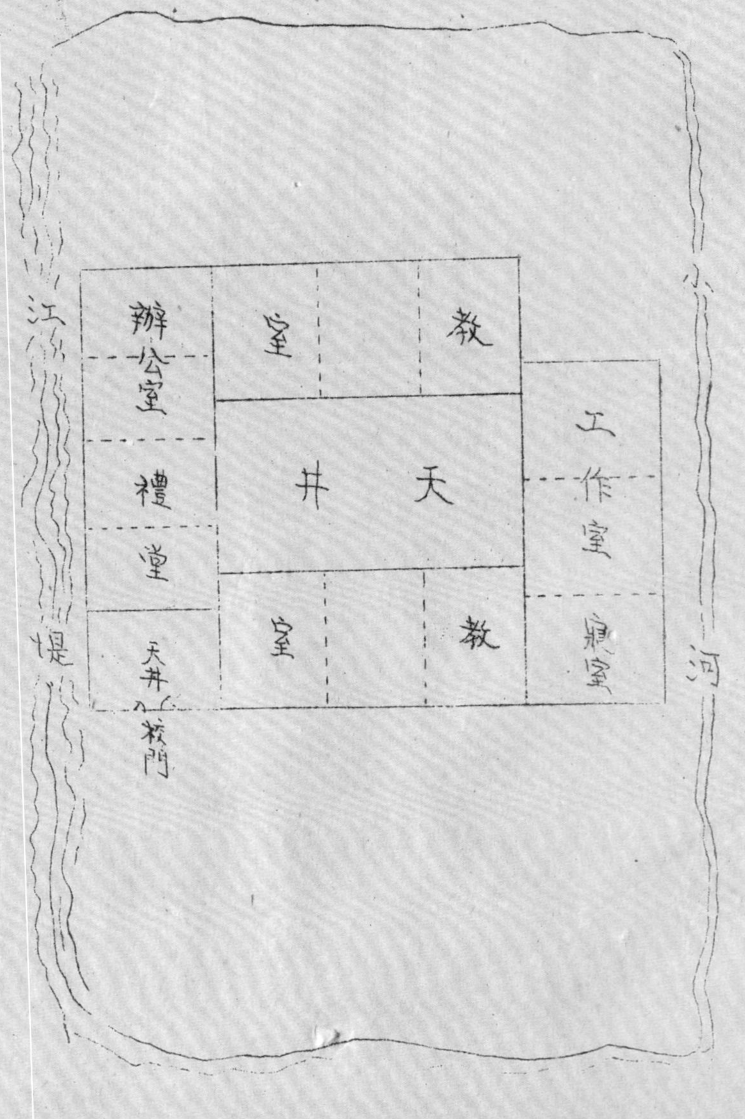

江苏省教育厅致教育部的呈及致泰兴县政府指令（一九四七年九月六日）

67

會計室三科

江蘇省教育廳稿

來文教字第	三〇〇七號
文別	1.呈 2.指令
送達機關	教育部 泰興縣府
類別	
備註	〇

事由：1.為轉呈泰興縣孔廟及過船港小學校抗戰損失報告單暨附當仰祈鑒核存轉由 2.據報該縣孔廟及過船港小學抗戰損失一案指令知照由

廳長 九四

主任秘書

秘書

第四科科長

科員

主任

擬稿 九、三

附件

呈 教四教 字第 號

案據泰興縣政府本年七月廿八日侯教字第二九〇九號呈稱：「案查前奉鈞廳教四字第四二號訓令……」照叙至「准予核轉」等情，附呈泰興縣孔廟及過船港小學抗戰損失報告單附當一式三份。據此，除將上項損失單附當抽存一份備查外，理合檢同原件二份備文呈請

鑒核轉實為公便

謹呈

中華民國三十年月日 發文教字第號

36 9 9 中 19

中華民國卅六年九月六日

滬9068

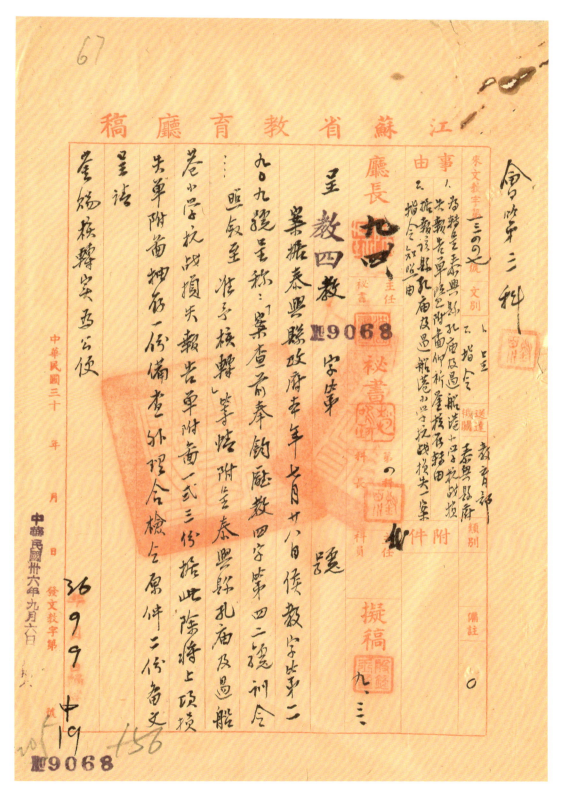

68

謹呈

教育部部長朱

附泰興縣孔庙及過船港小学抗战損失報告单附函二份

江蘇省教育廳廳長陳〇〇

指令　教四　教字第　號

收9068

令泰興縣政府

三十六年七月廿八日呈壹件

呈件均悉，准予轉呈教育部核轉

（錄原由）

仰即知照，此令

廳長陳〇〇

中華民國卅六年九月六日　星期六

206

收9068　156-1

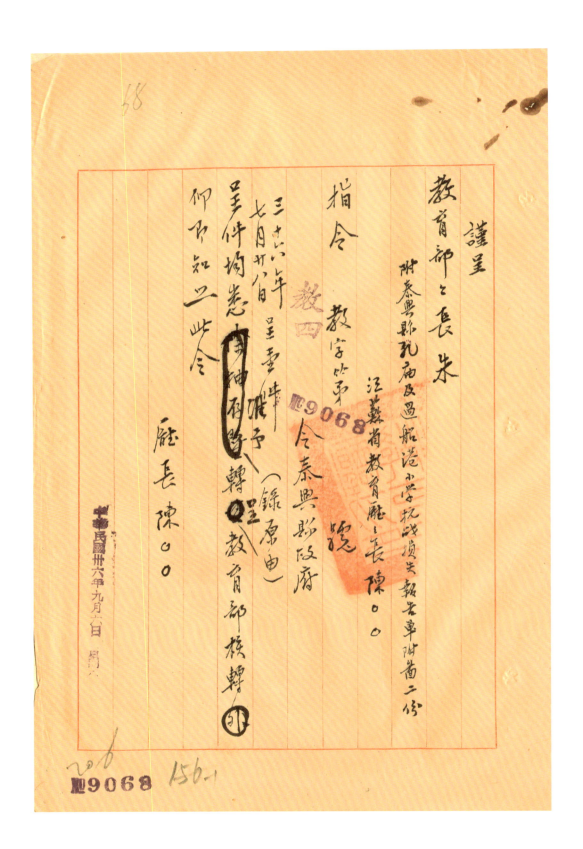

靖江县政府关于呈报本县斜桥中心国民学校财产损失报告单致江苏省教育厅的呈（一九四七年十月二十六日）

教二科

事由	為轉呈本縣斜橋中心國民學校財產損失報告單祈鑒核由
擬辦	移請第二科核辦 第三科 十六/四
決定辦法	
附件	如文

靖江縣政府

文別：呈　靖三字第九七八三號

中華民國三十六年十月廿六日

案奉

鈞廳教二字第一〇〇九一號訓令以斜橋鎮中心國民學校填送財產損失報告單查有不符之處發還原表二份並附審查單一紙飭轉知依照審查圖註各點從速更正重報四份等因奉此遵經飭據該校更正重報到府理合備文檢附該表四份呈請

中華民國卅六年拾月廿七日

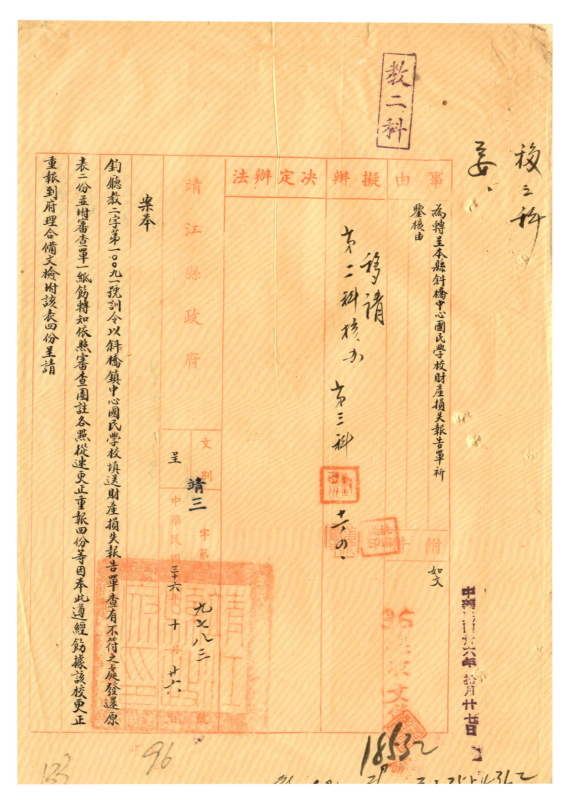

鈞長鑒核

謹呈

江蘇省教育廳廳長陳

附呈斜橋鎮中心國民學校財產損失報告單四份

靖江縣縣長張　撰

134

靖江縣

財產損失報告單

填送日期 36 年 10 月 11 日

損失年月日	事件地点	損失項目	購置年月	單位	數量	價值（國幣元）		證件
						購置時價值	損失時價值	
民國二十七年五月十八日	斜橋鎮中市	校舍	[illegible]年添置	間	21	3150元	4095元	前任校長（戰前）陳晶達先生士紳方後知先生等皆可証明
仝上	仝上	校具	仝上	件	594	2970元	3861元	
仝上	〃 〃	圖書	〃 〃	冊	975	487.5元	633.75元	
〃 〃	〃 〃	儀器	〃 〃	件	73	1460元	1898元	
〃 〃	〃 〃	標本	〃 〃	種	48	144元	187.2元	
民國三十三年八月十二日	〃 〃	校舍	〃 〃	間	35	5250元	2562000元	
〃 〃	〃 〃	校具	〃 〃	件	192	960元	468480元	
〃 〃	〃 〃	圖書	〃 〃	冊	261	130.5元	63684元	

直轄机关縣校團体或事業名称 靖江縣教育科

受損失者 斜橋鎮中心國民學校

填報者

姓名 唐慕堯 服務處所本校 所任職務校長 與受損失者之關係 ……

136　135　97

附：斜桥镇中心国民学校财产损失报告单（一九四七年十月十一日）

泰县县政府关于泰县孙陆吉乡第一、二保国民学校修正损失报告单致江苏省教育厅的呈（一九四七年十二月六日）

二科

事由：為據泰縣孫陸吉鄉第一二保國民學校補呈修正損失報告單轉呈鑒核彙案轉由

擬：擬存候彙轉 章 十二．卅

決定辦法

附件

泰縣縣政府呈　教字第一八四八八號　中華民國三十六年十二月六日

竊奉

鈞廳教三字第一零二四二號訓令發還本縣孫陸吉鄉第一二保國民學校原呈損失報告單及審查單，飭即轉飭更正重報等因，奉此，當經轉飭遵照辦理，茲據該校呈稱：

「查職校所受損失係在民國三十年五月十三日日軍進攻駐守職校附近之魯蘇皖邊區游擊總指揮部教導總隊事件，而將職校之校舍、教具及其他焚燬罄盡，職校前所呈報之財產損失報告單第一項年月係誤填三十五年五月十三日，為此遵令重行填造財產損失報告單五份，備文申請更正，仰祈鑒核准予更正，並乞彙案轉賚為公便」

36 總收文第2128號　中華民國卅六年十二月八日

已接二廳彙

37/1/12

等情附呈損失報告單五份據此理合檢同上項報告單四份備文轉呈仰祈

鑒核彙轉實為公便！

謹呈

江蘇省教育廳廳長陳

附呈：泰縣孫陸吉鄉第一二保國民學校損失報告單四份

代理泰縣縣長丁作彬

監印周鼎

校對孟憲明

201

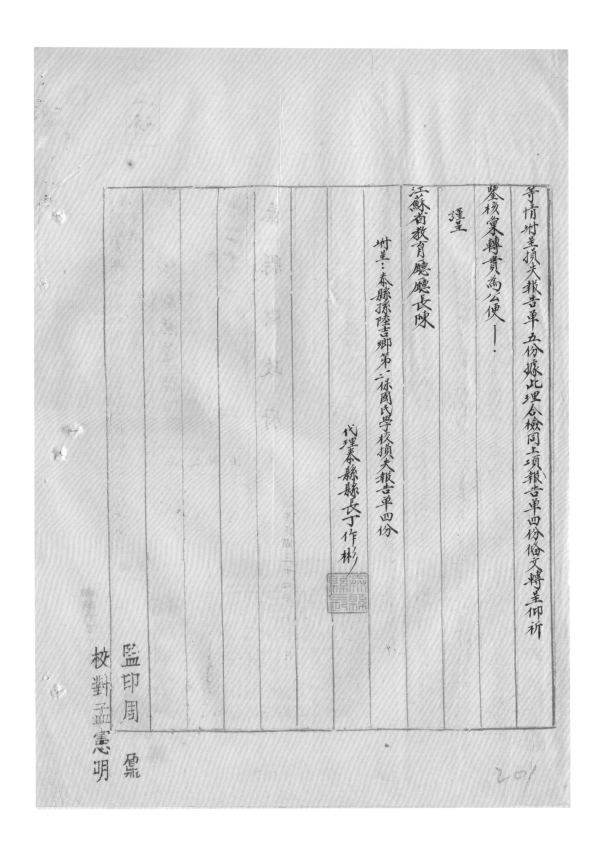

財產損失報告單

填送日期 三十六年 一月 十 日

損失年月日	事件地點	損失項目	購置年月	單位	數量	價值（國幣元）購置時價值	損失時價值	證件
三十年五月十二日	日軍進攻	校舍		所	九間		三萬五千元	
〃	〃	教桌	二十三年二月	張	二十張		二千三百元	
〃	〃	圖書	二十六年二月	册	十六部五十八册		一百元	
〃	〃	現款					一萬元	
〃	〃	其他					三千五百元	
〃	〃	文卷			二百零四件			

直轄機關學校團體或事業名稱　印信

受損失者泰縣陸吉鄉第一二保國民學校

填報者 校長蔡繩武

姓名　服務處所與所任職務　與受損失者之關係　通信地址　蓋章

附：泰县陆吉乡第一、二保国民学校财产损失报告单（一九四七年一月十日）

（十四）淮安教育系统财产损失调查

江苏省立淮阴师范学校财产损失报告单（一九四七年十二月十二日）

財產損失報告單

填送日期　三十六年十二月十二日

損失年月日	事件地点	損失項目	購置年月	單位	數量	價值(國幣元) 購置時價值	價值(國幣元) 損失時價值	證件
二十八年二月	日軍佔領淮陰	平房	二年二月 廿七年十二月	間	87	350,000元	1,050,000元	
〃	〃	樓房	〃	間	34	200,000	600,000	
〃	〃	校具	〃	件	57,500	450,000	1,350,000	
〃	〃	圖書	〃	冊	87,500	70,000	210,000	
〃	〃	標本儀器	〃	套	4,000	60,000	240,000	
〃	〃	電燈機器	〃	具	1	20,000	40,000	
		合計				1,150,000	3,490,000	

江蘇省立淮陰師範學校校長吉長瑞（印）

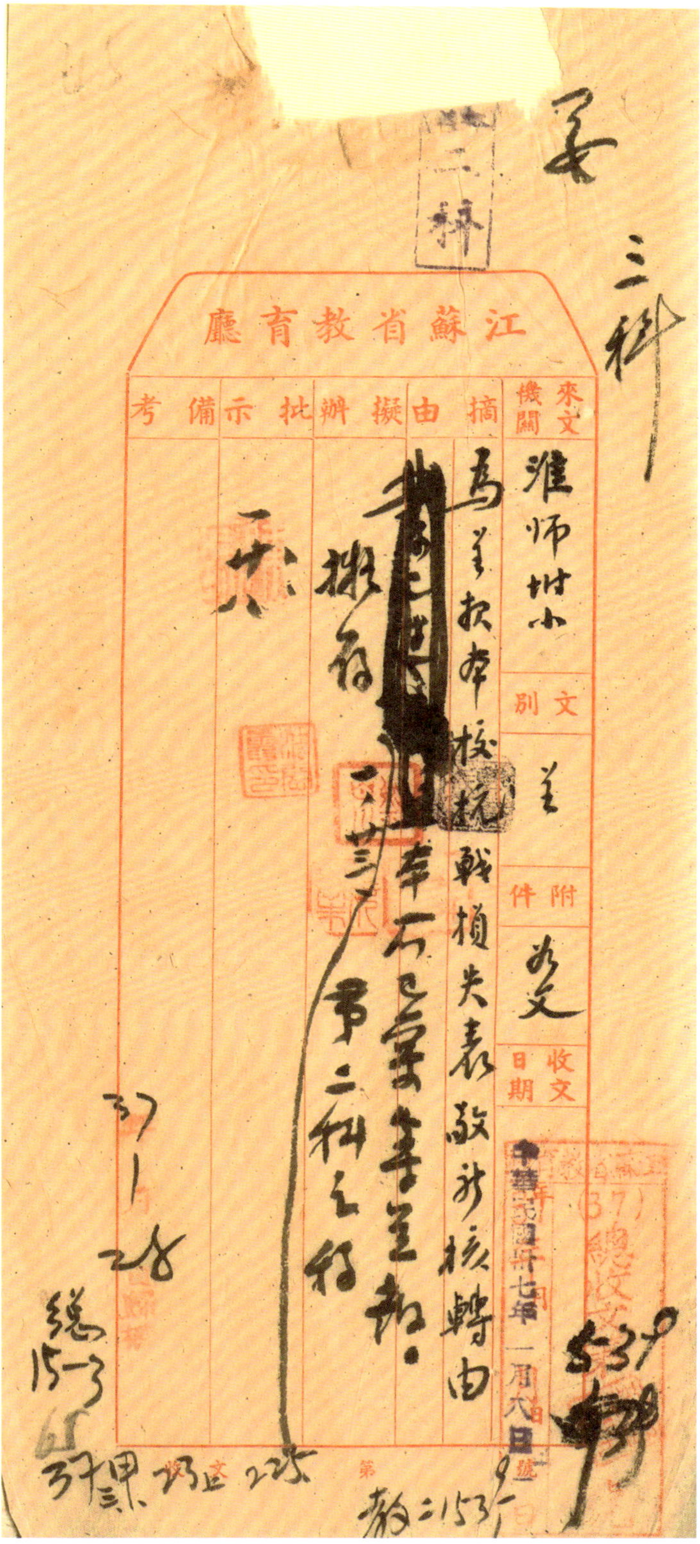
江蘇省教育廳

來文機關：淮师附小

文別：呈

摘由：為呈報本校抗戰損失表敬祈核轉由

擬辦

批示

備考

附件

收文日期

江苏省立淮阴师范附属小学关于呈报本校抗战损失表致省教育厅的呈（一九四七年十二月二十七日）

江蘇省立淮陰師範附屬小學 呈

復字第一〇七號

中華民國三十六年十二月二十七日

事由 為呈報本校抗戰損失表敬祈 核轉由

案奉

鈞廳教二字第一〇九九七號訓令略開：

奉令查報抗戰損失限至本年十二月三十一日截止轉令遵照

等因奉此查本校損失已于四月二十一日以復字第十三號呈文呈報 鈞廳核轉在案奉令前令理合補造本校抗戰損失報告單人口傷亡調查表各四份敬祈

鑒核存轉實為公便

謹呈

江蘇省教育廳廳長陳

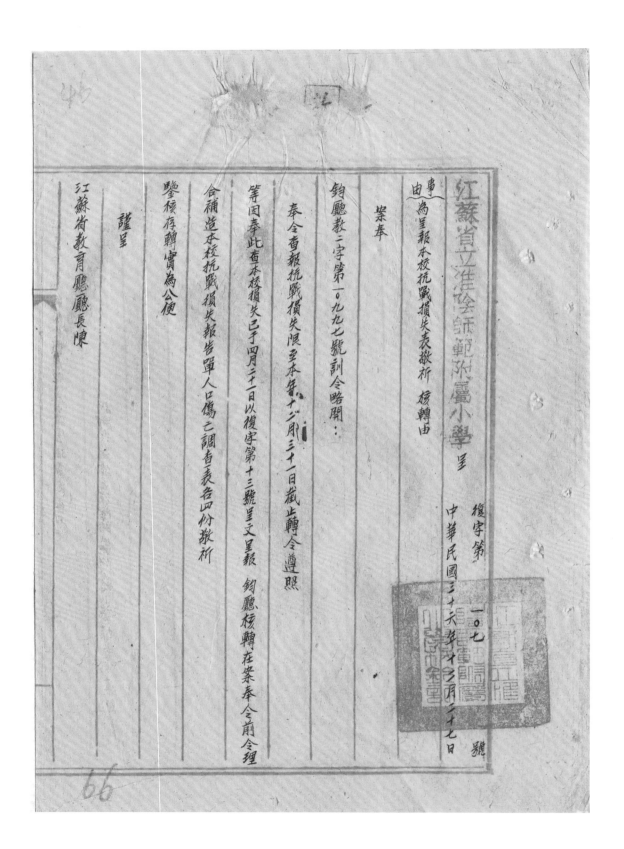

附呈本校抗戰損失報告單人口傷亡調查表各四份

代理江蘇省立淮陰師範附屬小學校長卞達卿

67

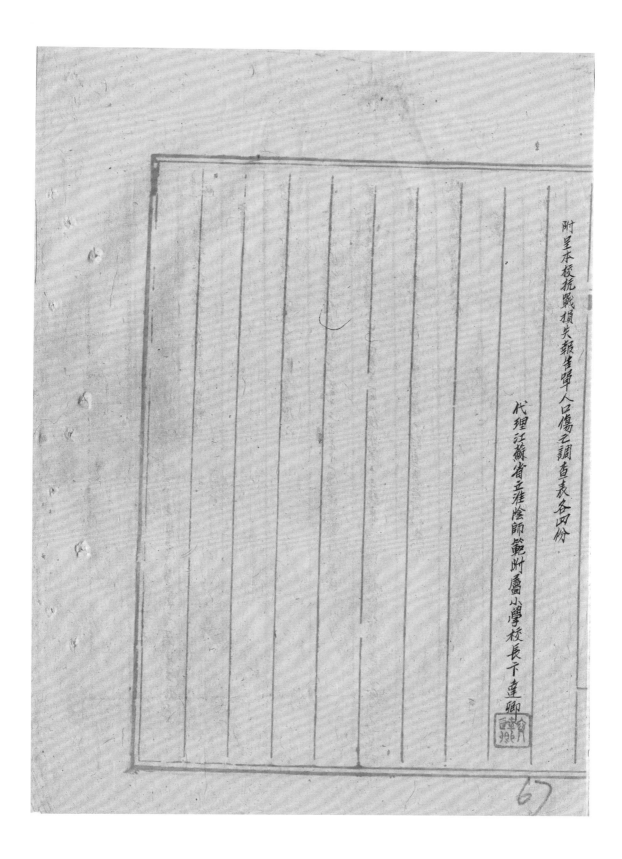

附：江苏省立淮阴师范附属小学财产损失报告单、人口伤亡调查表（一九四七年十二月二十六日）

財產損失報告單

填送日期三十六年十二月二十六日

損失年月日	事件地點	損失項目	購置年月	單位	數量	價值（國幣元）		證件
						購置時價值	損失時價值	
二十八年三月一日	淮陰淪陷	桌凳	歷年購置	張	1160張	4500元	6000元	二十八年四月將損失情形呈報教育廳
仝上	仝上	圖書	仝上	冊	3650冊	1150元	3400元	仝上
仝上	仝上	儀器標本	仝上	件	1096件	5460元	9600元	仝上
仝上	仝上	用具	仝上	件	740件	1470元	3280元	仝上
仝上	仝上	房屋	歷年建築	間	21間	8400元	15000元	仝上
三十年八月	寶應東鄉(斜溝)淪陷	桌凳	二十八年八月	張	120張	640元	1500元	三十年九月將損失情形呈報教育廳
仝上	仝上	用具	仝上	件	86件	260元	1200元	仝上
三十二年二月十日	淮安東鄉(蔣橋武河)淪陷	桌凳	二十九年八月	張	180張	1600元	3800元	
仝上	仝上	用具	仝上	件	156件	1200元	3400元	

江蘇省立淮陰師範附屬小學校長卞達卿 通訊處：淮陰城內舊道署街淮師附小

江蘇省立淮陰師範附屬小學人口傷亡調查表

事件：被害

日期：三十一年八月

地點：淮安武河

姓名	性別	職業	年齡	最高學歷	傷或亡	費用（國幣元）		證件
						醫藥	葬埋	
徐台櫨	男	本校事務員	29	高中肄業	死亡		1600元	三十一年八月呈報江蘇省政府暨教育廳請求撫卹

江蘇省立淮陰師範附屬小學校長卞達卿 通訊處：淮陰城內道署街淮師附小

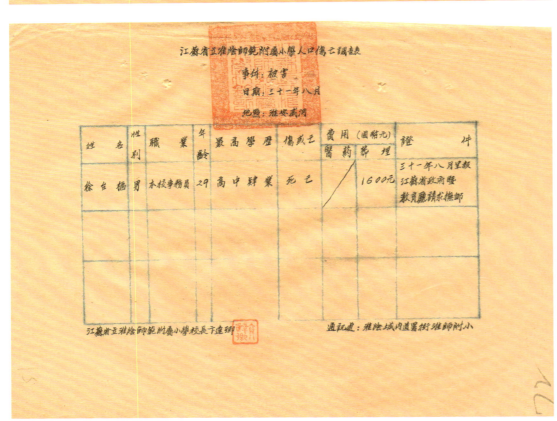

（十五）宿迁教育系统财产损失调查

宿迁县政府关于报送本县各级学校及社教机关抗战期间公产损失报告单致江苏省教育厅的呈（一九四八年三月二日）

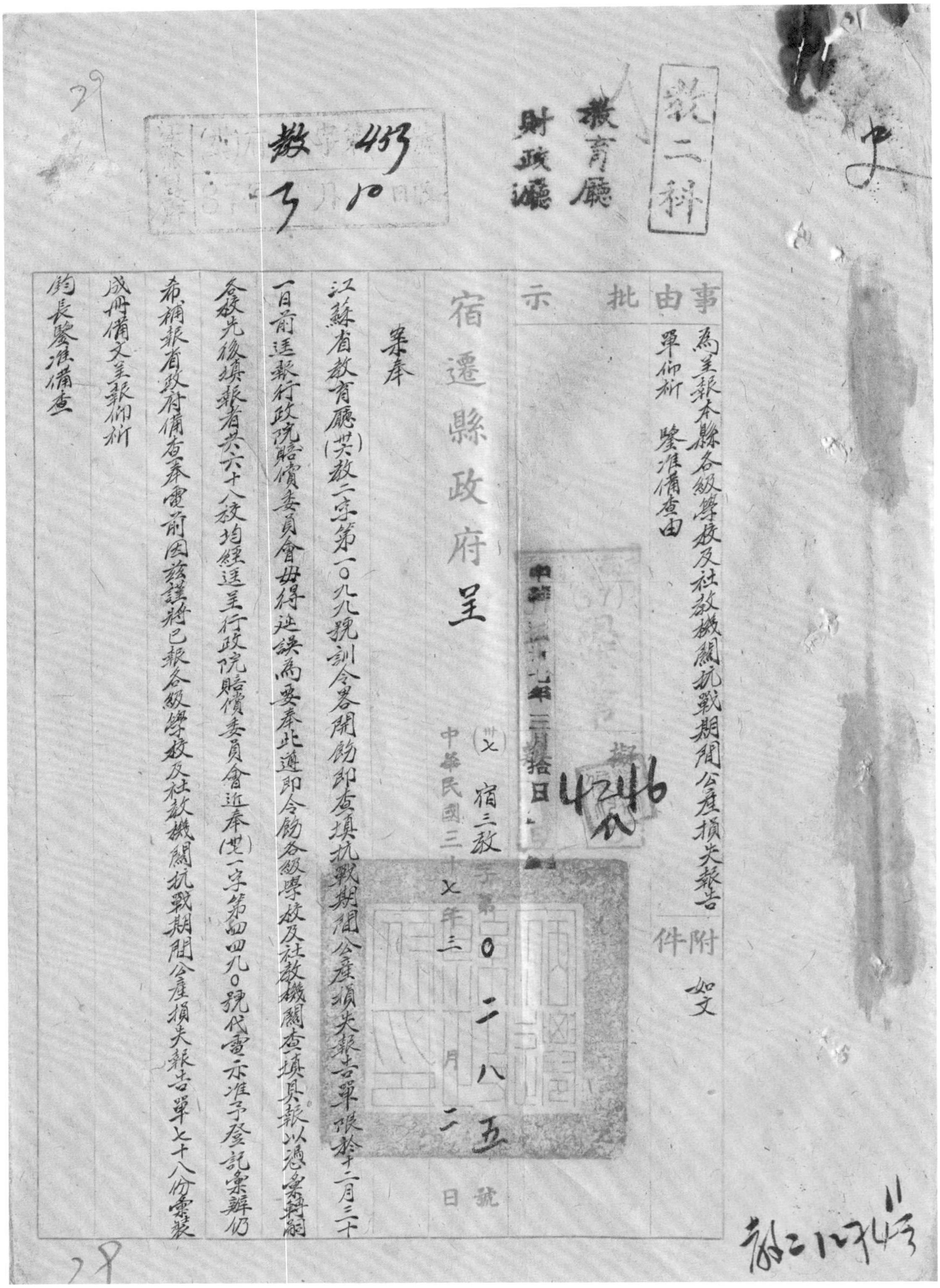

教育廳 財政廳

教二科

事由：為呈報本縣各級學校及社教機關抗戰期間公產損失報告單仰祈鑒准備查由

附件：如文

批示

宿遷縣政府呈 (卅七)宿三教字第〇二八五號

中華民國三十七年三月二日

案奉

江蘇省教育廳(卅)教二字第一〇九九號訓令略開：飭即查填抗戰期間公產損失報告單，限於十二月三十一日前送報行政院賠償委員會，毋得延誤為要。等因。奉此，遵即令飭各級學校及社教機關查填具報，以憑彙轉。嗣各校先後填報者共六十八校，均經送呈行政院賠償委員會。近奉(卅七)一字第四四九〇號代電示准予登記彙辦，仍希補報省政府備查。奉電前因，茲謹將已報各級學校及社教機關抗戰期間公產損失報告單七十八份彙裝成冊，備文呈報，仰祈

鈞長鑒准備查。

謹呈

江蘇省政府主席王

附呈本縣各級學校及社教機關抗戰期間公產損失報告單七十八份

宿遷縣縣長董建華

宿遷縣長

40

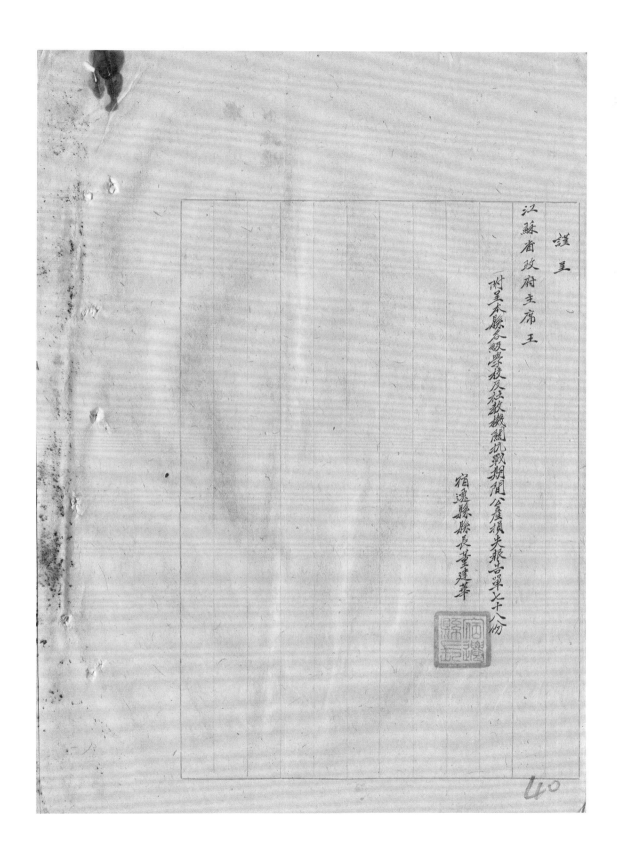

附：宿迁县各级学校及社教机关抗战期间校产损失报告单（一九四七年十二月）

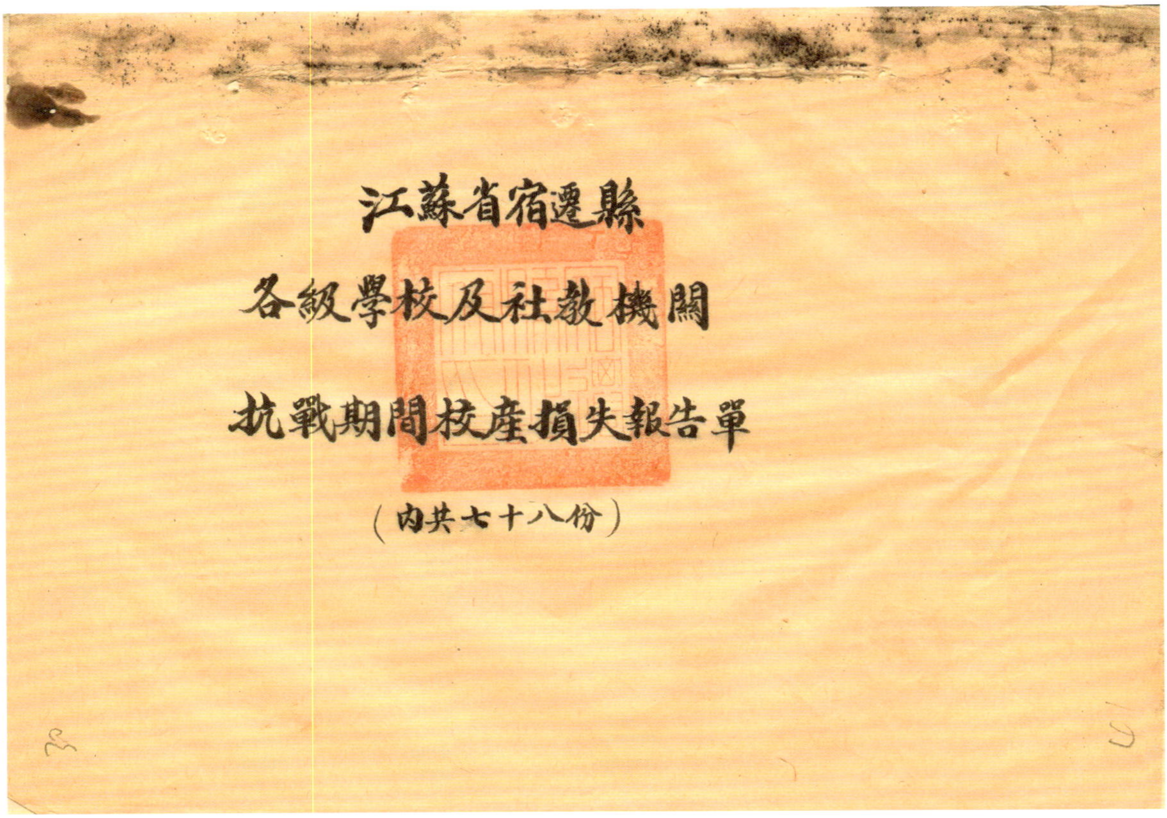

江蘇省宿遷縣

各級學校及社教機關

抗戰期間校產損失報告單

（內共七十八份）

抗戰期間校產損失報告單

填送日期三十六年十二月　日

損失年月日	事件地點	損失項目		購置年月	單位	數量	價值（國幣元）			證件
							購置時價值	損失時價值	現時價值	
民國廿七年十月	被日寇炮火炸燬 地點保嬰街本校	房屋	樓房	民國廿年	間	24間	12000元	18000元	960000000元	
			平房	民國廿年	間	24間	8000元	12000元	640000000元	
〃	被日寇拆取建築及架設運河上橋樑 地點宿遷中渡口	建築木料		民國廿六年	65根	11500公尺	1150元	1150元	299000000元	
民國廿八年三月	被炸燬續被日寇佔駐後毀壞 地點本校	校具		民國廿年	件	950件	2877元	4315元	230160000元	
		圖書		民國廿六年	冊	2984冊	1492元	1492元	119360000元	
		標本儀器		民國廿三年	件	675件	850元	850元	68000000元	
		農具		民國廿年	件	200件	350元	350元	28000000元	
		運動器具		民國廿三年	件	75件	200元	200元	16000000元	
合計									2360520000元	

宿遷私立新生初級普通農作科職業學校校長陸選之

抗戰期間校產損失報告單

填送日期三十六年十二月　日

第一頁

損失年月日	事件地點	損失項目	購置年月	單位	數量	價值（國幣元）			證件
						購置時價值	損失時價值	現時價值	
民國二十七年十一月	宿城西山 遷北陵蘆	課桌	民國廿年	件	450	900	1170	585000000	
同上	同上	辦公桌	同上	件	30	90	117	585000000	
同上	同上	床	同上	件	165	412	538	269000000	
同上	同上	黑板	同上	件	18	162	216	108000000	
同上	同上	小椅	同上	件	35	35	41	20500000	
同上	同上	飲食用具	同上	件	320	160	208	104000000	
同上	同上	燈	同上	件	105	42	55	27500000	
同上	同上	鐘	同上	件	9	63	82	41000000	
總計					1222	1864	2427	1155000000	

宿遷縣立初級中學校長陳耀洲

抗戰期間校產損失報告單

填送日期三十六年十二月　日

第二頁

損失年月日	事件地點	損失項目	購置年月	單位	數量	價值（國幣元）購置時價值	價值（國幣元）損失時價值	價值（國幣元）現時價值	證件
民國二十七年十一月	宿城馬山 運北陵麓	琴	歷年	件	7	350	490	245000000	
同上	同上	圖書	同上	冊	5550	3885	5550	2775000000	
同上	同上	物理	同上	件	465	1095	1395	697500000	
同上	同上	化學	同上	件	1540	1232	1694	847000000	
同上	同上	博物	同上	幅	1050	840	1092	546000000	
同上	同上	校舍	同上	間	45	13500	175500	87750000000	
同上	同上	門	同上	件	85	425	552	276000000	
同上	同上	窗	同上	件	265	1325	1722	861000000	
總			計		9007	22652	187995	93997500000	

宿遷縣立初級中學校長陳耀洲

抗戰期間校產損失報告單

填送日期三十六年十二月　日

第三頁

損失年月日	事件地點	損失項目	購置年月	單位	數量	價值（國幣元）購置時價值	價值（國幣元）損失時價值	價值（國幣元）現時價值	證件
民國二十七年十一月	宿城馬山 運北陵麓	體育用具	歷年	件	305	244	317	158500000	
同上	同上	童子軍用具	同上	件	245	221	287	143500000	
小			計		550	465	604	302000000	
總	（共三項）		計		10779	24516	191026	95454500000	

宿遷縣立初級中學校長陳耀洲

抗戰期間校產損失報告單

填送日期三十六年十二月二十日

損失年月日	事件地點	損失項目	購置年月	單位	數量	價值(國幣元) 購置時價值	損失時價值	現時價值	證件
28.3.15.	陸新圩	校舍	15.8.	間	9	360元	680元	3700萬元	
		課桌	20.2.	張	85.	85元	200元	2300萬元	
		辦公桌		張	5	10元	25元	200萬元	
		門窗		副	12	24元	49元	450萬元	
		籃球架		副	1	12元	30元	150萬元	
		風琴	23.9.	架	1	35元	80元	700萬元	
		油印機		套	1	9元	25元	100萬元	
		時鐘		座	1	12元	30元	120萬元	

宿遷縣洋北鄉第五保國民學校校長陸敬思

抗戰期間校產損失報告單

填送日期三十六年十二月二十日

損失年月日	事件地點	損失項目	購置年月	單位	數量	價值(國幣元) 購置時價值	損失時價值	現時價值	證件
28.3.15.	陸新圩	國黨旗	24.2.	面	2	3元	10元	30萬元	
		玻璃框		個	20	20元	35元	300萬元	
		辭源		部	1	7元	30元	150萬元	
		參考書		冊	80	40元	120元	160萬元	
		兒童讀物		冊	100	30元	150元	150萬元	
		地圖		冊	2	3元	10元	40萬元	
								8550萬元	

宿遷縣洋北鄉第五保國民學校校長陸敬思

抗戰期間校產損失報告表

填送日期三十六年十二月十五日

損失年月日	事件地點	損失項目	購置年月	單位	數量	價值（國幣元）購置時價值	價值（國幣元）損失時價值	價值（國幣元）現時價值	證件
二十X年二月	日軍焚燬摧殘	瓦樓房〃間 瓦房〃		間	25	400元	520元	7000萬萬元	
〃〃	〃〃	課桌 辦公桌	二十三年八月	張	160	200元銀洋	260元	4000萬元	
〃〃	〃〃	黑板 校牌	〃〃	塊	4	14元銀洋	18.2元	120萬元	
〃〃	〃〃	風琴	二十年五月	架	1	30元銀洋	39元	400萬元	
〃〃	〃〃	座鐘	二十四年二月	架	2	12元銀洋	15.6元	200萬元	
〃〃	〃〃	辭源 地圖	〃〃	册	2 7	13元銀洋	16.9元	120萬元	
〃〃	〃〃	參考書	19.8.	册	20	10元銀洋	13元	80萬元	
〃〃	〃〃	大椅 大板	23.8.	張	10	20元銀洋	26元	200萬元	

合計柒萬萬零五仟壹百貳拾萬元

宿遷縣陸集鄉中心國民學校校長羅 印

抗戰期間校產損失報告表

填送日期三十六年十二月十五日

損失年月日	事件地點	損失項目	購置年月	單位	數量	價值（國幣元）購置時價值	價值（國幣元）損失時價值	價值（國幣元）現時價值	證件
27年3月	日軍焚燒本校	教學室 磚牆草蓋	19年7月	間	6	200元（銀洋）	260元	6000萬元	
仝上	仝上	辦公室 仝上	仝	間	3	100元（銀洋）	130元	3000萬元	
仝上	仝上	國黨旗 校旗	25年2月	面	3	3元（銀幣）	3.9元	30萬元	
仝上	仝上	時鐘 課鈴	仝	個	2	3元（銀幣）	3.9元	20萬元	
仝上	仝上	辦公桌 課桌	仝	張	100	100元（銀幣）	130元	2000萬元	
仝上	仝上	辭源	仝	册	2	4元（銀洋）	5.2元	50萬元	
仝上	仝上	參考書	仝	册	15	10元（銀洋）	13元	100萬元	
仝上	仝上	黑板 校牌	仝	塊	4	5元（銀洋）	6.5元	80萬元	

合計一萬萬一仟貳百八十萬元

宿遷縣陸集鄉第六保國民學校校長蔡紹欽

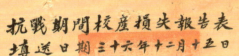

抗戰期間校產[illegible]

中華民國[illegible]

損失年月日	事件地點	損失項目	購置年月	單位	數量	[illegible]			證件
二十七年五月九日	馬陵鎮	房屋	二十五年	間	六[illegible]	[illegible]	[illegible]	[illegible]	
〃	〃	桌凳	〃	件	一百件	150元	180元	1500000	
〃	〃	風琴	〃		一架	40元	500元	5[illegible]	
〃	〃	時鐘	〃	〃	一件	16元	19元	1[illegible]	
〃	〃	圖書	〃	冊	二百冊	20元	25元	2000000	

宿遷縣馬陵鎮第五保國民學校校長朱[illegible]

抗戰期間校產損失報告表

填送日期三十六年十二月十五日

損失年月日	事件地點	損失項目	購置年月	單位	數量	價值（國幣元）			證件
						購置時價值	損失時價值	現時價值	
民國二十七年十一月	日軍進攻宿城	校舍	民國十五年二月	間	20	6000元	6040元	4832000000元	
〃 〃	〃 〃	課桌	〃	件	206	309元	309元	24720000元	
〃 〃	〃 〃	圖書	民國二十一年四月	冊	380	38元	38元	3040000元	
〃 〃	〃 〃	時鐘	〃	件	2	36元	36元	2880000元	
〃 〃	〃 〃	風琴	〃	件	1	120元	120元	9600000元	
〃 〃	〃 〃	黑板	〃	件	6	42元	42元	3360000元	
〃 〃	〃 〃	掛圖	〃	件	3	3元	3元	240000元	
〃 〃	〃 〃	毛珠算	〃	件	1	1元	1元	80000元	

合計五萬四千七百零四萬元

宿遷縣鍾吾鎮第四保國民學校校長江軼羣

抗戰期間校産損失報告單

填送日期三十六年十二月十五日

損失年月日	事件地點	損失項目	購置年月	單位	數量	價值（國幣元）購置時價值	損失時價值	現時價值	證件
民國二十七年十一月	日軍進攻宿城	棕牀	民國二十一年四月	件	4	72元	72元	5760000元	
〃 〃	〃	臺球案		〃	1	20元	20元	1600000元	
〃 〃	〃	長桌		〃	1	12元	12元	960000元	
〃 〃	〃	椅		〃	10	30元	30元	2400000元	
〃 〃	〃	圓櫈		〃	8	16元	16元	1280000元	
〃 〃	〃	長櫈		〃	5	5元	5元	400000元	
〃 〃	〃	鐵牀		〃	2	74元	74元	5920000元	
〃 〃	〃	書櫥		〃	4	20元	20元	1600000元	

宿遷縣鍾吾鎮第四保國民學校校長江軼群

抗戰期間校産損失報告單

填送日期三十六年十二月十日

損失年月日	事件地點	損失項目	購置年月	單位	數量	價值（國幣元）購置時價值	損失時價值	現時價值	證件
民國三十年九月十五日	日軍掃蕩被炮火焚燒皂河鄉第一保七堡庄	房屋	民二十年八月	間	拾間	四百八十元	六百二十四元	四千八百萬元	
		課桌	同年十月	張	一百二十張	二百〇八元	二百六十八元	二千一百萬元	
		門	同年九月	合	八合	四十元	五十二元	四百萬元	
		玻璃	同年十月	片	五十片	十五元	十九元五角	一百五十萬元	
		教育掛圖	民二十三年五月	幅	六十幅	八元	十元四角	一百萬元	
		黑板	民二十年八月	塊	四塊	十二元	十五元六角	一百四十萬元	
		座鍾	民二十四年七月	個	二個	十八元	二十三元四角	一百七十萬元	
		書籍	系積存	册	五百册	六十元	七十八元	六百萬元	

宿遷縣皂河鄉第一保國民學校校長李惠民

抗戰期間校產損失報告單

填送日期三十六年十二月　日

損失年月日	事件地點	損失項目	購置年月	單位	數量	價值（國幣元）購置時價值	損失時價值	現時價值	證件
民國二十七年九月　日至三十四年八月十四日	日軍進攻時，靈傑鎮新鎮街	房屋	二十四年八月	間	三間	七百五十元	八百元	七千八百四十萬元	
		器具		件	五百三十件	壹千七百三十元	壹千九百五十元	八千六百萬元	
		儀器		件	七十六件	五百七十元	六百四十元	五千壹百二十萬元	
		書籍		冊	二百三十冊	壹百元	壹百三十元	壹千零四十萬元	
		圖表		幅	七十幅	五十元	六十元	四百八十萬元	

宿遷縣靈傑鎮五六保國民學校校長田耕堯

抗戰期間校產損失報告表

填送日期　三十六年十二月十五日

損失年月日	事件地點	損失項目	購置年月	單位	數量	價值（國幣元）購置時價值	損失時價值	現時價值	證件
民二十七年十一月	日軍進攻時	課桌	十七年八月	張	一百五十張	六百元	六百六十元	五千二百八十萬元	
		風琴	十七年八月	架	一架	一百元	一百元	八百萬元	
		自鳴鐘	十七年八月	個	一個	二十元	二十二元	一百七十六萬元	
		門	十七年八月	付	十八付	二百七十元	三百元	二千四百萬元	
		窗	十七年八月	付	二十四付	九十四元	一百元	八百萬元	
		辦公桌	十七年八月	張	五張	五十元	六十元	四百八十萬元	
		旗	十七年八月	面	二面	五元	六元	四十八萬元	
		黑板	十七年八月	塊	五塊	五十元	六十元	四百八十萬元	
		校牌	十七年八月	塊	一塊	五元	六元	四十八萬元	
		校鈴	十七年八月	個	一個	二元	二元	十六萬元	
		方桌	十八年二月	張	四張	六十元	七十元	五百六十萬元	
		錫壺	十七年八月	個	四個	十元	十二元	九十六萬元	
		樓房前牆	十年	間	五間	五百五十元	六百元	四千八百萬元	
		平房山後牆		間	三間	三百五十元	三百八十元	三千零四十萬元	
		牀	十七年八月	張	五張	四十五元	五十元	四百萬元	
		台灯	十七年八月	盞	五盞	五元	五元	四十元	
		椅子	十七年八月	張	六張	三十五元	四十元	三百三十萬元	

宿遷縣閘橋私立初級小學校校長蔡克振

損失年月日	事件地点	損失項目	購置年月	單位	數量	價值（國幣元）			證件
						購置時價值	損失時價值	現時價值	
民國二十六年十二月	日軍進攻時	面盆	十九年八月	個	二個	四元	三元	四十万元	
		哑鈴	二十年八月	付	五十付	二十元	六十五元	二百万元	
		玻璃	十八年八月	丈	二丈	四十元	三十元	六百四十万元	
		地圖	十九年二月	張	二張	四元	五元	四十万元	
		圖書	十九年八月	冊	二百冊	八十元	八十元	六百四十万元	
		球	十九年八月	個	二個	二十元	二十五元	二百万元	
		儀器	二十年二月	件	五十件	一百五十元	一百五十元	一千二百万元	
		校林	十八年三月	株	六百株	二十元	六百元	四千八百万元	
		運動器	十九年八月	種	五種	一百元	一百元	八百万元	
		茶桌		張	二張	五十元	五十元	四百万元	
		樓板		間	四間	二百元	二百元	一千六百万元	
		普通用具		種	二十種	一百元	一百廿元	九百六十万元	

宿遷縣閩繪私立初級小學校校長蔡克振

抗戰期間校產損失報告單

填送日期三十六年十二月十四日

損失年月日	事件地點	損失項目	購置年月	單位	數量	價值（國幣元）			證件
						購置時價值	損失時價值	現時價值	
二十九年五月十日	日軍進攻李圩	教室，辦公室，廚房	二十五年八月	間	九十	500元	7500元	40,000,000元	
二十九年五月十日	日軍進攻李圩	課桌	二十三年三月	件	九十五	195元	2925元	15,600,000元	
二十九年五月十日	日軍進攻李圩	教桌	二十三年三月	件	七	28元	520元	2,240,000元	
二十九年五月十日	日軍進攻李圩	食具	二十三年三月至二十五年八月	件	十一	15元	225元	1,200,000元	
二十九年五月十日	日軍進攻李圩	掛鐘	二十一年二月	件	一	6元	90元	750,000元	
二十九年五月十日	日軍進攻李圩	地圖	二十六年二月	幅	四	3.5元	500元	300,000元	
二十九年五月十日	日軍進攻李圩	書籍	二十三年三月至二十六年二月	冊	六十五	10元	150元	800,000元	
二十九年五月十日	日軍進攻李圩	黑板	二十一年三月	件	三	15元	250元	2,800,000元	

宿遷縣李圩鄉中心國民學校校長王亞樓

抗戰期間校產損失報告單

填送日期三十六年十二月二十日

損失年月日	事件地點	損失項目	購置年月	單位	數量	價目（國幣元）購置時價值	損失時價值	現時價值	證件
民國二十八年農曆正月初七日	日軍進攻東圩	課桌 講桌 校牌 琴桌等	民國七年至十年		共六十八件	二百一十元	二百三十元	壹千九百万元	
仝上	仝上	大掛鐘	民國十五年		一架	十元	十二元	九十六万元	
		毛珠算			一盤	二元	二元	十六万元	
仝上	仝上	圖書	民國八年至十五年		二百四十册幅	五十元	七十元	五百六十万元	
		儀器			一百八十件	二百四十元	二百八十元	二千四百万元	
仝上	仝上	國校旗	民國七年		二面	六元	七元	六十万元	
		課鈴			一個	一元	一元	八万元	
仝上	仝上	成績架	民國十年		一面	八元	八元	六十四万元	
		長凳			四条	四元	四元	三十二万元	
仝上	仝上	椅子	民國八年		四張	六元	八元	六十四万元	
		門			二付	十二元	十五元	一百二十万元	
仝上	仝上	方桌	民國十二年		二張	十五元	十六元	一百三十万元	
		辦公桌			二張	十二元	十三元	一百零五万元	
仝上	仝上	鉄鍋 八張 床 四張	民國十年		二口	四元	四元	二十六万元	
					二張	六元	六元	四十五万元	

宿遷縣文昌鄉第一保國民學校經委劉澍田

共計五千四百二十二萬元

抗戰期間校產損失報告單

填送日期三十六年十二月九日

損失年月日	事件地點	損失項目	購置年月	單位	數量	價值（國幣元）購置時價值	損失時價值	現時價值
民国三十年七月十日	鬼子掃蕩時	房屋	十九年三月五日	九间		四百三十元	肆百五十元	四千三百萬
	砲轟破坏蔡集鄉第四保国民學校	課桌	仝年七月	八十張		壹百六十元	二百三十八元	一千六百萬
		門	仝年七月	五合		壹百七十元	二百二十一元	一百七十萬
	什	玻璃	仝年四月	三十片		壹百八十元	二百三十四元	一百八十萬
	物	教育掛圖	廿年一月二十八日	三十幅		六十元	七十八元	六十萬
	被	評注辭源附續編	仝年八月	一部		壹百伍十元	二百十五元	一百五十萬
	維	中華大辭典	仝年八月	一部		壹百二十元	一百五十六元	一百二十萬
	持	教學參考書	十九年至廿七年四月購	七十册		二百元	二百六十元	二百萬
	會	座鐘	廿年三月廿三日	二個		壹百廿元	一百五十六元	一百廿萬
	搶	黑板	十九年四月二日	五塊		壹百一十元	一百四十三元	一百一十萬
	光	中国及世界全圖	廿三年七月廿二日	各一幅		三十伍元	四十五元五角	三十五萬

宿遷縣蔡集鄉第四保国民學校校長李吏甡

抗戰期間校産損失報告單

填送日期 三十六年十二月　日

損失年月日	事件地點	損失項目	購置年月	單位	數量	價值（國幣元）購置時價值	損失時價值	現時價值	證件
民國三十一年八月	淪陷後破壞 宿遷北極庄	房屋	民國二十四年三月		九間	348.75元	3487.50元	2790萬元	
民國三十一年三月	〃	課桌凳（双坐）	民國二十四年九月		二十張	30.00	300.00	240萬元	
〃	〃	黑板	〃		二塊	3.50	35.00	28萬元	
〃	〃	掛鐘	民國二十五年九月		一個	7.00	70.00	56萬元	
〃	〃	國黨旗	〃		二面	3.00	30.00	24萬元	
〃	〃	辦公桌	〃		一張	8.00	80.00	64萬元	
〃	〃	成績架及其他	〃			9.50	95.00	76萬元	
		合計				409.75	4097.50	3228萬元	

宿遷縣新民鄉第四保國民學校校長 吳殿宇

抗戰期間校產損失报告單

填送日期三十六年十二月十五日

損失年月日	事件地點	損失項目	購置年月	單位	數量	價值（國幣元）購置時價值	損失時價值	現時價值	證件
二十六年三月	王庄	草房	二十三年四月	間	六	一百元	一百三十元	八百萬元	
〃	〃	課鈴	〃	個	一	一元	一元三角	十萬元	
〃	〃	辦公桌	〃	張	二	六元	七元八角	四十八萬元	
〃	〃	時鐘	〃	個	一	三元	三元九角	三十萬元	
〃	〃	課桌	〃	張	六十	一百二十元	一百五十六元	九百六十萬元	
〃	〃	黑板	〃	塊	二	六元	七元八角	四十八萬元	
〃	〃	成績架	〃	張	一	六元	七元八角	四十八萬元	
〃	〃	圖書	〃	册	五十	二十五元	三十二元五角	一百六十萬元	

宿遷縣陸集鄉第十保國民學校校長王嘉賢

抗戰期間校產損失報告表

填送日期三十六年十二月十五日

損失年月日	事件地點	損失項目	購置年月	單位	數量	價值(國幣元) 購置時價值	損失時價值	現時價值	證件
三十八年三月	陸集日寇燒壞	黑板	二十二年八月	塊	二	三	三元九角	五十四万元	
〃	〃	課桌	〃	張	五十	一百	一百三十元	八百万元	
〃	〃	課鈴	〃	個	一	二	二元六角	十六万元	
〃	〃	成績架	〃	張	一	五	六元五角	四十万元	
〃	〃	辦公桌	〃	張	二	四	五元二角	三十二万元	
〃	〃	舖板	〃	塊	二	四	五元二角	三十二万元	
〃	〃	圖書	〃	冊	二十	十	十三元	八十万元	
〃	〃	草房	〃	間	五	六十	七十八元	四百八十万元	
〃	〃	時鐘	〃	個	一	五	六元五角	四十万元	
〃	〃	鏡框	〃	個	十三	十三	十六元九角	一百〇八万元	

宿遷縣陸集鄉第十四保國民學校校長王治安

抗戰期間校產損失報告單

填送日期三十六年十二月　日

損失年月日	事件地點	損失項目	購置年月	單位	數量	價值(國幣元) 購置時價值	損失時價值	現時價值	證件
民國二十八年一月	宿南集家汙滴陷時被日寇破壞	房屋	民國二十二年八月	間	9	225	840	18000000	
〃	〃	桌椅	〃	張	70	140	560	11200000	
〃	〃	黑板	〃	塊	3	9	18	720000	
〃	〃	時鐘	〃	個	2	10	20	800000	
〃	〃	油印機	〃	架	1	6	12	480000	
〃	〃	五燈收音機	〃	架	1	18	28	1440000	
〃	〃	籃球架	〃	付	1	24	32	1900000	
〃	〃	圖書	〃	册	740	222	368	17760000	
					合計	654	1878	52300000	

宿遷縣三樹鄉中心國民學校校長韓炳

抗戰期間校產損報告單

填送日期民三六年十二月二十日

損失年月日	事件	地點	損失項目	購置年月	單位	數量	價值（國幣元）購置時價值	損失時價值	現時價值	證件
民二七年十月卅日	日軍進攻	耿車鄉八保	坐鐘	民二五年九月	個	1	銀幣五元	銀幣四元	國幣三十萬元	
〃	〃	〃	校牌	〃	件	2	〃三元	〃二元	〃十五萬元	
〃	〃	〃	玻璃鏡框	〃	件	16	〃四元	〃三元	〃二十五萬元	
〃	〃	〃	足球	〃	件	1	〃三元	〃二元	〃十五萬元	
〃	〃	〃	籃球	〃	件	2	〃五元	〃二元	〃二十萬元	
〃	〃	〃	籃球架	〃	件	1	〃三元	〃二元	〃十六萬元	
〃	〃	〃	辭源	〃	冊	1	〃八元	〃五元	〃四十萬元	
〃	〃	〃	中國省圖	〃	幅	2	〃一元	〃一元	〃五萬元	
〃	〃	〃	校鈴	〃	個	2	〃二元	〃二元	〃十四萬元	
〃	〃	〃	校旗	〃	幅	2	〃二元	〃二元	〃十五萬元	
〃	〃	〃	成績架	〃	件	2	〃六元	〃五元	〃四十萬元	
〃	〃	〃	大黑板	〃	件	2	〃九元	〃八元	〃六十萬元	
〃	〃	〃	小黑板	〃	件	2	〃三元	二元	〃十五萬元	
〃	〃	〃	教桌	〃	件	2	〃三元	二元	〃十七萬元	
〃	〃	〃	課桌	〃	件	90	〃九十元	七十元	〃六十萬元	
〃	〃	〃	辦公桌	〃	件	2	〃九元	七元	五十萬元	

抗戰期間校產損失報告單

填送日期三十六年十二月二十日

損失年月日	事件地點	損失項目	購置年月	單位	數量	價值（國幣元）購置時價值	損失時價值	現時價值	證件
民國二十八年二月一日至二十九年十二月	日軍攻陷後全部漸漸拆毀在窯灣圩內	房屋	民國十年三月至二十五年九月	間	五十	四千元	五千元	十萬萬元	
民國二十八年二月一日至十五日	日軍攻陷後全部被毀在窯灣圩內	器具	仝上	件	兩千	一千五百元	兩千元	三萬萬元	
仝上	仝上	書籍	仝上	冊	三百	二百元	二百五十元	二千萬元	
仝上	仝上	圖表	仝上	幅	一百	九十元	一百三十元	一千萬元	

宿遷縣窯灣鎮中心國民學校校長許又書

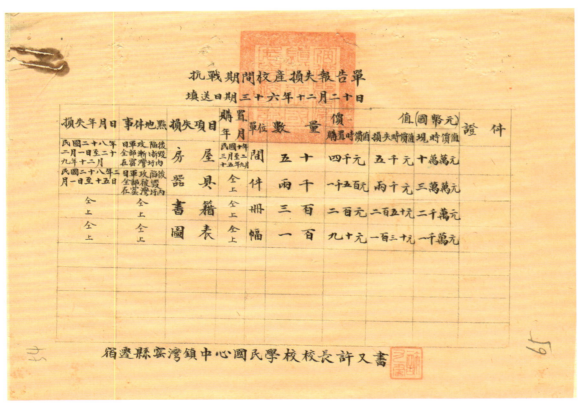

抗戰期間校產損失報告單

填送日期三十六年十二月二十五日

損失年月日	事件地點	損失項目	購置年月	單位	數量	價值（國幣元）購置時價值	損失時價值	現時價值	證件
二八年十一月五日	日軍進攻洋北鄉卓碼頭	校舍	十二年四月	間	十一間	八百元	一千二百元	九千六百萬元	
二八年十一月五日	日軍進攻洋北鄉卓碼頭	課桌	十二年八月	件	一百二十件	二百四十元	三百六十元	二千八百萬元	
二八年十一月五日	日軍進攻洋北鄉卓碼頭	教桌	二十年二月	件	八件	四十元	四十元	三百二十萬元	
二八年十一月五日	日軍進攻洋北鄉卓碼頭	黑板	十年二月	件	五件	二十五元	三十元	二百四十萬元	
二八年十一月五日	日軍進攻洋北鄉卓碼頭	風琴	二十年二月	件	一件	二十元	二十元	一百六十萬元	
二八年十一月五日	日軍進攻洋北鄉卓碼頭	掛圖	二四年八月	幅	五十餘幅	約八十元	八十元	六百四十萬元	
二八年十一月五日	日軍進攻洋北鄉卓碼頭	教學用書	二四年二月	册	一百餘册	約一百元	一百元	八百萬元	
二八年十一月五日	日軍進攻洋北鄉卓碼頭	兒童讀物	二四年二月	册	一百餘册	約五十元	五十元	四百萬元	

宿遷縣洋北鄉第三保國民學校校長胡景明

抗戰期間校產損失報告單

填送日期三十六年十二月二一日

損失年月日	事件地点	損失項目	購置年月	單位	數量	價值（國幣元）購置時價值	損失時價值	現時價值	證件
二八年一一月一三日	日軍拆毁楊集本校	校舍	二一年三月	間	一六	五五〇元	一三七五元	三八五七万元	
〃	〃	教桌	二年三月	件	四	一〇元	二五元	七〇万元	
〃	〃	椅子	〃	件	三	九元	二二五元	六三万元	
〃	〃	課桌	〃	件	七五	一一二五元	二八一元	七八七万元	
〃	〃	黑板	〃	件	四	八元	二〇元	五六万元	
〃	〃	篮球架	二一年七月	件	一	一五元	三七.五元	一〇五万元	
〃	〃	辦公桌	二二年 月	件	一	四元	一〇元	二八万元	
〃	〃	鋪板	二二年七月	件	六	一〇元	二五元	七〇万元	
〃	〃	課鈴	〃	件	一	二.五元	六.五元	一七万元	
〃	〃	掛鐘	〃	件	一	九元	二二.五元	六三万元	
〃	〃	風琴	〃	件	一	四二元	一〇五元	二九四万元	
〃	〃	乙種辭源	〃	册	二	一四元	三一元	九八万元	
〃	〃	地圖	〃	幅	三	七.五元	一八.五元	五二万元	

宿遷縣楊集鄉中心國民學校校長蔡靜齋

抗戰期間校產損失報告單

填送日期三十六年十二月二十三日

損失年月日	事件地點	損失項目	購置年月	單位	數量	價值（國幣元）購置時價值	價值（國幣元）損失時價值	價值（國幣元）現時價值	證件
二十八年一月十三日	日軍由耿車出動向西北一帶掃蕩	學生生桌	16年七月	張	五三	每張1.2元 計54.6元	每張1.5元 計79.5元	120000元 計6360000元	
〃	〃	教桌 辦公桌	8年七月	張	各1張	10元	12元	960000元	
〃	〃	掛鐘	14年九月	支	1	5元	8元	640000元	
〃	〃	黑板	8年七月	塊	一大二小	5元	8元	640000元	
〃	〃	新生活及防空掛圖	24年8月	幅	12幅	3.6元	4.8元	384000元	
〃	〃	門窗	10年8月	合	門壹合 窗三付	10元	12元	960000元	
〃	〃	地圖	10年8月	幅	2	3.6元	4.8元	384000元	
〃	〃	兒童讀物	數年續購	册	58	3.6元	4.8元	384000元	

宿遷縣楊集鄉第三保國民學校 校長 王子儀

抗戰期間校產損失報告單

填送日期三十六年十二月二十五日

損失年月日	事件地點	損失項目	購置年月	單位	數量	價值（國幣元）購置時價值	價值（國幣元）損失時價值	價值（國幣元）現時價值	證件
二十七年十月廿六日	日軍汽車搶民慶鄉大李莊	教室	二十五年三月	間	三	五二〇	四八〇〇	四八〇〇〇〇〇〇	
〃	〃	課桌	二十六年四月	件	三〇	一八五	二六〇〇	七〇〇〇〇〇	
〃	〃	辦公桌	〃	件	一	三〇	八五〇	八〇〇〇〇	
〃	〃	掛鐘	〃	件	一	二五	四〇〇	一六〇〇〇〇	
〃	〃	黑板	二十五年三月	件	三	一五	三六〇	五五〇〇〇	
〃	〃	地圖	〃	幅	一	五	一八〇	二五〇〇〇	
〃	〃	辭源	〃	册	二	八	一四〇〇	一五〇〇〇〇	
〃	〃	椅子	〃	件	二	六	四〇	一八〇〇〇〇	

宿遷縣楊集鄉第十保國民學校 校長 李饒庭

抗戰期間校產損失報告單

填送日期三十六年十二月四日

損失年月日	事件地點	損失項目	購置年月	單位	數量	價值（國幣元）購置時價值	損失時價值	現時價值	證件
二十七年八月十日	城子簡圩西被日軍焚燬	辦公室	十五年四月	間	三	七十五元	一千五百元	一千五百萬元	
仝上	仝上	教室	十七年五月	間	六	一百五十元	三千元	三千二百萬元	
仝上	仝上	厨房	仝上	間	二	五十元	六百元	七百萬元	
仝上	仝上	黑板	十五年六月	塊	三	二十元	五百元	一百八十萬元	
仝上	被日軍砍毀	籃球架	仝上	對	一	八元	一百六十元	八十萬元	
仝上	被日軍焚燬	辞源	仝上	册	二	十元	一百八十元	一百二十萬元	
仝上	仝上	圖書	仝上	册	五十	十二元	二百元	一千萬元	
仝上	仝上	雜誌	十八年十月	册	二十五	五元	一百元	四十萬元	

宿遷縣西嵩鄉中心國民學校校長 張恭己

70

抗戰期間校產損失報告單

填送日期三十六年十二月四日

損失年月日	事件地點	損失項目	購置年月	單位	數量	價值（國幣元）購置時價值	損失時價值	現時價值	證件
二十七年八月十日	被日軍焚燬	辦公桌	十五年六月	張	一	五元	八十元	四十萬元	
仝上	仝上	板櫈	仝上	條	十	五元	六十元	四十萬元	
仝上	仝上	課桌	仝上	張	五十	五十元	九百元	五百萬元	
仝上	仝上	小辦公桌	仝上	張	二	三元	六十元	二十萬元	
仝上	仝上	掛圖	仝上	幅	五	六元	一百元	十萬元	
仝上	仝上	校牌	仝上	塊	一	三元	五十元	三十萬元	
仝上	仝上	門	仝上	合	五	三十元	四百元	二百萬元	
仝上	仝上	鍋	仝上	口	三	六元	一百元	三十萬元	

宿遷縣西嵩鄉中心國民學校校長 張恭己

71

抗戰期間校產損失報告單

填送日期 三十六年十二月十六日　　　　第　頁

損失年月日	事件地點	損失項目	購置年月	單位	數量	價值（國幣元）購置時價值	損失時價值	現時價值	證件
民國二十六年十一月三日	日軍進攻靈璧鎮	瓦房	廿四年八月	間	8	2500元	3000元	180,000,000元	
仝上	仝上	草屋	廿四年八月	間	6	600元	800元	48,000,000元	
仝上	仝上	課桌	廿四年八月	張	250	375元	400元	24,000,000元	
仝上	仝上	講桌	廿四年八月	張	5	20元	25元	1,500,000元	
仝上	仝上	辦公桌	廿四年八月	張	10	50元	60元	3,600,000元	
仝上	仝上	大黑板	廿四年八月	方	5	50元	60元	3,600,000元	
仝上	仝上	小黑板	廿四年八月	方	3	15元	18元	1,080,000元	
仝上	仝上	成績架	廿四年八月	面	1	8元	10元	600,000元	
仝上	仝上	課鈴	廿四年八月	個	1	6角	1元	60,000元	
仝上	仝上	校牌	廿四年八月	面	1	5元	6元	360,000元	
仝上	仝上	時鐘	廿四年八月	座	2	12元	16元	1,000,000元	
仝上	仝上	小學生文庫	廿四年八月	部	1	200元	200元	12,000,000元	

宿遷縣鐘吾鎮第六保國民學校校長于潤江

抗戰期間校產損失報告單

填送日期三十六年十二月十四日

損失年月日	事件地點	損失項目	購置年月	單位	數量	價值（國幣元）購置時價值	損失時價值	現時價值	證件
民國二十七年十一月十二日	宿遷縣鐘吾鎮第五保	瓦屋		間	四十八			九萬萬六仟萬元	
仝	日機轟炸日軍進攻	課桌	民國二十一年二月	張	二百五十	2.50元	500元	二仟五百萬元	
仝	火燒	辦公桌	仝	張	十九	30元	60元	四百二十萬元	
仝		黑板	仝	塊	七	35元	70元	四百九十萬元	
仝		小學文庫	民國二十二年五月	冊	五十	25元	50元	三百五十萬元	
仝		風琴	仝	座	二	80元	160元	一仟二百二十萬元	
仝		時鐘	民國二十一年二月	座	三	32元	64元	四百四十八萬元	
統計								十萬萬一仟三百二十八萬元	

宿遷縣鐘吾鎮第五保國民學校 校長劉慕梅

抗戰期間校產損失報告單

填送日期三十六年十二月二十四日

損失年月日	事件地點	損失項目	購置年月	單位	數量	價值（國幣元）購置時價值	損失時價值	現時價值	證件
二七年八月廿日	被日軍焚燬	掛鐘	十八年八月	架	一	九元	一百七十元	一百二十萬元	
仝上	仝上	坐鐘	仝上	架	一	七元	一百二十元	八十萬元	
仝上	仝上	寒暑表	仝上	支	一	一元	十五元	八萬元	
仝上	仝上	藍球	仝上	支	一	五元	一百二十元	五十萬元	
仝上	仝上	足球	仝上	支	一	三元	六十元	四十萬元	
		合計				四百四十三元	八千四百萬元	八千零八十萬元	

宿遷縣西崗鄉中心國民學校校長張恭己

抗戰期間校產損失報告單

填送日期三十六年十二月二十日

損失年月日	事件地点	損失項目	購置年月	單位	數量	價值（國幣元）購時價值	損失時價值	現時價值	證件
二十八年三月	城內部隊運作燃料	單座課桌		50件		50元	15元	750万元	
仝上	仝上	雙座課桌		25件		50元	75元	750万元	
仝上	仝上	講桌		2件		4元	6元	50万元	
仝上	仝上	辦公桌		1件		5元	7元	45万元	
仝上	仝上	黑板大弍小三		5件		25元	35元	250万元	
仝上	仝上	板門		4件		12元	16元	1200万元	
仝仝	仝上	窗櫺		8件		8元	12元	800万元	
仝上	仝上	成績架		1件		8元	12元	800万元	

宿遷縣文昌鄉第三中心國民學校校長蔡佩瑾

填送日期三十六年十二月十五日

損失年月日	事件地點	損失項目	購置年月	單位	數量	價值（國幣元）購置時價值	損失時價值	現時價值	證件
二十七年十二月	日軍進攻吳油坊	草屋（廚房）	21年2月	間	二間	30元	39元	二百萬元	
,,	,,	校牌	20年7月	件	一件	2元	2.6元	十萬元	
,,	,,	國校旗	,,	面	二面	4元	5.2元	二十萬元	
,,	,,	課桌	19年2月	張	五十張	五十六元	72.8元	三百四十萬元	
,,	,,	圖（地圖 掛圖）	陸續購置	幅	十八幅	20元	26元	五十六萬元	
,,	,,	書籍	,,	册	五十餘册	8元	10.4元	二十五萬元	
		合計				120元	156元	六百六十一萬元	

宿遷縣文昌鄉第九保國民學校校長趙廣榮

抗戰期間校產損失報告單

填送日期三十六年十二月二十日

損失年月日	事件地点	損失項目	購置年月	單位	數量	價值（國币元）購置時價值	損失時價值	現時價值	證件
二十七年十二月三日	挺攻卓打部隊焚燬	時鐘		1件		8元	10元	70万元	
仝上	仝上	號鈴		1件		1元	1.5元	10万元	
仝上	仝上	毛球算		1件		2元	3元	20万元	
仝上	仝上	雙風頁組風琴		1件		56元	56元	400万元	
仝上	仝上	地球儀		1件		1元	1元	10万元	
仝上	仝上	風雨表		1件		1元	1元	10万元	
仝上	仝上	錫茶壺罐		1件		4元	4元	30万元	
仝上	仝上	廚具（鍋盤廚灶）		12件		5元	7元	40万元	

宿遷縣文昌鄉第三中心國民學校校長蔡佩瑾

抗戰期間校產損失報告單

填送日期三十六年十二月二十日

損失年月日	事件地点	損失項目	購置年月	單位	數量	價值（國幣元）購時價值	損失時價值	現時價值	證件
二十七年十二月三十日	進攻阜圩炮燬	國黨旗	18年2月	大幅		2元	3元	30万元	
仝上	仝上	國父遺像		三幅		.3元	.3元	2万元	
仝上	仝上	中國地圖				1.5元	1.5元	15万元	
仝上	仝上	世界地圖		壹幅		1.8元	1.8元	18万元	
仝上	仝上	小学生文庫		六百冊		100元	100元	7000万元	
仝上	仝上	小朋友		壹百冊		30元	30元	210万元	
仝上	仝上	基礎初國授		八册		3.2元	3.2元	22万元	
仝上	仝上	新式初國授		八册		3.2元	3.2元	22万元	

宿遷縣文昌鄉第三中心國民學校 校長蔡佩瑾

抗戰期間校產損失報告單

填送日期三十六年十二月二十日

損失年月日	事件地点	損失目項	購置年月	單位	數量	價值（國幣元）購時價值	損失時價	現時價值	證件
二十七年十二月三十日	進攻阜圩部隊焚燬	新法初授國		八册		3.2元	3.2元	22万元	
仝上	仝上	新中華初國授		八册		3.2元	3.2元	22万元	
仝上	仝上	新課程初國授		八册		3.2元	3.2元	22万元	
仝上	仝上	仝上初算授		四册		4元	4元	56万元	
仝上	仝上	仝上初常授		十六册		6.4元	6.4元	96万元	
仝上	仝上	公民修身授		三冊		4.8元	4.8元	32万元	
仝上	仝上	衛生掛圖		四幅		.8元	.8元	56万元	
仝仝	仝上	三民主義圖解		三幅		.6元	.6元	42万元	

宿遷縣文昌鄉第三中心國民学校 校長蔡佩瑾

抗戰期間校產損失報告單

填送日期 三十六年十二月二日

損失年月日	事件地点	損失項目	購置年月	單位	數量	價值(國幣元) 購置時價值	損失時價值	現時價值	證件
二十七年十二月三日	進攻韋圩炮樓	防空掛圖	二十三年三月	四幅		4角	.48元	16万元	
二十七年十二月四日	仝上	油印機		全件		7元	8元	56万元	
二十七年十二月四日	仝上	房屋四間		四間		120元	160元	1120万元	
二十七年十二月三日	進攻韋圩炮樓	炮樓	二十三年三月	一間	1間	80元	120元	800萬元	

宿遷縣文昌鄉第三中心國民學校校長蔡佩瑾

抗戰期間校產損失報告單

填送日期 三十六年十二月十五日

年月日	事件地點	損失項目	購置年月	單位	數量	價值(國幣元) 購置時價值	損失時價值	現時價值	證件
民國二十九年十一月十六日	宿遷縣三樹鄉十二保王家梨園	柳樹壹百三十六株	民國十九年一月	株	壹百三十六株	拾六圓九角	壹千六百三十萬元	伍千七百六十萬元	
民國二十九年十二月五日	宿遷縣三樹鄉十二保小趙村	課桌辦公桌椅子圖書圖表		冊張	課桌二十五張 辦公桌一張 椅子三十二張 圖書七十四冊 圖表二十六張	二十一圓九角	壹千八百四十萬元	六千二百三十萬元	

附說明 樹木損失 因造據點將本校呈報在案教育林樹木全行伐去
校具圖書 因下鄉巡哨在本校燒火致被毁盡

宿遷縣三樹鄉第十二保國民學校校長張燦章

抗戰期間校產損失報告單

填送日期三十六年十二月十日

損失年月日	事件地點	損失項目	購置年月	單位	數量	價值（國幣元）購置時價值	損失時價值	現時價值	證件
二八、一、八	楊集鄉八保閻村觀音 被搶 日軍燒	課桌櫈	二五，八	張	九五	285	1,425	22,800,000.	
		黑板	〃	塊	三	12	60	960,000	
		籃球	二五，九	个	一	6	30	480,000	
		足球	〃	个	一	4	20	320,000	
		時鐘	〃	座	一	25	125	2,000,000	
		辦公桌櫈	二五，八	張條	三	15	75	1,200,000.	
		校舍	一九，二	間	三	12,000,000	60,000,000	96,000,000	
		風琴	二六，九	架	一	80	4,000,000	64,00[illegible]000	

宿遷縣楊集鄉第八保國民學校校長 [印]

抗戰期間校產損失報告單

填送日期三十六年十二月十五日

損失年月日	事件地點	損失項目	購置年月	單位	數量	價值（國幣元）購置時價值	損失時價值	現時價值	證件
民國廿九年十月十五日	日軍進攻榮義鄉張莊	校舍	二十四年十月	間	三	六拾元	二五〇元	九〇萬元	
		課桌	仝上	件	三六	三六元	一二〇元	三八〇萬元	
		黑板	仝上	件	二	五元	一五元	四〇萬元	
		書籍	仝上	冊	一五〇	七五元	二二〇元	一〇五萬元	
		圖表	仝上	幅	二五	二七元	九〇元	二七〇萬元	

宿遷縣楊集鄉第二保國民學校校長 張采芹 [印]

抗戰期間學校財產損失報告單

填送日期 36年12月14日

損失年月日	事件地點	損失項目	購置年月	單位	數量	價值（國幣元）			證件
						購置時價值	損失時價值	現時價值	
民國二十六年十二月八日	日軍侵佔楚境宿遷縣秀水鄉馬圍圩	辦公室	民國五年八月建築	間	三	100元	400元	800萬元	
民國二十六年十二月八日	同上	風琴	民國十一年三月	架	一	20元	60元	400萬元	
民國二十六年十二月八日	同上	課桌	民國五年八月	張	四十	24元	40元	400萬元	
民國二十六年十二月八日	同上	書籍	民國廿二年間	冊	五十	4元	10元	50萬元	
民國二十六年十二月八日	同上	地圖	民國廿年九月	幅	四	4元	10元	50萬元	
民國二十六年十二月八日	同上	掛鐘	民國五年八月	架	一	3元	10元	150萬元	

宿遷縣秀水鄉第二保國民學校校長 馬澤民 [印：馬澤民印]

宿遷縣耿車鄉第二保國民學校抗戰期間校產損失報告單

填送日期 36年12月22日

損失年月日	事件地点	損失項目	購置年月	單位	數量	價值（國幣元）			證件
						購置時價值	損失時價值	現時價值	
27年12月13日	郭圩	校舍	22年3月	間	8	2400	5000	4000,0000	
仝上	仝上	校具	22年3月	件	200	400	1000	8000,0000	
仝上	仝上	教便物	21年9月	件	40	100	200	12,0000	
仝上	仝上	參考書	21年8月	冊	200	200	400	1400,0000	
仝上	仝上	運動器	21年8月	件	100	300	600	140,0000	
仝上	仝上	樂器	24年8月	件	500	100	200		
仝上	仝上	掛圖	24年8月	幅	400	100	200	12,0000	

宿遷縣耿車鄉第一保國民學校校長臧如海 [印]

抗戰期間校產損失報告單

填送日期三十六年十二月十八日

損失年月日	事件地點	損失項目	購置年月	單位	數量	價值（國幣元）購置時價值	損失時價值	現時價值	證件
二十六年十二月五日	進化鎮羅莊	課桌	二十四年三月	張	30	36元	38元	240,0000元	
〃	〃	凳子	〃	張	30	21元	24元	160,0000元	
〃	〃	黑板	〃	塊	2	4元	6元	30,0000元	
〃	〃	坐椅	二十五年八月	張	2	8元	9元	50,0000元	
〃	〃	時鐘	〃	座	1	4元	6元	30,0000元	
〃	〃	圖表	二十六年二月	幅	15	10元	12元	60,0000元	
〃	〃	書籍	〃	冊	30	8元	9元	50,0000元	

宿遷縣文昌鄉第四保國民學校校長韓良臣

抗戰期間校產損失報告單

填送日期三十六年十二月十七日

損失年月日	事件地點	損失項目	購置年月	單位	數量	價值（國幣元）購置時價值	損失時價值	現時價值	證件
民國二十九年七月二十日	敵軍掃蕩	房屋	民國六年中	間	八間	弍百肆拾元	叁百弍拾元	肆百元	
		課桌	民國十三年	張	九十張	肆拾伍元	陸拾元	壹百捌拾元	
		器具		件	二十一件	捌拾元	壹百伍拾元	叁百元	
		書籍		册	叁百弍拾册	壹百元	壹百玖拾元	肆百元	
		圖表		幅	弍拾幅	叁拾元	伍拾元	捌拾元	
		掛鐘	民國十五年	隻	一隻	拾五元	弍拾元	肆拾元	
		樹		棵	四十棵		肆百元	壹千弍百元	

宿遷縣陸圩鄉第六保國民學校校長孫習莊

抗战期間校產損失報告單

填送日期 民國叁十六年十二月二十日

損失年月日	事件地点	損失項目	購置年月	單位	數量	價值（國幣元）購置時價值	損失時價值	現時價值	證件
民國廿七年八月廿八日	日機轟炸蔡短牆	校舍	民國十四年七月	草房	六間	一百八十元	二百元	二仟一百萬元	
〃	〃	校具		課桌	五十四張	六十元	六十五元	四千九百萬元	
〃	〃	〃		辦公教桌	三張	十元	十五元	一千四百萬元	
〃	〃	〃		成績架	一張	五元	五元	三十萬元	
〃	〃	〃		大桌	一張	五元	五元	四十萬元	
〃	〃	教具		中外地圖	兩幅	四元	五元	四十萬元	
〃	〃	〃		坐鐘	一架	五元	五元	七拾萬元	
〃	〃	〃		風琴	一架	四十元	四十元	五百六十萬元	

（舊校名）宿遷縣蔡集初級小學校 校長蔡海蕃（印）（校址蔡集鄉二保蔡垣墻）

抗戰期間校產損失報告單

填送日期 三十六年十二月十九日

損失年月日	事件地點	損失項目	購置年月	單位	數量	價值（國幣元）購置時價值	損失時價值	現時價值	證件
民國二七年十一月九日	日軍進攻陸集	桌櫈黑板辦公桌校牌方桌講桌等	民國二十二年七月九日		共九十六件	四百八十元	五百二十元	三千八百四十萬元	
仝上	仝上	房屋	仝上		九間	一百三十五元	一百八十元	一千六百万元	
仝上	仝上	圖書 儀器	民國二十四年九月		一千二百冊 一百四十餘件	二百四十元 三百六十元	仝上	一千二百万元 一千八百万元	
仝上	仝上	座鐘 毛絲隻	民國二十四年九月		一隻 一盤	五元 二元	五元 二元	四十万元 十六万元	
仝上	仝上	成績架 門	民國二十二年七月九日		一隻 二付	八元 十一元	八元 十一元	一百零四万元 一百六十万元	
仝上	仝上	油印機 牀	民國二十四年九月		一套 二張	五元 六元	七元 六元	五十六万元 四十八万元	
仝上	仝上	鉄鍋 椅子	民國二十三年九月		二口 四張	三元 六元	三元 十八元	三十五万元 一百八十万元	
仝上	仝上	板櫈	民國二十二年七月九日		五条	三元五角	五元	四十萬元	

宿遷縣文昌鄉第八保國民學校校長王德甫（印） 共計九千一百十九萬元

抗戰期間校產損失報告單

填送日期三十六年十二月十八日

損失年月日	事件地點	損失項目	購置年月	單位	數量	價值（國幣元）購置時價值	損失時價值	現時價值	證件
二十九年三月十三日	黄圩（以抗拒日偽軍進圩被燒）	不動產	十三年八月	房屋	十二間	二七〇元	一三〇〇元	六千萬元	
		動產		課桌	一二〇張	一八〇元	七二〇元	九百萬元	
				教桌	三張	七元	二五元	一百三十萬元	
				風琴	壹架	十九元	五七元	三百二十萬元	
				坐鐘	一個	十四元	四五元	八十萬元	
				办公桌	五張	十元	三十四元	一百二十萬元	
				大桌	二張	八元	三五元	壹百五十萬元	
				大椅	四張	十二元	三六元	壹百七十萬元	

宿遷縣秀水鄉中心國民學校校長蘇更生

抗戰期間校產損失報告單

填送日期三十六年十二月十八日

損失年月日	事件地點	損失項目	購置年月	單位	數量	價值（國幣元）購置時價值	損失時價值	現時價值	證件
二十九年三月十三日	黄圩（以抗日被燒）	動產	十四年九月	門	四副	十六元五角	六四元	四〇〇萬元	
				窗	十四扇 玻璃八十四老方尺 鐵柱七十根	三六元八角	一一〇元	五四〇萬元	
				凳	八条	八元	三〇元	二七〇萬元	
			二十年二月	籃球架	一对	二五元	五四元	二六〇萬元	
				成績架	一个	七元	二八元	一四〇萬元	
						四〇元			

宿遷縣秀水鄉中心國民學校校長蘇更生

抗戰期間校產損失報告單

填送日期三十六年十二月二十二日

損失年月日	事件地點	損失項目	購置年月	單位	數量	價值(國幣元)			證件
						購置時價值	損失時價值	現時價值	
民國二十八年十月八日	日軍進攻三樹鎮	房屋	民國二十年一月	間	四間	八十枚	一百銀圓	一千五百萬	

宿遷縣三樹鄉第四保國民學校校長許淵

[illegible]

填送日期36年12月18日

損失年月日	事件地點	損失項目	購置年月	單位	數量	價值(國幣元)			證件
						購置時價值	損失時價值	現時價值	
民國二十七年十一月二十六日	日軍進攻新集圩	課桌	民國二十五年九月	每張壹元	30張	30元	35元	210萬元	
仝	仝	黑板	民國二十二年八月	每塊四元	兩塊	8元	10元	40萬元	
仝	仝	國校旗	民國二十五年十月	每面壹元	兩面	2元	2.5元	24萬元	
仝	仝	校門	民國二十二年二月	每合二元	兩合	4元	5元	40萬元	
仝	仝	坐椅	民國二十二年二月	每張五角	42張	21元	25.5元	126萬元	
仝	仝	校舍	民國二十一年二月	每間二十元	5間	100元	125元	300萬元	
仝	仝	座鐘	民國二十四年三月	每座二元	1座	2元	4元	50萬元	
仝	仝	表框	民國二十五年三月	每個壹元	10個	10元	15元	80萬元	

宿遷縣三樹鄉第十一保國民學校校長李鏡

抗戰期間校產損失報告單

填送日期 三十六年十二月二十二日

損失年月	事件地點	損失項目	購置年月	單位	數量	價值（國幣元）購置時價值	損失時價值	現時價值	證件
民國二十八年六月十六日	朱大庄	校舍	民國三年	間	十二間	一千伍伯元	二仟伍伯元	捌仟伍佰萬元	
〃	〃	教桌	民國九年	張	二張	二十元	二十八元	一百萬元	
〃	〃	成績架	民國九年	架	二架	二十五元	三十元	二伯萬元	
〃	〃	課桌	民國九年	張	七十張	一伯四十元	二伯八十元	一千伍伯萬元	
〃	〃	圓凳子	民國九年	對	四對	十二元	十八元	一伯萬元	
〃	〃	大小黑板	民國二十年	面	四面	十六元	二十元	一伯六十萬元	
〃	〃	辦公桌	民國十五年	張	二張	二十元	二十五元	二伯萬元	
〃	〃	掛鐘	民國二十年	面	一面	十元	十五元	八十萬元	
〃	〃	中國世界地圖	民國二十年	張	二張	十元	十二元	十五萬元	
〃	〃	風琴	民國二十年	架	一架	一百二十五元	二百元	一伯六十萬元	
〃	〃	辭源	民國十五年	部	一部	十五元	二十元	一伯萬元	
〃	〃	啞鈴	民國二十年	對	四十對	二十元	二十五元	二伯萬元	
〃	〃	足球	民國二十年	個	一个	八元	十二元	一伯萬元	

宿遷縣楊集鄉第九保國民學校校朱欽民（印）

損失年月日	事件地點	損失項目	購置年月	單位	數量	價值（國幣元）購置時價值	損失時價值	現時價值	證件
民國二七年一月	宿遷靈傑鎮	双人課桌	[illegible]	[illegible]	[illegible]	[illegible]8	200	14000000	
	（日軍進攻）	双人坐櫈	[illegible]	[illegible]	[illegible]	[illegible]0	80	5320000	
		双屜辦公桌	[illegible]	[illegible]	[illegible]	[illegible]5	1.8	1260000	
		方桌	二五年[illegible]月	張	1	4.5	5	350000	
		球桌	二五年[illegible]月	張	2	10	12	880000	
		黑板	二五年二月	塊	3	6	9	120000	
		時鐘	二五年七月	隻	1	8	9	780000	
		活動標語牌	二五年七月	面	26	9.1	13	910000	
		椅子	二五年七月	張	6	15	18	1260000	
		教室		間	6		720	50400000	
		圖書	二六年二月	册	150	22.5	30	1200000	

宿遷縣靈傑鎮第一二保國民學校校長趙者香（印）

抗戰期間校產損失報告單

填送日期三十六年十二月二十四日

損失年月日	事件地點	損失項目	購置年月	單位	數量	價值（國幣元）購置時價值	損失時價值	現時價值	證件
民二十八年七月	日軍掃蕩李圩鄉王口村	教室	民三年七月	间	6	120元	750元	12000000元	
〃 〃	〃 〃	辦公室	仝上	间	2	40元	200元	4000000元	
〃 〃	〃 〃	課桌	仝上	張	57	110元	570元	57000000元	
〃 〃	〃 〃	講桌	仝上	張	2	8元	40元	4000000元	
〃 〃	〃 〃	辦公桌	仝上	張	2	10元	60元	6000000元	
〃 〃	〃 〃	大小黑板	仝上	塊	3	8元	50元	5000000元	
〃 〃	〃 〃	世界地圖	民五年二月	幅	[illegible]	1元	40元	4000000元	
〃 〃	〃 〃	中國地圖	仝上	幅	1	1元	40元	4000000元	

宿遷縣李圩鄉第五保國民學校校長李文星（印：李文星章）

96

抗戰期間校產損失報告單

填送日期三十六年十二月二十四日

損失年月日	事件地點	損失項目	購置年月	單位	數量	價值（國幣元）購置時價值	損失時價值	現時價值	證件
民二十八年七月	日軍掃蕩李圩鄉王口村	國旗	民五年七月	幅	1	1.5元	10元	300000元	
〃 〃	〃 〃	校旗	仝上	幅	1	1.5元	10元	300000元	
〃 〃	〃 〃	教學样本	自民三年至二十八年	册	25	10元	100元	1000000元	
〃 〃	〃 〃	參考書	仝上	部	8	30元	150元	15000000元	
〃 〃	〃 〃	火食用具	民三年七月		全具	30元	100元	10000000元	

宿遷縣　　國民學校校長李文星（印：李文星章）

97

抗戰期間[illegible]

中華民國三十六年十二月二十五日

損失年月日	事件地點	損失項目	購置年月	單位	數量	價值（國幣元）購置時價值	損失時價值	現時價值	證件
民國二十八年三月	日軍掃蕩朱李莊	課桌	民國二十五年七月		六十張	七十二元	二百一十六元	七百二十萬元	
		板櫈			六十條	十八元	五十四元	一百八十萬元	
		黑板			一面	一元二角	三元六角	十二萬元	
		課鈴			一個	七角五分	二元二角	四萬三仟元	
		珠算	民國二十六年三月		三十八盤	五十七元	一百七十一元	一百五十二萬元	
		毛算			二盤	四元二角	十二元六角	三十二萬元	
		尖鐘	民國二十六年九月		一個	八元五角	二十五元五角	一百零五萬元	
		辭源			一部	八元二角	二十四元	一百五十萬元	
		建國大綱			一部	伍元	十五元	七十萬元	
		總理遺像			二張	三角	九角	弍萬元	
		中國全圖			一幅	一元二角	五元二角	十二萬元	
		寒暑表			一個	三元五角	十元五角	四十萬元	
		足球			一個	四元八角	十五元	八十萬元	

宿遷縣蔡集鄉第七保國民學校校長張潤之

抗戰期間[illegible]

填送日期 三十六年十二月二十二[illegible]

損失年月日	事件地點	損失項目	[illegible]	[illegible]	[illegible]	價值（國幣元）[illegible]	損失時價值	現時價值	證件
二十八年六月	日軍焚燬李圩鄉陸營村	教室	民元年七月	間	九間	180元	900元	18000000元	
〃 〃	〃 〃	辦公室	仝上	間	三間	60元	300元	6000000元	
〃 〃	〃 〃	課桌	民十五年六月	張	一百張	100元	500元	10000000元	
〃 〃	〃 〃	辦公桌	仝上	張	四張	10元	50元	1000000元	
〃 〃	〃 〃	講桌	仝上	張	三張	6元	30元	600000元	
〃 〃	〃 〃	大小黑板	仝上	塊	四塊	10元	50元	1000000元	
〃 〃	〃 〃	時計	民十八年二月	架	一架	8元	40元	800000元	
〃 〃	〃 〃	地圖	仝上	幅	四幅	3元	15元	300000元	

宿遷縣李圩鄉第六保國民學校校長馮海粟

抗戰期間校產損失報告單

填造日期 三十六年十二月　日

損失年月日	事件地點	損失項目	購置年月	單位	數量	價值（國幣元）			證件
						購置時價值	損失時價值	現時價值	
民國二十七年十一月	日軍摧毀宿遷縣埠子圩內	課桌	民國二年元月	件	110	銀圓 50	銀圓 66	銀圓 180	
民國二十七年十一月	日軍摧毀宿遷縣埠子圩內	房屋	民國元年三月	間	11	300	350	1000	
民國二十七年十一月	日軍摧毀宿遷縣埠子圩內	辦公桌	民國二年二月	件	1	2	4	5	
民國二十七年十一月	日軍摧毀宿遷縣埠子圩內	講桌	民國二年二月	件	2	2	3	4	
民國二十七年十一月	日軍摧毀宿遷縣埠子圩內	小方凳	民國二年二月	件	4	2	3	4	
民國二十七年十一月	日軍摧毀宿遷縣埠子圩內	大板凳	民國二年二月	件	10	2	3	4	
民國二十七年十一月	日軍摧毀宿遷縣埠子圩內	書籍	民國廿六年七月	册	50	40	40	50	
民國二十七年十一月	日軍摧毀宿遷縣埠子圩內	圖表	民國廿六年七月	幅	30	12	14	16	

宿遷縣埠子鄉陳氏私立義門第二國民學校校長 陳春樓

抗戰期間校產損失報告單

填送日期叁拾陸年十二月　日

損失年月日	事件地點	損失項目	購置年月	單位	數量	價值			證件
						購置時價值	損失時價值	現時價值	
民國三十年八月七日		風琴	民國二十九年九月	一架		銀幣五十五元	銀幣一百元	銀幣二百元	
民國三十一年十月二十一日		掛鐘	民國二十九年九月	一座		銀幣三十元	銀幣五十元	銀幣六十元	
民國三十一年十一月十九日	林庄	玻璃窗	民國二十九年九月		六十片	銀幣十五元	銀幣二十元	銀幣二十五元	
民國三十六年二月十七日	林庄	楠木房料	民國二十五年一月		三十八棵	銀幣二十五元	銀幣二十五元	銀幣四十元	
民國三十六年二月十七日	林庄	楠木門	民國二十二年十二月		六件	銀幣二十元	銀幣四十元	銀幣四十元	

宿遷縣埝頭鄉第二中心國學校校長林增儀

抗戰期間家産存校損失報告單

填送日期三六年十二月二十日

損失年月日	事件地點	損失項目	購置年月	單位	數量	價值（國幣元）購置時價值	損失時價值	現時價值	證件
卅年十月	日機來轟炸在蔡圩本校	係几	二三年五月	件	一	拾伍元	貳拾元	壹伯伍拾萬元	
仝	仝	康熙字典	二二年五月	册	八	拾元	拾伍元	壹伯貳拾萬元	
仝	仝	中山琴	二十年三月	件	一	拾元	拾伍元	壹伯貳拾萬元	
仝	仝	流聲機	二十年二月	件	一	捌元	拾元	壹伯貳拾萬元	
仝	仝	椅子	二十年三月	張	四	拾元	拾伍元	壹伯貳拾萬元	
仝	仝	竹床	二十年四月	張	一	拾元	拾伍元	壹伯伍拾萬元	

宿遷縣蔡集第二保國民學校教員

抗戰期間校産損失報告單

填送日期三十六年十二月十三日

損失年月日	事件地點	損失項目	購置年月	單位	數量	價值（國幣元）購置時價值	損失時價值	現時價值	證件
民國二十九年二月十日	日軍進攻羅河鄉第六保蔡宅圩	黑板	民國二十年三月		二件	六元五角	二十四元	一百二十萬元	
民國二十九年二月十日	日軍進攻羅河鄉第六保蔡宅圩	座鐘	民國二十二年四月		一件	十二元	四十八元	二百四十萬元	
民國二十九年二月十日	日軍進攻羅河鄉第六保蔡宅圩	詞典	民國二十二年八月		三册	六元	二十六元	七十八萬元	
民國二十九年二月十日	日軍進攻羅河鄉第六保蔡宅圩	地圖及各種標本掛圖	民國二十二年四月		十二幅	三元五角	十二元六角	五十六萬元	
民國三十年八月三日	日軍進攻羅河鄉第六保蔡宅圩	校舍	民國十九年十月		七間	一百二十六元	四百九十元	二千一百萬元	
民國三十年八月三日	日軍進攻羅河鄉第六保蔡宅圩	桌凳	民國二十年三月		六十四件	一百零八元	四百零四元	一千八百萬元	
民國三十年八月三日	日軍進攻羅河鄉第六保蔡宅圩	辦公桌	民國二十年三月		二件	九元八角	二十八元	一百零二萬元	

宿遷縣羅河鄉中心國民學校校長蔡豫莊

抗戰期間校產損失報告表

填送日期三十六年十二月五日

損失年月日	事件地點	損失項目	單位	數量	購時價值	損失時價值	現時價值	證件
二十八年一月	日軍轟炸洋河	瓦校舍	間	42	4200元		5460萬元	
仝上	仝上	課桌	張	260	520元		10400萬元	
仝上	仝上	辦公桌	張	12	60元		1800萬元	
仝上	仝上	風琴	架	2	80元		800萬元	
仝上	仝上	木床	張	45	135元		3350萬元	
仝上	仝上	圖書	冊	850	620元		5000萬元	
仝上	仝上	儀器	件	68	450元		3500萬元	
仝上	仝上	油印机	架	1	5元		90萬元	
仝上	仝上	鐘	架	4	30元		510萬元	

合計法幣八億零五十萬元

宿遷縣洋河鎮第一中心國民學校校長張國鈞

抗戰期間校產損失報告單

填送日期民國三十六年十二月三十日

損失年月日	事件地點	損失項目	購置年月	單位	數量	價值（國幣）			證件
						購置時價值	損失時價值	現時價值	
民國三十七年十月十九日	五保羅莊北宰鄉焚燒蕩燬火被日人掠	校舍	民國三十三年十月初九日	間	五	壹佰零捌元	捌佰柒拾伍元	壹仟伍佰萬元	
仝	仝上	課桌	仝	張	三十	貳拾捌元	五拾元	五百万元	
					—				

宿遷縣三樹鄉第八九保國民學校校長臧琳

抗戰期間校産損失報告單

填送日期 三十六年十二月二十九日

損失年月日	事件地點	損失項目	購置年月	單位	數量	價值（國幣元）			證件
						購置時價值	損失時價值	現時價值	
三十年五月八日	日軍毀壞 皂河鎮	民屋	民國三年四月	間	九	1200元	9500元	100.000.000元	
二十八年三月六日	〃 〃	課桌	二十年三月	件	一百	200元	1.000元	18.000.000元	
〃 〃	〃 〃	椅橙	二十年三月	件	一百	120元	950元	10.000.000元	
〃	〃 〃	時鐘	二十二年十月	件	二	100元	450元	9.000.000元	
〃	日軍焚燒 皂河鎮	書籍	二十三年八月	册	三百	200元	850元	18.000.000元	
〃	〃 〃	地圖	二十三年六月	幅	十	15元	70元	1.350.000元	
〃	〃 〃	油印機	二十三年十月	件	二	60元	250元	5.400.000元	
〃	日軍毀壞 皂河鎮	風琴	二十三年二月	件	一	90元	380元	8.500.000元	
〃	〃 〃	𬃊用具	二十四年八月	件	三十	200元	900元	18.000.000元	

宿遷縣皂河鄉第七保國民學校校長王慶道

抗戰期間校産損失報告單

填送日期三十六年十二月　日

損失年月日	事件地點	損失項目	購置年月	單位	數量	價值（國幣元）			證件
						購置時價值	損失時價值	現時價值	
民國二十七年十一月	被日寇炮火炸毁地点城内三元宫	校舍	民國十九年	間	45間	15075元	22500元	2200015000元	
〃 〃	一部毁於日寇炮火一部被日寇搬走（本校）	校具	〃 〃	件	2000件	6600元	9000元	484550000元	
〃 〃	〃	教具	〃 〃	件	1500件	3500元	4200元	77500000元	
〃 〃	〃	圖書	民國二十年	册	2984册	1492元	1492元	119360000元	
〃 〃	〃	儀器	〃 〃	件	1000件	1200元	1200元	123780000元	
〃 〃									
合計								3145205000元	

宿遷縣鍾吾鎮中心國民學校校長陸裕淑

抗战期間

填送日期 三十七年一月三日

損失年月日	事件地点	損失項目	購置年月	單位	數量	價值（國幣元）購置時價值	損失時價值	現時價值	證件
民國二十七年九月至三十四年八月	日軍進攻時馬陵鎮行宮街	房屋	二十二年七月	間	五	八百五十元	九百元	六千八百萬元	
		器具	二十二年四月	件	五百	乙千五百元	乙千六百元	乙億二千萬元	
		儀器	二十三年六月	件	三十	二百五十元	三百元	乙千六百四十萬元	
		書籍	二十二年四月	冊	二百	八十元	乙百元	六百四十萬元	
		圖表	二十二年四月	幅	六十	四十五元	五十元	三百六十萬元	

宿遷縣[illegible]小學校校長項[illegible]文

抗戰期間校產損失報告單

填送日期三十六年十二月二十日

損失年月日	事件地點	損失項目	購置年月	單位	數量	價值（國幣元）購置時價值	損失時價值	現時價值	證件
民國二十七年十一月二十日	樹人鄉第二保陸莊	教室	二十三年	間	三間	200元	300元	2250萬元	
〃 〃	〃 〃	辦公室	仝上	間	二間	150元	200元	1500萬元	
〃 〃	〃 〃	課桌	二十四年	張	伍拾張	200元	300元	2225萬元	
〃 〃	〃 〃	黑板	仝上	塊	壹塊	20元	30元	225萬元	
〃 〃	〃 〃	座鐘	二十年	架	壹架	10元	15元	75萬元	
〃 〃	〃 〃	玻璃	二十四年	尺	三丈五尺	10.5元	20元	150萬元	
〃 〃	〃 〃	辦公桌	二十五年	張	四張	32元	50元	375萬元	
〃 〃	〃 〃	椅子	仝上	張	八張	40元	60元	450萬元	

宿遷縣三樹鄉第一保國民學校校長高敬堂

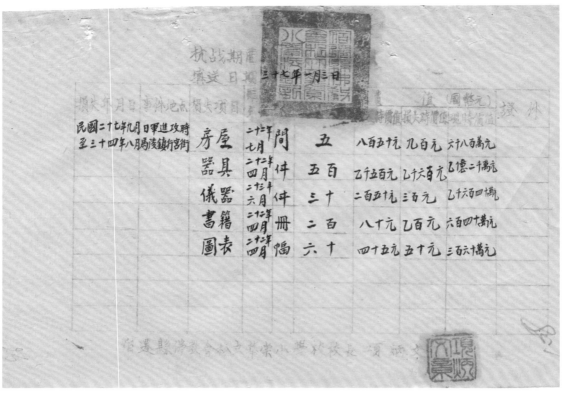

抗戰期間校產損失報告單

填送日期三十六年壹月　日

損失年月日	事件地點	損失項目	購置年月	單位	數量	價值（國幣元）購置時價值	損失時價值	現時價值	證件
中華民國二十七年十二月三日	敵炮轟擊及放火文昌閣學校	房屋 樓房 民平房	民前28年 民前26年	間	36 17	46000元 4500元	852400元 5000元	7360000000元 5000000000元	
"	"	桌櫈	民國16年	件	400	800元	1000元	88000000元	
"	"	風琴	仝	架	2	53元	120元	12000000元	
"	"	時鐘	民國16 17年	件	2	27元	40元	20000000元	
"	"	萬有文庫全部 兒童讀物等	民國23 18等年	部 册	全部 2500册	300 200元	450元	300000000元	
"	"	黑板	民國十二十四十六十九二十等年	塊	10	84元	100元	100000000元	
"	"	儀器	民國二十三年六月	件	53	210元	300元	500000000元	
"	"	步槍	民國十九年四月	支	6	480元	480元	48000000元	

宿遷縣文昌鄉第一中心國民學校校長張全寬

抗戰期間校產損失報告單

填送日期37年1月　日

損失年月日	事件地點	損失項目	購置年月	單位	數量	價值（國幣元）購置時價值	損失時價值	現時價值	證件
民國二十八年一月	敵騎功佔卓圩放火焚燒	校舍房屋	民國十九年		9	630元	700元	70000000元	
"	"	桌凳	"		130	260元	300元	30000000元	
"	"	黑板	"		3	25元	30元	3000000元	
"	"	時鐘	"		1	10元	15元	1500000元	
"	"	風琴	"		1	40元	50元	7000000元	
"	"	兒童讀物	"		300	30元	35元	3500000元	
"	"	廚具	"		20	20元	23元	2500000元	
							合計	21500000元	

宿遷縣文昌鄉卓圩初級小國民學校校長填報人卓進青

抗战期間校産損失報告單

填送日期　　年　　月　　日

損失年月日	事件地点	損失項目	購置年月	單位	数量	價值(國幣元) 購置時價值	損失時價值	現時價值	證件
民國二十八年四月十三日	新店圩日軍焚燒	房屋	26年4月	間	11	240元	350元	4600萬	
仝	仝	風琴	26年4月	架	1	38元	40元	300萬	
仝	仝	黑板	24年2月	面	2	12元	15元	120萬	
仝	仝	奨鏡	24年4月	面	2	6元	8元	60萬	
仝	仝	課棹	26年4月	張	70	80元	100元	750萬	
仝	仝	辭源	22年4月	部	2	7元	12元	80萬	
仝	仝	地圖	24年4月	幅	2	6元	8元	65萬	
仝	仝	籃球	25年4月	個	1	8元	8元	65萬	

宿遷縣新店鄉中心國民學校校長許相庭〔許相庭章〕

112

抗戰期間校産損失報告單

填送日期　　年　　月　　日

損失年月日	事件地点	損失項目	購置年月	單位	数量	價值(國幣元) 購置時價值	損失時價值	現時價值	證件
民國二十八年四月十三日	新店圩日軍焚燒	辦公棹	24.3.	張	3	15元	17元	150萬	
仝	仝	板櫈	24.3.	条	6	10元	10元	180萬	
仝	仝								
仝	仝								
仝	仝								
仝	仝								
仝	仝								
仝	仝								

宿遷縣新店鄉中心國民學校校長許相庭〔許相庭章〕

113

抗戰期間校產損失報告單

填送日期36年12月11日

損失年月日	事件地點	損失項目	購置年月	單位	數量	價值（國幣元） 購置時價值	損失時價值	現時價值	證件
28年2月12日	日軍進攻陸圩北米場庄	草房	23年7月	間	2	20	60	240万	
		桌凳	〃	件	68	204	612	2040	
		啞鈴棍棒	〃	件	52	25	75	280	
		門窗	〃	件	11	40	120	360	
		圖書	〃	冊	125	20	60	180	
		圖表	〃	幅	26	12	24	72	

宿遷縣陸圩鄉第四保國民學校校長徐華楼

抗戰期間校產損失報告單

填送日期三十六年十二月十日

損失年月日	事件地點	損失項目	購置年月	單位	數量	價值（國幣元） 購置時價值	損失時價值	現時價值	證件
民國二十七年八月初九日	日軍進攻龍岡鄉焚燒破壞	房屋	民國二十二年三月	間	十六間	銀洋六百元	銀洋七百元	叁仟萬元	
仝上	仝上	課桌	民國二十二年九月	張	一百六十張	銀洋一百六十元	銀洋一百九十元	六仟萬元	
仝上	仝上	小椅子	仝上	張	一百六十張	銀洋六十元	銀洋六十元	九百万元	
仝上	仝上	講桌	仝上	張	三張	銀洋六元	銀洋七元	壹百五十萬元	
仝上	仝上	大桌子	仝上	張	兩張	銀洋十元	銀洋十六元	二百二十萬元	
仝上	仝上	椅子	仝上	對	兩對	銀洋三元	銀洋四元	壹百萬元	
仝上	仝上	大板櫈	二十二年八月	条	九十四条	銀洋四十元	銀洋四十五元	伍百萬元	
仝上	仝上	黑板	仝上	面	四面	銀洋三元	銀洋四元	壹百萬元	
仝上	仝上	寬板	仝上	塊	三十塊	銀洋八元	銀洋十元	二百萬元	
仝上	仝上	鞦韆架	仝上	個	一個	銀洋五元	銀洋六元	壹百二十萬元	

宿遷縣龍岡鄉第四保國民學校校長孫精忠

抗戰期間校產損失報告單

填送日期三十六年十二月十日

損失年月日	事件地點	損失項目	購置年月	單位	數量	價值（國幣元）購置時價值	損失時價值	現時價值	證件
民國二十七年八月初九日	日軍進攻龍岡鄉焚燒破壞	風琴	民國二十六年十月	座	一座	銀洋五十元	銀洋七十元	六百万元	
仝上	仝上	大座鐘	仝上	座	一座	銀洋十五元	銀洋十五元	三百萬元	
仝上	仝上	磁痰盂子	仝上	對	三對	銀洋五元	銀洋四元	一百万元	
仝上	仝上	兒童讀物	二十六年	份	三百份	銀洋四十五元	銀洋五十元	五百五十万元	
仝上	仝上	中外地圖	仝上	幅	六幅	銀洋二元	銀洋三元	八十万元	
仝上	仝上	教學讀物	仝上	份	二十份	銀洋七元	銀洋七元	一百五十万元	
仝上	仝上	大門	二十六年四月	間	五間	銀洋三十元	銀洋三十五元	三百万元	
仝上	仝上	校門	仝上	間	一間	銀洋五元	銀洋五元	一百万元	

宿遷縣龍岡鄉第四保國民學校校長孫精忠

抗戰期間校產損失報告單

填送日期36年12月15日

損失年月日	事件地點	損失項目	購置年月	單位	數量	價值（國幣元）購置時價值	損失時價值	現時價值	證件
民國二七年八月十二日	鬼子進攻時經過本鄉祀祠	房屋	民國十九年二月八日	间	12	1000元	2000元	50000000元	
仝	仝	長課桌	仝	件	50	50元	200元	5000000元	
仝	仝	長課凳	仝	件	60	30元	120元	3000000元	
仝	仝	書籍	仝	册	150	100元	200元	10000000元	
仝	仝	時鐘	仝	件	1	20元	60元	2000000元	

宿遷縣龍岡鄉中心國民學校校長

抗戰期間校產損失報告單

填送日期36年12月15日

損失年月日	事件地點	損失項目	購置年月	單位	數量	價值（國幣元）購置時價值	損失時價值	現時價值	證件
民27.8.15.	鬼子進攻時經过本鄉龍頭	房屋	民國九年六月	間	34	2400元	9000元	240000000元	
仝	仝	課桌	仝	件	150	150元	600元	15000000元	
仝	仝	風琴	仝	件	1	50元	200元	9000000元	
仝	仝	方桌	仝	件	7	49元	190元	4900000元	
仝	仝	書櫃	21.7.	件	5	75元	300元	7500000元	
仝	仝	圖書	仝	册	680	700元	3000元	70000000元	
仝	仝	坐凳	25.10.	件	30	15元	60元	1500000元	
仝	仝	時鐘	15.8.	件	1	30元	100元	2000000元	

宿遷縣龍岡鄉中心國民學校校長朱蔭松

抗戰期間校產損失報告單

填送日期36年12月15日

損失年月日	事件地點	損失項目	購置年月	單位	數量	價值（國幣元）購置時價值	損失時價值	現時價值	證件
民國二十七年八月九日	鬼子進攻時经过本鄉中河頭	房屋	民國十一年九月	間	28	2000元	8000元	200000000元	
仝	仝	課桌	仝	件	185	150元	308元	13875000元	
仝	仝	方桌	民國十三年二月	件	9	63元	200元	5400000元	
仝	仝	坐凳	仝	件	27	16元	65元	1255000元	
仝	仝	風琴	仝	件	1	50元	200元	9000000元	
仝	仝	時鐘	仝	件	1	20元	130元	2000000元	
仝	仝	圖書	仝	册	500	300元	1000元	30000000元	
仝	仝	成績架	仝	件	4	60元	200元	6000000元	

宿遷縣龍岡鄉中心國民學校校長朱蔭松

抗戰期間校產損失報告單

填送日期36年12月11日

損失年月日	事件地點	損失項目	購置年月	單位	數量	價值（國幣元）購置時價值	損失時價值	現時價值	證件
28年2月12日	日軍進攻窯灣鎮北馬新庄圩	瓦房	19.10.	間	9	720	1250	100,000,000	
		草房	19.3.	間	13	520	637	50,000,000	
		桌凳	19.4.	件	240	200	300	24,000,000	
		書籍	19.4. 28.1.	册	315		39	3,150,000	

宿遷縣私立新莊小學校國民學校校長徐振宇

抗戰期間校產損失報告單

填送日期三十六年十二月　日

損失年月日	事件地點	損失項目	購置年月	單位	數量	價值（國幣元）購置時價值	損失時價值	現時價值	證件
二十七年九月十一日	教室	課模	廿年六月		四十五張	36元	45元	670000元	
〃〃〃	〃〃	黑板	廿年五月		二塊	1.85元	1.95元	250000元	
〃〃〃	辦公室	坐鐘	〃〃		一個	8元	12.75元	2400000元	
〃〃〃	〃〃〃	足球	〃〃		一個	4.35元	7.5元	800000元	
〃〃〃	〃〃〃	國旗	〃〃		一面	0.5元	0.75元	92000元	
〃〃〃	〃〃〃	校旗	〃〃		一面	0.29元	0.42元	39600元	

宿遷縣楊集鄉第四保國民學校校長莊修道

抗戰期間校產損失報告單

填送日期三十六年十二月十五日

損失年月日	事件地點	損失項目	購置年月	單位	數量	價值（國幣元）購置時價值	損失時價值	現時價值	證件
民國三十二年九月	埠子鄉敵偽摧盡	房屋	光緒28年至民國16年完成	間	38	4852元	（20倍）97040元	（5000倍）4852,0000元	
,, ,,	,,	器具	民國16年8月	件	298	745元	（20倍）14900元	（5000倍）745,0000元	
,, ,,	,,	圖書	民國22年6月	冊	1025	512.5元	（20倍）10250元	（5000倍）2,562,500元	
,, ,,	,,	圖表	民國20年6月	幅	32	16元	（20倍）320元	（5000倍）80000元	
					合計	6125.5元	122,510元	5,6234,2500元	

宿遷縣埠子鄉中心國民學校校長陳福彬

抗戰期間校產損失報告單

填送日期三十七年一月五日

損失年月日	事件地點	損失項目	購置年月	單位	數量	價值（國幣元）購置時價值	損失時價值	現時價值	證件
民三十二年九月二十九日	棋盤	樓房	民五年二月	一幢	十二間（附合）	1875元（合洋）	2000元（合洋）	叁萬々元	焚毀
仝上	仝	草瓦房	民拾年二月	五排	三十七口	1940元（合洋）	2150（合洋）	叁萬々伍仟元	仝
仝上	仝	桌凳	民廿年二月		一百九十五張	620元（合洋）	65元（合洋）	陸佰肆拾萬元	仝
仝上	仝	風琴	民廿年二月		二部	120元（合洋）	115元（合洋）	壹佰陸拾伍萬元	仝
仝上	仝	時鐘	民五年五月		三座	60元（合洋）	70元（合洋）	柒拾伍萬元	仝
仝上	仝	圖表	民廿八年二月		六十份	45元（合洋）	55元（合洋）	伍拾伍萬元	仝
仝上	仝	書籍	民廿八年二月		二百七十五種	400元（合洋）	450元（合洋）	肆佰伍拾萬元	仝
仝上	仝	運動器具	民廿七年七月		九種	145元（合洋）	175元（合洋）	貳佰萬元	仝

宿遷縣棋盤鄉中心國民學校々長沈濂

抗戰期間校產損失報告單

填送日期三十六年十二月十八日

損失年月日	事件地點	損失項目	購置年月	單位	數量	價值（國幣元）			證件
						購置時價值	損失時價值	現時價值	
民國二十八年二月三日	日軍進攻舊鎮北鄉	草屋	民國十六年四月	間	十間	二百元	四百元	五仟萬元	
仝上	仝上	課桌	十八年三月	張	六十張	六十元	一百二十元	一千八百萬元	
仝上	仝上	椅子	十八年七月	張	八十張	四十元	八十元	一千五百萬元	
仝上	仝上	風琴	二十年五月	架	一架	二十元	四十元	五百萬元	
仝上	仝上	書籍	十八年至二十三年五月	本	六十本	五十元	一百元	六百萬元	
仝上	仝上	圖表	仝上	幅	二十幅	三十元	六十元	五百萬元	
仝上	仝上	時鐘	十八年二月	架	二架	二十元	四十元	三百萬元	

宿遷縣洋北鄉中心國民學校校長王輝奎

抗戰期間校產損失報告單

民國三十六年十二月二十六日

損失年月日	事件地点	損失項目	購置年月	單位	數量	價值（國幣元）			證件
						購置時價值	損失時價值	現時價值	
民國二十八年七月二十六日	日軍下鄉掃蕩焚燒許場莊	校舍	民國十六年三月	五間	五間	八十元	一百六十元	一千二百八十万元	
		課桌	仝上		五十三張	五十三元	一百十元	八百八十万元	
		講桌	仝上		一張	三元	六元	四十八万元	
		黑板	仝上		二塊	五元	十元	八十万元	
		辦公桌	民國十九年十月		二張	八元	十六元	一百二十八万元	
		課鈴	民國十六年四月		一個	一元	二元	十六万元	
		教授法	民國十六年三月		十二冊	二元五角	五元	四十万元	
		圖表	民國十六年五月		二十幅	五元	十元	八十万元	

宿遷縣李圩鄉第四保國民學校校長許振東

抗戰期間校產損失報告單

填送日期民國三十六年十二月二十二日

損失年月日	事件地點	損失項目	購置年月	單位	數量	價值（國幣元）			證件
						購置時價值	損失時價值	現時價值	
民國二十七年五月二十一日	日機轟炸探楚莊	草屋	民國二十二年八月	間	八間	三伯二十五元	三伯六十元	二仟七伯八十萬元	
民國二十七年五月二十一日	日機轟炸探楚莊	坐鐘	民國二十三年四月	件	一件	八元	八元	一伯二十萬元	
民國二十七年五月二十一日	日機轟炸探楚莊	黑板	民國二十二年八月	件	二件	五元	六元	五十萬元	
民國二十七年五月二十一日	日機轟炸探楚莊	課桌	民國二十二年八月	件	八九件	四二元	四五元	三伯二十萬元	
民國二十七年五月二十一日	日機轟炸探楚莊	成績架	民國二十二年八月	件	一件	三元	三元五角	三十萬元	
民國二十七年五月二十一日	日機轟炸探楚莊	足球	民國二十三年八月	件	一件	四元	四元	三十萬元	
民國二十七年五月二十一日	日機轟炸探楚莊	藍球	民國二十四年一月	件	一件	十二元	十三元	九五萬元	
民國二十七年五月二十一日	日機轟炸探楚莊	鋼鈴	民國二十二年八月	件	一件	一元五角	一元六角	十二萬元	
民國二十七年五月二十一日	日機轟炸探楚莊	教桌	民國二十二年八月	件	四件	十二元	十二元	一伯三十萬元	
民國二十七年五月二十一日	日機轟炸探楚莊	總理遺像	民國二十二年八月	幅	二幅	八角	八角	五萬元	
民國二十七年五月二十一日	日機轟炸探楚莊	世界詳圖	民國二十二年八月	幅	一幅	六角	六角	二萬六仟元	
民國二十七年五月二十一日	日機轟炸探楚莊	辭源	民國二十六年八月	册	二册	二九元	三十元	二伯二十萬元	
民國二十七年五月二十一日	日機轟炸探楚莊	辭典	民國二十二年八月	册	一册	一元二角	一元三角	九萬元	
民國二十七年五月二十一日	日機轟炸探楚莊	牀	民國二十四年九月	件	二件	十六元	十七元	一伯二十五萬元	

宿遷縣蔡集鄉第五保國民學校校長趙後仁

抗戰期間校產損失報告單

填送日期三十六年十二月二十五日

損失年月日	事件地點	損失項目	購置年月	單位	數量	價值（國幣元）			證件
						購置時價值	損失時價值	現時價值	
二十七年五月二十日	日機轟炸支河口	草屋	十八年一月	間	九	三伯二十元	三伯六十元	貳千捌佰萬元	
二十七年五月二十日	日機轟炸支河口	黑板	十九年二月	件	二	五元	六元	肆拾五萬元	
二十七年五月二十日	日機轟炸支河口	課桌	十九年三月	件	九〇	三十六元	四十元	叁伯貳拾萬元	
二十七年五月二十日	日機轟炸支河口	教桌	十九年三月	件	四	十一元	十三元	壹伯萬元	
二十七年五月二十日	日機轟炸支河口	鋼鈴	十九年二月	件	一	一元五角	一元八角	拾五萬元	
二十七年五月二十日	日機轟炸支河口	坐鐘	十九年四月	件	一	七元	十一元	捌拾萬元	
二十七年五月二十日	日機轟炸支河口	總理遺像	十九年二月	幅	三	六角	八角	陸萬元	
二十七年五月二十日	日機轟炸支河口	辭源	十九年七月	册	二	二十五元	二十八元	貳伯萬元	

宿遷縣蔡集鄉第六保國民學校校長周鑑

宿　遷　縣

文昌鄉第二中心國民學校校產損失報告表

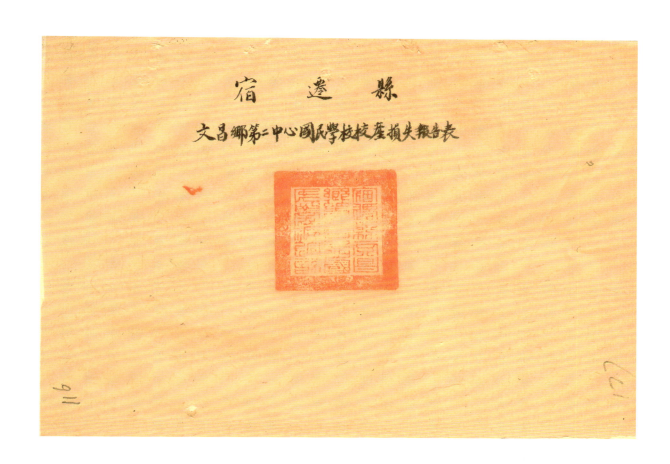

抗戰期間校產損失報告單

填送日期 三十六年十二月十日

損失年月日	事件地點	損失項目	購置年月	單位	數量	價值(國幣元)			證件
						購置時價值	損失時價值	現時價值	
二十七年十月二十日	日本侵佔前第二區忠恕鎮現文昌鄉大渠順河集	教室(瓦房)	民國六年三月	間	20	10,000元	20,000元	6000000000元	地基兩塊
仝上	仝上	辦公室圖書室寢室儲室廚房	仝上	間	14	1000元	2000元	60000000元	地基兩塊
仝上	仝上	課桌(單座)	民國七年七月	張	160	256元	500元	16000000元	
仝上	仝上	辦公桌講桌	仝上	張	24	525元	100元	3150000元	
仝上	仝上	圖書	民國二十年五月	本	500	50元	100元	3000000元	
仝上	仝上	玻璃書廚	民國二十年二月	架	5	75元	140元	4500000元	
仝上	仝上	掛鐘座鐘	十五年五月	座	2	15元	30元	1000000元	
仝上	仝上	黑板	九年二月	塊	10	20元	30元	900000元	

宿遷縣文昌鄉第二中心國民學校校長 徐允南 [印:徐允南印]

抗戰期間校產損失報告單

填送日期三十六年十二月十日

損失年月日	事件地點	損失項目	購置年月	單位	數量	價值(國幣元)			證件
						購置時價值	損失時價值	現時價值	
二十七年十月二十日	日本侵佔前第二區忠恕鎮現文昌鄉順河集	無線電	二十三年六月	架	1	25元	50元	1500000元	
仝上	仝上	風琴	十五年八月	架	1	60元	120元	3600000元	
仝上	仝上	啞鈴	十七年三月	對	60	30元	60元	1800000元	
仝上	仝上	世界圖全國圖全縣圖	十四年二月	副	50	4元	8元	240000元	
仝上	仝上	銅號	十八年七月	對	2	6元	16元	900000元	
仝上	仝上	銅鼓	十八年七月	對	2	40元	80元	6000000元	
仝上	仝上	籃球	二十三年二月	個	2	7元	14元	440000元	
仝上	仝上	連座椅	二十二年八月	張	20	30元	60元	1800000元	

宿遷縣文昌鄉第二中心國民學校 校長徐允南 [印:徐允南印]

抗戰期間校產損失告單

填送日期三十六年十二月十日

損失年月日	事件地點	損失項目	購置年月	單位	數量	價值（國幣元）購置時價值	損失時價值	現時價值	證件
二十七年十月二十日	日本侵佔前第二區忠恕鎮現文昌鄉十大保頂河	籃球架	二十三年七月	副	1	10元	20元	1200000元	
仝上	仝上	大板櫈	二十年三月	條	40	20元	40元	3200000元	
仝上	仝上	單座椅	二十年三月	張	20	20元	40元	3200000元	
仝上	仝上	臺燈撲燈	二十年七月		13	16元	30元	2400000元	
仝上	仝上	校旗	十年二月	面	1	2元	40元	320000元	
仝上	仝上	國党旗	十年二月	面	2	4元	6元	400000元	
仝上	仝上	校牌	七年二月	9	1	2元	4元	400000元	

省遷縣文昌鄉第二中心國民學校 校長 徐先南 [印]

抗戰期間校產損失報告單

填送日期民國三十六年十二月廿日

損失年月日	事件地點	損失項目	購置年月	單位	數量	價值（國幣元）購置時價值	損失時價值	現時價值	證件
民27年11月23日	日機轟炸[illegible]	植物標本	民15.9	件	200	500	450	10000 000（元）	
仝	仝	動物標本	民12.9	件	200	1 000	1 300	20000 000	
仝	仝	礦物標本	民12.9	件	100	300	390	6000 000	
仝	仝	生理衛生掛圖	民14.9	幅	45	30	39	6000 000	
仝	仝	理化儀器	民5.2	件	350	9 000	2 700	180000000 000	
仝	仝	體育器械	民9.5	件	240	3 000	3 900	60000 000	
仝	仝	兒童圖書及參考書	民15.2	冊	3250	3 500	1 050	70000 000	
仝	仝	史地掛圖	民20.9	幅	100	200	260	80000 000	
仝	仝	兒童健身掛圖	民24.9	幅	35	60	78	1200 000	
仝	仝	念四史	民前7.10	部	1	5 000	4 500	100000 000	

省遷縣烏陵鎮中心國民學校校長 蔡先蘭 [蔡先蘭印]

抗戰期間校產損失報告單

填送日期民國三十六年十二月卅日

損失年月日	事件地點	損失項目	購置年月	單位	數量	價值（國幣元）購置時價值	損失時價值	現時價值	證件
民27年11月8日	日機轟炸	萬有文庫	民21.9	部	1	3000	3900	6000000（元）	
仝	仝	教便物	民24.9	件	200	2000	2600	4000000	
仝	仝	幼稚園設備	民15.9	件	210	2000	2600	4000000	
仝	仝	幼稚園圖書	民15.9	冊	300	150	195	2000000	
仝	仝	童子軍團設備用具	民20.2	件	500	1000	1300	20000000	
仝	仝	器具	民2.4	件	1340	5790	7527	415800000	
仝	仝	房屋	前清	間	30	90000	117000	1800000000	
合計						126530	149789	4405000000	

宿遷縣馬陵鎮中心國民學校校長 蔡先蘭（印）

抗戰期間校產損失報告單

填送日期三十六年十二月十三日

損失年月日	事件地點	損失項目	購置年月	單位	數量	價值（國幣元）購置時價值	損失時價值	現時價值	證件
民國二十八年一月八日	日軍向東進攻文昌鄉第一保	玻璃門窗	民國十四年三月	副	14	30	400	2500000	
仝上	仝上	風琴	民國十六年八月	架	1	50	650	4200000	
仝上	仝上	課桌	仝上	張	50	60	800	5000000	
仝上	仝上	黑板	仝上	塊	3	10	140	1000000	
仝上	仝上	時鐘	仝上	座	1	5	70	400000	
仝上	仝上	講桌	仝上	張	2	5	70	400000	
仝上	仝上	辦公桌	仝上	張	8	10	140	1000000	
仝上	仝上	成績架子	仝上	隻	2	10	140	1000000	

宿遷縣文昌鄉第一保國民學校校長徐永鑾（印）

抗戰期間校產損失報告單

填送日期 三十六年十二月十三日

損失年月日	事件地點	損失項目	購置年月	單位	數量	價值（國幣元）購置時價值	損失時價值	現時價值	證件
民國二十八年一月八日	日軍向東進攻文昌鄉第一保	毛算盤	民國十八年二月	盤	1	4	50	320000	
仝上	仝上	長板凳	民國廿六年八月	条	10	5	70	400000	
仝上	仝上	國黨旗	仝上	面	2	3	40	240000	
仝上	仝上	寒暑表	仝上	隻	2	3	40	240000	
仝上	仝上	各科教學法	民國廿四年三月	册	24	10	140	1000000	
仝上	仝上	辭源	仝上	册	3	25	350	2000000	
仝上	仝上	小學生文庫	仝上	部	1	150	2000	13000000	
仝上	仝上	圖表	仝上	幅	20	4	50	320000	

宿遷縣文昌鄉第一保國民學校校長徐永鑾

抗戰期間校產損失報告單

填送日期 三十六年十二月十一日

損失年月日	事件地點	損失項目	購置年月	單位	數量	價值（國幣元）			證件
						購置時價值	損失時價值	現時價值	
二十七年十月九日	楊集鄉第六保李群墻	課桌 課椅	二十四年三月		四十張 四十張	每張1.2元 每張0.5元	每張1.5元 每張0.7元	每張七萬元 每張三萬元	有木匠證明
		教桌	二十四年三月		一	三元	三元五角	二十五萬元	

宿遷縣楊集鄉第六保國民學校校長楊秀峰

抗戰期間校產損失報告單

填送日期三十六年十二月三十一日

損失年月日	事件地點	損失項目	購置年月	單位	數量	價值（國幣元）購置時價值	價值（國幣元）損失時價值	價值（國幣元）現時價值	證件
二十七年十月二十日	[illegible]	瓦房	民國[illegible]年[illegible]月	間	28	5,000元	6,500元	280,000,000元	
〃 〃		圖書	〃	册	1800	4,300元	5,590元	43,000,000元	
〃 〃		器具	〃	件	189	1,000元	1,300元	10,000,000元	
〃 〃		儀器	〃	件	150	5,830元	7,579元	58,000,000元	
〃 〃		農作机器	〃	件	15	5,820元	7,566元	582,000,000元	
合計						21,950元	28,535元	973,000,000元	

江蘇省宿遷縣實驗農民教育館代報人宿遷縣政府第三科科長韓 蘭

抗戰期間校產損失報告單

填送日期三十六年十二月三十一日

損失年月日	事件地點	損失項目	購置年月	單位	數量	價值（國幣元）購置時價值	價值（國幣元）損失時價值	價值（國幣元）現時價值	證件
三十年五月	[illegible]	瓦房	民國十五年八月	間	22	4,800元	6,240元	220,000,000元	
〃 〃	〃 〃	圖書	〃	册	1800	4,200元	5,460元	42,000,000元	
〃 〃	〃 〃	器具	〃	件	153	980元	1,274元	9,800,000元	
〃 〃	〃 〃	儀器	〃	件	152	4,850元	6,305元	48,500,000	
〃 〃	〃 〃	農作机器	〃	件	12	3800元	4940元	元	
合計						18,630元	24,219元	180,000,000元 543,00,000元	

宿遷縣立峒峪農民教育館代報人宿遷縣政府第三科科長韓 蘭

抗戰期間校產損失報告單

填送日期三十六年十二月三十一日

損失年月日	事件地點	損失項目	購置年月	單位	數量	價值（國幣元） 購置時價值	損失時價值	現時價值	證件
二十七年八月十一日	日机轟炸皂河鎮	瓦房	民國二十年二月	間	40	7,800元	10,140元	400,000,000元	
〃	〃	圖書	〃	冊	2600	5,320元	5,616元	43,000,000元	
〃	〃	器具	〃	件	218	1,100元	1,430元	11,000,000元	
〃	〃	儀器		件	130	5,100元	6,630元	51,000,000元	
合計						18,320元	23,816元	505,000,000元	

宿遷縣立皂河鎮民衆教育館代報人宿遷縣政府第三科科長韓　蘭

抗戰期間校產損失報告單

填送日期三十六年十二月三十一日

損失年月日	事件地點	損失項目	購置年月	單位	數量	價值（國幣元） 購置時價值	損失時價值	現時價值	證件
二十七年十月二日	日機侵佔宿城[illegible]	瓦房	民國二十年三月	間	42	8,000元	10,500元	420,000,000元	
〃	〃	圖書	〃	冊	2500	5,500元	5,850元	45,000,000元	
〃	〃	器具	〃	件	258	1,200元	1,560元	15,000,000元	
〃	〃	儀器	〃	件	180	5,380元	6,994元	53,000,000元	
合計						19,080元	24,804元	530,000,000元	

宿遷縣立民衆教育館代報人宿遷縣政府第三科科長韓　蘭

抗戰期間校產損失報告單

填送日期三十六年十二月二十八日

損失年月日	事件地點	損失項目	購置年月	單位	數量	價值（國幣元）購置時價值	損失時價值	現時價值	證件
二十七年十二月	[illegible]	民房	民國十五年八月	間	22	〤800元	6,240元		
〃 〃	〃	圖書	〃	冊	1800	〤200元	〥460元		
〃 〃	〃	器具	〃	件	153	980元	〡274元	[illegible]元	
〃 〃	〃	儀器	〃	件	152	〤850元	6,305元	48,500,000元	
〃 〃	〃	農作机器	〃	件	12	3800元	〤940元	38,000,000元	
合計						18,630元	24,219元	502,500,000元	

宿遷縣立埠子集農民教育館 代報人 宿遷縣政府第三科科長韓蘭 [印]

六、其他战时损失调查

江苏省会救济院为造具本院抗战期间公有资产损失调查报告表事致省社会处的代电（一九四五年十二月二十七日）

江蘇省社會處收文社4451號 34年12月28日

第三科

六號

江蘇省會救濟院代電

濟復字第三九號

中華民國三十四年十二月二十七日

事由：為造具本院暨各所在抗戰期間公有損失調查報告表祈鑒賜核轉由

江蘇省社會處處長鈕鈞鑒自抗戰軍興鎮江淪入敵手省會人民慘遭荼毒公私損失不可勝計本院於鎮江陷落時全院同人私產損失固極慘重而公有資產之損失為數尤鉅茲幸勝利來臨本院已奉令恢復實地勘察劫灰猶存撫今追昔曷勝慨痛爰就本院公有資產損失分別查明綜計院所各處資產損失按照市價估計共值法幣柒千八百八十八萬七千五百元理合造具本院所在抗戰期間公有資產損失調查報告表各二份隨電賫呈仰祈鑒核轉請善後救濟總署蘇寧分署迅賜救濟以維善政江蘇省會救濟院院長陳垓叩亥感印

附呈本院所在抗戰期間公有損失調查報告表各二份

附：镇江县江苏省会救济院公有资产损失调查报告表（一九四五年十二月二十六日）

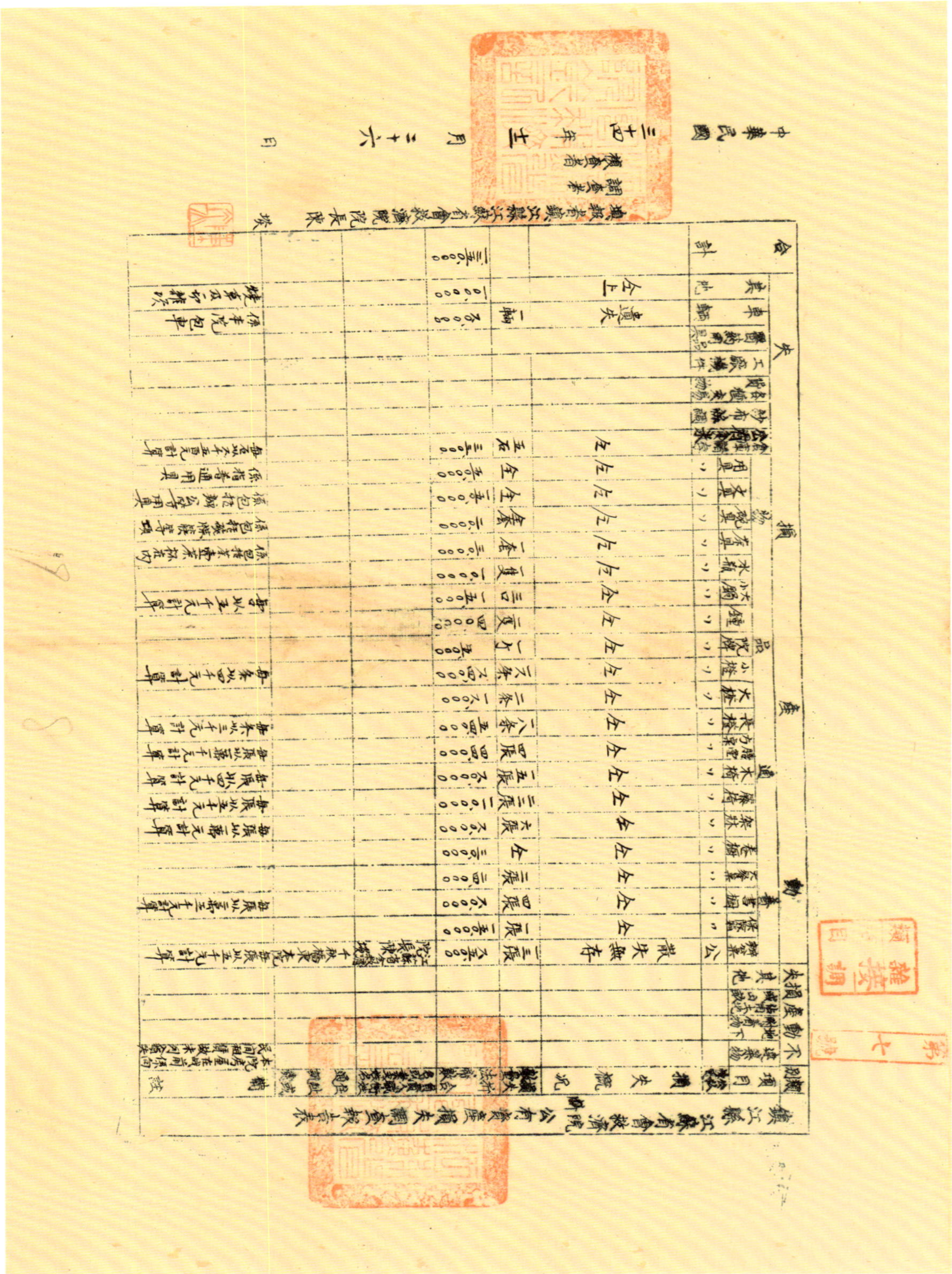

第七號

鎮江縣江蘇省會救濟院 公有資產損失調查報告表

類別	項目	損失概況	損失數量	損失折合法幣數	負責人職名姓名住址或通訊處	備註
不動產損失	建築物					本院房屋在戰前係向民間租賃故未列入損失
	地下附着物					
	佔有土地或山畝					
	其他					
動產損失	辦公桌	散失無存	一三張	六五,〇〇〇	江蘇省會救濟院院長陳堎 千秋橋東本院	每張以五千元計算
	保險箱	仝	一張	一五〇,〇〇〇		
	書櫥	仝	四張	八〇,〇〇〇		每張以二萬元計算
	大餐桌	仝	二張	二四,〇〇〇		
	卷櫥	仝	仝	三〇,〇〇〇		
	架床	仝	六張	六〇,〇〇〇		每張以一萬元計算
	籐椅	仝	二三張	一一〇,〇〇〇		每張以五千元計算
	木椅	仝	一五張	六〇,〇〇〇		每張以四千元計算
	膳堂方桌	仝	四張	四四,〇〇〇		每張以一萬一千元計算
	長櫈	仝	一八條	五四,〇〇〇		每條以三千元計算
	大櫈	仝	二條	一六,〇〇〇		
	小櫈	仝	一六條	六四,〇〇〇		每條以四千元計算
	院牌	仝	一个	五,〇〇〇		每以五千元計算
	鐘	仝	二隻	四〇,〇〇〇		
	大小鍋	仝	三口	一五,〇〇〇		
	水瓶	仝	一隻	一〇,〇〇〇		
	茶具	仝	一套	三〇,〇〇〇		係包括茶壺茶杯在內
	碗具	仝	八套	二〇,〇〇〇		係包括碗碟筷等項
	文具	仝	仝	一五〇,〇〇〇		係包括辦公等用具
	用具	仝	仝	五〇,〇〇〇		係指普通用具
	倉庫存糧食米	仝	五石	三二,五〇〇		每石以六千五百元計算
	紗布絲綢					
	各種交易貨物					
	工廠機件					
	醫藥用品					
	車輛	遺失	一輛	六〇,〇〇〇		係本院包車
	其他	仝上		一〇〇,〇〇〇		燒草及印雜項
合計				一,三五〇,〇〇〇		

填報者 鎮江縣江蘇省會救濟院院長陳堎

調查者

複查者

中華民國三十四年十二月二十六日

江苏省社会处为省会救济院公有资产损失请予查核救济事致善后救济总署苏宁分署的公函（一九四六年一月十五日）

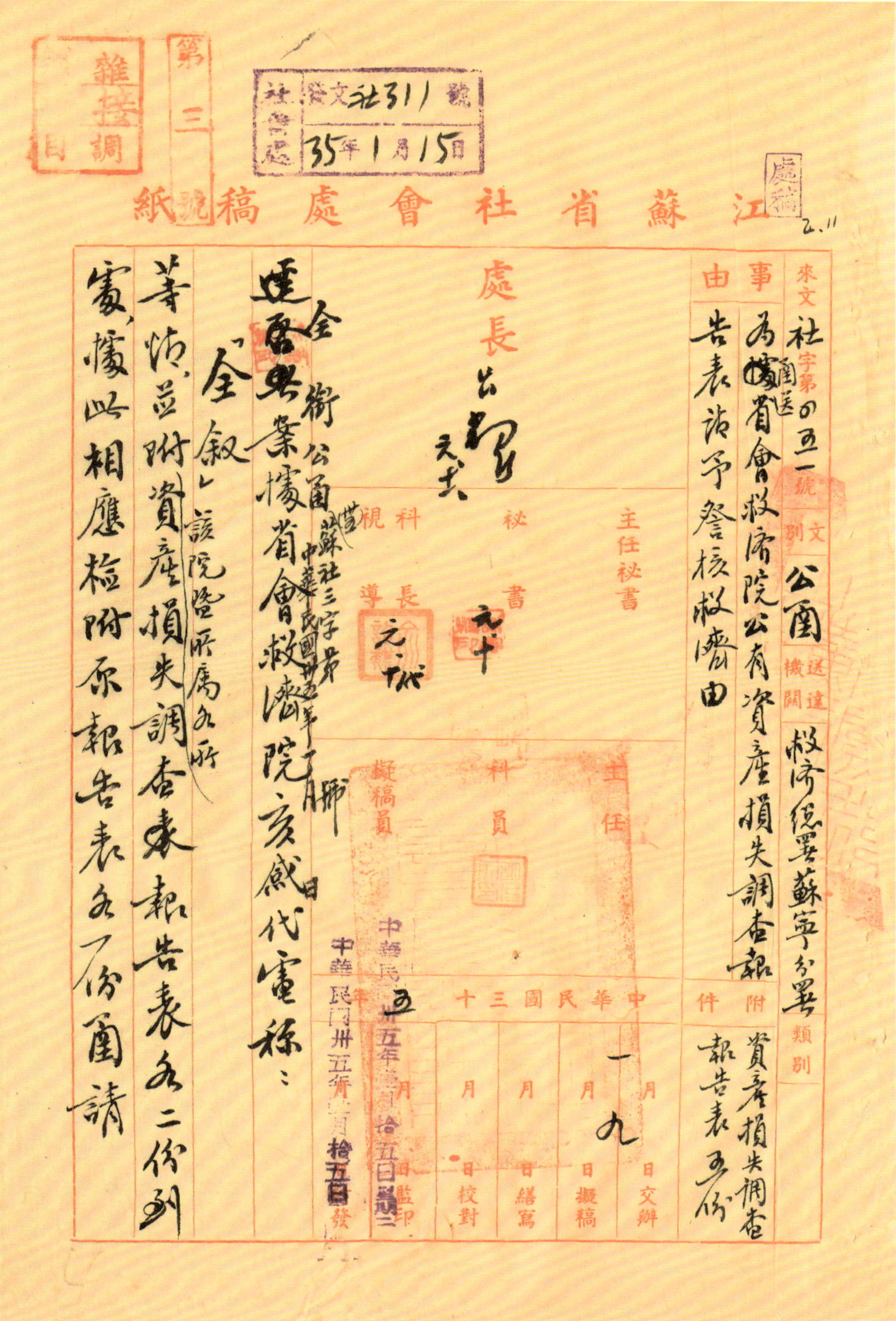

江蘇省社會處稿紙

第三號

社會處 發文社311號 35年1月15日

來文：社字第四五一號
文別：公函
送達機關：救濟總署蘇寧分署
事由：為據省會救濟院公有資產損失調查報告表請予查核救濟由
附件：資產損失調查報告表五份

處長

全銜公函 蘇社三字第 號 中華民國卅五年一月 日

逕啟者：案據省會救濟院亥㣲代電稱：「全敘」。該院暨所屬各所等情，並附資產損失調查報告表二份到處。據此，相應檢附原報告表五份函請

查核辦理為荷。此致

中華民國卅五年一月拾五日發

第四號

鑒照予以核轉至級公證。

此致

善後救濟總署蘇寧分署

署長 鈕〇〇

附 資產損失調查報告表五份

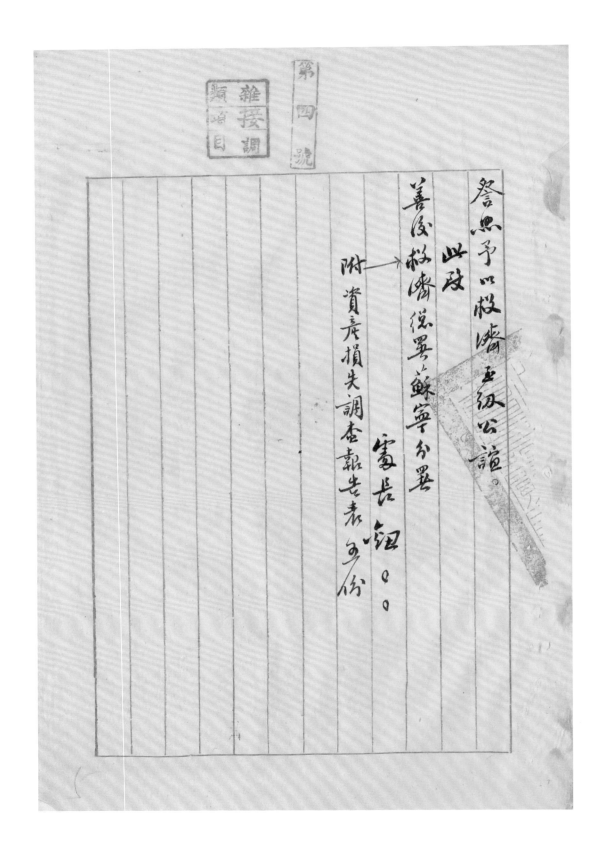

江苏省社会处关于省会救济院暨各所抗战期间公有资产损失报告表业经转送救济分署致省会救济院的指令
（一九四六年一月十五日）

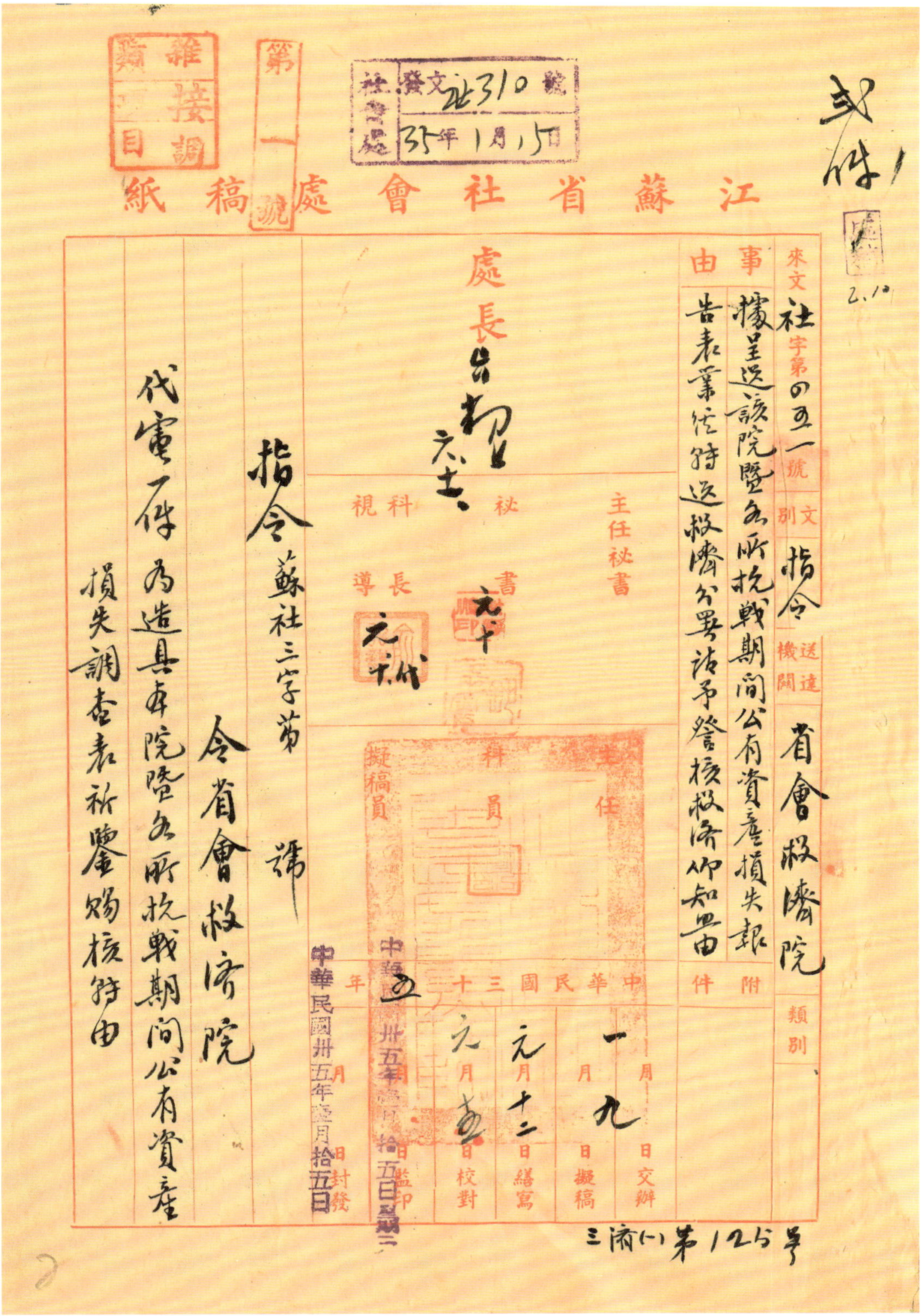

江蘇省社會處稿紙

第一號

雜類 接調 目

社會處 發文社310號 35年1月15日

來文 社字第四五一號

文別 指令

送達機關 省會救濟院

事由 據呈送該院暨各所抗戰期間公有資產損失報告表業經轉送救濟分署請予登核救濟仰知照由

處長 告 元十六

主任秘書

秘書

科長

視導

主任

科員

擬稿員

指令 蘇社三字第　　號

令省會救濟院

代電一件為造具本院暨各所抗戰期間公有資產損失調查表祈鑒賜核轉由

中華民國三十五年　月　日

文辦 一月 九日

擬稿 元月 十二日

繕寫 元月 日

校對 元月 十五日

監印

封發

中華民國卅五年壹月拾五日

三濟(一)第125號

代電及附件均悉。業經檢同附表函送善後救濟總署蘇寧分署請予登核救濟，仰即知照。此令！ 附件分别存转

處長 俞○○

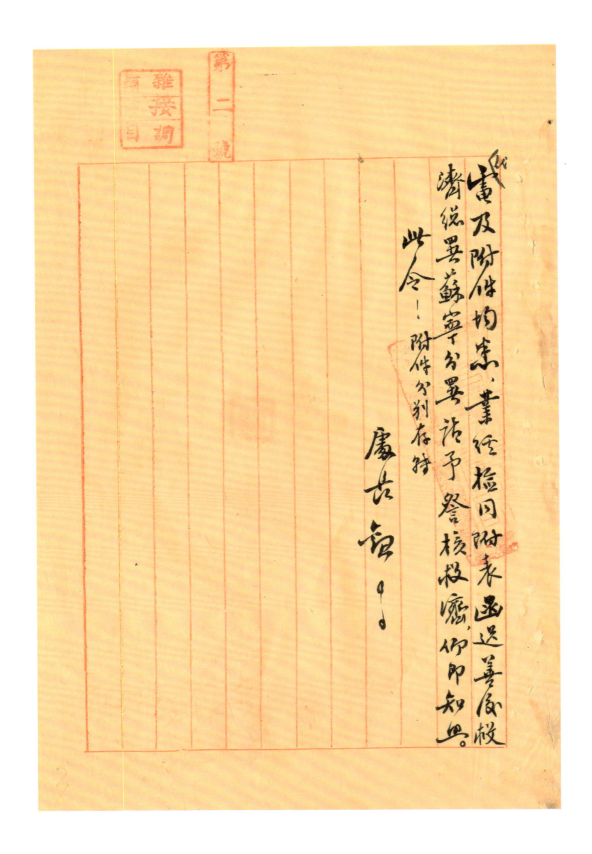

善后救济总署苏宁分署为省会救济院资产损失救济范围事致江苏省社会处的公函（一九四六年一月二十二日）

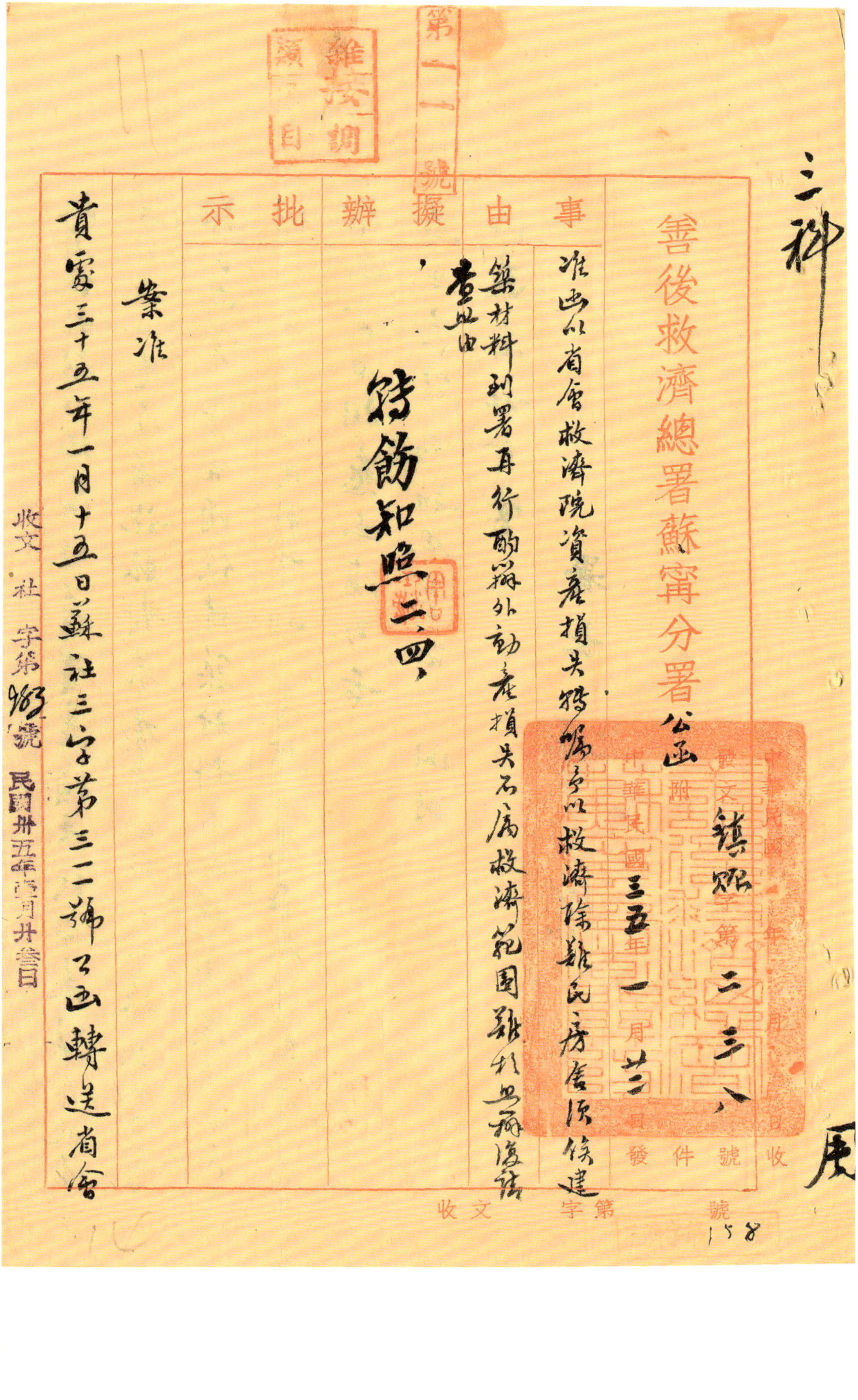

三科

周

善後救濟總署蘇寗分署公函

發文 鎮賑字第二三八號

中華民國三五年一月廿二日

事由：准函以省會救濟院資產損失請予以救濟除難民房舍須俟建築材料到署再行酌辦外，動產損失不屬救濟範圍，難於照辦請查照由

擬辦：特飭知照。二、四

批示：

案准

貴處三十五年一月十五日蘇社三字第三一一號公函轉送省會

收文社字第1803號

民國卅五年一月廿三日

維持調

第二一號

收文　字第　號　158

救濟院於鎮江陷落時之有資產損失調查表冊分救濟
等由准此查本署施賑對象為老幼殘、廢難民除收容
難民所需房舍須俟建築材料分配到署後再行酌
辦外至該院因戰事所受之損失不在救濟範圍之內
准函前由相應函復即希
查照並轉飭知照為荷！此致
江蘇省社會處

署長 [signature]

監印
校對

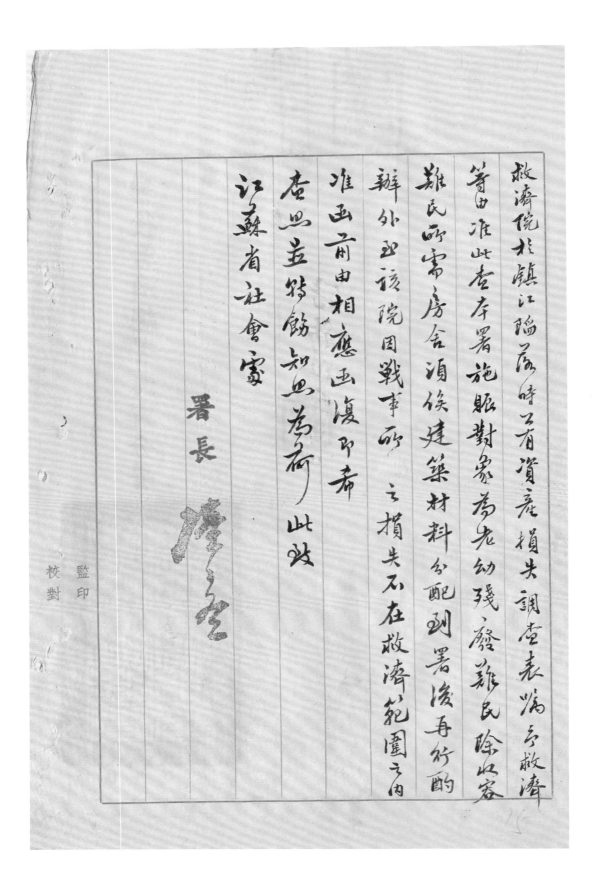

江苏省社会处为奉令调查敌人罪行及战时公私财产损失事致省会救济院的训令（一九四六年二月七日）

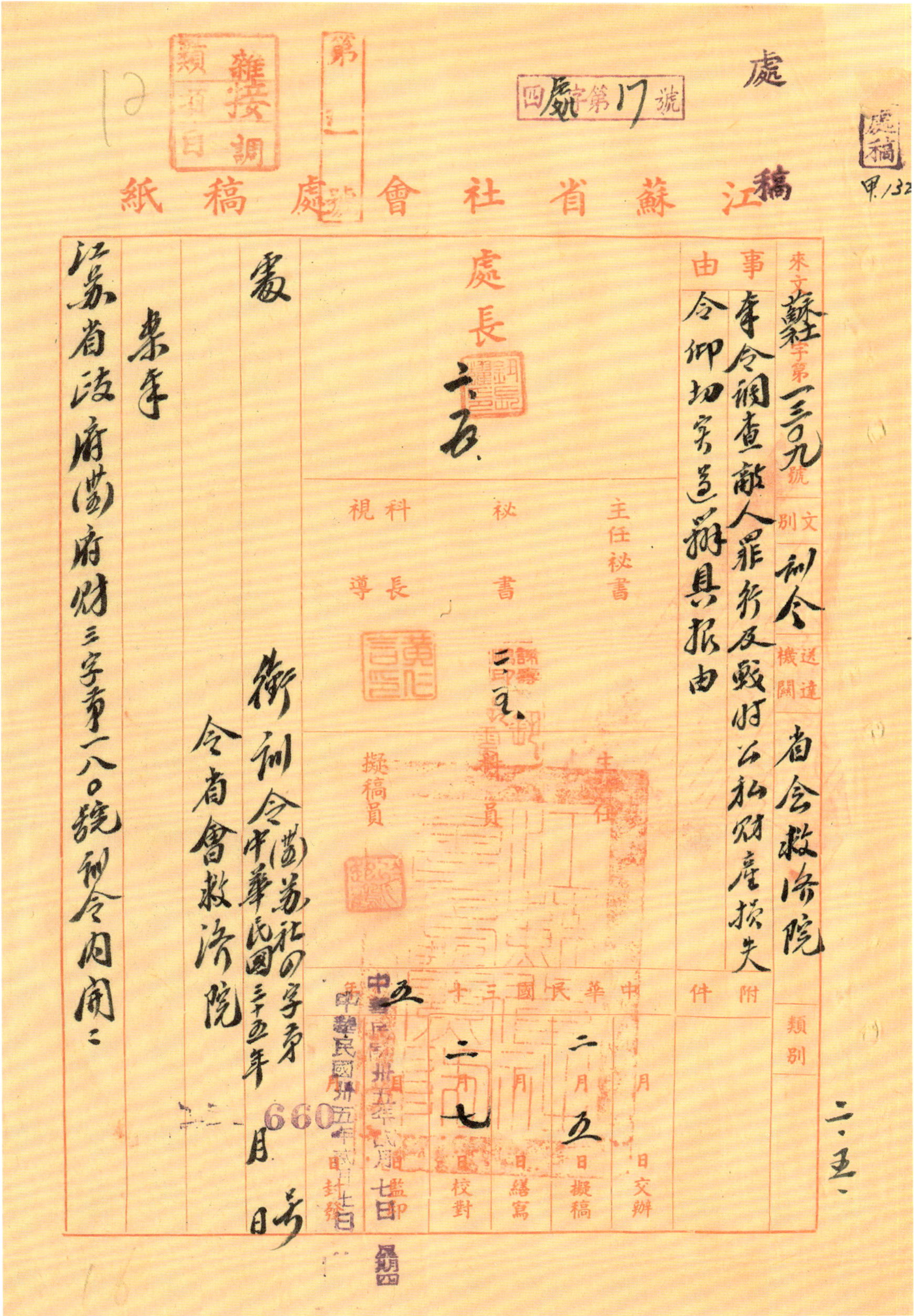
江蘇省社會處稿紙

來文：蘇社字第一三〇九號

文別：訓令

送達機關：省會救濟院

事由：奉令調查敵人罪行及戰時公私財產損失令仰切實遵辦具報由

處長

主任秘書

秘書

科長

視導

擬稿員

中華民國三十五年二月五日擬稿

二月七日

訓令（卅五）蘇社四字第　號

令省會救濟院

案奉

江蘇省政府（卅五）府財三字第一八〇號訓令內開：

中華民國三十五年　月　日

第二號

「案奉 行政院平捌字第五九九七號訓令內

開：云〇云〇並將傷亡損失一併趕速切實查明具報

為要」

等因，奉此，除遵辦外，合亟令仰趕速切實查明具報

為要

此令

處長 鈕〇〇

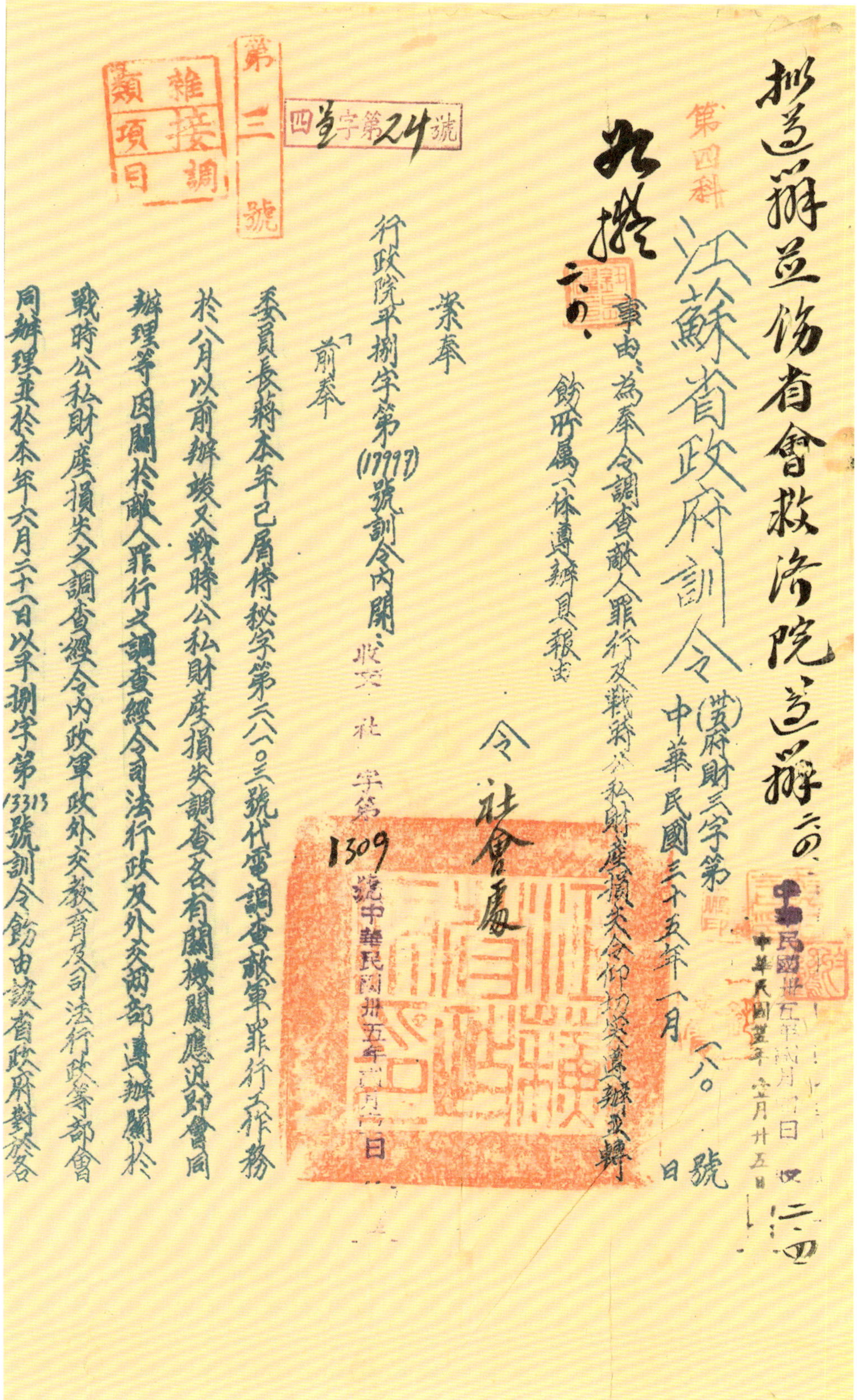
抄送蘇皖豫省會救濟院遵辦 二、四

第四科

江蘇省政府訓令 （卅五）府財三字第一八〇號

中華民國三十五年一月 日

事由：為奉令調查敵人罪行及戰時公私財產損失仰切實遵辦並轉飭所屬一體遵辦具報由

令社會處

案奉

行政院平捌字第（17997）號訓令內開：「前奉

委員長蔣本年己屑侍秘字第二八〇三號代電調查敵軍罪行工作務於八月以前辦竣又戰時公私財產損失調查各有關機關應即會同辦理等因關於敵人罪行之調查經令司法行政及外交兩部遵照辦理關於戰時公私財產損失之調查經令內政軍政外交教育及司法行政等部會同辦理並於本年六月二十一日以平捌字第13313號訓令飭由該省政府對於各

收文 社 字第1309號 中華民國卅五年一月廿六日

第三號

雜項 接調 類目

四並字第24號

附：江苏省政府训令原件（一九四六年一月二十五日）

項工作切實協助辦理在案現敵人已正式無條件投降前兩項工作亟待加
緊進行以赴事機除分行外合亟令仰該速切實遵辦並轉飭所屬一體
遵辦為要」
等因奉此自應遵辦除分行外合亟令仰該速切實遵辦並轉飭所屬一體遵
速切實遵辦具報為要。
此令。

主席王懋功

江蘇省政府訓令

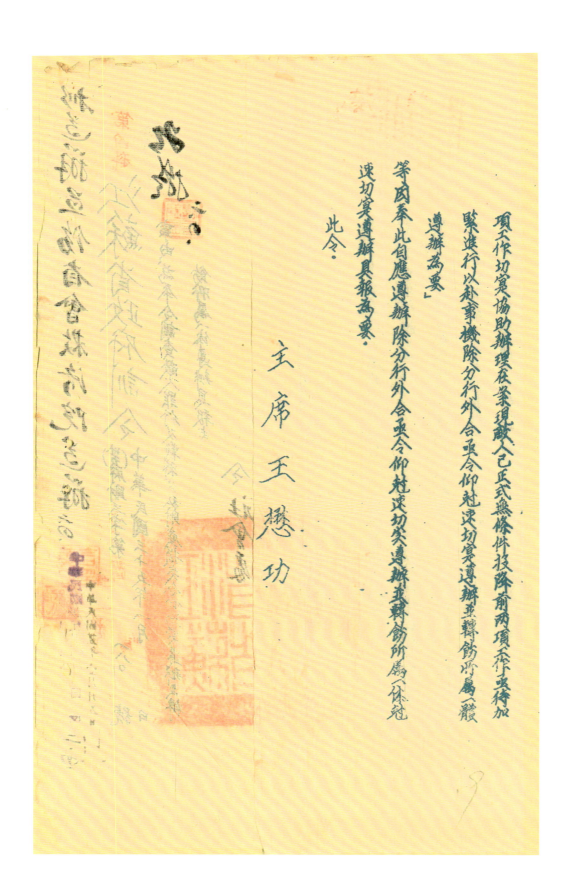

江苏省政府、社会处及省会救济院为救济院查报公私财产损失报表事的往来公文

（一九四六年二月十四日至三月二十六日）

江苏省会救济院为查报公私财产事致省政府社会处的呈（一九四六年二月十四日）

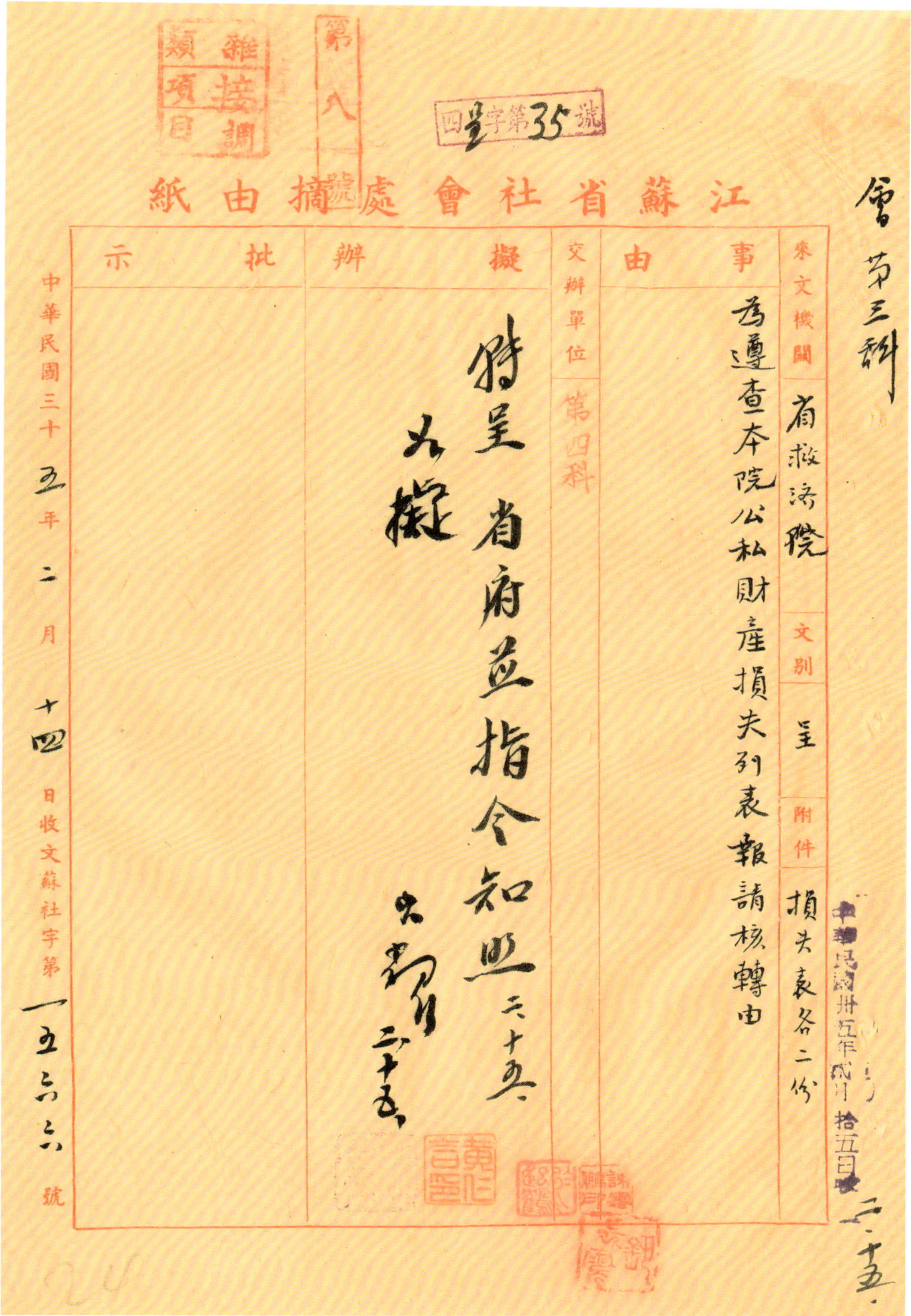
江蘇省社會處摘由紙

來文機關	省救濟院
文別	呈
附件	損失表各二份
事由	為遵查本院公私財產損失列表報請核轉由
文辦單位	第四科
擬辦	轉呈省府並指令知照 二十五
批示	如擬 二十五

中華民國三十五年二月十四日收文蘇社字第一五六六號

類項目 維持調

第九號

事由	擬辦	批示	備考
為遵查本院公私財產損失列表報請 核轉由			

附件：本院戰時公私財產損失表各二份

字第 號 年 月 日 時到

收文 字第 號

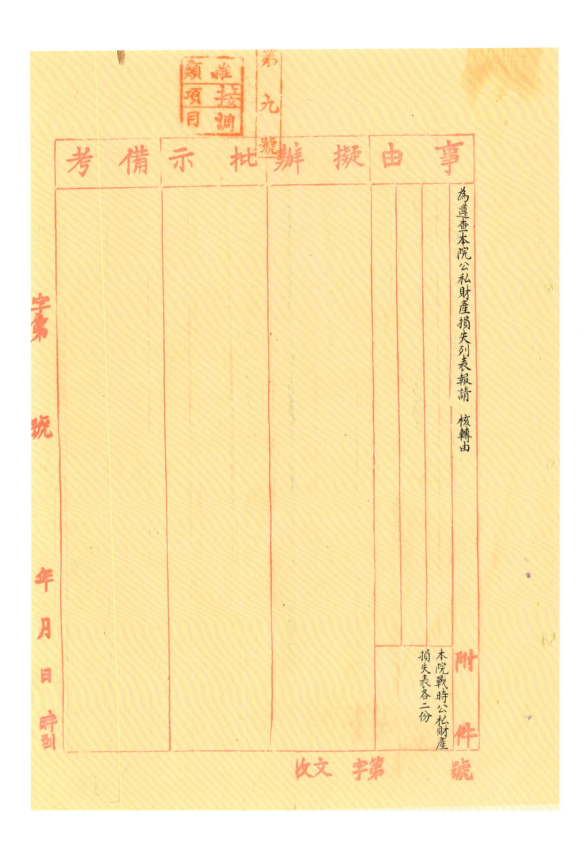

江蘇省會救濟院呈　　濟復字第六四號

案奉

鈞處(35)蘇社四字第六六〇號訓令內開

「案奉　江蘇省政府卅五府財三字第一八〇號訓令內開：『案奉　行政院平捌字第17997號訓令內開：「前奉　委員長蔣本年巳俏侍秘字第二八一〇三號代電『調查敵軍罪行工作務於八月以前辦竣又戰時公私財產損失調查各有關機關應迅即會同辦理』等因關於敵人罪行之調查經令司法行政及外交兩部遵辦關於戰時公私財產損失之調查經令內政軍政外交教育及司法行政等部會同辦理並於本年六月二十一日以平捌字第13313號訓令飭由該省政府對於各項工作切實協助辦理在案現敵人已正式無條件投降前兩項工作亟待加緊進行以赴事機除分行外合亟令仰尅速切實遵辦並轉飭所屬一體遵辦為要」等因奉此自應遵辦除分行外合亟令仰尅速切實遵辦

第一零號

並轉飭所屬一體剋速切實遵辦具報為要」等因奉此除遵辦外合亟令仰剋速切實遵辦具報為要此令」

等因奉此遵即查明本院戰時公私財產損失逐項列表估價具文呈報仰祈鑒賜查核彙轉實為公便

謹呈

江蘇省政府社會處處長鈕

附呈本院戰時公私財產損失表各二份

江蘇省會救濟院院長陳　埮

中華民國二十五　二月十四日

監印　許倜

校對　董燕春

江苏省社会处为转呈省会救济院战时公私财产损失表致省政府的呈（一九四六年二月二十日）

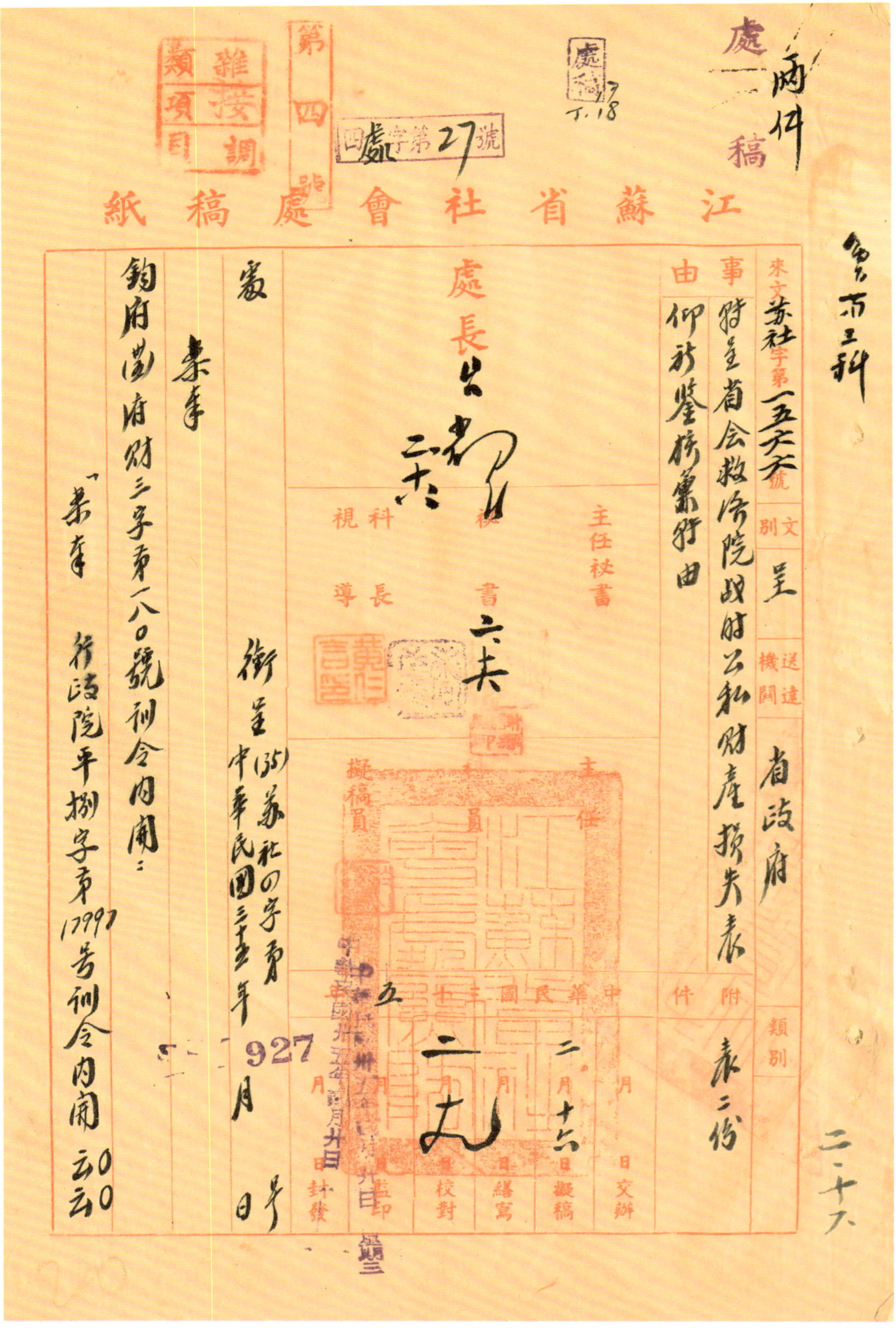
江蘇省社會處稿紙

處稿 兩件

雜類項目 接調

第四號

四處字第27號

來文 蘇社字第一五六六號

文別 呈

送達機關 省政府

事由 轉呈省會救濟院戰時公私財產損失表仰祈鑒核彙轉由

附件類別 表二份

處長

主任秘書

科長

視導

擬稿員

案奉

鈞府（卅五）財三字第一八〇號訓令內開：「案奉行政院平捌字第17997號訓令內開 云云」

謹呈

（35）蘇社四字第 號

中華民國三十五年 月 日

第五號

切實造冊具報為要

等因。奉此，除遵辦外，當經以本處(35)蘇社四字第六六號令飭省

會救濟院切實遵辦在案。茲據該院呈報戰時公私財產損

失表二份前來，查核尚相符，所填情形尚符，理合具文呈轉，仰祈

鑒核彙轉，實為公便。

謹呈

主席王

附呈省會救濟院戰時公私財產損失表二份

全銜處長鈕〇〇

江苏省社会处就准予转呈及再填报一份损失表事致省会救济院的指令（一九四六年二月二十日）

處稿

江蘇省社會處稿紙

來文：苏社字第一五六六號

文別：指令

送達機關：省会救济院

事由：据报该院公私财产损失列表报请核转由 指令遵照由

處長 二十

主任秘書 六十

處

衔指令（35）苏社四字第　号

中華民國三十五年　月　日

令省会救济院

三十五年二月十四日呈乙件，为送查公私财产损失列表报请核转由。

呈件均悉，准予转呈，应再填报损失表一份

中華民國三十五年二月十六日擬稿

中華民國三十五年二月二十九日

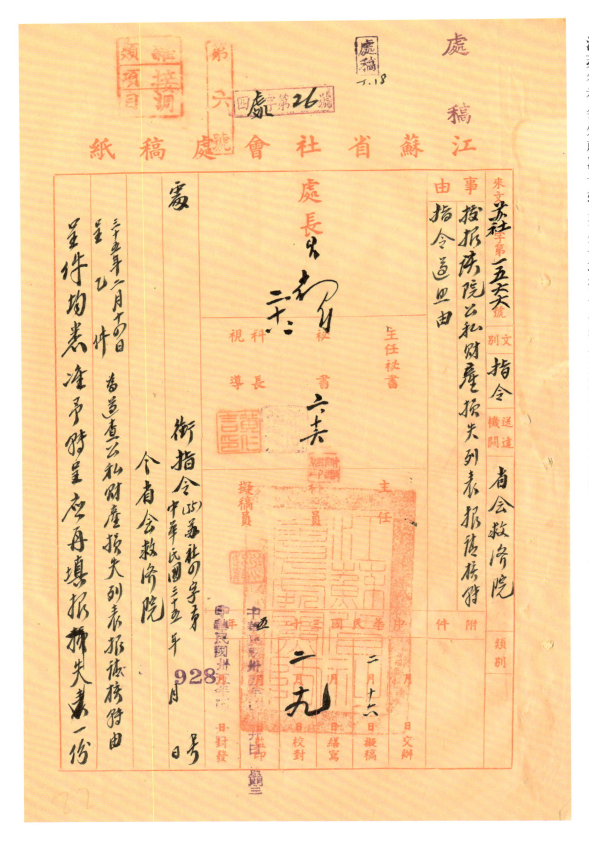

雜類
接項
調目

第七號

以備存查仰即遵照

此令　件東紆呈

處長鈕○○

江苏省会救济院为补填公私财产损失表报请存查致省社会处的呈（一九四六年二月二十二日）

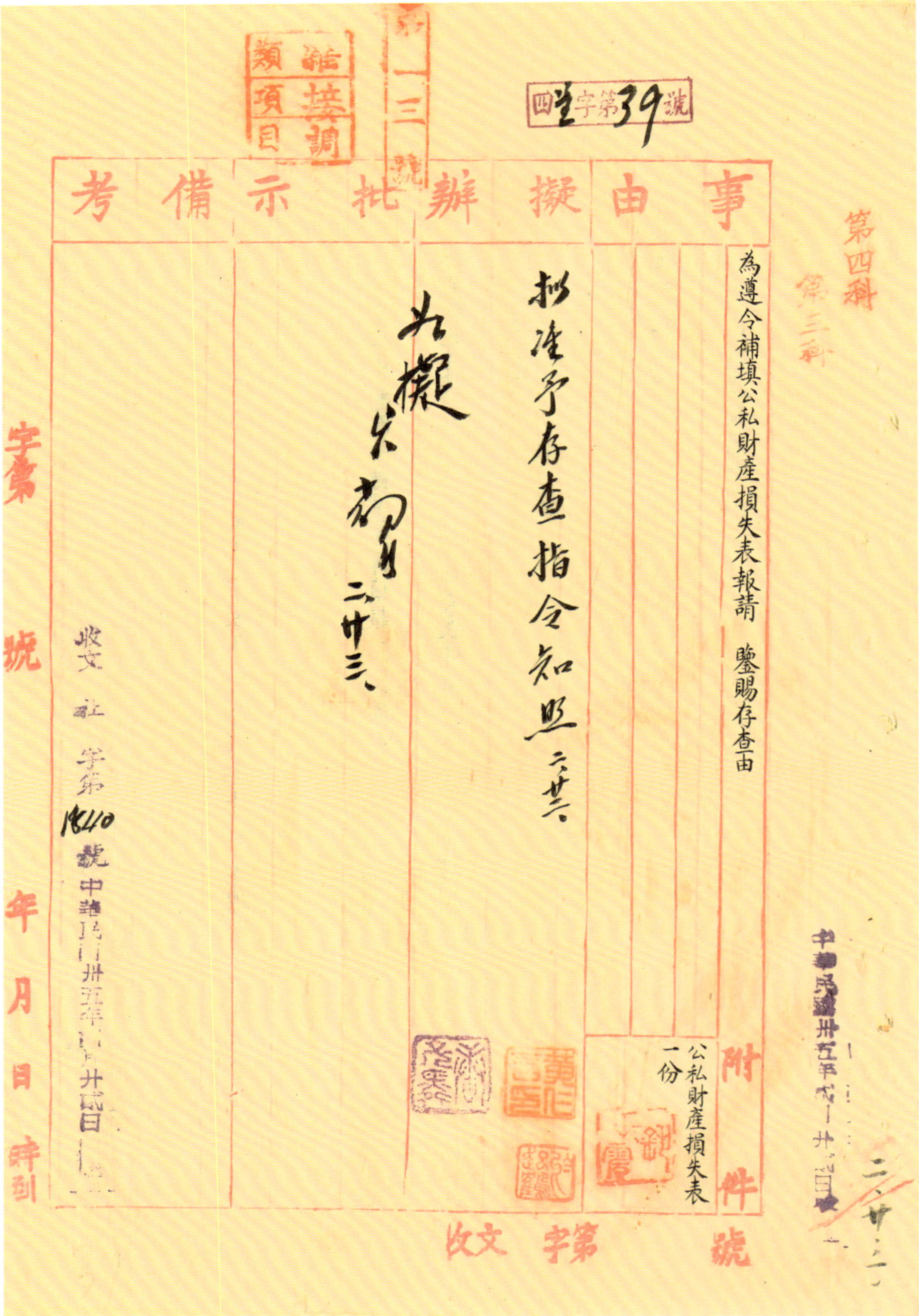

呈字第39號

第四科

事由	擬辦	批示	備考
為遵令補填公私財產損失表報請鑒賜存查由		抄准予存查指令知照 二、廿六	

附件：公私財產損失表一份

中華民國卅五年二月廿二日

收文 社 字第1840號 中華民國卅五年二月廿三日

江蘇省會救濟院呈　濟復字第　七四　號

案奉

鈞處(35)蘇社四字第九二八號指令本院三十五年二月十四日呈一件為遵查公私財產損失列表報

請核轉由內開：

「呈件均悉准予轉呈應再填報一份以備存查仰即遵照此令」

等因件轉呈奉此遵將本院公私財產損失表補填一份具文呈送仰祈

鑒賜存查實為公便

謹呈

江蘇省社會處處長鈕

附呈公私財產損失表一份

雜類
接項
調目

第一四號

江蘇省會救濟院院長陳　埃

陳埃之印

33

中華民國三十五年二月二十二日

監印 許倜
校對 董燕春

34

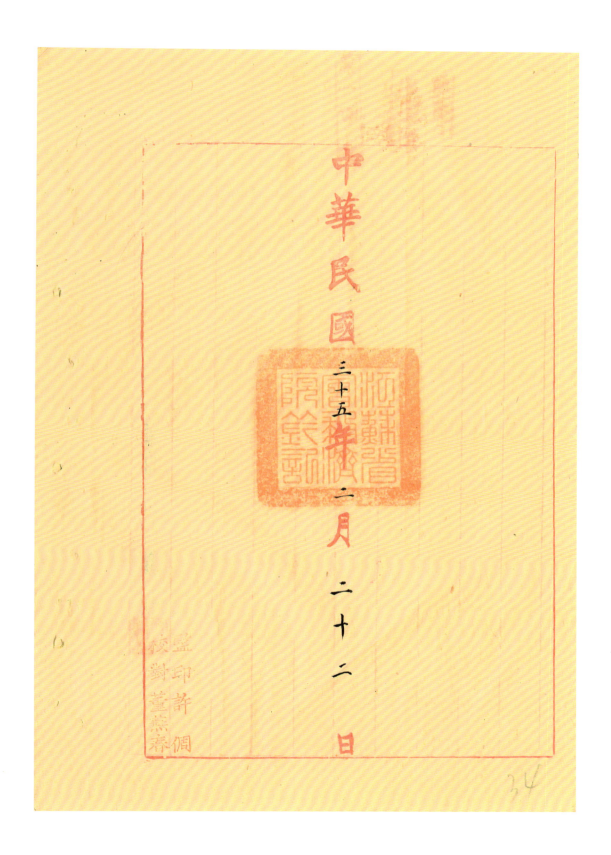

附：江苏省会救济院战时公私财产损失估计表（一九四六年二月二十二日）

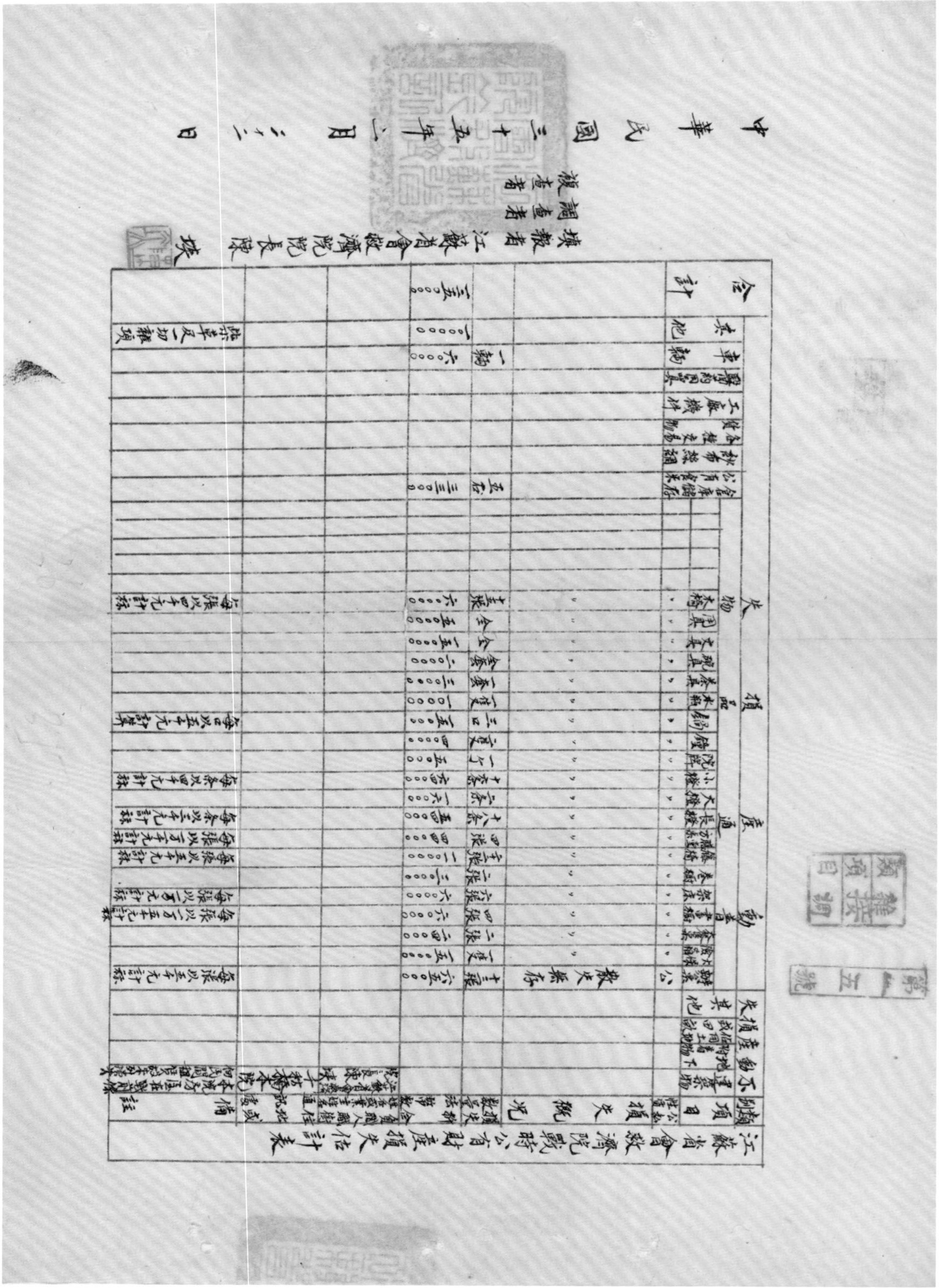

江蘇省會救濟院婦女救濟所戰時公有財產損失估計表（一）

類別	項目	公私法資	損失概況	損失數量	折合法幣數	負責人職銜姓名或業主姓名	住址或通訊處	備註
不動產損失	建築物							
	地下附着物							
	附同土地或田畝							
	其他							
動產 普通損失物品	辦公桌	公	散失無存	六張	三〇〇〇〇元	江蘇省會救濟院婦女救濟所主任胡魁生	千秋橋東境	每張約五千元
	書櫥	〃	〃	二張	三〇〇〇〇			每張約一万五千元
	鐵床	〃	〃	四五張	一二五〇〇〇			
	大菜桌	〃	〃	三張	三〇〇〇〇			
	方桌	〃	〃	八張	八八〇〇〇			每張約一万一千元
	凳子	〃	〃	三二張	六四〇〇〇			平均每条二千元
	籐椅	〃	〃	四張	二〇〇〇〇			
	木椅	〃	〃	六張	二四〇〇〇			
	玻璃板	〃	〃	三塊	二四〇〇〇			
	痰盂	〃	〃	一三隻	一八〇〇〇			平均每隻一千五百元
	鐘	〃	〃	一架	二〇〇〇〇			
	[illegible]	〃	〃		五〇〇〇			
	鍋	〃	〃	五口	二五〇〇〇			平均每口五千元合如數
	湯罐	〃	〃	三隻	九〇〇〇			
	大水缸	〃	〃	二口	三〇〇〇〇			
	大小碗	〃	〃	一五〇个	七五〇〇〇			平均每个五百元計算
	水瓶	〃	〃	二隻	六〇〇〇			
	茶杯	〃	〃	一〇个	二〇〇〇			
	文具	〃	〃	全	一六〇〇〇〇			
	物用具	〃	〃	全	五〇〇〇〇			
	倉庫儲存公有食米			二四石	一五六〇〇〇			每石六千五百元計算
	紗布綵綢			一〇〇包	一二〇〇〇〇〇			每包約一万二千元
				六疋	一二〇〇〇〇			每疋約二万元
	各種交易貨物							
	工廠機件							
	醫藥用品具		散失	三五種	一七五〇〇〇			每種平均值五千元
	車輛							
	其他		散失		五〇〇〇〇			柴草及一切雜項
合計								

填報者　江蘇省會救濟院婦女救濟所主任胡魁生

調查者

複查者

中華民國三十五年二月二十二日

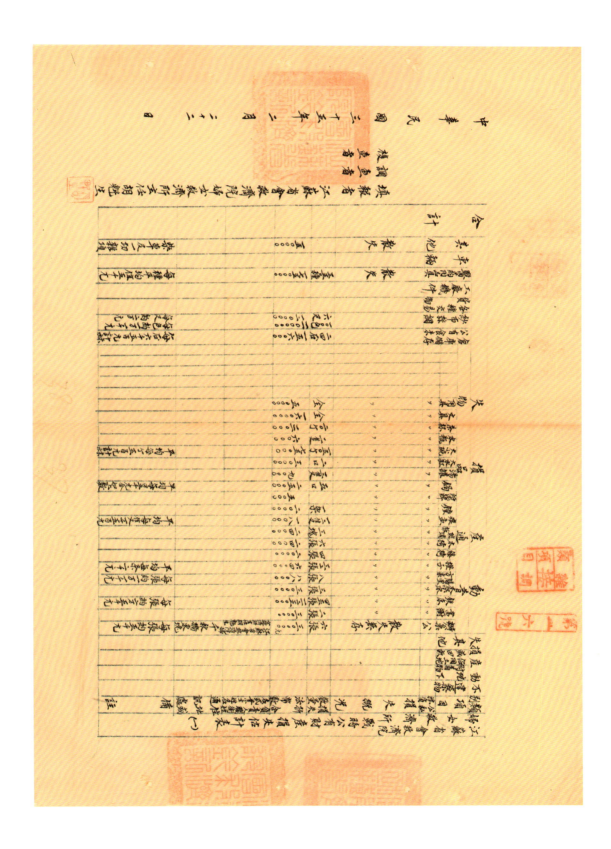

第七號

雜接調 類項目

江蘇省會救濟院婦女救濟所戰時公有財產損失估計表（二）

類別	項目	公私性質	損失概況	損失數量	折合法幣數	負責人職銜姓名或業主姓名住址或通訊處	備註
不動產損失	建築物						
	地下附着物						
	術用土地或田畝						
	其他						
動產損失 普通物品	顏色緞	公	散失無存	二〇丈	二〇〇〇〇〇元	江蘇省會救濟院婦女救濟所主任胡魁生 千秋橋東境	每尺以一仟元計算
	毛巾	〃	〃	九〇打	二七〇〇〇〇		每打以三千元計標
	洋袜	〃	〃	二〇打	六〇〇〇〇		〃
	冰紗布	〃	〃	一五足	一五〇〇〇〇		每足以一万元計标
	枕套花	〃	〃	一三〇對	六五〇〇〇〇		每对以五千元計标
	繡花椅墊	〃	〃	三二度	二二四〇〇〇		每度以七千元計标
	香雲衣	〃	〃	六〇件	二四〇〇〇〇		每件約值四千元
	白被單	〃	〃	一〇六條	四二四〇〇〇		每条約值四千元
	印花桌布	〃	〃	五条	一〇〇〇〇		每条約值二千元
	繡花圍嘴	〃	〃	一五度	三〇〇〇〇		〃度〃〃〃
	孩衣	〃	〃	一六〇身	七二〇〇〇〇		每身約值四千五百元
	洋絨帽子	〃	〃	三五頂	一〇五〇〇〇		每頂約值三千元
	洋線手套	〃	〃	七五付	七五〇〇〇		每付約值一千元
	洋絨小大衣	〃	〃	四三件	二一五〇〇〇		每件約值五千元
	洋袜机	〃	〃	十五架	七五〇〇〇		每架約五千元
	縫紉机	〃	〃	一架	一〇〇〇〇		
	電燈材料	〃	〃	五〇件	五〇〇〇〇		每件約值一千元
	像片鏡框	〃	〃	四〇度	四〇〇〇〇		每度約值一千元
	香羅帳	〃	〃	六〇頂	六〇〇〇〇		每頂約值一件元
	保險箱	〃	〃	一隻	一五〇〇〇		
	倉庫儲存公有食米						
	紗布絲綢各種交易貨物						
	工廠機件		失散無存	五〇件	五〇〇〇〇〇		係零星機件
	醫藥用品具						
	車輛						
	其他						
合計					一三九六〇〇〇元		

填報者 江蘇省會救濟院婦女救濟所主任胡魁生（印）

調查者

複查者

中華民國三十五年二月二十二日

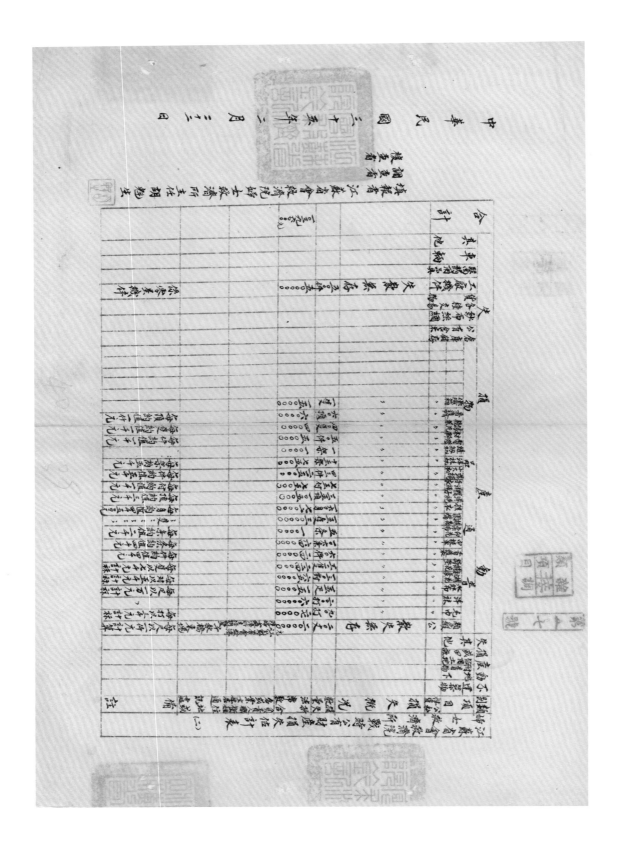

第一八號

調接類項目

江蘇省會救濟院乞丐所戰時公有財產損失估計表

類別	項目	公私性質	損失概況	損失數量	折合法幣數	負責人職銜姓名或業主姓名通訊處	備註
不動產損失	建築物	公	敵人燒光	瓦平房五十五間	五六〇〇〇〇〇元	江蘇省會救濟院院長陳埃 千秋橋東堍	草瓦房平均每間約值廿萬元合如上數
	地下附着物						
	佔用土地或田畝						
	其他						
動產損失 普通物品	辦公桌	公	全	六張	三〇〇〇〇元	江蘇省會救濟院院長陳埃 千秋橋東堍	因該所現尚未恢復故由埃負責調查
	方桌暨膳桌	〃	〃	三三張	二七五〇〇		每張以[illegible]千元計算
	長櫈	〃	〃	一〇〇条	三〇〇〇〇〇		每条以三千元計算
	大餐桌	〃	〃	一張	一二〇〇〇		
	木椅	〃	〃	八張	三二〇〇〇		每張以四千元計算
	木茶桌	〃	〃	三四張	六八〇〇〇		每張以二千元計算
	鐵床	〃	〃	六張	一五〇〇〇〇		每張以二万五千元計算
	棉衣	〃	〃	九〇套	九〇〇〇〇〇		每套以一万元計算
	棉被	〃	〃	九〇条	九〇〇〇〇〇		每条以一万元計算
	單衣	〃	〃	九〇套	五四〇〇〇〇		每套以六千元計算
	老虎灶工具	〃	〃	一〇〇套	一〇〇〇〇〇		每套以一千元計算
	農具	〃	〃	五〇把	一五〇〇〇〇		每把以三千元計算
	大小鍋	〃	〃	四口	二〇〇〇〇		每口以五千元計算
	瓷鍋	〃	〃	一口	二五〇〇〇		
	湯罐	〃	〃	三隻	九〇〇〇		
	大小碗	〃	〃	一三〇只	六五〇〇〇		每隻以五百元計算
	廚房用具	〃	〃	二五樣	二五〇〇〇		每樣以一千元計算
	辦公用具	〃	〃	一〇套全	二五〇〇〇		
	保險箱	〃	〃	一隻	一五〇〇〇		
失	倉庫儲存公有食米			二二〇石	一四三〇〇〇		每石以六千五百元計算
	紗布絲綢						
	各種交易貨物			二五疋	七五〇〇		該貨係乞丐所民所打麻產每疋以三百元計算
	工廠機件						
	醫藥用具						
	車輛						
	其他						
合計					一〇四三〇〇〇		

填報者 江蘇省會救濟院院長陳埃

調查者

複查者

中華民國三十五年一月二十二日

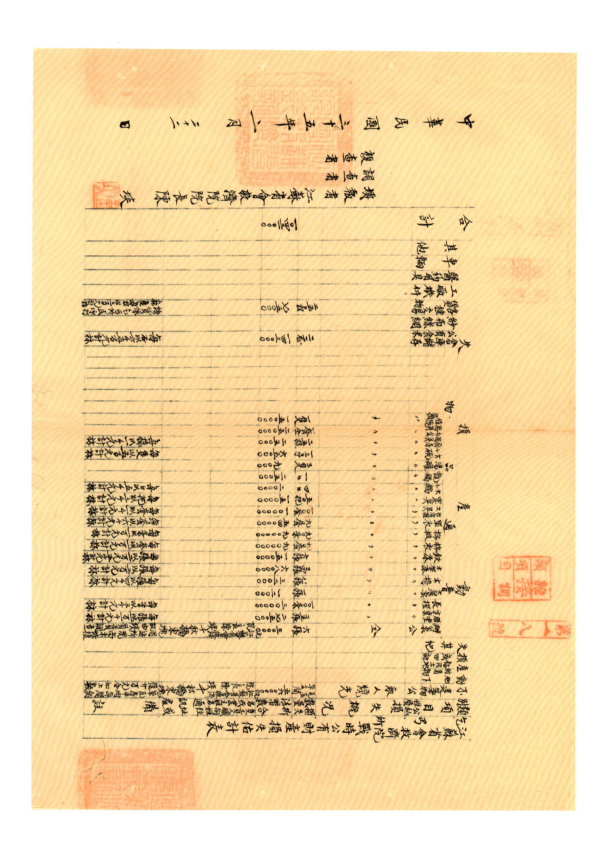

江蘇省會救濟院養老殘廢所戰時公有財產損失估計表

類別	項目	公私性質	損失概況	損失數量	折合法幣數	負責人職銜姓名或業主姓名	住址或通訊處	備註
不動產損失	建築物	公	被敵人焚燒	五二間	一五六○○○○○元	江蘇省會救濟院院長陳埃	千秋橋東塊	每間約值三十万元合如上數
不動產損失	地下附着物							
不動產損失	土地（田畝或地）							
不動產損失	其他							原有該所主任不在此處改由埃負責調查
動產損失·普通物品	辦公桌	公	燒光	九張	四五○○○			每張以五千元計核
動產損失·普通物品	膳堂方桌	〃	〃	二○張	二二○○○○			每張以一万一千元計核
動產損失·普通物品	長凳	〃	〃	五○張	一○○○○○			每張以二千元計核
動產損失·普通物品	架床	〃	〃	二○張	二○○○○○			每張以一万元計核
動產損失·普通物品	坐椅	〃	〃	三張	四八○○○			每張以一万六千元計核
動產損失·普通物品	竹床	〃	〃	一六○張	一六○○○○○			每張以一万元計核
動產損失·普通物品	鐘	〃	〃	一隻	二○○○○			
動產損失·普通物品	大小鍋	〃	〃	三口	一五○○○			每口以五千元計核
動產損失·普通物品	瓢鍋	〃	〃	二口	五○○○○			
動產損失·普通物品	大小碗	〃	〃	二○○○丁	一○○○○○○			每丁以五百元計核
動產損失·普通物品	竹筷	〃	〃	二○○○双	一○○○			
動產損失·普通物品	文具	〃	〃	全	一○○○○○			
動產損失·普通物品	用具	〃	〃	全	四○○○○			
動產損失·普通物品	雜項	〃	〃	全	二○○○○			
動產損失·普通物品	棉衣	〃	〃	一六○套	一六○○○○○			每套以一万元計核
動產損失·普通物品	棉被	〃	〃	一六○条	一六○○○○○			
動產損失·普通物品	單衣	〃	〃	一六○套	九六○○○○			每套以六千元計核
動產損失·普通物品	保險箱	〃	〃	一隻	一五○○○○			
動產損失	倉庫儲存公有食米			二五石	一六二五○○			每石以六千五百元計核
動產損失	紗布絲綢							
動產損失	各種交易貨物							
動產損失	工廠機件							
動產損失	醫藥用品							
動產損失	車輛							
動產損失	其他							
合計					二二六三二五○○元			

填報者　江蘇省會救濟院院長陳　埃

調查者

複查者

中華民國三十五年二月二十二日

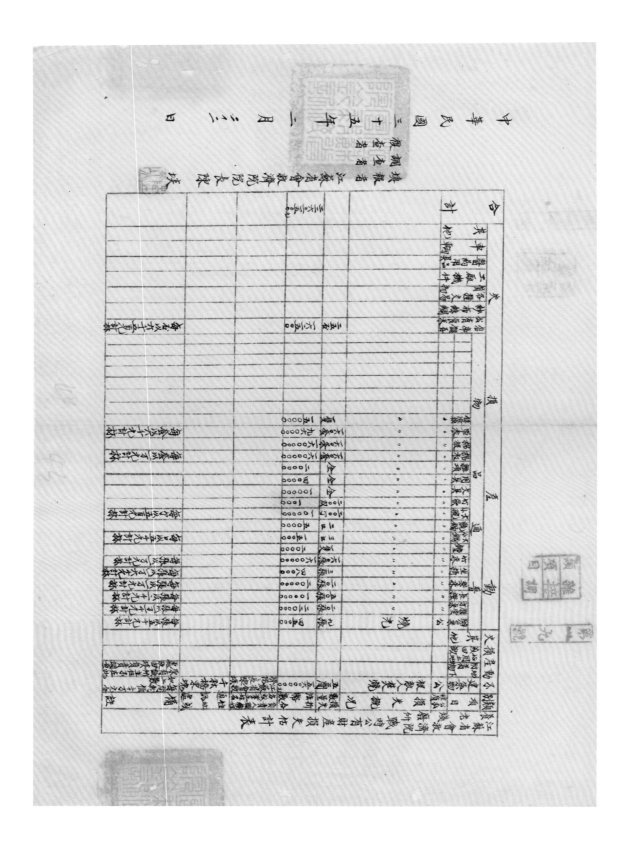

江蘇省會救濟院海民習藝所戰時公有財產損失估計表

類別	項目	公私性質	損失概況	損失數量	折合法幣數	負責人職銜姓名或業主姓名	住址或通訊處	備註
不動產損失	建築物	公	被敵人焚燒	〤四間	一三二〇〇〇〇〇元			每間以三十萬元計算如數
	地下附着物	公	〃	二五〇株	二五〇〇〇			平均大小樹每株以一十元計算
	佔用土地或田畝							
	其他	公（地下室）	二大間可容二百人所有木料鋼鐵均付之一炬	二間	二五〇〇〇〇〇			每間以一百二十五萬計算
動產損失 普通物品	棉衣	公	被敵人焚燒	九套	九五〇〇〇	江蘇省會救濟院院長陳垿	千秋橋東堍	因該所現尚未恢復需要負責調查每套以一万元計算
	棉被	〃	〃	九条	九五〇〇〇			每条約值一万元
	單衣	〃	〃	九套	五〤〇〇〇			每套以六千元計算
	辦公桌	〃	〃	一一張	五五〇〇〇			每張以五千元計算
	長寫字桌	〃	〃	一八張	一八〇〇〇〇			每張以一万元計算
	長櫈	〃	〃	三六条	一〇八〇〇〇			每条以三千元計算
	膳堂方桌	〃	〃	二張	二二〇〇〇			
	大餐桌	〃	〃	一張	一二〇〇〇			
	木椅	〃	〃	一八張	〤二〇〇〇			每張以四千元計算
	籐椅	〃	〃	一三張	一三〇〇〇〇			每張以一万元計算
	籐工用針	〃	〃	一二套	六〇〇〇〇			每套以五千元計算
	工作器具	〃	〃	二五〇揀	二五〇〇〇			每揀以一百元計算
	掛鐘	〃	〃	二架	四〇〇〇〇			
	鐵床	〃	〃	八張	二〇〇〇〇〇			每張以二万五千元計算
	木臺桌	〃	〃	三六張	〤二〇〇〇〇			每張以二万元計算
	保險箱	〃	〃	一隻	一五〇〇〇〇			
	大小鍋	〃	〃	四口	二〇〇〇〇			每口以五千元計算
	飯鍋	〃	〃	二口	五〇〇〇〇			
	大碗小碗	〃	〃	一六〇隻	八〇〇〇〇			每隻以五百元計算
	一切用具	〃	〃	一套全	二五〇〇〇〇			
	倉庫儲存公有食米			三〇石	一九五〇〇〇			每石六千五百元計算
	紗布絲綢							
	各種交易貨物							
	工廠機件							
	醫藥用品			三〇種	一六〇〇〇〇			係通口儲存未用平均每種以五千元計算
	車輛							
	其他							
合計					三四九九〇〇〇			

填報者　江蘇省會救濟院院長陳　垿

調查者

複查者

中華民國三十五年一月二十二日

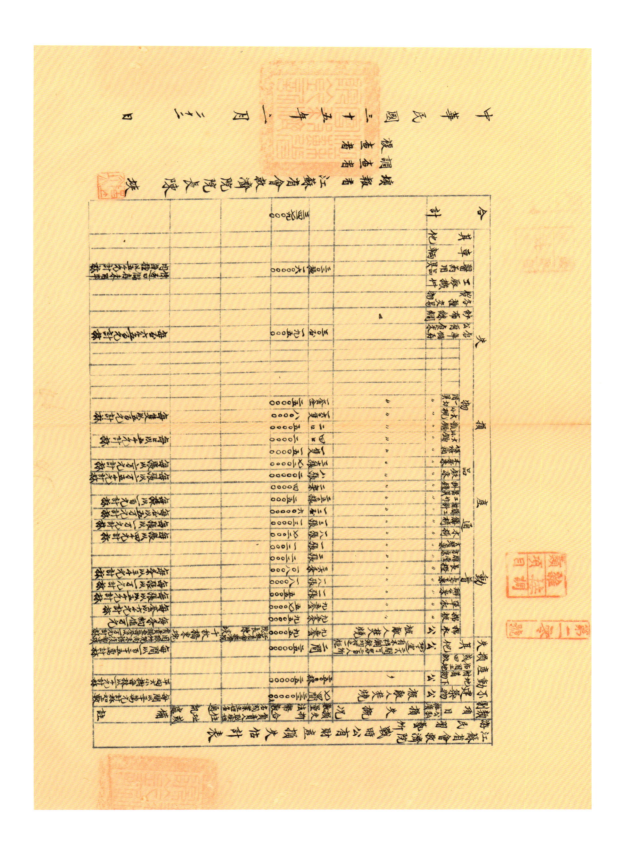

江蘇省會救濟院戰時公有財產損失估計表

類別	項目	公私性質	損失概況	損失估計價值合法幣數	負責人姓名或蓋章	住址或通訊處	備註
不動產損失	建築物						
	地上附着物						
	地下埋藏物						
	其他						
動產損失	行李	公	散失無存	三百套 二五〇〇〇〇〇元	江蘇省會救濟院院長[illegible]	本院	[illegible]
	衣箱	私	〃	三千件 三〇〇〇〇〇〇			
	書籍	私	〃	叁佰冊 四五〇〇〇〇			
合計				八六五〇〇〇〇元			

填報者 江蘇省會救濟院院長 陳
調查者
複查者

中華民國三十五年一月三十三日

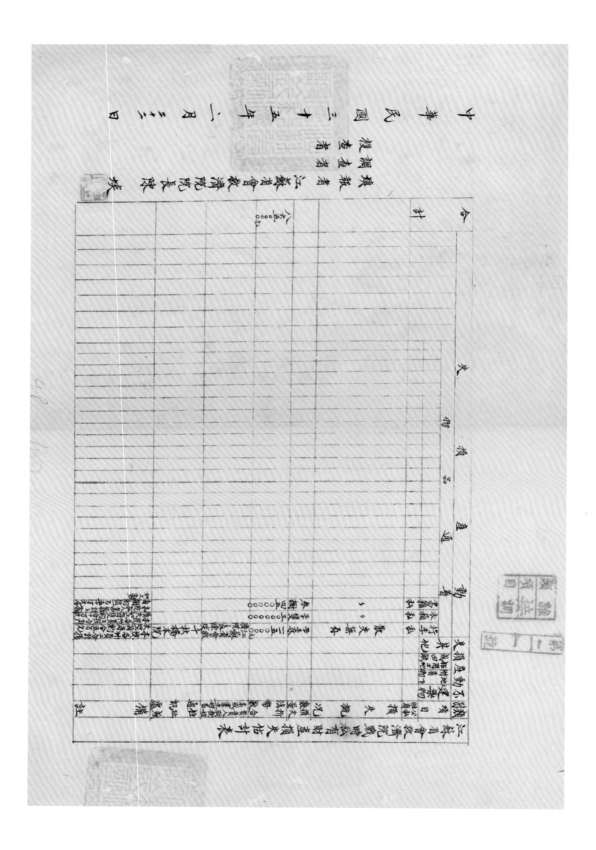

江苏省社会处关于呈表准予存查致省会救济院的指令（一九四六年二月二十六日）

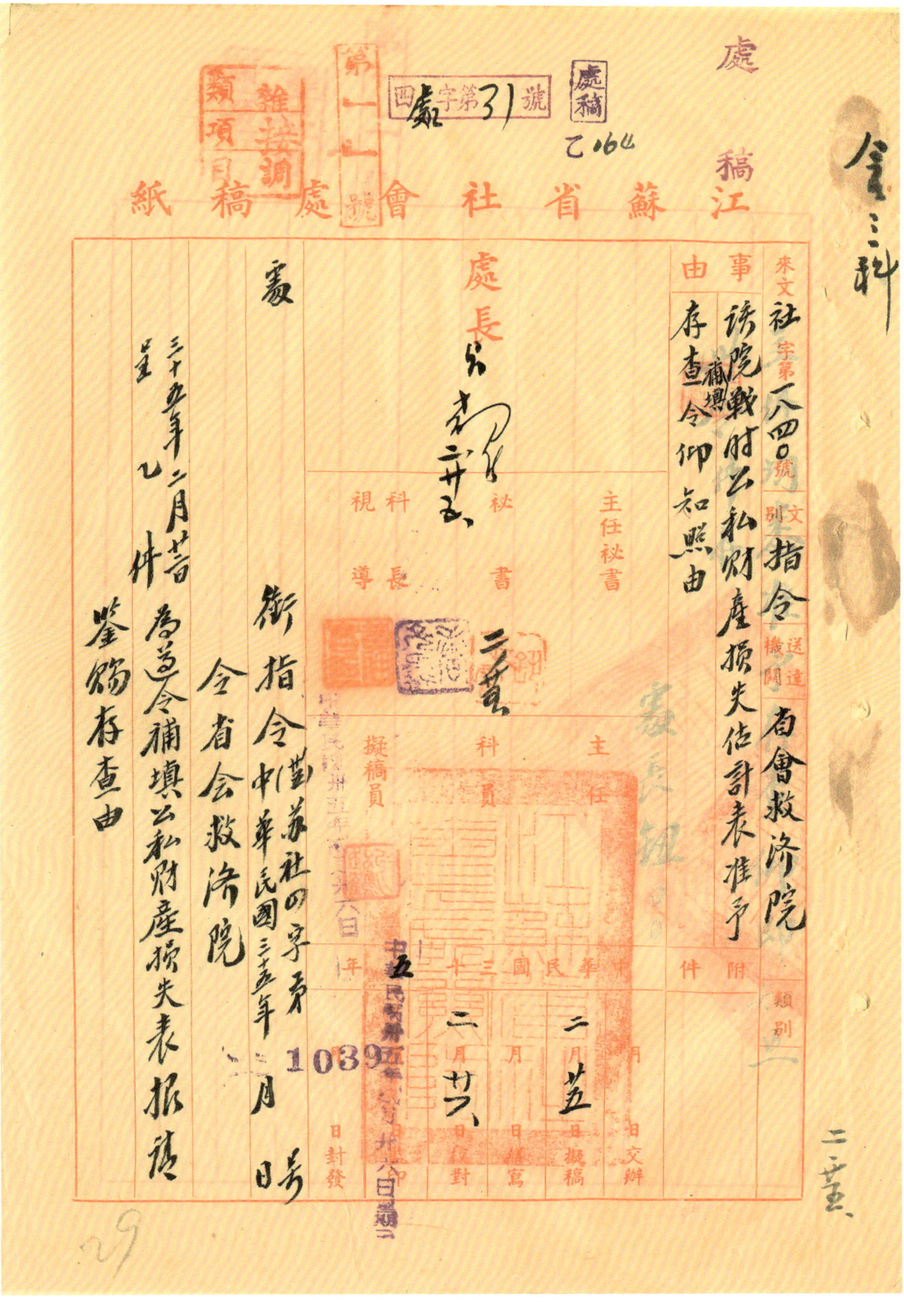
江蘇省社會處稿紙

處稿 四字第31號

乙164

來文：社字第一八四〇號
文別：指令
送達機關：省會救濟院

事由：該院補填戰時公私財產損失估計表准予存查令仰知照由

處長 二十五

擬辦 二月二十五日

衔 指令 中華民國三十五年 月 日 蘇社四字第 號

令省會救濟院

三十五年二月廿一日呈乙件，為遵令補填公私財產損失表報請鑒核存查由

1039

會三科

二五

类项 杂 登 调

第一二号

呈件均悉，准予存查。仰即知照。此令。件存。

处长钮〇〇

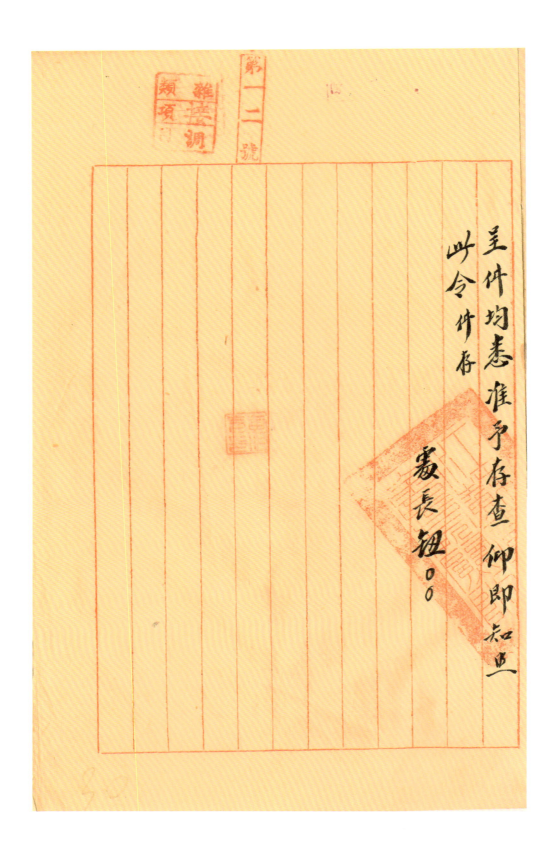

江苏省政府关于省会救济院损失表已被转报内政部事致省社会处的指令（一九四六年三月二十六日）

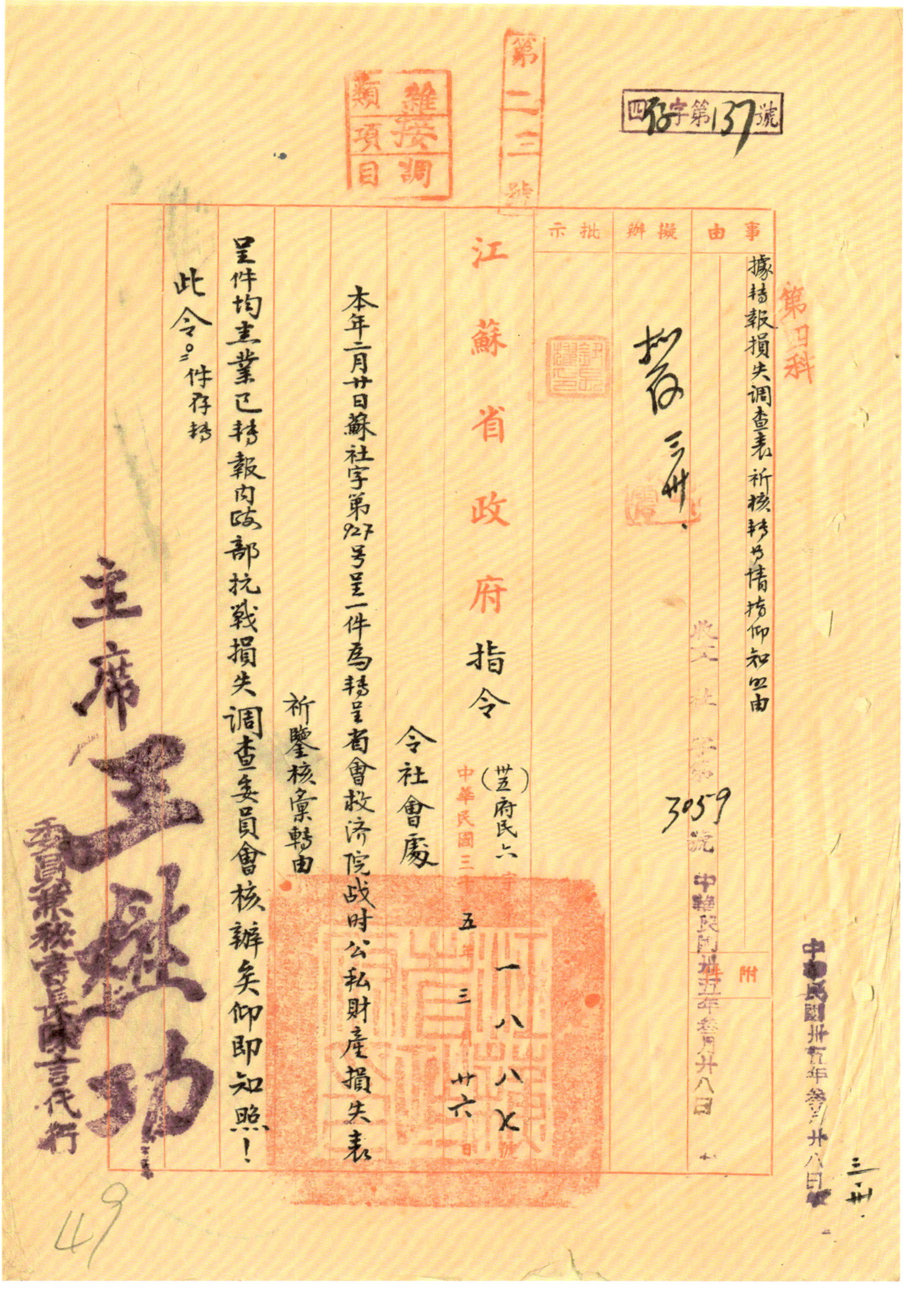

第二三號

四字第137號

事由：據轉報損失調查表祈核轉等情指仰知照由

擬辦：擬存 三卅

批示：

江蘇省政府指令

（卅五）府民六字第一八八X號

中華民國三十五年三月廿六日

令社會處

本年二月廿日蘇社字第927號呈一件為轉呈省會救濟院戰時公私財產損失表祈鑒核彙轉由

呈件均悉。業已轉報內政部抗戰損失調查委員會核辦矣。仰即知照！

此令。件存轉

主席 王懋功

委員兼秘書長 陳言代行

收文 社 字第3059號

中華民國卅五年叁月廿八日

江苏省江北运河工程局关于战时财产损失事致省政府的呈（一九四六年四月十二日）

建字第995號 35年4月16日收

民政廳 建設廳 第四科

事由：為遵令重填戰時財產損失報告表仰祈鑒賜核轉由

擬辦：擬存候彙報

批示：如擬

附件：如文

中華民國三十年　月　日

江蘇省江北運河工程局 呈

中華民國 運五四四十三

案奉

鈞府三十五年三月十八日三五府建四字第五四零號指令本局呈一件為遵令填送抗戰時期財產損失報告單祈鑒賜核轉由內開：

「呈件均悉查戰時財產損失估價應以戰前物價為標準來表以戰後物價估計與規定不合茲檢發財產損失報告單一式兩份令仰仿製重填與未經查明者一併具報備轉

此令」

收建字第1495號 35年4月17日

等因附發財産損失報告表兩份奉此查本局戰時財産損失除因地方情形特殊一時無從調查

俟稍好轉再行查報外理合先將前送戰時財産損失報告表所列各項按照戰前物價標準重

行填製財産損失報告表三份隨文呈送仰祈

鑒核賜予轉呈實爲公便

謹呈

江蘇省政府主席王

附呈本局抗戰時期財産損失報告表三份

代理江蘇省江北運河工程局局長沈秉璜

237

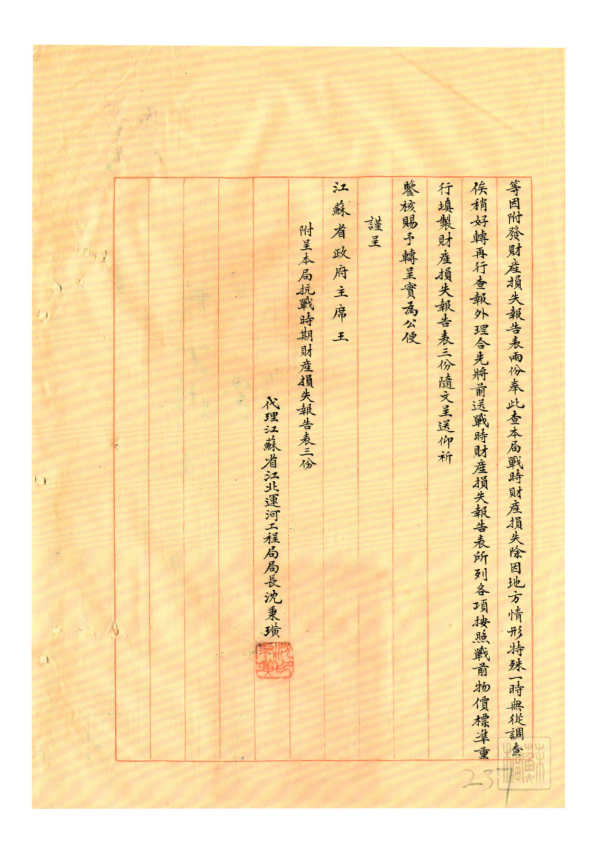

附：江苏省江北运河工程局财产损失报告单（一九四六年二至四月）

江蘇省江北運河工程局財產損失報告單　填送日期三十五年二月　日

損失年月日	事件	地點	損失項目	建築或購置年月	單位	數量	價值（國幣元）建築或購置時價值	損失時價值	證件
二十八年九月高郵淪陷後一日	奉令測三河流量日寇水陸並進攻至沿途出所有儀器各件連同儀器一併損失	安徽洪澤湖三河壩活動壩工地	竹布蚊帳		頂	壹	拾貳元		
〃	〃	〃	花貢呢面大棉被		條	〃	拾元		
〃	〃	〃	花貢呢面墊褥		〃	〃	陸元		
〃	〃	〃	彩花被單		〃	〃	肆元		
〃	〃	〃	枕頭		只	兩	貳元		
〃	〃	〃	綠花毛毯		條	壹	伍元		
〃	〃	〃	細蓆		〃	〃	壹元		
〃	〃	〃	府綢襯衫褲		套	兩	捌元		
〃	〃	〃	充派力司學生裝		〃	壹	拾元		
〃	〃	〃	嗶嘰學生裝		〃	〃	拾柒元		
〃	〃	〃	毛絨絨衫		件	〃	拾伍元		
〃	〃	〃	毛絨背心		〃	〃	拾捌元		
〃	〃	〃	衛生褲		條	〃	貳元		
〃	〃	〃	皮褲帶		〃	〃	壹元		
〃	〃	〃	綫呢夾衫		件	〃	玖元		
〃	〃	〃	充派力司長衫		〃	〃	柒元		
〃	〃	〃	呢帽		頂	〃	陸元		
〃	〃	〃	拿坡崙帽		〃	〃	叁元		
〃	〃	〃	黑皮鞋		雙	〃	陸元		
〃	〃	〃	球鞋		〃	〃	壹元		
〃	〃	〃	白細布褂褲		套	〃	貳元		
〃	〃	〃	綫襪		雙	叁	壹元		
〃	〃	〃	反口襪		〃	兩	壹元		
〃	〃	〃	自來水筆		枝	壹	伍元伍角		
〃	〃	〃	花大面盆		只	〃	叁元		
〃	〃	〃	水晶眼鏡		副	〃	陸元		
〃	〃	〃	繪圖繪大小鋼筆		件	玖	伍元		
〃	〃	〃	白銅墨盒		只	壹	叁元		
〃	〃	〃	毛巾洗面用具		件	陸	叁元		
〃	〃	〃	大椰箱網籃		只	兩	伍元		
〃	〃	〃	保險剃刀		把	壹	貳元		
〃	〃	〃	測量學書		冊	貳	肆元伍角		

填報機關名稱　江蘇省江北運河工程局　主管長官職稱及姓名　局長沈秉璜

受損失者　薛天寒　填報者　薛天寒　服務處所與職務　江蘇省江北運河工程局測繪員　與受損失者之關係　主管長官與職員

通訊地址　揚州左衛街江北運河工程局

江蘇省江北運河工程局財產損失報告單

填送日期三十五年四月　日

損失年月日	事件	地點	損失項目	建築或購置年月	單價	數量	價值（國幣元）建築或購置時價值	損失時價值	證件
二十八年至三十年	日軍攻防戰	淮陰河北大街	本局房屋		三百元	三十八間	一萬一千四百元		
〃	〃	〃	洋房	二十六年建	五千元	一所	五千元		
〃	〃	〃	防火庫	〃	三千元	一所	三千元		
〃	〃	〃	九抽桌		八元	二十六張	二百〇八元		
〃	〃	〃	三抽桌		五元	十五張	七十五元		
〃	〃	〃	椅子		弍元	五十張	一百元		
〃	〃	〃	木床		四元五角	三十二張	一百四十四元		
〃	〃	〃	方桌		四元	九張	三十六元		
〃	〃	〃	圓桌		八元	弍張	十六元		
〃	〃	〃	圓櫈		五角	二十八張	十四元		
〃	〃	〃	卷櫥		六元	十七張	一百〇二元		
〃	〃	〃	掛鐘		八元	五架	四十元		
〃	〃	〃	抬鐘		十元	三架	三十元		
二十六年十月	由淮陰運[illegible]路經江都[illegible]運電料至[illegible]口廿七年八月被日机炸沉[illegible]回報告	江都	輪船 船名新春		壹艘	馬力：四十匹 長：六丈五尺 寬：一丈八尺	九千元		
三十年二月	在泰縣坂埨被日軍強行封去	泰縣坂埨	輪船 船名蘇運		〃	馬力：二十四匹	七千五百元		
廿八年九月	日軍侵據高郵時損失	高郵	巡工快輪		〃	馬力：三匹	二千元		
〃	淮陰損失三艘 江都損失三艘	淮陰 江都	挖泥機船 船名[illegible]	江北運河工程善後委員會移交	陸艘	每隻馬力四十匹	二萬六千元		

填報機關名稱江蘇省江北運河工程局　　主管長官職稱及姓名局長沈秉璜

受損失者本局　　填報者本局　　服務處所與職稱　　與受損失者之關係

通訊地址揚州左衛街江蘇省江北運河工程局

江蘇省江北運河工程局財產損失報告單

填送日期三十五年四月　日

損失年月日	事件	地點	損失項目	購置年月	單位	數量	價值（國幣元）購置時價值	損失時價值	證件
卅年二月	被日軍搶去	泰縣坂瑜	木厘紙（卅碼）		捲	式	拾式元		
〃	〃	〃	〃　〃（廿碼）		〃	叁	〃　〃		
〃	〃	〃	〃　〃（十碼）		〃	式	陸元		
〃	〃	〃	透明紙（卅碼）		〃	肆	式拾肆元		
〃	〃	〃	〃　〃（廿碼）		〃	叁	拾式元		
〃	〃	〃	〃　〃（十碼）		〃	〃	玖元		
〃	〃	〃	晒圖紙（廿碼 卅碼）		〃	肆	五元		
〃	〃	〃	繪圖厚圖紙（五十碼）		〃	式	捌拾元		
〃	〃	〃	馬牌繪圖紙（七磅的）		張	式百	陸拾元		
〃	〃	〃	晒圖框一大一小		只	式	式拾元		
〃	〃	〃	洗圖盆一大一小		〃	〃	五元		
〃	〃	〃	華氏寒暑表		〃	叁拾	式拾五元		
〃	〃	〃	箱尺		支	式拾	壹百陸拾元		
〃	〃	〃	地形尺牌		〃	捌拾	〃　〃		
〃	〃	〃	水準對照尺		〃	拾捌	五拾肆元		
〃	〃	〃	皮捲尺（卅米達）		盞	肆拾	五百元		
〃	〃	〃	〃　〃（五十米達）		〃	拾	壹百五拾元		
〃	〃	〃	鋼捲尺（卅米達）		〃	〃	陸百元		
〃	〃	〃	〃　〃（廿米達）		〃	肆	壹百捌拾元		
〃	〃	〃	雨量器		只	拾	捌元		
〃	〃	〃	蒸發量器		〃	〃	叁拾元		
〃	〃	〃	高低寒暑表		〃	肆	式拾肆元		
〃	〃	〃	停止表		〃	拾	陸拾元		
〃	〃	〃	時計表		〃	捌	捌拾元		
〃	〃	〃	風向計		副	〃	捌元		
〃	〃	〃	濕度計		〃	〃	拾五元		
〃	〃	〃	新式硪土機		部	壹	壹千元		
〃	〃	〃	車床（六尺）		〃	〃	壹百元		
〃	〃	〃	震旦滅火器		打	叁	叁百陸拾元		
〃	〃	〃	機器修理（三號引擎全）		部	壹	五百元		

填報機關名稱江蘇省江北運河工程局　　主管長官職稱及姓名局長沈秉璜

受損失者本局　　填報者本局　　服務處所與所任職務　　與受損失者之關係

通訊地址揚州左衛街江蘇省江北運河工程局

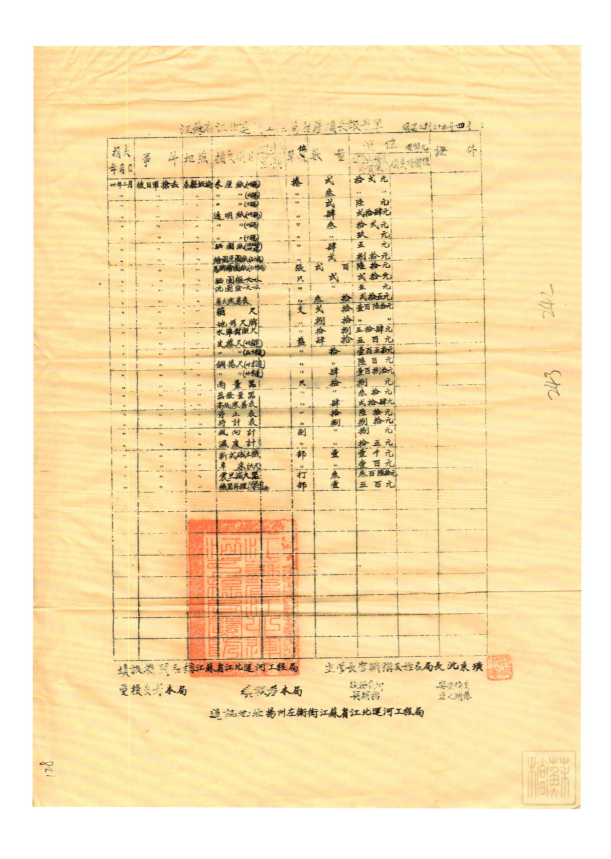

江蘇省江北運河工程局財產損失報告單

填送日期三十五年四月

損失年月日	事件	地點	損失項目（廠名）	購置年月	單位（馬力）	數量	價值（國幣元）購置時價值	損失時價值	證件
廿八年二月	淮陰淪陷日軍運去	淮陰[illegible]	抽水機 蘇農	廿三年十一月	八匹	拾組	式千肆百元		
〃	〃	〃	〃〃	〃〃	四匹	壹組	壹百式拾元		
〃	〃	〃	萬盛	廿四年八月	八匹	拾組	叁千式百元		
〃	〃	〃	蘇農	〃	十六匹	五組	式千肆百元		
〃	〃	〃	〃〃	〃	十二匹	五組	壹千捌百元		
〃	〃	〃	〃〃	〃	四匹	式組	式百肆拾元		
〃	〃	〃	大隆	廿四年九月	六匹	拾組	式千壹百元		
〃	〃	〃	武進旱救會售	廿四年十月	十一匹	壹組	叁百捌拾五元		
〃	〃	〃	〃	〃	十二匹	肆組	壹千陸百捌拾元		
〃	〃	〃	〃	〃	十六匹	式組	壹千壹百式拾元		
〃	〃	〃	〃	〃	十七匹	壹組	五百玖拾五元		
〃	〃	〃	省旱救會售	廿三年十二月	十匹	叁組	壹千零五拾元		
〃	〃	〃	〃	〃	九匹	壹組	叁百拾五元		
〃	〃	〃	〃	〃	十一匹	〃〃	叁百捌拾五元		
〃	〃	〃	〃	〃	十五匹	肆組	式千壹百元		
〃	〃	〃	〃	〃	十六匹	壹組	五百陸拾元		
〃	〃	〃	〃	〃	十八匹	陸組	叁千柒百捌拾元		
〃	〃	〃	宜興縣	廿四年二月	十六匹	肆組	式千五百陸拾元		
〃	〃	〃	〃	〃	十一匹	壹組	肆百肆拾元		
〃	〃	〃	吳縣旱救會	〃	三匹	拾肆組	壹千陸百捌拾元		
〃	〃	〃	〃	〃	六匹	五組	壹千式百元		
〃	〃	〃	〃	〃	八匹	壹組	叁百式拾元		
〃	〃	〃	〃	廿四年十二月	三匹	拾陸組	壹千玖百式拾元		
〃	〃	〃	〃	〃	六匹	肆組	玖百陸拾元		
三十年二月	被日軍搶去	泰縣[illegible]	經緯儀		架	肆	式千肆百元		內一架在安徽蔣填三河填損失
〃	〃	〃	水準儀		〃	叁拾	玖千元		仝上
〃	〃	〃	地形儀		副	拾叁	五千式百元		
〃	〃	〃	照準儀		〃	捌	式百肆拾元		
〃	〃	〃	電氣流速儀		〃	五	壹千五百元		內一架在安徽蔣填三河填損失
〃	〃	〃	羽扇流速儀		〃	叁	柒百五拾元		
〃	〃	〃	六分儀		架	式	叁百元		
〃	〃	〃	縮放儀		副	〃	捌百元		
〃	〃	〃	求積儀		〃	拾捌	壹千肆百肆拾元		
〃	〃	〃	計算尺		把	拾	壹百五拾元		
〃	〃	〃	三稜尺		支	拾陸	肆拾元		
〃	〃	〃	米達尺（一公尺）		〃	叁	叁元		
〃	〃	〃	〃（半公尺）		〃	式拾	陸元		
〃	〃	〃	〃（卅生的）		〃	拾五	叁元		
〃	〃	〃	〃（廿生的）		〃	捌	壹元		
〃	〃	〃	繪圖器		副	肆拾	叁百叁拾元		
〃	〃	〃	丁字尺		支	捌	拾式元		
〃	〃	〃	直線尺		〃	肆拾	肆拾元		
〃	〃	〃	明角三角板（十寸）		副	叁拾	叁拾元		
〃	〃	〃	〃（八寸）		〃	〃	式拾肆元		
〃	〃	〃	〃（四寸）		〃	〃	拾五元		
〃	〃	〃	透明米厘紙（十碼）		捲	式	〃〃		

填報機關名稱 江蘇省江北運河工程局　　主管長官職稱及姓名 局長 沈秉璜

受損失者 本局　　填報者 本局　　服務處所 與受損失者之關係

通訊地址 揚州左衛街江蘇省江北運河工程局

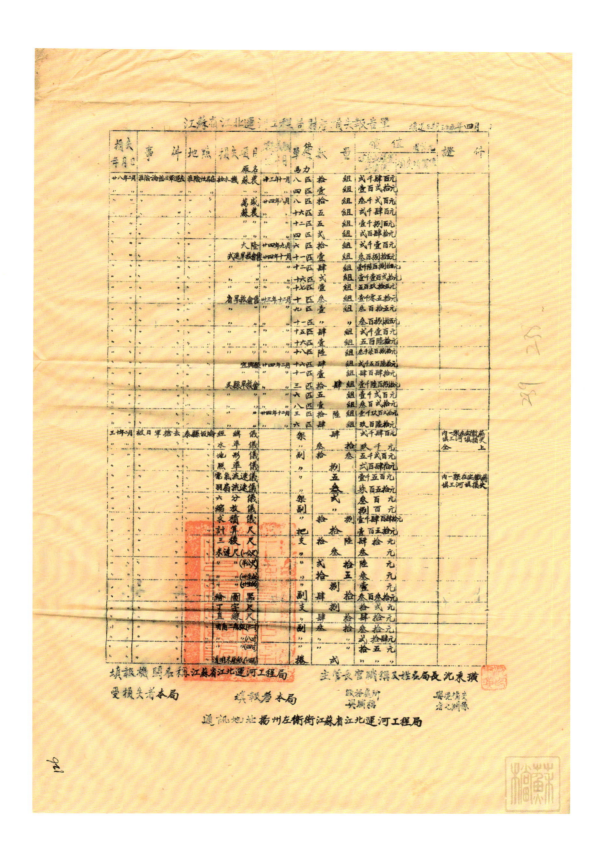

江苏省建设厅关于转送公私机关抗战期间财产损失报告单事致行政院战损调查委员会的公函

（一九四六年十一月十五日）

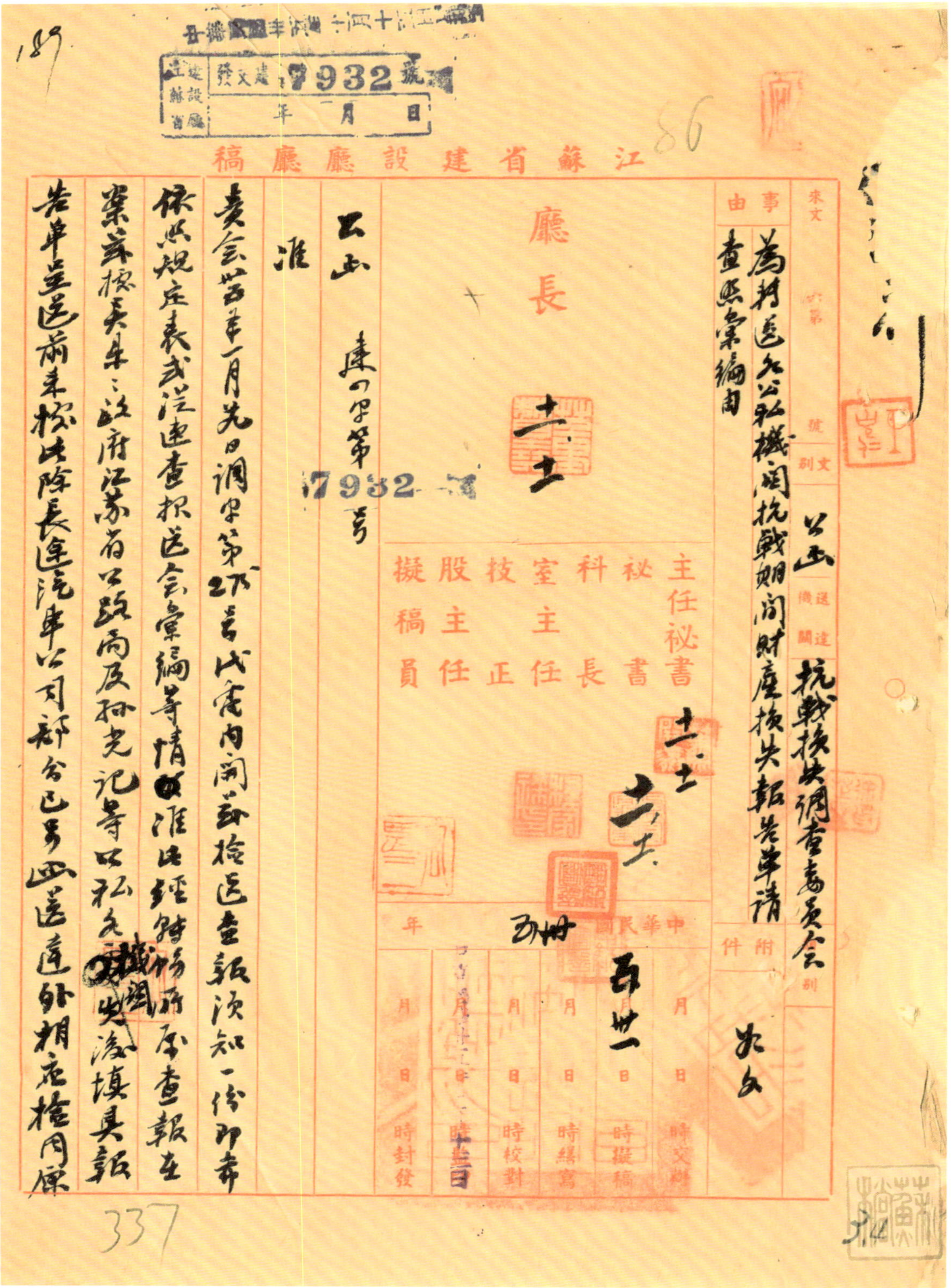

江蘇省建設廳稿

事由：為轉送公私機關抗戰期間財產損失報告單請查照彙編由

送達機關：抗戰損失調查委員會

文別：公函

廳長

准

公函 建四甲第17932號

主任秘書　秘書　科長　室主任　技正　股主任　擬稿員

中華民國　年　月　日

貴會卅五年一月先日調甲第275號代電內開：茲檢送查報須知一份，即希依照規定表式從速查報送會彙編等情。准此，經轉飭所屬查報在案。茲據本廳所屬江蘇省公路局及和光記等公私機關先後填具報告單呈送前來，核此除長途汽車公司部分已另函送達外，相應檢同原

件函请

贵会查照汇编为荷此致

抗战损失调查委员会

附吴县财产损失报告单一份拾九纸

常熟县…………一份

江苏省江北运河工程局财产损失报告单壹份四纸

江苏省立林业试验场…………壹份卅纸

江苏省农林改进委员会…………壹份拾八纸

江苏省公路局…………壹份

江苏省麦作试验场…………壹份五纸

奉贤县…………壹册

孙达记营造册…………壹册

191

86

南滙電氣股份有限公司……壹份三張

南滙縣民營東南航社……、壹冊又影印底兩張

喻海記營造廠……壹份兩張

宜興南山實業公司……壹份

中華興業化學製造股份有限公司……壹份

鹽城縣鹽電氣局損失報告單一份一部

蘭谿當記財產損失報告表一份

淮陰電廠財產損失報告表一份一部

339

（1）吴县政府　附呈财产损失报告单 19份（每份2纸）

（2）常熟县〃　附报告单　1〃

（3）江苏省江北运河工程局　附呈本局抗战时期财产损失报告表3份（每份4张）

（4）上海县政府　附呈农业工业财产直接损失汇报表　2份（每份1纸）

（5）江苏省合作社□农场黄尚夫　附呈损失报告表1份

（6）江苏省农林改进委员会　附呈江苏省农林改进委员会战时财产损失报告单16份

（7）江苏省公路局　附送本局财产损失报告单　2份（每份1纸）

（8）〃麦作试验所　附战时财产损失报告单五张

（9）宜兴县政府　附呈南山宝华公墓受敌冦损失表1份

（10）南汇〃　附呈县财产损失直接南汇损失报告单　商业损失明细表各1份

（11）徐嘉记营造厂徐嘉吉　附呈工具材料损失清册　五份　每份四张共计二十份

（12）嘉定〃　附财产损失报告表　2份（每份2纸）

（13）□□县□朱伯宣　附呈送战祸损失表3份（抄存附件各1份）

（14）南汇县政府　附呈抄原呈一件　前南汇县长张崇基呈□影本贰张
江苏省航船保队第三大队第四中队编队表影本贰张
各项损失统计表贰份

（15）奉贤县政府

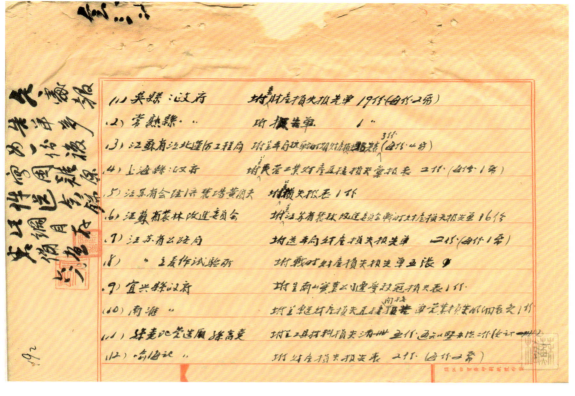

吴县及吴所属机关抗战损失调查一览表

P.1.

193

机关名称	损失地点	受损者姓名	价值	损失项目	附注
(1)吴县政府	临顿路516号	魏普卿	¥300,000.00	不动产	陈设家具 衣饰
〃	渡僧桥第九保	〃	459,000.00	〃〃	商店材料货物等
〃	〃 〃	何受天	4,841,410.00	〃〃	家具衣服
〃	阊门外道前街17-19号	张生泉	1,860,000.00	不〃〃	房屋
〃	〃 〃 〃	〃	1,000,000.00	〃〃	家具
〃	金太史场	吴叔荃	50,000,000.00	不〃〃	房屋
〃	湖田上西山庙	湖田上西山庙代表	2,640,000.00	〃〃〃	庙房屋
〃	阊门外半边街88号	谢文礼	1,140,000.00	〃〃	家具衣服古物等
〃	〃 曹家巷 李王庙桥旁	延宁会馆	60,000,000.00	不〃〃	会馆房屋材料房屋
〃	〃 曹家巷	〃	40,000,000.00	〃〃	〃内家具设备
〃	曹家巷46号	李景曦	2,400,000.00	〃〃	家具衣服
〃	阊门外新民桥彝伦坊	刘法勋	1,041,300.00	动产	家具衣服
〃	临顿路526号	吴文宽	1,500,000.00	〃〃	家具〃
〃	〃 〃	〃	4,000,000.00	不〃〃	房屋
〃	松鹤板场竹山楼西首	潘慰祖	1,500,000.00	〃〃〃	〃
〃	南显子巷26号	王小甫 王美之	11,520,000.00	〃〃	家具衣服古物
〃	阊门外铁岭关桥西首瑞龙里	秦瑞圭	8,000,000.00	〃〃	家具衣服
〃	半边街88号	戴志刚	16,980,000.00	〃〃	金银家具等
〃	大井巷21号	屈伯刚 叔牧 等	167,500,000.00	不〃〃	房屋
〃	〃 〃	〃	17,500,000.00	〃〃	家具衣服古物等
〃	湖田镇莲花坊17-20号	张福源	未填	不〃〃	房屋共12楼11底
〃	和桥桥张家花园	张鹤年	26,800,000.00	〃〃〃	〃〃
〃	〃 〃	〃	100,961,410.00	〃〃	叶树、鱼池、亭、假山

345

	吴县县政府	盘门新桥巷	陶炘植	12,000,000.00	不动产	房屋	
	〃	〃	〃	105,532,000.00	〃 〃	衣服傢具书籍等	
	〃	〃	陶仁琳	4,260,000.00	〃 〃	〃 〃 铜锡等	
(2)	常熟县政府	本县第六区	县长曾?? 常熟县政府	建筑物价值至今无法估计 [illegible]	海塘	损坏情形须有县[illegible] 负会查勘	表1份
(3)	江北运河工程局	淮阴大王庙	江北运河工程局	33,310.00	抽水机		表3份
	〃	泰县坂埨	〃	22,299.00	测量仪器等		
	〃	淮阴河北大街	〃	19,400.00	不动产	房屋	
	〃	〃	〃	765.00	〃 〃	傢具	
	〃	〃	〃	44,500.00	轮船等		
	〃	泰县坂埨	〃	4,259.00		公文账簿、仪器、书籍、文具等件	
	〃	[illegible] [illegible]工务内	〃	175.00		衣服机物文具等	
(4)	上海县县政府	上海县闵行镇	中华兴业化学制造股份有限公司	9,000,000.00		制成品、原料、机械修理等	2份
(5)	江苏省会经济农场	茅山场	江苏省立林业试验场	2,081,000.00	—	房屋傢具农具仪器等	1份
	〃	洼潭	〃	1,586,500.00		〃 〃	
	〃	跑马山	〃	393,000.00		〃 〃	
	〃	茅山场	〃	5,405,000.00		森林、木苗、种子	
	〃	洼潭	〃	2,751,000.00		〃 〃 〃	
	〃	跑马山	〃	1,151,000.00		〃 〃 〃	
(6)	江苏省农林改进委员会	镇江、靖江洲、淮阴	刘三诗	39,657.00		衣服	1份
	〃	镇江宝盖路22号	蒋文兴	620.00		〃 傢具等	
	〃	〃 中山路165号	崔寿封	449.00		〃 〃	
	〃	高邮城内[illegible]	姜钺	23,335.00		房屋傢具食粮字画等	
	〃	高邮北[illegible]镇、[illegible]庄	张世度	13,300.00		房屋傢具书籍字画等	
	〃	南京[illegible]、扬州[illegible]	闵锡钊	6,500.00		衣服书籍等	

P. 3.

江苏省农林改进委员会	盐东 淮龙镇	嚴家庚	1,418.00		衣服等.	
〃	江苏泰县第七区王桥乡	王元晋	1,020,000.00		[illegible]	
〃	南汇 周浦镇	丁介魁	960.00		衣服书籍等物	
〃	李舍	李世琨	400.00		书籍、雞鸭	
〃	河南武安、[illegible]	龚之昌	10,500.00		房屋什具衣服书籍	
〃	阜宁城、九区、[illegible]区	梅逸凡	1,560,450.00		〃傢具衣服被帐	
〃	阜宁[illegible]徐月村	徐秀[illegible]	45,150.00		〃〃〃被帐等	
〃	江苏东台	金柳波	15,000.00		〃〃衣服等	
〃	南京[illegible]衙	杨[illegible]	203.00		床、什物傢具等	
〃	兴化中堡庄	周　圻	20,101.00		衣服什物等	
〃	〃	〃	362[illegible]6.00		〃	
(7) 江苏省公路局	镇江	局长 沈秉民	10,025,589.00	汽车货车[illegible]材料[illegible]		2份

346

195

(8) 江苏省农作试验场	铜山淮[illegible]农场		314,950.00	傢具[illegible]等		
〃	徐州、萧县		29,604.00	[illegible]		
〃	徐州		21,700.00	打包机、轧花机、傢具[illegible]机等		
〃	〃		256,33.00	[illegible]什物等		
〃	〃		7,800.00	打包机马达等	该场损失 合计119,687.00	
(9) 宜兴县政府	宜兴第七区洪[illegible]镇	宜兴南山实业公司	60,730,000.00	铁路用材料		1份
(10) 南汇县政府	南汇县	南汇文化股份有限公司	108,945,196	电气用材料		1份
(11) [illegible]孙福彪记营造厂		孙富彪			[illegible]	1份
(12) 上海临海记营造厂	常熟港前[illegible]	临海记	70,625.00	建筑工程用材料	承筑[illegible]工程	2份
〃	镇江	〃	17,650.00	〃		2份
(13) 民生建筑公司	徐州材料厂、江边、[illegible]	朱[illegible]	28,256.00	建筑工程用材料傢具等		2份
(14) 南汇县政府		惠南航社	164,918,000.00	[illegible]材料[illegible]机械等	指定数字内有八年营业损失	2份

347

(15) 奉贤县政府	南桥镇	奉贤县党部		房屋家具什物等	未填价值
〃	〃	〃第一区公所		家具书籍什物文卷	〃
〃	〃	〃民众日报社		〃什物	〃
〃	〃	立亨电气厂	14,020.00	房屋机器材料家具等	
〃	〃	曾元亨米粮行	7,000.00	货物米粮家具衣服	
〃	〃	沈玉兰	23,700,000.00	平房 楼房	
〃	北街	倪东海		房屋衣箱什物等	未填价值
〃	南桥镇	陈尚朋	336,500,000.00	名人字画书籍楼房家具	
〃	〃	庄玉照堂	1,500,000.00	楼房一幢	
〃	〃	鼎丰酱园	13,500.00	平楼房八幢	
〃		徐霖元	453,000.00	家具什物等	
〃	三官乡	郭伟贤	662,000.00	〃〃衣服	
〃		泰山堂药号	1,500,000.00	家具药材什物等	
〃	南桥东街	张东垣		门面楼房平房	未填价值
〃	南桥镇	俞伟轩	750,000.00	房屋 家具	
〃	十字街及北街	姚银海	305,000,000.00	楼房家具什物衣服等	
〃	东大街	李银和	4,405,000.00	〃〃	
〃	现奉贤中学后面	沈士文	2,000,000.00	房屋材料家具	
〃	〃	沈忠根	382,000.00	〃〃〃	
〃	〃	沈秀根	377,000.00	〃〃〃	
〃	南桥镇十字街	傅康鸿	7,500.00	平房衣饰家具	
〃	〃	张伊轩 代名为寿	25,000.00	楼房器用衣饰家具等	
〃	〃〃	周振源	174,000.00	门面平楼 家具等	
〃	〃	蔡有黄	4,500.00	楼房衣服什物	

奉贤县政府	南桥镇北街	陈龙圭		楼房	未填价值
〃	〃	周凤池		〃 平房 家具	〃
〃	〃	奉贤县政府		瓦屋 家具 文卷	〃
〃	〃	〃 立民众教育馆	3,253,000.00	房屋 家具 图书 仪器等	胡忠培
〃	四团镇	四团民教馆	210,000.00	家具 文具 书籍 什物	
〃	〃	第五区公所	350,000.00	房屋 〃 什物	
〃	〃	〃	~~[illegible]~~ 5,184,000.00	防空壕 旅费	
〃	〃	〃 公安分局	15,150,000.00	房屋 家具	
〃	南大镇第二保	县立光城国小校		学校用家具	未填价值
〃	〃 第二保	南大桥 〃		〃	〃
〃	道南御亭地	陆周璋	4,229.00	房屋家具什器图书等	
〃	〃 西湾，西街	〃	88,105.52	房屋 学校用家具盐田用家具 等	
〃	三官塘	奉县立初级中学	62,500.00	房屋家具图书仪器	
〃		县立西新市国民学校	1,500,000.00	〃 等	
〃		西新市镇公所	200,000.00	傢俱 公牍	
〃	西新市镇	朱士奇	1,614,000.00	棉绸布衣服什物	
〃	〃	盛金生	2,500,000.00	哔叽布袜	
〃	〃	钱天行	158,000.00	房门、窗棂器具等	
〃	南桥	庄仲轩	13,000,000.00	房屋、傢具	
〃	〃 东街	康清仲	2,415,000.00	楼房傢具文具等	
〃	〃 〃	陈立元	5,400,000.00	平房 〃 衣服什物	
〃	奉贤西新市东街	西新市国民学校	3,000,000.00	房屋、课桌等	
〃	南桥镇	沈鹏安	2,000,000.00	楼房厢房等	
〃	〃	鼎丰酱园	白洋1,500.00	市楼房九楹	

奉贤县政府	南桥镇	戴吴氏	40,000.00	房屋家具什物衣服
〃	〃	宋嵩庵堂	50,000.00	〃〃〃
〃	道院镇第二区	西湾蚕桑指导所	200,000.00	办公桌椅等
〃	〃〃	〃初级小学	150,000.00	教室桌椅门窗
〃	〃	道院〃	150,000.00	〃〃〃
〃	宗奇乡五保二甲	谢文荣	1,250,000.00	房屋五间
〃	〃〃	丁薛氏	250,000.00	瓦屋一间
〃	〃〃	朱根生	750,000.00	〃三〃
〃	〃〃	朱纪祥	750,000.00	〃〃〃
〃	〃〃	朱桃生	250,000.00	〃一〃
〃	〃〃	朱荣生	500,000.00	〃二〃
〃	〃〃	朱雨均	1,500,000.00	〃陆〃
〃	〃	朱鑫荣	1,000,000.00	瓦屋四间
〃	〃	朱金兴	750,000.00	〃三〃
〃	〃	朱桂良	750,000.00	〃三〃
〃	〃	丁进兴	1,750,000.00	〃柒〃
〃	〃	袁阿金	1,250,000.00	〃五〃
〃	〃	袁世林	500,000.00	〃贰〃
〃	〃	袁金山	500,000.00	〃〃〃
〃	〃	袁进才	1,250,000.00	〃五〃
〃	〃	袁金生	1,250,000.00	〃五〃
〃	〃第六保	王木生	750,000.00	〃三〃
〃	萧塘南市桥南巷	商业公所	2,150,000.00	房屋家具什物
〃	一保	消防委员会	2,000,000.00	消防用具

198

313

奉贤县政府	本镇一保一甲	侯世根	4,450,000.00	瓦屋十一间器具什物
〃	〃〃〃	侯荣伯	150,000.00	〃半间
〃	〃〃二甲	黄根祥	1,000,000.00	〃三〃及什物
〃	〃〃〃	黄金山	1,000,000.00	草屋三间〃
〃	〃〃〃	袁海金	700,000.00	瓦屋二〃〃
〃	〃〃〃	金海山	2,600,000.00	〃八〃〃
〃	〃〃〃	叶法祥	1,000,000.00	〃三〃草屋一间傢具等
〃	〃〃〃	叶金宝	350,000.00	〃一〃傢具等
〃	〃〃〃	富李氏	1,550,000.00	〃五〃〃〃
〃	〃〃〃	叶杨氏	3,200,000.00	〃十〃〃〃
〃	〃〃〃	李伯君	1,900,000.00	楼房三间厢房一间傢具等
〃	〃〃〃	姚阿楼	10,500,000.00	〃八幢〃七〃〃

199

〃	〃〃三甲	张伯雄	4,900,000.00	楼房四间平房二间及什物等
〃	〃〃〃	茅邦俊	4,800,000.00	〃四〃〃一〃〃
〃	〃〃〃	姚永昌	2,650,000.00	楼一幢平房四间草屋三间什物等
〃	〃〃〃	茅锦文	1,700,000.00	瓦屋五间并及什物等
〃	〃〃〃	茅正	1,800,000.00	〃〃〃
〃	〃〃四甲	姚北堂	1,100,000.00	〃二间〃
〃	〃〃〃	沈伯承	700,000.00	〃〃〃
〃	〃〃〃	袁祥浦	900,000.00	〃〃〃
〃	〃〃〃	陈宋氏	700,000.00	〃〃〃
〃	〃〃〃	袁顺天	900,000.00	〃〃〃
〃	〃〃〃	许雨生	1,300,000.00	〃四〃〃
〃		袁鹤声	5,000,000.00	楼房二幢瓦屋三间及什物等

〃	〃 三甲	姚國樑	600,000.00 瓦屋二间
〃	〃 五〃	顧視清	50,200,000.00 估衣棉布行全部房屋生財
〃	〃 〃	宋程氏	1,000,000.00 瓦屋五间及什物等
〃	奉賢蕭塘南市	姜希生	7,300,000.00 房屋、棺材傢具等
〃	一保五甲	顧欽叔	1,600,000.00 房屋、什物、書籍等
〃	第一區署	封堯生	1,700,000.00 平房五间、什物
〃	一保五甲	顧四郎	2,300,000.00 樓平房 〃
〃	家齐鄉	余義竹	3,800,000.00 〃
〃	一保六甲	楊木生	650,000.00 瓦屋二间什物
〃	〃 〃	王進財	350,000.00 〃 一 〃 〃
〃	〃 〃	徐林氏	790,000.00 〃 二间草屋三间什物
〃	〃 〃	金伯鈞	400,000.00 黄金首飾衣服什物

356

〃	南橋鎮	范仁賢	壹萬伍仟零壹元 樓房傢具衣飾糧食布匹等
〃	一保七甲	顧伯琴	1,340,000.00 房屋什物等
〃	〃 〃	許萍生	730,000.00 〃 〃
〃	〃 〃	朱永祿	2,300,000.00 〃 〃生財
〃	〃 〃	袁越鳳	1,840,000.00 〃 〃
〃	二保七甲一户	蕭塘小學	6,100,000.00 平房十三间
〃	齐賢鄉	范书云	800,000.00 房屋、什物等
〃	二保一甲	袁秉龙	100,000.00 什物、生財等
〃	〃 〃	桐許氏	180,000.00 草屋二间什物
〃	〃 〃	赵仰耆	1,530,000.00 瓦屋及什物
〃	〃 〃	赵汪氏	3,930,000.00 樓平房 〃
〃	一保五甲	顧 [illegible]	900,000.00 平瓦屋三间

357

〃	二保一甲	顾金荣	360,000.00	房屋
〃	〃 〃	于汶亭	5,800,000.00	洋式房屋什物
〃	一保十甲	许金古	5,000,000.00	生财茶具什物等
〃	萧塘二保	范雪君	60,000,000.00	楼平房粮食傢具等
〃	〃镇中市	范君寿（锦章染坊）	16,400,000.00	〃 〃 染料机
〃	〃南〃	徐兆清	104,000,000.00	〃[illegible] 生财等
〃	〃中〃	计沫帆	3,804,500.00	房屋米粮生财等
〃	南一保五甲	施兆良	1,610,000.00	米、食谷生财等
〃	二保四甲	范崇福	1,900,000.00	房屋、什物
〃	〃 〃	韩炳生	170,000.00	草房什物
〃	〃 〃	范雍农	10,500,000.00	房屋、贵重什物
〃	〃五甲	姜作宾	4,000,000.00	楼房货物器具
〃	二保六甲	范钱氏	5,500,000.00	房屋、什物衣饰等
〃	萧塘镇	范剑球	15,900,000.00	〃 〃 〃 〃
〃	〃	周同生	4,200,000.00	〃 〃 店货
〃	上海城内	范钦良	5,900,000.00	楼房
〃	萧塘镇	丁 洗	壹万万元	当货（手饰衣服）金珠等
〃	二保九甲	顾田浦	1,550,000.00	房屋什物等
〃	〃 〃	钱锡荣	400,000.00	牛猪
〃	三保十二甲	顾炳、顾材	1,450,000.00	瓦屋五间
〃	家齐乡	潘法福	1,000,000.00	〃 四〃
〃	〃	〃占生	200,000.00	草屋
〃	〃	〃银宝	350,000.00	瓦草屋各一间
〃	〃	陆凤祥	2,000,000.00	房屋

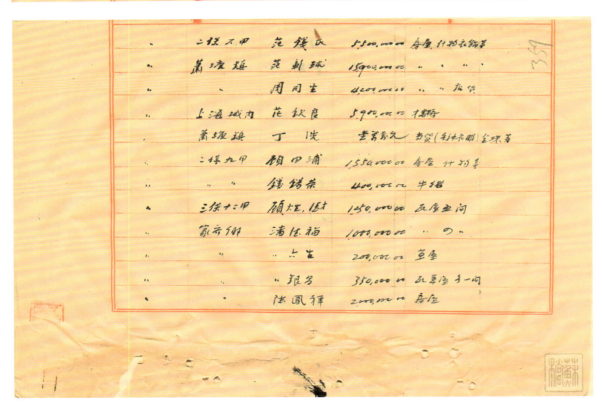

202

〃	〃	黄江大等	1,250,000.00	房屋器什物等
〃	本乡第三保	黄康全	750,000.00	〃 〃 〃
〃	前青乡等地	王炳君等10户	11,250,000.00	〃 〃 什物等	从1号至10号
〃	〃 等地	杨金生等10户	12,830,000.00	〃 〃 〃	〃 11—20号
〃	三保一甲等地	朱雨才等10户	20,150,000.00	〃 〃 〃	〃 21—30号
〃	〃 〃 〃	陈根生等10户	10,350,000.00	〃 〃 〃	〃 31—40 〃
〃	五保三甲等地	姜四根等10户	13,709,001.00	〃 〃 〃	〃 41—50 〃
〃	六〃一甲〃	韩关大等10户	15,500,000.00	〃 〃 〃	〃 51—60 〃
〃	六〃八〃〃	钱法崇〃	13,750,000.00	〃 〃 〃	〃 61—70 〃
〃	〃 〃 〃	卫法才〃	9,130,000.00	〃 〃 〃	〃 71—80 〃
〃	黄墩乡	陈火桃〃	11,850,000.00	〃 〃 〃	〃 81—90 〃
〃	〃	陈永林	17,700,000.00	〃 〃 〃	91—100
〃	〃 等地	郑老八等	15,700,000.00	房屋衣服、什物	从101—110号
〃	五六乡等地	周金松等	55,840,000.00	〃 〃 〃	从111—128号
〃	茅城东门	城读谷仓等	95,100,000.00	〃 〃 〃	〃 129—151号
〃	南四周镇北诸地	四周小学等	26,548,600.00	〃 〃 〃	〃 152—150号
〃	芦墟乡等地	唐永林等	80,880,000.00	〃 〃	〃 151—161号
〃	本城镇等地	本城文庙等	87,250,000.00	〃 〃 〃	〃 162—175号
〃	〃	地方文庙等	126,510,050.00	〃 仪器书籍等	〃 176—182号
〃	吾学庄	小学校	3,[illegible] 校舍卅三间 仪器等		184号
〃	〃 青村镇等	〃 等	48,010,000.00	〃 仪器等	从185—191号
〃	本城镇	文庙公文教机关	112,640,000.00	房屋什物仪器等	192号
〃	东新乡等地	洪林如等	78,190,000.00	〃 〃	193 〃
〃	各镇镇内等地	杨德贤等	94,100,000.00	〃 〃 〃	194

193

扬中县政府关于抗战期间县政府公私财产全部被毁事致江苏省公有地产管理局的公函（一九四七年三月十四日）

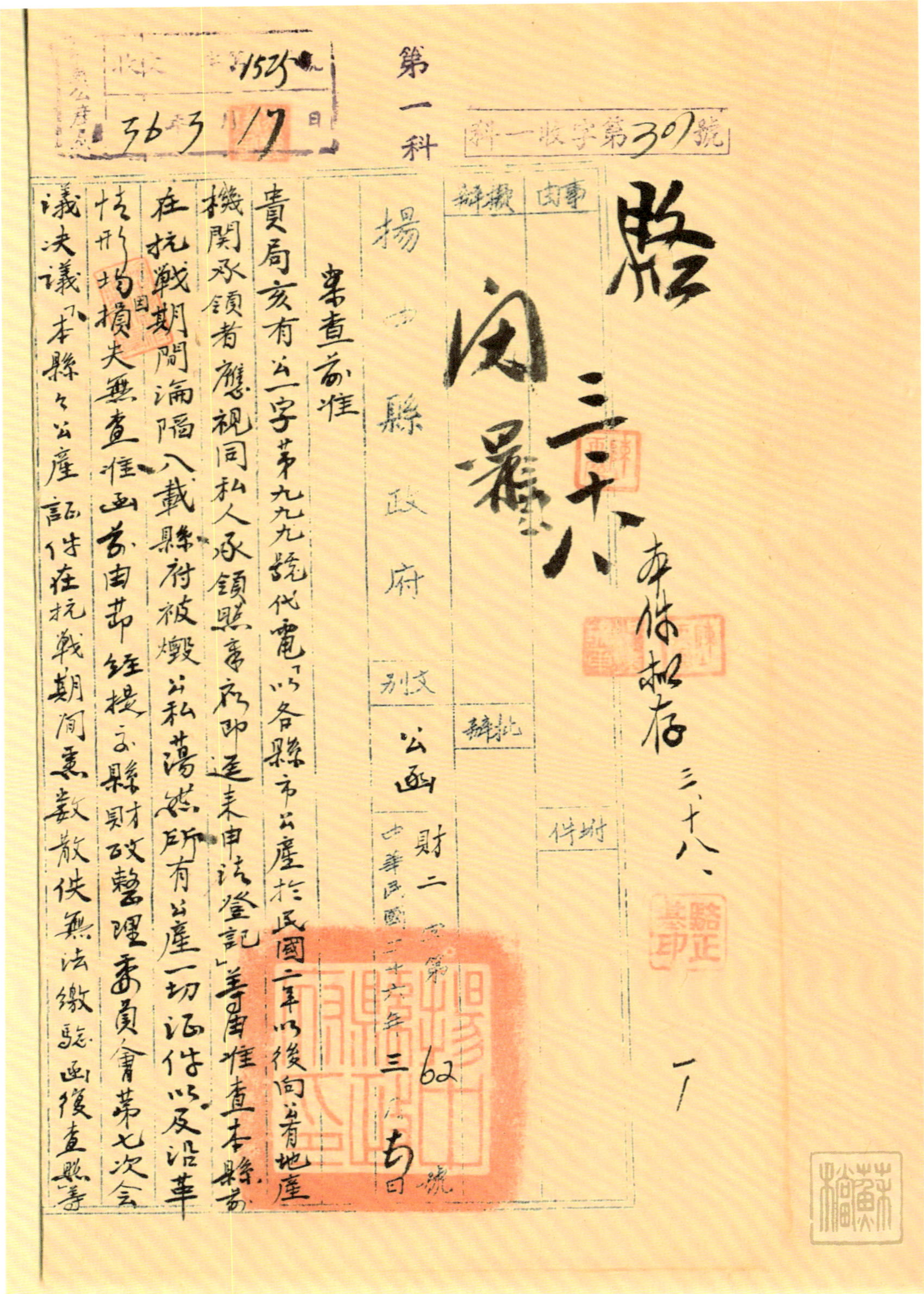

收文 字第1525號 36年3月17日

第一科

科一收字第301號

發

閱

羅

三十八

本件歸存

三、十八

事由

擬辦

批示

附件

揚中縣政府

文別 公函

財二字第 號

中華民國三十六年三月十四日

案查前准

貴局亥有公一字第九九九號代電，以各縣市公產於民國二年以後向公有地產機關承領者，應視同私人承領照章應即速來申請登記等由，准查本縣前在抗戰期間淪陷八載，縣府被燬，公私蕩然，所有公產一切證件以及沿革情形均損失無查，准函前由，茲經提交縣財政整理委員會第七次会議決議：「本縣公產証件在抗戰期間悉數散佚，無法繳驗，函復查照」等

檔字第1732號

105

請紀錄在案相應錄案函復

查照爲荷

此致

江蘇省公有地產管理局局長張

縣長孟浩

161 161 160

江苏省建设厅关于查核江苏省保安司令部等单位战时财产损失事致行政院赔偿委员会的代电

（一九四八年一月七日）

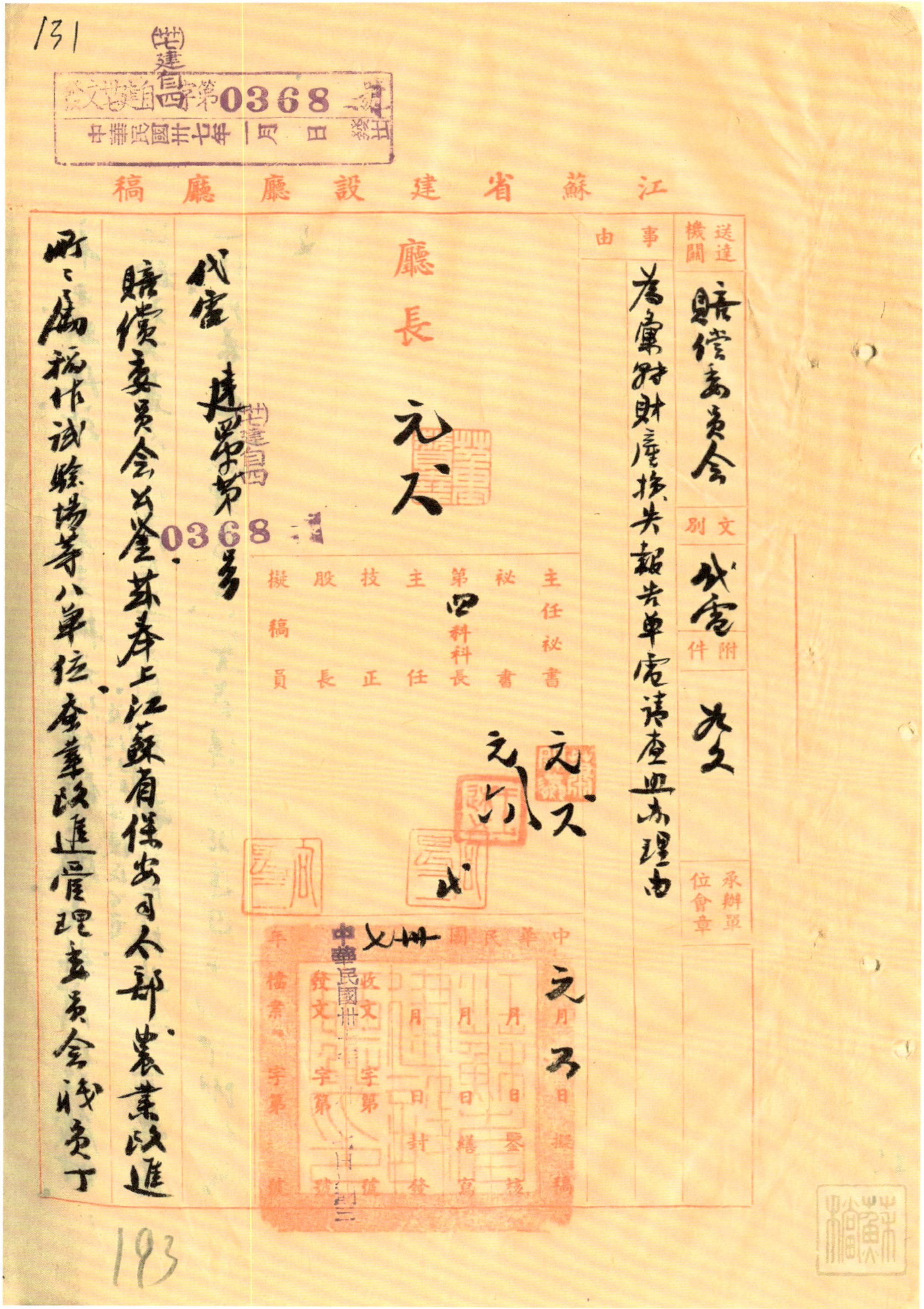

131

（卅七）建四字第0368號發文
中華民國卅七年一月　日發出

江蘇省建設廳稿

送達機關：賠償委員會

文別：代電

附件：無

事由：為彙附財產損失報告單電請查照辦理由

廳長 元八

代電 建四字第0368號

賠償委員會公鑒：茲奉上江蘇省保安司令部、農業改進所、所屬稻作試驗場等八單位、蠶業改進管理委員會職員丁

193

辛甲判建請江蘇泰來機器油餅碾米廠、吳縣商民許歲時、

江都蘇大華食品商店等五家（及江北汽車便民公司）戰時損財產損失報告單各

一份，即希查照辦理為荷。江蘇省建設廳建西子（自）（吳）印附件如

文

1944

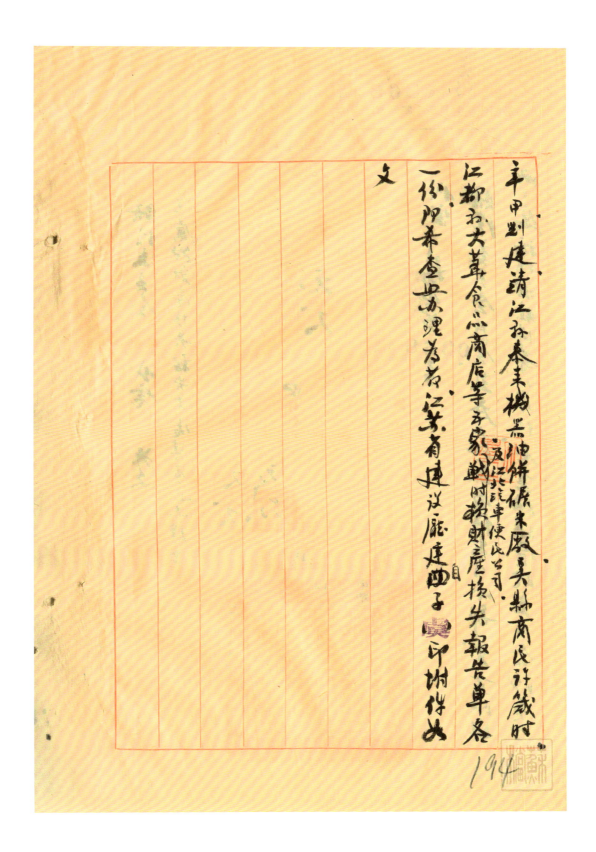

附：财产损失报告表（一九四六年五月至一九四七年十一月）

財產損失報告　　(表式2)

填送日期　35年　5月　日

損失年月日	事件	地點	損失項目	購置年月	單位	數量	價值(國幣元) 購買時價值	損失時價值	證件
二十六年十二月	日軍攻陷	鎮江青朗巷	衣服(單夾皮棉)		件	五十六件	400元	400元	
			被褥		条	十条	100〃	100〃	
			帳子		頂	三頂	30〃	30〃	
			牀榻		張	三張	100〃	100〃	
			桌椅		〃	二十張	350〃	360〃	
			櫥櫃		〃	四張	160〃	180〃	
			箱籠		個	六個	60〃	60〃	
			傢具		件	十餘件	200〃	200〃	
			鐘錶		個	三個	30〃	30〃	
			銅錫器		件	十餘件	200〃	200〃	
			磁器		〃	五十件	300〃	300〃	
			書籍		部	五十部	400〃	400〃	
			字畫		幅	六十幅	120〃	120〃	
三十年六月	日軍掃蕩	泰縣[illegible]	稻		担	十二担	600〃	720〃	
			米		斗	八斗	80〃	90〃	
			麥		担	六石	300〃	420〃	
			衣服		件	三十件	2000〃	2500〃	
			用物		〃	三十件	4000〃	4500〃	
共計							9430元	10710元	

直轄機關學校團体或事業名稱　江蘇省蠶業改進管理委員會　印信

受損失者填報者丁年甲

姓名

服務處所與所任職務　原任江蘇建設廳視察　現任蠶業改進管理委員會課長

與受損失者之關係

通信地址　蠶業改進管理委員會　鎮江博愛路二號

蓋章

196　195

財產損失報告單

填送日期 36年 10月 1日

損失年月日	事件	地點損失項目	購買年月	單位	數量	價值（國幣元） 購買時價值	損失時價值	證件
26年10月22日	日軍進攻	江蘇鎮江 8尺車床	18年2月	部	2	1280	1440	
31年2月15日	日軍進攻	江蘇淮陰張店 8尺車床	18年2月	部	1	640	5600	
26年10月22日	日軍進攻	江蘇鎮江 6尺車床	18年2月	部	3	1440	1620	
31年2月15日	日軍進攻	江蘇淮陰張店 6尺車床	18年2月	部	2	960	8400	
26年10月22日	日軍進攻	江蘇鎮江 萬能銑床	18年2月	部	1	1000	1200	
26年10月22日	日軍進攻	江蘇鎮江 1號六角車床	18年2月	部	1	800	960	
31年2月15日	日軍進攻	江蘇淮陰張店 1號六角車床	18年2月	部	1	800	9200	
26年10月22日	日軍進攻	江蘇鎮江 3號六角車床	18年2月	部	1	700	840	
31年2月15日	日軍進攻	江蘇淮陰張店 3號六角車床	18年2月	部	1	700	8.820	
26年10月22日	日軍進攻	江蘇鎮江 6呎龍門鉋床	18年2月	部	1	1800	2000	
26年10月22日	日軍進攻	江蘇鎮江 八呎鉋床	18年2月	部	1	1300	1500 ~~1265~~	
26年10月22日	日軍進攻	江蘇鎮江 8呎鉋床	18年2月	部	1	1100	1265	
26年10月22日	日軍進攻	江蘇鎮江 拔絲車	18年2月	部	1	2000	2380	
26年10月22日	日軍進攻	江蘇鎮江 搖臂車	18年2月	部	1	1000	1220	
26年10月22日	日軍進攻	江蘇鎮江 鋸床	18年2月	部	1	600	650	
26年10月22日	日軍進攻	江蘇鎮江 磨鑽機	18年2月	部	1	420	560	
31年2月22日	日軍進攻	江蘇淮陰張店四匹臥式引擎	18年2月	部	1	840	9200	
26年10月15日	日軍進攻	江蘇鎮江 10匹馬達	18年2月	部	1	560	680	

直轄機關學校團體或事業 江蘇省保安司令部　名稱　印信　受損失者 修械所

填報者姓名 周壽衍　服務處所與所任職務 江蘇省保安司令部修械所所長　與受損失者之關係　通信地址 鎮江黑橋福善堂　蓋章

197

198

133

財產損失報告單

填送日期三十六年十一月二十九日

損失年月日	事件	地點	損失項目	購置年月	數量	單位	價值（國幣元）購置時價值	損失時價值	證件
民國二十六年冬吳縣告警舉家入蜀旋即淪陷家中無人看守故損失月日無從得知	勝利歸來始悉為日軍刧奪焚毀	江蘇省吳縣城內民治路位于公園對面	西式樓房	廿三年四月	三開間	一所	9000	不詳而知	
			西式平房	十八年八月	五開間	一所	5500		
			仝上	仝上	三開間	一所	2500		
			水塔	廿三年四月		一座	200		
			馬達帮浦器	仝上		一具	180		
			熱水炉	仝上		一只	50		
			地下水管	仝上			170		
			圍墻	十八年八月			500		
			水泥通路	仝上			350		
			溝管	仝上			150		
			花木草坪	仝上			250		
			運動設備	仝上			100		
			廳事所用紅木傢具	祖遺		全堂	1200		
			〃〃〃〃西式〃〃	廿三年四月		全套	600		
			紅木卧室用傢具	十八年八月		仝上	1000		
			洋〃〃〃〃〃〃	仝上		仝上	300		
			仝上	廿三年四月		仝上	800		
			紅木紫玻漢玉掛屏	祖遺		四扇	400		
			仝上	仝上		仝上	200		
			紅木書櫥	仝上		四具	400		
			杉木〃箱	十八年八月		四十只	240		
			衣服皮〃	祖遺		二十只	300		
			保險鐵〃	十八年八月		一具	120		
			人力車	仝上		二輛	200		
			自由〃	仝上		一輛	130		
			仝上	仝上		二〃	70		
			電扇			三具	100		
			美而大炉			一〃	100		
			沙濾缸			仝上	50		
			RCA收音机			仝上	60		
			留聲机			二具	100		
			唱片			七十張	100		
			自動職槍			一把	200		
			天津地毯			一條	300		
			書籍				10000		
			（家藏書籍甚多祖遺部份另有編就目錄二册在此次家園被燬中業經散失）						
			合計				35920		

受損失暨填報人許蔵時（印）　通訊處：江蘇吳縣大石頭巷薛家弄五號

后　记

本卷编纂工作在《抗日战争档案汇编》编纂出版工作领导小组和编纂委员会的具体领导下进行。

本卷编者主要来自江苏省档案馆，江苏省档案馆薛春刚同志审阅了书稿，提出了重要修改意见。

本卷在编纂、修改过程中，蔡宜军、夏雪、周红、朱万悦、章建波、张丽萍、申博涵、盖诚、刘倩等同志通过不同方式对本卷编纂出版工作给予支持和帮助，夏星宇同志参与了编纂整理与修改工作。中华书局对本卷的编纂出版工作给予了鼎力支持。谨向上述同志和单位致以诚挚的感谢！

编　者